日本俗信辞典　衣裳編

JN083198

角川文庫
22720

日本俗信辞典　衣裳編　目次

【あ】

本文イラスト／中林啓治

【凡　例】

一、本書は、衣類を中心に、履物、被り物、裁縫道具、化粧道具、装身具、寝具に関する俗信についてまとめたものである。

一、伝承地は（　）で示した。市町村名については、現状と異なる場合は現在の地名を〈　〉に記載した。但し、郡名は一部を除いては資料報告当時のままである。

例　家の中で傘をさすと叔父が貧乏する（山口県大島町〈周防大島町〉）

一、伝承地を都道府県単位で示した場合は、都府県の語を省いた。

例　新しい草履は夕方おろすのを忌む（三重・京都・大阪・和歌山）

なお、カッコ内の伝承地は筆者が確認できたもので、当該事例のすべてを示すわけではない。

【あ】

足駄《あしだ》

○高い二枚の歯がついた下駄で、差下駄《さしげた》とか高下駄ともいう。泥や汚物などで足や衣服が汚れないように履いた。アシダは、古くは下駄の総称で足板が語源とされる。岐阜県海津町高須〈海津市〉で、祝儀に足駄の歯がぬけると満足しないという。満足しないとは、よくないとか不吉の意であろう。足駄の歯を一枚折ると母に死別する（秋田）とか、足駄の歯が欠けるのは凶兆（宮城県名取郡）ともいう。『諺語大辞典』に「足駄の歯欠くる夢は凶事の兆」とあり、いずれも歯の欠損を凶兆とする。福島市で、新しい足駄は最初に便所へ履いて行くと長持ちする、といい、石川県七尾市付近でも、新しい足駄は便所に履いて行くと歯が抜けぬ、と伝えている。秋田県由利・平鹿《ひらか》・雄勝《おがち》郡では、新しい足駄を部屋から履いて外に出るのは葬式の時だけ、といって忌む。足駄に限らず、履物を履いたまま部屋から外に出るのは広く禁忌とされている。葬式の際に、新しい草履や草鞋《わらじ》を履いた状態で棺を座敷から庭に運びだすからである。

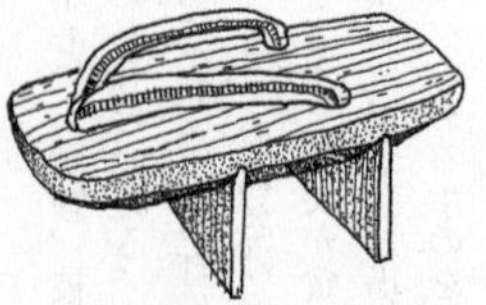

差歯高下駄

○臨月になると、妊婦は腹帯をかたくして高下駄を履いて、毎日豆五合くらい撒いては拾うと安産する（山口県厚狭《あさ》郡・宇部市）。和歌山県那賀郡で、差下駄に腰をかけると歯の生えた子を生む、というのは歯と歯が重なる同音の連想といってよい。

○新調の高下駄を履き、大便に行けば資産の山を失うことなし（石川県珠洲《すず》郡）。足駄の前歯が減る者は長生きしない。足駄を洗えば雨が降る（共に長野県北安曇郡）。足駄を投げて裏返しになれば雨（石川県鶴来町〈白山市〉）。

○御伽草子の「一寸法師」は、都の宰相殿の家を訪ねたときに、足駄の下から声をかけて宰相殿と縁を結ぶ。昔話の「田螺《たにし》長者」のなかにも、村の長者の家を訪ねたタニシが、下駄の歯の間から長者に声をかける話がある。踏み潰されないための用心であるが、同時に、足駄や下駄の歯、つまり歯と歯の間は時として霊力の宿る空間としての意味を帯びる。下駄の歯にはさまった石が後に成長した伝説や、歯にはさまった石を吉事として懐にいれておくと金を授かる（岩手県大船渡市）俗信がある。二つの歯の間は、二股の空間を神聖視する股木の民俗や、杖の先が二股に分かれた鹿杖《かせづえ》などとも繋がる聖具としての一面があるのだろう。

○関東地方にはダイダラボウと称する巨人伝説が多いが、神奈川県相模原市では「デーラサマの足駄の歯の間にはさまった土が、ぽたりと落ちて出来たのが、相模原市相原のデーラボッチで、またの名はメーメー塚」との伝説が伝えられている（『民俗』一四号、相模民俗学会）。⇩下駄《げた》

足半　あしなか

○足裏の半分ほどの大きさで、踵の部分がない草履。足半を履けばマムシに咬まれない（群馬・神奈川・大阪・山口・愛媛・福岡）と方々でいう。群馬県勢多郡では、マムシがたまげるといい、同県利根郡では、鼻緒の花結びの部分が魔除けになるのだという。神奈川県にも、足半の鼻緒は花結び（左撚《よ》り）であるからマムシに食われぬ、との伝承がある。足半の鼻緒はどの地方でも上結びである。ただ、そ

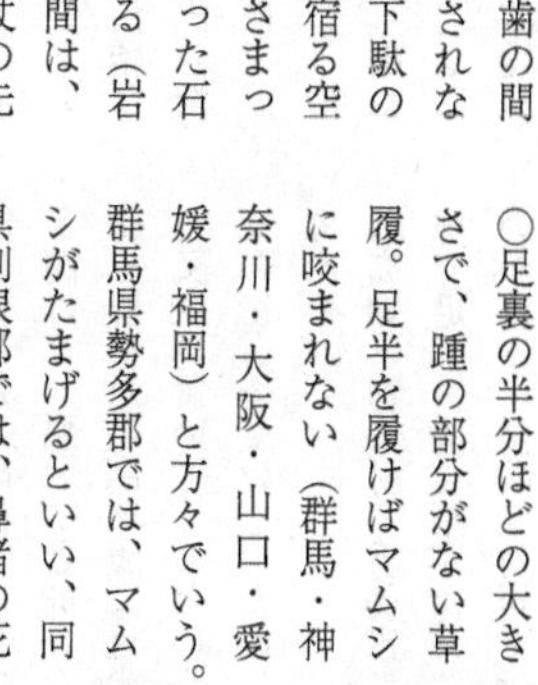

足半

の結び方は土地によって一様ではないが、マムシ除けには花結びが効果的だとされていたようだ。群馬県大間々町〈みどり市〉では、鼻緒が花結びにしばってあるので、マムシの頭が直接足に当たらず避けて通るからだろうという。
○大阪府茨木市では、夏に角結《つのむすび》草履を履いているとマムシに咬まれない、といわれる。角結びとは、足半の前鼻緒の両端を角のように出した結び方をいう。伊豆の八丈島（東京）には、足半の前緒の結び方の一つにヘビッブリというのがある。鼻緒の部分で結んで、端が両方へ出るようにしたもので、この草履を履くとマムシに咬まれぬという。鼻緒に角がついている草履を履いているとヘビが逃げる（青森県七戸町）とか、山仕事の鼻緒は角結びにせよ（和歌山県大塔村〈田辺市〉）という土地もある。足半草履のツノ（鼻緒の部分）の形がナメクジに似ているのでヘビが怖がるともいわれ、ヘビの予防に足半を履く（岩手）という伝承もある。
○鳥取県光徳村〈大山町〉では、子が伏した状態で生まれると盗人になるといい、その時は父親が足半を履いて正常な姿に直してやればよい、と伝えている。福島県郡山市三穂田町で、同年齢者が死んだ時は、皮箕で耳をふさぎ「いいこと聞けよ、悪いこと聞くな」と言って、片方の緒を切った足高草履（足半）にぼた餅を載せて、三叉路に置いてくるという。死者と同年の者が、死の影響を受けないために行う耳ふさぎの呪法である。
○高知県物部村〈香美市〉では、山の神は欲な神で足半へ落ち葉が付いていても機嫌が悪いといわれる。長崎県対馬では、山の神さまが通る時には頭の上に足半を載せる。汚れたものだから、人間とも見られず何もされぬという。鳥取県日野郡では、化物が出た時は足半を頭に載せるとよいという。神霊や妖怪などに遭遇したとき、自らの履物を頭上に載せて難を逃れる方法は各地でいうが、これもその一例である。島根県隠岐郡元屋〈隠岐の島町〉では、夜道を歩いているとウオエドリという鳥が負ぶさってくる。たいへん重たい鳥だが「足半の緒が切れた」と言うと逃げるという。愛媛県伊方町加周では、旧一月一九日の早朝、町の二か所の境に「大人《おおびと》の足なか」と呼ぶ大きな足半草履を吊るす。外部からやってくる鬼を脅し侵入を防ぐためである。
○群馬県渋川市石原では、葬式の棺を担ぐ人は花結び草履（足半）を履く。花結び草履を履いて山に行くとヘビに咬まれない。葬式に履いて行ったアシタカ（足半）は履いて戻るものではない（青森県五所川原市）。足半草履を投げて、裏がでると明日は雨、表がでると晴（長崎県崎戸町〈西海市〉）。放り上げる際に「あした天気になーれしょ」（静岡）などと唱えたりする。
⇩草履《ぞうり》・鼻緒《はなお》

袷　あわせ
○岐阜県海津町高須〈海津市〉では、袷は二日かけるといけないという。夜を跨がずに一日で仕上げるべきもの、という意味である。滋賀県甲西町〈湖南市〉では、着物の袷を縫い始めてからほどくものではないという。群馬県大間々町〈みどり市〉では、袷の中に糸を残しておくものではないといわれる。糸が出たがって着ている人が死ぬという。袷衣を左前に合わすな（岩手県大船渡市）とは、衣服に関して広くいう禁忌である。

【い】

居敷当　いしきあて
○着物などの尻の当たる部分に補強のためにつける布。秋田県平鹿郡で、肩当と居敷当を続けたのを付けると雷様に打たれるといい、離して付けると立身するという。神奈川県藤沢市では、居敷当を横つぎに当てるものではないといわれる。昔、居敷当が横つぎになっていたため、人柱に立ったという話が伝えられている。熊本県人吉市では、腰巻の腰の部分に尻当て・つぎ当てをすると尻のない子が生まれるという。居敷当とは言っていないが、石川県加賀市で、男の継ぎは女のお腰へ当てたものですると男が出世する、という。

糸　いと

⑴糸のもつれを解く歌

○糸がもつれた時、うまくほどくための呪《まじな》い歌がある。群馬県安中市では「しゃしゃむしゃしゃ　むしゃしゃが山のしゃしゃむしゃしゃ　むしゃしゃがなけりゃな　むしゃしゃもしゃもない」と唱える。福井県美浜町では「ししゃもしゃの　もしゃしゃのなかに　ししゃなれば　もしゃしゃなければ　しゃしゃのしゃもなし」と唱えると、もつれた糸がほどけるという。福島県玉川村では、糸のもだくちゃをなおす時「おししゃが裏のしゃしゃぐらの　しゃしゃもなければ　しゃしゃもしゃもない」と、これを三回繰り返す。「ささもさや　もささの中のささもさや　もささなければ　ささもさもなし」（宮城県気仙沼市）。いずれも歌意はよく分からないが、同音を重ねる語感からいかにも糸がもつれあった状態が目に浮かぶ。「むちゃむちゃの中のちゃちゃむちゃやは　むちゃちゃなしでは　ちゃろやむちゃなし」「やしゃむしゃと　むしゃむしゃの中のやしゃむしゃは　しゃしゃがなければ　やしゃむしゃもなし　アジラオンビンソワカ」（共に長野県上伊那郡）、「もしゃしゃの中のしゃしゃもしゃよ　もしゃしゃなければ　しゃしゃもしゃもない　あぶらおんけんそばか」（徳島県阿波町〈阿波市〉）。同音の「しゃしゃ」が繰り返されることで、耳に訴える響きがある。歌の意味ではなく、声にだして唱えるときのリズムと語感から記憶され伝承されてきたのであろう。

○「笹草や笹草や　みさゝの山の笹草や　みさゝ

もなけりゃ笹草もなし」。この歌は、兵庫県市場村〈小野市〉で、弘化年間（一八四四－四八）生まれの女性が伝えていたものである。みさゝの山というそれらしき地名がでてくるが、特定の場所にまつわる歌ではなく、前出の歌同様「笹草」を繰り返す点に意味があるのだろう。「しゃしゃもしゃしゃ　もしゃしゃ　しゃしゃらの浜に腰かけて糸をほどくしまもなし」（同県）は、次に紹介する「忙しや」系統の呪歌と複合した例とみられる。

○山口県福栄村〈萩市〉では、糸のもつれを解くには「やれ忙しや　石部の石に腰かけてもつれた糸を解くぞ悲しき」と三度唱えればすぐ解けるという。福島市では糸が絡んだ時は「忙しや　磯辺の磯に腰かけて忙しなわをもぢる日のとき」を三回繰り返すと不思議に糸口がたどれるという。このように、忙しいことを強調する呪歌も各地に多い。「忙しや　忙しや　磯辺の石に腰かけて心忙し糸をとるなり」（熊本県産山村）、「忙しや　忙しや　いそがの橋にと腰をかけや　やれ忙しや　糸がもじゃもじゃ」（愛知県南知多町）、「忙しや　忙しや　忙し椅子に腰かけて　糸のもつれを解くおもしろさ」（兵庫県赤穂市）など。熊本県内牧町〈阿蘇市〉の「いそがずや　いそがずや　磯辺の石に腰かけて　心静かに糸を解くべし」では、「忙し」が「急がず」となっているが、糸がもつれていらいらする時こそ、心にゆとりをもって対処すべきだというのであろう。裁縫中の糸のからまりに限らず、魚釣りの最中に糸がもつれた時なども、気が急《せ》けば急くほど解けずに焦るものである。これらの呪歌は、心に余裕をもち落ち着いて対処することの大切さを説いている。

○京都府宮津市で「千早ぶる神代もきかず龍田川からくれないに水くくるとは」を三回唱えると解けるという。百人一首で知られる在原業平の歌だが、栃木・茨城・長野県でもこの歌を唱えるとほぐれると伝えている。また、糸がもつれた時「業平さまのはかまの糸」と三度唱える（群馬県安中市）との例もある。兵庫県赤穂市では「清水の音羽の滝の乙姫のもつれし糸を解くぞうれしき」と唱えながら解くと、よくほどけるという。鳥取県日吉津《ひえづ》村では「この糸は、おのわの丈の姫糸の、結ぶれし糸のほどけんことなし」の歌を繰り返しつつ解いていくと、自然に解けるという。「おのわの丈」は音羽の滝の訛語か。機織り糸のもつれた時の呪文に「天竺のちうさが御門に旗立てて、釈迦の袈裟や、衣織るぞうれしき、アブラウンケンソワカ、アブラウンケンソワカ」がある（宮崎県高千穂町・五ヶ瀬町）。

○糸がもつれた時は「仏さんの絹糸もつぼれなおれ」と言う（和歌山県紀北地方）、「もつれんな、もつれんな、仏様の絹糸」と言って引っぱるとほどける（山口市）、「仏さんの糸だよ、もちやかるな もちやかるな」と言う（愛知県知多市）。「とけてたもれ、七夕さま、ひとり息子の袖にしょう」と三回唱える（高知県東津野村〈津野町〉）。「中将姫のおまんだら」と唱える（山形）。「糸屋の婆さん糸がもちれたで直してくれ」と繰り返し言えば早くなおる（三河岡崎地方〈愛知県岡崎市〉）。「この玉、三千万で買います」と言いながらほぐす（同県武豊町）。『文政新刻俗家重宝集』（文政七年〈一八二四〉）に「糸の凝《もつ》レ解《とく》法」として「これも口のうちにて糸やの娘ねはだの衣と唱へながらとくべし 妙なり」とある。沖縄県竹富町では、布糸を巻く時、次の呪文を一息に三回唱えて巻くと、もつれることなく上手に糸巻きができるという。「ばんな餅米《むちまい》ぬ飯《い》や 食うなーたさぶ米《まい》ぬ飯ど 食《ほ》ったゅー はっちりれー はっちりれー」。

糸　いと

(2) 妊婦と禁忌、まじない、夢

○針に糸を通したものを人に渡すときは、結び玉をしない（石川県金沢市）。針に通した糸の

節（玉結び）は自分でするものだ、節のある糸を人に渡してはいけない〈愛媛県肱川町〈大洲市〉〉という。糸の先に結びをして渡すと、後産が重い（岡山）、自分の器量を人から取られる（佐賀県川副町〈佐賀市〉）、幸福を明け渡すことになる（岡山）という。反対に、自分が縫う糸の尻を他人に結んでもらっても、産が重い（岐阜・奈良・佐賀）、結んだ人が来ないと生まれない（徳島県木屋平村《こやだいら》〈美馬市〉）、裁縫を覚えない（大分県大野郡）などといわれる。針に通した糸は、玉結びをつけて人に渡すのも、ほかの人に結んでもらうのも忌まれ、禁を破れば双方に制裁が及ぶ。

○沖縄県平良市《ひらら》〈宮古島市〉で、妊婦はブー（真苧）の桛《かせ》をかけたり糸を結んだりしてはいけない、腹の赤子にへその緒がからむ、という。結ぶという行為や状態は、胎児がからむとか産が重いといった連想と結びつく傾向が見られる。妊婦は糸を針に通したり、木や板などに穴をあけたりしてはいけない、障害のある子が生まれる（同県）。針孔《めど》に糸を通してもらうと、お産のときその人が来るまで生まれない（長野県生坂村）という。他人に糸を通してもらうと、嫁に行って戻ってくる（島根県邑智町《おおち》〈美郷町〉）とも。山口県岩国〈岩国市〉や熊毛郡では、紡いだ糸の束を跨いではいけない、カセ子（羊水のない子）ができるといって心配する。

○高知県土佐山村〈高知市〉では、クルマゴ（生まれた子供が次々と死ぬこと）が続くと、埋葬の時に紡車の枠のしらべ（糸）で棺をくくっておくとよい、という。同県大正村〈四万十町〉では、クルマゴの二人目が死んだとき、子の指に黒糸か白糸を結んでおき、次の子が生まれたときに指にくびれがあるとクルマゴであるといった。

○四人が着物の糸で数珠のようなものを拵えることがある。それを借りて産婦に戴かせると安産する。これは「出たい出たいの念」が籠っているからだろうという（長野県豊科町〈安曇野市〉）。秋田県山本郡では、糸巻に糸をきれいに巻くと美しい子を生む、という。
○陣痛の時は、麻糸で手首を巻く（千葉）、髪を麻糸で結ぶ（栃木）。
○かつて、糸や針は貴重なものだった。それだけに糸を粗末にするな、という禁忌は多い。糸を粗末にすると、死んでから糸の橋を渡らされる（福井・滋賀・京都・兵庫）、糸の上を渡らされる、糸地獄に落ちる、手足に糸が巻きついて苦しむ（以上愛知）、着物がなくなる（富山県氷見市）などという。下手の長糸（秋田県雄勝・平鹿郡）の諺もある。
○糸で髪をしばると、気がふれる（千葉・東京・福井・静岡）、親の死に目に会えぬ（島根県石見町〈邑南《おおなん》町〉）、首の細い子が生まれる（栃木県宇都宮市）といって忌む。糸で髪をしばる禁忌の由来は不明だが、かつて、難産で産婦が今わの際に、髪をしばって「もどれ、もどれ」と叫ぶ魂呼びが行われたことがあった。こうした習俗との関係も考えられる。
○逃げられては困る者を足止めする呪法。二本の針に縫糸を巻きつけ、座敷の上り口の畳下に挟んでおく（茨城県土浦地方）。人を呪うときには、襟など隠れる部分に麻糸を入れて着せる（秋田県鹿角郡）。
○糸を繰る夢を見ると、面倒なことが起きる（長野県北安曇郡）、思うこと紛糾し面倒な事件が発生する（福島県表郷村〈白河市〉）といって心配する。和歌山県高野口町〈橋本市〉で、糸のもつれた夢を見たら心がもつれて愚痴になる、というように、糸を手繰るとかもつれた状態から面倒な事態を連想している。青森県野辺地町で、裁縫の針の糸が切れた夢を見るのは死の前兆、といい、同じことは長野県丸子町〈上田市〉でもいう。
○黒いものを白い糸で縫ったり、白いものを黒い糸で縫ったりすると不時が入る（兵庫県赤穂市）。白糸と黒糸をつなぐな（鳥取県岩美町）。赤糸でしつけをすると赤恥をかく（徳島）。
○縫物をしている時、糸を糸切り歯で切ると情が移るからいけない（群馬）、糸が残ったら死ぬのを待つことになるから残すな（石川県金沢市）という。人に貸した糸を返してもらうと財産が減る（群馬）とも。
○着物をほぐし、糸屑を取らないでそのまま別のものに仕立てて着ると、病気が一生身から離れない（群馬）。子供の綿入れに糸屑などを入れると子供の病気が絶えない（岩手県住田町）。着物の綿の中に糸をまぜて縫うと早死にする（愛媛県松山市）。着物や帯の中に糸屑を入れると、早く出たがって早く解くようになる（秋田県平鹿郡）。着物を解くとき抜糸を取り残しておくと人中で恥をかく（長野県北安曇郡）。糸屑は残さぬように取り去るのが常識だが、なかには、着物に糸屑をつけていると女に好かれる（同郡）という変わった伝承もある。

糸《いと》

(3) 疣《いぼ》と糸、民間療法

○疣を取るには、疣を糸でしばる（福島・新潟・兵庫）、疣の根元を白い糸で締める（新潟県畑野町〈佐渡市〉）、糸で三回しばる真似をする（群馬）。山梨県増穂町〈富士川町〉では、疣に糸を巻き付けて「このいぼ落っこった」と言う。あるいは、巻き付けた糸を引っぱり「いぼいぼ渡れ」と唱えると落ちる。兵庫県では、疣に糸をつけてその端を木にかけ「いぼいぼ橋を渡れ」と唱える、と伝えている。疣に巻く糸については、綿糸などよりも蜘蛛の糸を利用する土地の方が多くみられ、この方が先行するのかも知れない。長野県南木曽《なぎそ》町で、鍋の鉉《つる》を通して三姉妹の末子に絹糸でしばってもらう、というのは、次に述べる空手《そらで》の呪《まじな》いの援用であろう。疣のほかにも、モノモライ（麦粒腫）は「のんめくくる、なにーくくる」と唱えながら、モノモライの上で綿糸を三回結び、その糸を燃やす（福島県天栄村）。また、手足のマメは糸に墨をつけて通すとよい（静岡県藤枝市）などの呪いがある。

○以前は過酷な労働がもとで、空手に悩まされる人が多くいた。空手は、腱鞘炎《けんしょうえん》による手首などの痛みで、土地によってヨコナシ・コウデ・スバコなどと呼ばれ、これを治す呪いが伝えられている。その方法は、痛むところを糸でしばってもらうのが基本的だが、実際には土地や家によってさまざまである。たとえば、福島県岩代町〈二本松市〉では、サエデ（空手）になったら麻糸で手首をしばってもらう。同県郡山市では、ヨコナシ（空手）のときは、男は女の末子に、女は男の末子にカナ糸（木綿糸）でしばってもらう。同県田島町〈南会津町〉では、男の場合は女、女の場合は男の末子に、湯釜の鉉に腕を通して手首に糸を巻いてもらう。そして「こうがやまの色男、招がんとするに招がれず」と唱えながら三回招く所作をする。ほかにも、空手のときは、障子の破れから出した手首を一月から十月に生まれた人に糸でしばってもらうと治る（同県塙町）、未年生まれの女に頼んで手首をしばってもらうと治る（同県須賀川市）等々、実に変化に富む。この呪いにおいては、湯釜の鉉や障子はいわばこの世と他界を区切る境界の意味を帯びている。腕を通した鉉や障子の向こう側で糸をしばる末子は、病人から最も遠い関係にあり、象徴的には日常の向こう側の世界に属す存在といってよい。スバコは末娘に紺の木綿糸で結んでもらう。その際「どっこい、すばこめ、こんのいと」と三回繰り返す（岐阜県宮村〈高山市〉）。テイージャ（空手）は、黒糸で手首をしばる（鹿児島県和泊町）。

○埼玉県浦山村〈秩父市〉で、子供の耳だれを治すには、カタツムリの殻に穴をあけ糸をつないで蝸牛神に供える。徳島県では、子供の耳だれを癒す呪《まじな》いに穴のあいた小石に糸を通してあげる。これをミミゴイシという。山形県米沢市では、小さな石に穴をあけ、それに糸を通して道陸神に奉納する、という。いずれも、穴に糸を通すことから耳の通りが改善されることを期待した類感呪術である。

○手首を痛めたら黒糸で二重にしばると治る（三重県大山田村〈伊賀市〉）。きつね糸（機の最後の残糸）を手首に巻けば手の病に罹らぬ（千葉県香取郡）。大工の墨糸の自然に切れた糸で手首をしばっておく（長野県上伊那郡）。手首に黒糸を巻いておくと、手がくたびれない（愛知）、流行風邪が治る（鹿児島）。あかぎれのときは、黒い糸を巻きつける（栃木）、紺の糸でしばる（群馬）。しびれが切れたときは額に糸をつける（和歌山）。百日咳は、子供の首に墨壺の糸を巻いておく（福島）。糸を拾うと長い病気にかかる（静岡県周智郡）。⇩針《はり》

【う】

団扇《うちわ》

○団扇を煎じて飲めば風邪が治る（秋田）といい、同県仙北郡では、団扇の黒焼きを飲めば頭痛が治るという。一方で、妊婦が団扇を使うと血の道になる（兵庫県赤穂市）との伝承がある。箒を逆さに立てると長居の客が帰るが、それでも帰らぬ時は、箒に頬かむりをさせ、団扇であおいで「早く帰れ」と言えば、すぐ帰る（島根県江津市）。

○団扇にまつわる行事では、奈良唐招提寺の「うちわまき」が知られている。大悲菩薩覚盛上人の功績を偲ぶ中興忌梵網会《ちゅうこうきぼんもうえ》法要（五月一九日）の後、鼓楼から団扇が撒かれる。団扇を授かると病魔退散や魔除けの御利益があるという。

富士川游『医者の風俗・迷信』に「唐団扇を模したる小形の団扇に梵字の咒文を書したるもの。奈良の唐招提寺にて、四月三日梵網会に頒与す。安産のお守とする。又火難除、雷除の護符として用いられる」とある。東京都府中市の大國魂神社の「すもも祭」（七月二〇日）では、烏団扇と烏扇子が頒布される。カラスを描いたこの団扇・扇子であおぐと農作物の害虫を駆除し、玄関先に飾っておけば魔除けになるといわれる。団扇にはさまざまな機能があるが、あおいで風を起こすことから、災いや不浄を祓うという働きが顕著である。同八王子市の高尾山薬王院でも、元日から節分までの期間限定で「天狗うちわ」をだしている。一振りで魔を払い、二振りで福を呼ぶという縁起物である。以前は、夏場に団扇を腰に差している人をよく見かけた。涼風を得るのが目的だが、それだけでなく、身辺の小さな災いを祓うという役割も団扇にはあったのだろう。また、火を起こして火勢を得るために団扇で煽ぐように、煽ぐ行為には対象を勢いづけ活性化させる力がある。

産着《うぶぎ》

⑴誕生前の産着、模様と色

○子供が生まれる前に産着やオシメなどを作るものではない（青森・岩手・秋田・福島・栃木・群馬・千葉・神奈川・福井・長野・愛知・静岡・三重・岡山・徳島・愛媛・福岡・長崎・熊本・鹿児島・沖縄）。この禁忌は広い範囲に分布する。誕生前から用意すると、その子が死ぬ（青森・秋田・福島・栃木・群馬・新潟・福井・長崎）、短命（長野県五常村〈松本市〉・福岡県香椎村〈福岡市〉）、丈夫に育たない（秋田・千葉・長野・愛知・静岡）、子供の体が弱くなる（福島・岡山・徳島）、子の仕合せが悪い（長野県福島町〈木曽町〉）、お産が重い（長野・愛媛・鹿児島）などと心配する。岡山県では、子が生まれる前にテトオシ（赤子に初めて着せる一つ身の着物）などの衣を用意して待っのをマチゴをするといい、マチゴをすると生まれる子が弱いという。福島県相馬市では、「オト（子供）が弱ぐなっから」といって、産着を早くから作ることを忌む風がみられ、生まれる直前に作るのがよいとされた。神奈川県伊勢原市では、産着をどうしても作る必要のある時には、袖口、裾、立褄など、どこか縫い残しておき、出産後に仕上げるという。島根県赤屋村〈安来市〉では、産婦が出産前に産着を作るときは、床前の畳の下に敷いておくと、産児が達者であるという。福島県飯舘村では、子供が生まれる前に名前を用意しておくものではない。弱い子が生まれる、と伝えている。胎児は、この世に生を獲得する前の、いまだ他界に属する存在である。一方、この世から他界へ向かう人の衣装は、死が確認されてから急ぎ作る。死者は経帷子《きょうかたびら》を着けてあの世（他界）への旅に出る。同様に、他界からこの世に生まれ出る子は、生が確認されてから急ぎ産着を作り、それを着てこの世でのスタートを切る。生と死は反転した形でバランスがとれている。誕生前、まだこの世の者ではない存在に対して作る産着は、言い換えれば、死ぬ前に経帷子を作ることにも通ずる。生まれる前に衣類を支度すれば、多くの土地で「その子が死ぬ」というのは、誕生以前の世界が死のイメージ（あの世）と結びついていることを示唆している。

○長野県南木曽町では、生まれてすぐはボロや毛布など袖のない物にくるんでおき、三日目に産着をきせた。新潟県横越町〈新潟市〉では、子供が生まれてすぐ着物をきせてはならないといい、生まれた直後は、ありあわせの古布か母親の腰巻などに巻いておいたという。福井県遠敷郡《おにゅう》では、昔は初めから着物をきせるものではないといって、生まれた時はツヅレ（継ぎはぎした古着）に巻いた。沖縄県八重山群島では、生後初庚《はつかのえ》の日に産着をきせた。それまでは襤褸《らんる》（ボロの衣服）に包んでおいたという。「ボロ纏《まと》い」は沖縄に広く見られ、魔除けとしての意味があったことが指摘されている（與那嶺一子ほか「沖縄の産育儀礼における子どもの衣服と背守り」）。また、大藤ゆきは「生後三日目まではきものの形をしたものを着せなかったのである。三日間はまだ人間界に生存すべきものかどうかわからぬと考えられていたらしく、それほどこの時期の乳児は育ちにくかったのであろう」と述べている（『児やらい』）。
○産着は、生児にはじめて着せる着物である。里方で作って贈る土地が多いが、初産を里方でする場合は婚家から贈るなど、さまざまである。秋田県山本郡では、産着を作るときは、身幅をすっかり作ってから後に袖を縫ってつけると、その子は長命であるという。長野県栄村では、産着はうこん（うこん染め）で作り襟を入れない。取り上げた人が縫ってくれる。
○長野県豊科町〈安曇野市〉では、産着は生まれて三日目に着せる。必ず右手から袖に通す。左から通すと左かち（左利き）になるという。最初に左から通すと左利きになるとの伝承は、愛知・三重・徳島県にもある。静岡県小笠郡では、男子は左から、女子は右から袖を通させるという。
○宮崎県えびの市や高原《たかはる》町では、産着に健康児の古着をきせると丈夫に育つという。岩手県盛岡市付近では、産着は子孫の多い長命の老人の古着を縫い直して着せるという。三重県小俣《おばた》町〈伊勢市〉では、子育ての上手な家から産着を貰って着せれば丈夫に育つ、といわれる。
○麻の葉模様の産着をきせるとよい（秋田・山形・宮城・福島・栃木・群馬・長野・京都・熊本）という所は多い。麻の葉模様だと、丈夫に育つ（秋田・山形・福島・栃木・群馬・長野）、病気にかからない（長野県松本市）、出世の基（秋田県山本・平鹿郡）という。栃木県真岡《もおか》市では、産着は麻の葉模様で、男の子は紺色、女の子は赤色、裏地はうこん色にすると健康に育つといわれる。福島県滝根町〈田村市〉では、豆絞りと麻の葉模様の産着は子供が丈夫に育つという。熊本県葦北郡では、昔は産着に麻の葉形の木綿を用いた。アサのように早く育つようにとの意である。成長の早いアサにあやかるとともに、麻の葉模様に見られる斜め十字（×）と三角（△）の組み合わせの図柄が魔除けの力を発揮する。豆絞りは、目の多い模様が邪悪なモノを祓うのであろう。

○赤い産着をきせると丈夫に育つ（秋田・長野県小諸町〈小諸市〉）。生まれて最初に着せる着物はテトオシといい、紅木綿に黄木綿の裏をつける（兵庫県加西郡）。魔除けのために一度は必ず紅木綿の着物をきせる（同郡）。産着に赤い着物をきせると、将来いかなる模様も似合うという（山梨県東山梨郡）。腹帯の紅の方を分娩直後に着物に仕立てて着せると、その後どんな着物をきてもよく似合う（徳島市）。赤い肌着をきせると瘧《くさ》によい。男児は健康になるという（福井県丹生郡）。

○産着は、うこん色または紅の木綿を用いるが、妊娠中から作っておくと生児が弱いといい、出産後に作って着せる（徳島県名東郡）。乳児の肌につけるものはうこんで作ると、丈夫に育つ、ムシが切れる（長野県小諸町〈小諸市〉）。黄色の初着《うぶぎ》をきせると丈夫に育つ（秋田県南秋田・鹿角郡）。黄色のジュバンを着せればノミが刺さない（福井県坂井郡）。産着には茜染めの木綿、麻の葉形に染めた木綿を用いる。茜染めは疱瘡を避ける呪《まじな》い、麻の葉形は「アサは素直に育つ」からである（熊本県下益城郡）。生まれたばかりの子に紫色の着物をきせると目を悪くする（秋田県山本郡）。

○鹿児島県亀津村〈徳之島町〉では、七日の命名式の日に初めてウブイ（産着）を作る。これは男親の古着の切れで作る。当日は赤子に着せる前にイヌを探し、この産着をイヌの頭にかぶせてから赤子に着せる。その時の唱え言は「イヌの子、イヌの子」で、イヌのように丈夫で駆け回って歩くようにとの意である。栃木県栗山村〈日光市〉でも、イヌに着せた産着を赤ん坊に着せると丈夫に育つという。石川県南郷村〈加賀市〉では、産着は男の子ならイヌの子のしるしのついた木綿の紋付、女の子ならマツか花のついた紋付を、孫渡しの時に里親が持参する。山梨県西条村〈昭和町〉では、クマの子、イヌの子のように健康に育つようにといって、黒色の胴着をきせるという。

産着《うぶぎ》

(2)背守り、百とこ集め

○産着をはじめ一つ身の着物には、後襟の下に縫い飾りなどをつける。これをセマモリといい、新生児を災厄から守るための呪《まじな》いである。奈良県都介野《つげの》村〈奈良市〉では、子供の「一つ身」の着物には、背の上部中央に色糸で一種の縫い飾りをつける。背の縫いであるからセヌイと呼ばれ、子供に対して神秘的守護の力があるというところからセマモリ、セマムリともいう。また縫いつけられる針の数によって十二ハリヌイと呼ぶ地方もある。縫い方は糸を着物の丈と同長、十二針を男女によって分け、男は左を尊ぶから十二のうちの三針を左へ曲げ、女は右を尊ぶから右へ曲げる。糸の端は男は切り、女は結ぶ（『日本産育習俗資料集成』）。三重県松阪市域では、後襟下の中央に白の絹糸二本で男児は二目おとし縫いで七針、さらに左斜下に五針、女児は一目おとし縫いで中央に七針と右斜下に五針縫い、いずれも縫い残りの糸をたらしておく（『日本民俗大辞典』）という。長野県豊科町〈安曇野市〉では、背守りは子供が水に落ちた

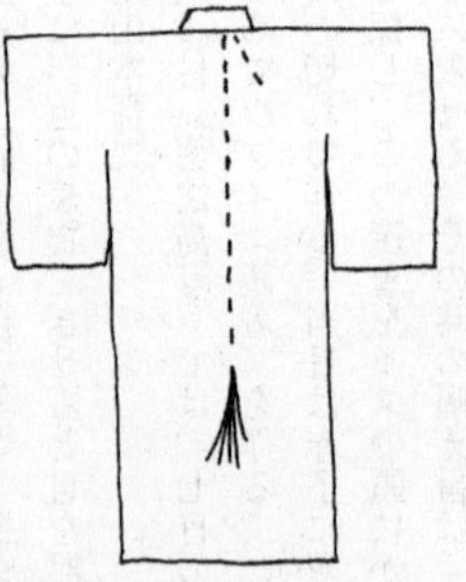
背守り

時、神様がこれをつかんで引き上げてくださるもの、と伝えている。沖縄県で、幼児の着物の背にマブヤーウー（背守り）をつけなければ魂が抜ける、といわれるように、人の魂は背中、とくに背筋のあたりから抜け出ると信じられた。身体のなかでも背中は無防備で、外部の邪霊に狙われやすい部位である。とりわけ、生児の場合にはその不安が大きかった。福尾美夜は、岡山県の事例をもとに、背守りについて「子どもの魂が抜け出ぬように、子供の良い着物には背にカギ型を、紐には紐飾りをしたのが多い。カギ型のマオロシや背飾りは、赤子の魂が抜け出さぬようにとの呪いである」と述べている（『手とおし』から『イロ』を縫うまで」）。針目のもつ力とともに、鉤のひっかける力が魂を引きとめ逸脱を防ぐとされたのであろう。

○産着など背につき合わせのない着物には、セナマモリといって、背の襟の下に方形の布片またはサルモネをつけ、あるいは数種の色糸をくくり、男児には雄縫い、女児には雌縫いにして飾ることもあった（島根県松江市）。産着の背首に長方形の小さい赤い布を縫いつけ、これを赤切れと呼んだ。魔除けの印である（高知県室戸市・東津野村〈津野町〉）。幼い子供の着物の背中の襟の下にマブヤーウーを縫い付けた。色糸を合わせて束ね、先端は房のように垂らした。マブヤーウーは幼児を悪霊から守り、マブヤー（魂）が身体から遊離するのを防ぐ呪法である。マブヤーウーには色糸の代わりに矩形《くけい》の赤い布片をつけることもあった（沖縄県那覇市）。ピーピー（背守り）は三角の袋に縫って上だけ縫い付ける。火に転んだとき産土神が引き上げてくれるという（長野県南安曇・北安曇郡）。霊魂は背縫いのところから抜けると考え、産着には米粒と長老の髪を一本入れた袋を背守りとして縫い付ける。また、後襟の下に男の子なら菱形の縫取りをして下に房をつけ、女の子は三角の縫取りをする（鹿児島県和泊町）。子供の着物の背筋のところに菱形、三つ瓢箪、松葉の形を縫い付けて魔除けにする（群馬）。一つ身の着物には背縫いがないので、襟の真中からちょっと下がったところに、糸で松や三つ鱗の刺繍の紋をつけると災難を逃れることができる（石川県金沢市）。桃の形を衣服の背紋にしてつけておくと丈夫に育つ（福島）。襟肩より八分ほど下がったところに紅白の二重糸で鶴亀などを縫う。子供が火に転んだとき荒神がこれを引っ張って助けてくれるという（長野）。まめに育つようにと産着の背に豆を縫い付ける（福島県田島町〈南会津町〉）。ほかにも、背守り（背紋）の図柄は多彩である。邪霊を寄せ付けない魔除けの色や形だけでなく、不安定な幼児の魂を結び留める「結び」の意匠、長寿や吉運を願うものなど、実に変化に富む。背守り・背紋を分析した夫馬佳代子は「本来親が種々な工夫をして縁起にあやかるよう、或いは災いを除くよう願う『心』を何かの形態に表わしたものと推測される。その結果、各自の願いを反映する種々な形態の背守り・背紋が生まれたものと思われる」と述べている（「産着に見られる背守りの変遷」）。

○子供の育ちが悪いときに、近隣の家々から布を貰い、それで着物を作ってきせる習俗も広く行われてきた。福島市では、七軒の家から七色の布切れを貰い、それを縫い合わせて襦袢を作って着せると、子供は丈夫に育つという。徳島県美馬町〈美馬市〉では、体の弱い子は七軒から貰った布切れで着物を作って着せると元気な子に育つといい、これを七織《ななおり》着物と称している。高知県では、生まれてすぐに死ぬ子が続くのをクルマゴという。その場合、同県の大豊町尾生《おお》では、七人から布片《つぎ》を貰い集めて着物を作るとよい、といい、同県大正町〈四万十町〉では、子供運のよい七人の女から布片を貰って紐を作るとよい、と伝えている。

○生児が弱いときは、子育ちのよい家二三軒から子供の衣服の余り切れを貰い、これで着物を作って着せるとよく育つという（秋田県大館地方）。体の弱い子は、三三軒の家から布を貰い、接《は》ぎ合わせて着せると丈夫になる（群馬）。生児が再三死亡するときは、三三人から三三布を貰って産着を作り、着せるとよい（福井県敦賀郡）。三三軒から布切れを貰い、これを綴り合わせて着物を作り、赤子に着せればその子は長生きをするという（福岡県香椎村〈福岡市〉）。三三軒から布を貰って着物を作る例は、山形・栃木県からも報告がある。

○四七片の布で作った着物をきせると丈夫に育つ（秋田県南秋田郡）。四八人から一枚ずつ布片を貰い、着物を作って幼児に着せると達者に育つ（同県山本郡）。四八軒から小切れ布四八枚を貰い、産着を作ってきせると丈夫な子になる（福井県南条郡）。

○子供が生まれても弱くて育たない場合は、親が百軒の家から少しずつ切れ端を貰って着物を作り、着せると丈夫に育つといわれる。切れ端を貰い集めることを狐田ではヒャッケンホイドという（福島県三春町）。子供が弱いときにはヒャクイロギモン（百色着物）を作って着せた。小切れを近所から貰い集めて着物を作り、生まれた子に着せた。子供が丈夫に育つという（群馬県太田市細谷）。子供の育たない家では、ヒャクトコアツメ（百とこ集め）といって、多くの人から少しずつ切れを集めて着物を作り、これを着せて神参りなどをさせる（同県嬬恋村）。子供が死んで育たないときは、百軒の家から布を貰いそれを縫い合わせて着物を作り、子供に着せれば死なない（石川県金沢市）。三夫婦そろった家から百つぎを貰って弱い子の着物をこしらえて着せると達者になる（長野県生坂村）。百色の布切れで作った着物をきせると生まれた子が達者になる（岡山）。百色の小布綴りで仕立てた着物をきせると百歳まで生きる（三重県鈴鹿郡）。百軒とか百色というのは、必ずしも百の数にこだわるものではなく、多くの人の力を集める合力の意味である。岡山県伊里村〈備前市〉では、育ちの悪い家では子供が生まれると、センマイゴ（千枚着物）といって千人から布切れを貰い、これを縫い合わせて着せるという。また、特定の数に関係なく、近所から小切れを貰い集めて着物をこしらえ、子供に着せると丈夫に育つ（群馬・福井・三重・愛媛）という所も少なくない。鹿児島県亀津村〈徳之島町〉では、昔は三歳までは三種の異なる布地の切れで縫い合わせた衣服を着せる習俗があったという。さまざまな布片を接ぎ合わせるパッチワークに、独特の温もりや心強さを感ずるのも、いくつもの素材が織りなす合力の魅力であろう。

○子供が育ちにくい場合は、丈夫な子供の着物を貰って着せるとよい（福島・奈良・長崎）。弱い子には、うこん色（黄色）の布で作った袢纏や着物をきせると丈夫に育つ（福島県棚倉町）、黄色いネルとか麻の葉模様の着物をきせると丈夫に育つ（同県飯舘村）。

○子供が弱いと、蓮照寺から着物を借りてくる。この着物を切って、子供の着物の襟肩や襟先に縫い込む。これを身につけていると丈夫になるという。丈夫になると二枚にして返す（静岡県細江町〈浜松市〉）。弱い子を丈夫に育てるには、お地蔵様から着物を借りてきて着せ、新しい着物を返す（長野県伊那市）。鬼子母神様から奉納された衣服を借りてきて着せ、増やして返した（同県松川町）。

産着《うぶぎ》　**(3)男女の着物を逆転、その他**

○千葉県市原郡で、男の子に女のなり（服装）をさせ、女の子に男のなりをさせると丈夫に育つという。石川県金沢市でも、男の子には女の着物をきせ、女の子には男の着物をきせて育てると丈夫に育つ、という。群馬県板倉町では、男の子が弱いときは、女の赤い着物をきせる。女の子の場合は、男の着物をきせると丈夫に育つようになる、といわれる。男女で着るものを逆転する俗信は秋田・福島・長野県にもある。愛知県挙母《ころも》町〈豊田市〉では、男児の発育がよくない家では、十歳まで女子の姿に仕立てておくとよく育つという。男でも女でもないという曖昧な姿、両性が統合した形が病魔を惑わし、つけ入る隙を与えないのであろうか。一方、女児の着物を男児に着せると、その子は出世しない（秋田県中仙町〈大仙市〉）との報告もある。

○夜、子供の着物やオムツを干すと夜泣きをする、とはほぼ全国的にいう禁忌である。夜干しをすると、その子が寂しがる（愛媛県野村町〈西予市〉）、吹き出物ができる（徳島県美馬町〈美馬市〉）、下痢をする（高知県佐川町）、物忘れをする（岡山）、通り神が憑いて病気になる（山形県南陽市）などと忌む。群馬県安中市では、子供が夜泣きをしたときは、その子の着物を屋根に放り上げ、南から北へ越すと治るという。

○子供の着丈は二尺丁度はよくない（三重県小俣町〈伊勢市〉）。子供の着物は襟を短くするものだ（長野県生坂村）。子供の着物を押さえて縫うと出世しない（宮崎県小林市・高原町）。葬式のときに棺を巻いた布で子供の着物を作ると丈夫に育つ（秋田・福島）。帯で着物を作れば寿命が長く、横切れで作れば出世ができない（岐阜県八幡町〈郡上《ぐじょう》市〉・三重県三重郡）。

○子供の着物を新調したときは、襟を中柱にあて「チンヤ、ヨーカー、ドゥーヤ、チューカー（着物は弱く、からだは強く）」と三度唱えてから着せる（沖縄県宜野座村）。子供に緑色の着物は良い（秋田県山本郡）。子供に龍の模様の着物をきせると勢力負けする（同県鹿角郡）。子供に紫色の着物をきせるとムシ（疳の虫）を起こさない（同県山本郡）。男児に幼いときから赤い着物ばかりきせていると、気質が女性的になる（同県南秋田郡）。子供に着物をきせるとき二人できせてはならない（沖縄県佐敷町

〈南城市〉）。肩で継いだ着物を子供に着せるものではない。出世できない（和歌山県すさみ町）。赤ん坊には単衣を着せるものではない（静岡県浜松市）。死んだ赤子の着物を次の赤子に着せると不幸がある（広島県加計町〈安芸太田町〉）。三歳前に張り替えの着物をきせると強情になる（長野・愛知）。双子には六歳まで同じ着物をきせる。そうしないと、成長してから商売のことで争う（福井県小浜町〈小浜市〉）。竿に子供の着物だけ一枚かけて干すのを忌む（長崎県壱岐郡〈壱岐市〉）。⇩胞衣着《えなぎ》・御襁褓《おむつ》

【え】

胞衣着　えなぎ

○赤子が宮参りのとき晴着の上に着せる衣服。ただ、作る人や着初めの時期は土地によって変化が多い。福島県新鶴村〈会津美里町〉では、取上げ婆が持ってきて最初に着せる白木綿の袖なしのことをいった。宮城県白石市では、木綿白地の袖なしで、茜木綿の襟付き。丈夫に育った子にあやかるようにと、借りて用いることもあるという。千葉県八生《はぶ》村〈成田市〉では、三日目に親里から贈る産着のほか、取上げ婆は胞衣着を贈る。白木綿または白絹に色糸の縫飾りをした袖なしで、宮参りのときに羽織る。

○福島県鏡石町では、赤ん坊の着物は予め用意しておくものではないが、胞衣着は用意しておいてもよいとされている。そして、胞衣着は麻の葉模様か豆絞りの裂《きれ》で作るとよいという。同県飯舘村では、胞衣着を着ないで死んだ子はあの世に行って鬼に突き飛ばされるといい、また、親不孝の子供ができたら胞衣着を出して潜らせるとなおる、と伝えている。近藤直也の研究によれば、この習俗は千葉県から宮城県にかけて広く分布し、イナギと呼ぶ土地が多いという。

さまざまな性格を帯びているが、近藤は、イナギは胎盤を象徴する着物であると説き、その本質は「肉体的に胎盤を破って誕生した子供を、さらに疑似的胎盤の中に七年間包み込み、第二の誕生を迎えさせるところにある」と述べている（『祓いの構造』）。⇩産着《うぶぎ》

襟《えり》

(1)襟を折って着るな、襟と禁忌

○襟（衿）をつけかけて途中でやめるな（福島・群馬・石川・福井・長野・岐阜・愛知・高知）との禁忌は広い。やめると、夜首をしめられる（長野・愛知）、長生きしない（岐阜）、身内に死人がでる（高知県大月町）、気がふれる（岐阜）、運が悪い（長野）、襟つぼがきれる（群馬）などという。岩手県滝沢村〈滝沢市〉では、襟を背縫いまでつけないで止めるな、という。秋田県平鹿郡でも、襟をつける時は背を越さぬうちに止めると成功しない、と伝えている。福島県滝根町〈田村市〉では、衣服の襟は半端でやめるな。やめるときは待針をして止めておく、という。

○襟を夜裁つのはいけない（徳島県藍住町）。羽織や着物の襟は半分昼つけ、半分夜つけるのはいけない（岩手県住田町）。着物の襟は二日かかるとよくない。襟をつけかけて寝てはならない（岐阜県海津町〈海津市〉）。襟は休まずに縫い上げるもので、昼夜あるいは二日にまたがるのを忌む。

○高知県東津野村〈津野町〉では、昼と夜の明かりを使って襟をつけるのを二明《ふたあ》かりと呼んで忌み嫌った、という。『禁忌習俗語彙』には、フタアカリについて「昼と夜との境に、外の光と灯の光と二つのあかりで衣を裁つことを忌む」とある。ここでは、昼と夜の二明かりではなく、外の光と灯の光が交錯する夕暮れの時刻の意に解している。高知県下では両方の伝承（解釈）があったようだ。桂井和雄は、日高村で、襟つけ袖つけは日暮れに縫うのを忌む、と

の例を紹介し、さらに「吾川郡春野町弘岡下の西根木谷〈高知市〉では、日の暮れ二火《ふたび》の元で大事なことをするなという言葉を伝え、二火を昼の光と夜の燈が交錯する黄昏の時期と聞いた」(『土佐の海風』)と述べている。おそらく、外光と灯火を同時に受ける状態で襟を縫うのを忌むことで、俗信にしばしばみられる「同時に同じ」現象を嫌う禁忌の一つであろう。

○高知県東津野村〈津野町〉では、襟をつける時には縁起を担ぎ、襟祝いといってめでたいことを聞くのを喜び、不吉なことを耳にするのを忌む。長野県松本市や塩尻市でも、襟をつけかけて不吉な話を聞くと不運が来る、という。襟祝いは「衣類の仕立て始めに行う祝いのことで、少しの白米や鰹節を布帛の上に供えて、立派に着物ができ上がることを願う」ものである(『江戸文学俗信辞典』)。「ものさしで猫のぶたれるゑりいわゐ」(『誹風柳多留拾遺』)の句は、襟祝いの鰹節を狙って近づいてきた猫を詠んだもの。壱岐島〈長崎県壱岐市〉では、裁物をする時は、一升枡に米を入れて道具と一緒に飾り、襟あけのところにその米を三粒ずつ三か所に置く。これをエリ米をあげると称している。

○襟のない着物を着るのを忌む(宮城・群馬・長野・和歌山・高知・長崎)。また、着た状態で襟をはずすものではない(長野・愛知)ともいい、長野県生坂村では、襟なしの着物を着ると死人の道連れにされる、という。死人には襟を解《ほぐ》して着せる(群馬)といわれるように、葬送習俗と結びついた俗信であろう。高知県土佐山村〈高知市〉では、死者の身ごしらえをすませると、その上に白木綿の丈三十センチ(三尺か)ばかりの襟のない着物を載せてやる習俗があった。同県安芸市上尾川では、白い木綿で縫う死者の装いが襟なし着物であるため、縫い上げる途中で、襟のないものに袖を通すのを忌み嫌ったという。

○襟を折って着るものではない(青森・秋田・

新潟・長野・三重・鳥取・高知・福岡）とは各地でいう。襟を折った状態で着るのは、死んだ者（青森・秋田・長野・三重）、仏様（青森・長野）、幽霊に遭う（秋田県鹿角郡）、親の死に目に会えぬ（広島）。この禁忌も葬式の作法との関係が予想される。鳥取県日吉津村では、着物の襟を折りこんで着るのを盗人襟といって嫌う。埼玉県入間郡では、襟が内に返ると金持ちになるといわれ、それを銭頭《ぜにくび》と称した。
○襟を帯にしてはいけない（秋田・長野・静岡・愛知・三重・徳島・高知・長崎）。襟は紐には使わない（静岡・和歌山・島根・高知）。帯にすると、仏様だ（長野・愛知）、死人が着る（秋田県）、出世をしない（長崎県南有馬町〈南島原市〉）という。死人には襟を取って腰に締めてやる（群馬）。高知県安芸市では、死者に白布の襟なし着物を着せるとき、その襟を帯代わりに使う。同県大方町田野浦〈黒潮町〉でも、死者の湯灌をすませ、最後の装いをするときは襟をほどいて帯代わりにする風があった。
○羽織の襟を立てて着ていれば、西の国（浄土）へ行って不幸な目にあう（長野県生坂村）。男物の着物の襟に横つぎを忌む。襟芯についても同じ（高知県東津野村〈津野町〉）。

襟　えり

(2) 襟に針、襟と大黒柱

○妊婦は襟に針を刺すな（秋田・群馬・大阪・奈良・和歌山・兵庫）。針を刺すと、耳に穴のある子が生まれる（秋田・群馬・奈良・和歌山・兵庫、愛媛）、頭に穴のある子が生まれる（奈良）、顔に穴のあいた子が生まれる（大阪）といって忌む。奈良県吉野村では、妊婦が着物の襟に針を入れると耳に穴のある子が生まれる、という。この禁忌は沖縄県にも広く分布しているが、ただ妊婦に限定されてはいない。佐賀県小城町〈小城市〉では、針を襟に刺せば臆病子を持つ、というが妊婦の禁忌かどうかは不明である。群馬県嬬恋村では、妊娠中に火を見ると赤いアザの子が生まれ、死人を見ると黒いアザの子が生まれるという。しかし、鏡を懐中したり、針を襟に刺すなど金物を身につけると避けられる。

○襟に針を刺す俗信は「蛇聟入《へびむこいり》」の民間説話を想起させる。娘のもとに夜な夜な見知らぬ男が通ってくる。やがて娘は妊娠し、心配した親の指示で、糸を通した針を男の衣服に刺す。翌朝、糸をたどって行くと、大蛇のすむ淵や岩穴につづいていた、と語られる。この話では、娘は男の袖や襟に針を刺す場合が少なくない。『平家物語』巻八の「緒環《おだまき》」は「蛇聟入」の中世の姿を伝える伝説である。娘は母の教えに従い「朝帰りしける男の、水色の狩衣《かりぎぬ》を着たりける頸上《くびかみ》（襟首）に針を刺し」その糸の跡をたどって行く。岩屋の中でうめいていたのは大蛇で「頸上に刺すと思ひし針は、大蛇の喉笛にぞ立つたりける」とある。襟に刺した針は、実は大蛇の急所を刺していた。

○沖縄県浦添市では、子供の着物を新調したときは、柱に着物の襟をこすりつけて「チノーヨーカー、チューチューカー（着物は弱く、人は強く）」と呪文を唱えてから子供に着せる。高知県中村市竹島や百笑《どうめき》〈共に四万十市〉では、襟祝いと称して新しく作った着物を大黒柱に着せておくと、たとえ日が悪くても身につけてよい、と伝えている。着初めの時に襟を柱に当てる所は方々にある。兵庫県奥谷村〈宍粟《しそう》市〉では、新しい着物は小黒柱に着せて「きなされ、きなされ」と言い、襟を三回擦るという。鳥取県土師村〈智頭町〉では、着初めには「きまさり、きまさり」と唱えて家の柱につけて着れば、一生のうち多く着物を身につける、といわれる。襟は、その着物を身につける人間の魂と深く関わる部分である。とくに背筋に接するあたりは、魂の出入り口としての意味を帯びていると考えられる。

襟《えり》

(3)死の予兆、民間療法など

○三十三歳の婦人の陰毛を、本人にわからぬように襟に縫いつけておくと、徴兵検査に行っても合格しない(栃木県茂木町)。三十三歳の女の人の髪の毛を、壮丁の知らぬように着物の襟に入れてやると兵隊を免れる(長野県北安曇郡)。徴兵逃れの呪《まじな》いだが、この場合、主眼は厄年の女性の陰毛や頭髪にあるのだろう。三重県松阪市では、三十三歳の厄年の女の陰毛を三本抜いて財布に入れるとその年は商売繁盛するという。とくに、戦時中軍人が出征するとき持参すると武運がある、といわれた。

○病人が襟を気にするようになると死期が近い(秋田・山形)。病人が襟をいじるようになると死ぬ(秋田・岐阜)。新潟県佐和田町(佐渡市)では、重い病人が夢中で着物の襟を掻くようになると近いうちに死ぬ、という。死の予兆にまつわる俗信である。『新潟県史 資料編23 民俗・文化財二 民俗編Ⅱ』(一九八四年)に、次のような記述が見える。「臨終まぢかに病人が、それらの清水を望むようになると、昔はよく逆さにはうシニジラメが襟のあたりにたった。白い平たいシラメで、じゅずつなぎにたち、とってもとってもたつので、ホウキではいてやったものだという。逆さまに尻を上にして、襟のあたりを中心にはうのでサカサジラメともいった。そして病人がその襟のあたりをかくようになると、その人は助からぬといった。病人が目をきると、そのシラメやマミヤの中のシラメがどことなく姿を消したという」(佐渡市)。

○着物を洗濯したら襟を揉んで着ろ(長野県生坂村)という。長崎県壱岐郡(壱岐市)では、古衣を買って着る時は襟を足で踏んで着る。そうすると悪病も移らぬ、という。着る前に揉むとか踏むのは、着物に取り憑いているやも知れぬ邪霊を祓うためだろう。それが襟であるのは、ここが人の魂が影響を受けやすい箇所であることを示唆している。

○節分の豆を襟の中に縫い込んでおくと、キツネに化かされない〈新潟県山古志村〈長岡市〉〉、ヘビに咬まれない〈同県〉、悪い夢を見ない〈同県山古志村〈長岡市〉〉という。

○ニンニクを着物の襟に縫い込んで外出すると流行病にかからぬ〈岩手県遠野市〉。流行病除けに東に向いた桑の木で小さな瓢箪を作り、襟に縫い付けておく〈高知県本山町〉。スルメを着物の襟に縫い込んでおくと麻疹にかからない〈兵庫県赤穂市〉。伝染病を防ぐために、着物の襟に三角の布をつけたり、腰にニンニクを下げたりした〈群馬県黒保根村〈桐生市〉〉。健忘症には七月七日にクモの巣を取り、着物の襟に入れておけば治る〈岩手〉。忘れ物をしないためには、七月七日にクモの網を取って着物の襟の中に縫い込んでおけばよい〈奈良〉。目に埃が入ったら手でこすらずに、着物の襟の上下〈左右〉を舐めて唾を吐くと出る〈福岡県稲築町〈嘉麻市〉〉。でばつく〈モノモライ〉がでたときは、誰も知らないうちに着物の下前の襟の端を糸で括るとよい〈和歌山〉。高知県吾北村〈いの町〉では、喪負けを封じる呪《まじな》いとして、死者の着物の左襟の端を焼いて水に溶かしておき、葬式から帰った血縁の者は塩を舐めたあと、箸の先に水をつけて舐めると喪負けしないという。

【お】

扇《おうぎ》

(1)扇を拾うときの作法

○扇〈扇子〉を拾うのは一般に吉兆である。扇を拾うと、よいことがある〈岩手・新潟・岐阜・愛知・奈良・兵庫・山口〉、福がくる〈三重・奈良・岡山〉、運がよい〈千葉・長野・愛知・三重・和歌山〉、縁起がよい〈山形・福島・広島）、マンがよい（島根）、ゲンがよい（滋賀）、繁盛する（和歌山）、富む（岡山）、幸福になる（大阪府枚方《ひらかた》市）などと喜ぶ。正月に神社に参拝する往復の道で、扇を拾うと金持ちになるか幸運に見舞われる（日向北部〈宮崎〉）。なかには、落とし主がわかっていても返してはならぬ（秋田県平鹿郡）という所もある。

○高知県中村市〈四万十市〉や大方町〈黒潮町〉で、扇を拾うのは吉、とくに要が手前にあれば「末広」とて大々吉、とされ、同様のことは秋田県や長野県でもいう。ただ、運よくこのような状態で落ちていればよいが、そうではない場合も当然多い。新潟県新発田《しばた》市では、扇を拾うと吉兆だが、ただし頭をつかんで拾うものではない、という。そこで、扇の向きが気に入らないときは、扇の要の方に回って拾え（岐阜・愛知・兵庫・徳島）という所が多い。扇が道に落ちていたときに要がこちらに向いていればよいが、もし反対に向いているときは投げかえして拾う（神奈川県津久井郡〈相模原市〉）。要するに、要の方から拾う（京都・奈良・香川）こと、つまり、末広に拾う（秋田・和歌山）のが肝要で、拾い上げるときにも、扇の要をつかんで拾う（石川・山梨・三重・奈良・岡山）ものとされている。

○香川県綾上町〈綾川町〉では、扇を拾うとゲンがよいといい、拾う時は先を広げて要の方から拾う、という。愛知県美浜町でも、扇は広げてから拾え、という。わざわざ扇を広げ、末広の形をつくってから拾うのである。扇を拾って持ち帰り広げると福が来る（同県一宮市）。ほかにも、扇を拾うときは左の手で拾う（和歌山県東牟婁郡）、夜間に扇を拾うと運がよい（愛知）との俗信もある。徳島県の吉野川中流域の餅搗き唄では「旦那大黒　奥さん恵比寿《えべす》　ひとりある子の　福の神　御所のお庭で　扇を拾て　扇めでたい　末繁盛」と歌われる。和歌山県美浜町の伊勢音頭にも「お伊勢参りてヨー　扇を拾うた扇ナー目出度い末繁盛ヨー」の詞章がみられる。実際に扇を拾うなどという体験はめったにあるものではない。にも拘らず、取上げる作法まで細かく言い伝えられているのは、縁起の良い事柄として民謡に歌われ、庶民の関心を集めたことも一因だろう。

○扇を拾うのを吉とする伝承が多いなかで、これを凶とする例も散見する。扇の要を持って拾うと貧乏になる（石川県加賀市）。人の扇を拾うとマンが悪い（島根県安来市）。盆に扇を拾うと死ぬ（愛知）という。愛知県では道で扇を拾うと、ギザ（縁起）がよいとする場合と悪いとする場合があり、吉凶が分かれる。沖縄県具志川市〈うるま市〉では、扇を拾うときは必ず蹴ってから取れ、という。落ちているものには、何か邪悪なモノが憑いているかも知れない。それを蹴り祓ってから拾えというのであろう。

○扇は、拾えば吉で落とせば凶（福島・千葉・岐阜・山口・長崎）である。とくに、扇を落とせば、運が悪い（山口）、縁起が悪い（千葉・愛知）、不吉（沖縄）、凶兆（福島・長崎）といって忌む。ただ、鳥取県淀江町〈米子《よなご》市〉には、扇を捨てるとマンがよい、との俗信があるが、この場合は、うっかり「落とした」というのではなく、何か思惑があって意図的に「捨てる」のであろう。

扇《おうぎ》

⑵願もどし、夢、その他

○願もどしの方法には幾通りかあるが、なかでも、扇の要をはずして屋根の上に投げるという土地は多い。主に死者の生前の立願を撤回するための手段で、愛知県鳳来町〈新城《しんしろ》市〉では、死んだ人の願果《がんばた》きには扇の要をとって屋根へ上げる。大阪府川越村〈枚方市〉では、病気回復を神仏に祈りながら死んでいったときには、扇の要を解いて屋根の上にあげる。これを願ほどきという。ほかにも、大病の人の回復を願って神仏に願をかけた際、病人が回復しなかったときは、扇の要を抜いて屋根の上に投げたり、川に流したりした（群馬県太田市）。生前に願掛けをした者はどうしても死に切れない。その時は白扇の要に麻糸を通して家の屋根を越させる。そうすると、病人はすぐに息を引き取る（愛知県挙母《ころも》町〈豊田市〉）という。挙母町の例のように、死ぬ前に行う所も少なくない。
○扇の夢は、命が長い（長野県北安曇郡）、商売繁盛（秋田県山本郡）、末繁盛（和歌山県高野口町〈橋本市〉）といって喜ぶ。同県吉備町〈有田川町〉では、扇を貰うか拾う夢は幸せよし、という。同じ扇の夢でも、開いていれば末つぼみで凶、閉じていれば末広がりで吉、要が手前に向いていれば福が来る（広島）と、扇の状態で吉凶を判断する例もある。扇を捨てた夢は悪い（島根）。
○扇で人を叩くのは禁忌である。叩けば、刀で斬るのも同様（山口）、殺したと同じ（大分県大野郡）という。胞衣と一緒に扇を埋めると小児が出世する（香川）。嫁入りが差し合う（かち合う）と仲人が先に扇を上げた方が勝ち（愛知）。相場をする人が家を出るとき扇を見たら末繁盛（奈良）。中風除けには、七夕に七十七歳の人に「七十七歳○年男（女）」と扇に書いてもらいそれを所持していればよい。ただし、男性は女性に女性は男性に書いてもらうこと（愛媛）。『月庵酔醒記』（天正頃成立）に「ねむりて扇を用れば中風生ずる」とある。

御湿　おしめ→御襁褓　おむつ

お歯黒　おはぐろ

⑴無禅で跨ぐ鉄漿壺

○歯を黒く染めること。鉄漿《かね》つけともいい主に女性の習慣だった。対馬の厳原《いずはら》〈長崎県対馬市〉では、毎月六日を無間《むけん》の鐘などと称してこの日に鉄漿をつけるのを忌んだ。また、庚申の日にも鉄漿をつけなかったという。小夜の中山の無間の鐘を撞けば、現世では富裕になれても来世は無間地獄に落ちるといわれる。六日と無間、鉄漿と鐘をかけた禁忌。近世には、庚申の日に鉄漿をつけない風があった。天保七年〈一八三六〉の『意気客初心』に「鉄漿筆、庚申又は月の八日二十日の夜にはつかふべからず」と見える。庚申の夜は同衾を慎むべきで、この夜に身ごもった子は盗人になるとの俗信がある。また、庚申の日に生まれた子に金に因んだ名前を付ける習わしがある。夏目漱石は、庚申の日に生まれたので金之助と名づけられたことはよく知られている。庚申は干支ともに金性である。鉄片を用いる鉄漿が金気のものであることからこの日を忌むのか。福島県天栄村では、四月八日はお歯黒をつけるな、といった。お歯黒をつけるのを忌む日は、土地によってまちまちで、朔日はつけてはいけない（香川）、一五日・二五日・二八日はお歯黒をつけるな（岩手県滝沢村〈滝沢市〉）などという。茨城県上青柳〈石岡市〉では、月見の夜に婦人がお歯黒をつけると稲や麦に黒穂ができる、といった。

○女子が初めてお歯黒をするときには、七軒の家から鉄漿汁を貰い集めてつける風習があった。これをナナトコガネとかシチケンガネという。岐阜県太田町〈美濃加茂市〉では、親族、知己、近隣の夫婦揃った家七軒から貰ってつけた。長野県諏訪湖畔の辺りでは、かつて、嫁入りの饗宴の途中で嫁は別室に行き、かねつけ親にお歯黒を染めてもらった。昔は眉も剃り落としたという。菅江真澄の「はしわのわかば」天明六年〈一七八六〉四月一八日条に、「翁にいざなはれて水沢（岩手県）を出て、その山里に道はる〳〵といたりて、婦《よめ》の隣の窓の内に在りてこれを見つゝしをれば、七戸銹鉄水《ナナトコガネ》なンどをはりて其歯黒母《ハグロオヤ》も来りて」とある。『誹風柳多留』の「飛び〳〵に鉄漿をもらつて憎れる」（安永五年〈一七七六〉）もこの習俗を詠んだもの。

○奈良県二階堂村〈天理市〉では、嫁の里帰りを古鉄漿買《ふるかねか》いという。お歯黒（鉄漿）を新しくつくるには古い鉄漿を加えるとよい色が出るといわれたからで、それをからかって、親里へ古鉄漿を買いに行くといったものかという。お歯黒をつける際には鉄漿汁を温めるが、艶をだしたり歯によく乗るようにと、煙草の吸殻や酒、飴などを鉄漿壺に入れた。江戸の変わった俗信に、褌《ふんどし》をはずした男に鉄漿壺を跨いでもらうというのがあった。「呪《まじな》いのへのこが利イて歯が染り」（『誹風末摘花』三篇）は、男根の呪力を示す句だが、果たしてどれほどの効果があったものか。「鉄漿へはつたのは女筆《にょひつ》のへのこ也」（『川傍柳』）のように、周りに適当な男がいないときには男根を紙に描いて壺に貼った。南方熊楠の「鉄漿」という短文に「近日、和歌山生れの五十七歳の老婦より、同地でも古くフリチンでお歯黒壺を跨ぐとよくつくと言い伝えたと聞く。また田辺の雑賀貞次郎氏も、七、八歳の時、毎度その母氏のためにこの役を勤めたと親《みずか》ら話された。（八月二日）（大正十五年八月『彗星』一年六号）」（『南方熊楠全集』4）とある。

石川一郎は「鉄漿壺に鉄片などの金属類を入れて艶出しにするので、男性のキンという単純な呪いであったろう」と述べている（『江戸文学俗信辞典』）。

○石川県江沼郡では、嫁に行くとき、初めてうわぐろといって歯に鉄漿をつけたが、人によっては馬に歯を見せるとうわぐろがつかない、といった。白馬に歯を見せるとお歯黒がつかない（東京・岐阜）というのは、白馬の白を嫌ったものか。かつて、岐阜県高山町〈高山市〉では、鉄漿をつくるには、お茶の煮汁などを壺に入れ、その中へ鍛冶屋から貰う金くそ、あるいは折針や折釘などの鉄屑を真赤に焼いて入れ、相当日数を費やして腐らしたという。この鉄漿はその人に合うと合わぬがあり、合わぬと染まらない。どうしても染まらぬときには、火葬場の灰をふし（五倍子）の粉に混ぜるとよい、との言い伝えがあった。また、女がムソバ（死人の灰）でお歯黒を人に見られぬようにつけると早く縁につく（岡山）という俗信がある。
○和歌山県紀北地方で、鉄漿《かね》（お歯黒）をつけた後でほうれん草を食うと血を吐く、という。江戸時代には、この禁忌は広く知られていたようで、『誹風柳多留』に「七けん（軒）でほうれんそうの事をいひ」（明和八年）の句がある。初鉄漿で回った先々で耳にした忠告である。『和漢三才図会』にも「俗ニ伝テ曰、歯ヲ染メルノ日、ホウレン草ヲ食フベカラズ、大ニ之ヲ忌ム」と見える。

お歯黒　おはぐろ

(2) 妖怪とお歯黒の呪力

○柳田国男「妖怪名彙」のノブスマの項に、次の話が収められている。「佐渡ではこれを単にフスマといい、夜中後からとも無く前からとも無く、大きな風呂敷のようなものが来て頭を包んでしまう。いかなる名刀で切っても切れぬが、一度でも鉄漿を染めたことがある歯で噛切ればたやすく切れる。それ故に昔は男でも鉄漿をつけていたものだといい、現に近年まで島では男の歯黒めが見られた（佐渡の昔話）」（『妖怪談義』）。名刀でも切れぬフスマが、鉄漿を染めた歯で噛切ればなんなく切れるという。魔除けとしてのお歯黒の力を物語る話といってよい。岐阜県清見村〈高山市〉では、栗の木の下で昼寝をしていた娘が、夕方家に帰ったが、急に蕗《ふき》を取りに行くと言って外に出た。まもなく、娘は気がふれたような状態で戻ってきて、ただ「でっかい、でっかい」と泣き叫ぶ。それを見た祖母が、大蛇に見込まれたに違いないと察して、炉端のお歯黒を溶いて飲ませた。すると静かになった。（『ひだ人』五年七号、一九三七年）。金気のものを嫌うヘビをお歯黒で退散させた祖母の機転である。『葛飾記』（寛延二年〈一七四九〉編著）にも、お歯黒でヘビを退治した話が載っている。昔、利根川で夜の漁をしていた男が青ざめて家に帰る。女房見れば、大きなヘビが腹に巻き付き頭を胸に出している。女房は素知らぬ風情にて鉄漿《おはぐろ》よく付けて奉書紙でヘビの首を包みしかとくわえると、ばらばらと解けたという。これらの話の根底には魔除けの力をもつお歯黒の呪力が読み取れる。
○大分県大野郡で、お歯黒をつけるときに拭いた紙で尻を拭くと川の人（河童）にとられる、という。子供を抱いてお歯黒をつけるな。子供が蛇に取られる（福島県天栄村）。
○岐阜県谷汲村（揖斐川町《いびがわ》）で、百年ほど前に、牛洞《うしぼら》の道を通ると突然「ついたか、見てくろ」と言って人を驚かすお歯黒のお化けがでた（『民俗採訪』昭和四六年度号）。
○妊婦がお歯黒をすると、あざのある子が生まれる（和歌山県紀北地方）、疣のある子ができる（同県那賀郡）。奈良県下北山村では、お歯黒をつける時あやまって滴を腹へ落とすと黒いあざの子ができる、といった。胞衣の下りないときはお歯黒を飲むと早く下りる（青森・和歌山）。

帯　おび

(1) 帯を枕にするな

○帯を枕にするな、との禁忌はほぼ全国的である。枕に用いると、長患いをする（岩手・秋田・山形・宮城・福島・茨城・栃木・群馬・埼玉・千葉・新潟・富山・石川・福井・長野・三重・兵庫・鳥取・島根・山口・高知・福岡）、病気になる（宮城・富山・石川）、長い夢を見る（岩手・宮城・長野、山梨・高知・福岡）、長く恐ろしい夢を見る（栃木県芳賀郡）、悪い夢を見る（岩手・高知）、早産死する（山形県村山市）、帯のように長い子が生まれる（栃木）、出世しない（福井県坂井郡）などという。禁を犯した際の制裁として、単に病気になるというのではなく、長患いを強調するのは帯の長く伸びた形状からの連想があるのだろう。高知県土佐清水市では、死者の枕には生前使っていた帯を巻き、その中に石を入れてあてがい納棺する。石と帯の枕は、永久に長い夢を見よとの意味であるという。葬式の際に死者の枕として、本人が使用していた帯を用いる例はいくつか報告されており、それが日常こうした行為を忌む背景にあるのだろう。新潟県新津市〈新潟市〉には、床《とこ》の下へ帯を敷くと病気になる、との俗信がある。

○枕元に帯を置いて寝るな、という禁忌も多い。置いたまま寝ると、長い夢を見る（和歌山・岡山・山口・愛媛・高知・福岡）、ヘビの夢を見る（福島・群馬・和歌山・岡山・広島・山口・愛媛・佐賀・長崎・鹿児島）、盗人に首を絞め殺される（長崎県芦辺町〈壱岐市〉）という。長い夢もヘビの夢も共に長い点で帯のイメージと繋がっているが、とくに帯とヘビの関係は深い。吝嗇《りんしょく》の男が臨終が近づいたとき、枕元に置いていた帯がヘビになって這いだした話が『新著聞集』に見える。鳥山石燕の『今昔百鬼拾遺』（安永一〇年〈一七八一〉）に登場する「蛇《じゃ》帯《たい》」図には、帯が化したヘビがうねるように屏風を越えてうごめいている。そばには枕と櫛が無造作に置かれていて、まさに右の俗信を彷彿とさせる図柄である。説明では、『博物志』をあげて「人帯を藉《しき》て眠《ねぶ》れば蛇《じゃ》を夢《ゆめ》むと云々」とある。蛇帯図には、帯とヘビの類似だけでなく女の情念や恨みが巧みに表現されている。

○昔、おしょぶという村の娘が尚蓮寺池で洗濯をしていると、美しい帯が水の上に浮かんだ。それを取ろうと池に入ると、たちまち帯は蛇になり、おしょぶを咥えて池の底に入ってしまった（『民族』三巻四号）。和歌山県九度山村〈九度山町〉の尚蓮寺池にまつわる話だが、伝説レベルでも帯とヘビは深く結びついている。

○縄を帯にするな（岩手・秋田・山形・宮城・福島・栃木・群馬・新潟・長野・岐阜・愛知・京都・佐賀・長崎）。縄帯は、縁起が悪い（福島県棚倉町）、ヘビ子をもつ（佐賀県小城郡）という。禁忌の理由として、墓掘りのときにするから（同県大和町〈佐賀市〉）、湯灌のとき近親者は荒縄を帯にする（長野県御代田町）、入棺のとき縄の帯を締めてするから（福島県小野町）と、いずれも葬式の場での使用をあげている。土佐国安芸郡馬路村〈高知県馬路村〉の安政四年当時の葬送習俗を記録した「馬路村風土取縮差出扣《ひかえ》（仮題）」に「入棺之場合身親者縄ヲタスキニかけ縄帯むすび、鍋へふたをせずニ湯ヲわかし」（『高知県史　民俗資料編』）とある。

帯　おび

(2)帯を切るな、帯で叩くな

○帯を切るものではない（岩手・秋田・新潟・福井・石川・岐阜・愛知・三重・和歌山・兵庫・高知・大分・熊本）。切ると、命が短くなる（岩手・秋田・石川・福井・岐阜・和歌山・兵庫・大分）、長生きしない（岩手・石川・三重・熊本）、病気が長引く（秋田県山本郡）、不幸せになる（愛知県名古屋市）という。岡山県大井西村や宮部下村〈共に津山市〉では、夫が死ぬと妻は頭髪を切って棺に入れ、妻が死ぬと男は帯の縁《へり》を裂いて入れる。同県哲西町〈新見市〉では、帯の端を棺に入れる際「これが別れだ」と告げる風があったという。「馬路村風土取縮差出扣《ひかえ》（仮題）」〈高知県馬路村〉に「寺ゟ《より》来ル道切手壱枚、夫卜なれば妻の髪を少し切、帯のはしをすこし切、妻なれば夫卜の髪を切、帯の端を切、右夫々《それぞれ》さんや袋（頭陀袋）へ入首ニ為掛」とある。帯は結納にも使われる品だが、桂井和雄は、かつて男女が帯を贈りあって情を深めた風習をもとに「帯というものの機能が、男女の結びつきを象徴するものであったことが理解できる」（『土佐の海風』）と指摘している。契りを交わした相手との最後の別れの際に、帯の端を切って与える。それは死霊との絶縁の意志でもあるのだろう。

○帯で着物をつくるものではない、との禁忌も広く分布する。帯で仕立てた着物を着ると、寿命が短くなる（秋田・岐阜・岡山）、早死にする（群馬・長野・愛知）、長生きしない（山口県新南陽市〈周南市〉）、病気が長引く（秋田・山形）、難産する（岩手県紫波郡）、袋子ができる（栃木・富山・和歌山）、不吉（兵庫県赤穂市）、男が着ると気がふれる（岩手）など、さまざまにいう。特に、帯で子供の着物をつくるのを忌み、その子は出世しない（秋田・山形・岡山・熊本）、手が長くなる（福井県丸岡町〈坂井市〉）、しめ殺す（長野県諏訪湖畔周辺）という。帯は切るものではないという先の禁忌と関連する俗信であろう。一方では、帯でつくった着物を子供に着せると長生きする（秋田・富山）ともいう。帯には死のイメージが付着している例が多いが、同時に、帯の持ち主の魂の影響を受けるとの観念もあったようだ。
○帯で人を叩くな（新潟・福井・愛知・岡山・広島・徳島・高知・長崎）という。叩くと、ヘビになる（新潟・福井・愛知・広島・徳島）というが、この場合、ヘビになるのは叩いた側か、叩かれた側か、あるいは叩いた帯がヘビになるのか、はっきりしないが、徳島県藍住町ではヘビになるのは帯だといっている。長崎県吉井町〈佐世保市〉では、帯で叩くとくちなわ（ヘビ）子を持つという。徳島県相生町〈那賀町〉では、帯でしばかれたときには、その帯をふうと吹き、不吉を祓ったという。これらの行為が忌み嫌われる背景として、桂井和雄は高知県室戸市津呂の老女が話した次の聞き書きを紹介している。「この町では、家から外に棺を出したあと、棺を置いてあった座敷や、家に残っている人たちを、死者生前の帯で叩き、そのあとをわら箒ではくというのである。帯で叩くのは、死のけがれを払うためのしぐさかと考えられる」（『土佐の海風』）。
○普段は帯や紐を縦結びにしない（秋田・福島・和歌山・徳島・高知・鹿児島）という土地は多い。縦結びにすると、災いがある（秋田県平鹿・山本郡）、早死にする（秋田市）といって嫌う。高知県土佐清水市や高知市春野町では、縦結びを木登り結びといい死者の結び方として忌む。秋田県大館市でも、帯を縦結びにするのは死んだときだけで普段はしてはいけない、という。縦結びは蝶結びに比べてほどけやすいが、この方法で死者の衣装を結ぶのは、紐が十字の形になるためではないだろうか。十字は魔除けの形である。

○平生は帯を前で結ぶな（高知・福岡・長崎）といい、福岡県北九州市では、前結びは葬式のときにする、という。秋田県大内町〈由利本荘市〉で、人の死んだとき帯を後ろでしめるな。魂ァあがる、というのも、葬式の際には前結びにすべきことをいったものだろう。新潟県中魚沼地方では、死を告げに行くとき帯の結び目を後ろにして出ると死人が負ぶさるので重くて歩けない、という。同県堀之内町〈魚沼市〉でも、寺へ告げに行くときは、着物の三尺の結びを後ろへ垂らすな。亡霊がその垂れにつかまってくる、と伝えている。帯の結び玉には死者の魂が乗る（同県）という。和歌山県南部町〈みなべ町〉では、葬式のとき女の帯は二重太鼓に結ぶな、という。帯は古くは細帯が用いられ、前結びが一般的だったといわれる。しかし、次第にすたれ、今日では後帯《うしろおび》が主流で、前で結ぶのは儀礼的な着装に一部残っている。千葉県布良《めら》〈館山市〉では、田んぼにいる農民は帯を前に結ぶ。これはキツネにつかまれぬためだといわれる。

○石川県金沢市で、子供が外出する時、親が子供の帯の結び目を叩けば迷子にならない、という。帯の結び目を叩くことで、魂を結び留め安定させるのだろうか。帯を結んだ後に叩いておかないと青鷺《おあさぎ》におどされる（愛知）との俗信もある。

○夜歩くときは、帯の結び目を前か横かあるいは巻帯にしていれば死霊に憑かれない（秋田県仙北郡）。男は左脇、女は右脇に帯を結ぶと凶（同県南秋田郡）。帯を締めるとき一人で結ぶと不吉（長野県生坂村）。帯結びが手間取った日は気をつけよ（愛知県名古屋市）。帯が自然に結べると縁起が良い（同県）。帯を結んだまましまっておくと出世しない（同県）。荷を背負うとき、帯の結び目は右に寄せるもの、左に寄せるのを忌む（高知県檮原《ゆすはら》町）。

帯《おび》

(3)帯が自然に結ばれると

○帯が自然に結ばれるのは吉とする所が多い。ひとりでに結ばれると良いことがある（福島・新潟・鹿児島）。帯や三尺（兵児《へこ》帯）が自然に結ばれるとお客が来る（栃木県芳賀郡）という。新潟県山古志村（長岡市）では、朝起きたとき三尺帯が結ばれていると縁起がよい、といって喜ぶ。朝着物をつける時、枕元に置いた兵児帯が知らぬ間に一重に結ばれていることがある。その時は結び目を自分でとかずに人にといてもらうといいことがある（埼玉県秩父市）。その一方で、凶と判断することもある。朝起きて帯が結ばれているとその日一日中用心しなければならない。しかし、南天に向かって念仏を申すと大したことはない（富山県氷見市）。寝起きに帯がまつわれば親戚に病人（石川県鹿島町〈中能登町〉）。

○ひとりでに帯がとけたら、その晩に思う人が来る（岩手県遠野市）、人に逢う兆し（香川）という。その反面、帯がとけると女房または亭主を取られる（長野県生坂村）とか、帯ときほどけはいかん（高知市）とも。新潟県中魚沼地方では、といた帯が自然に輪になると人に呼ばれる（ご馳走になる）という。

○帯祝いは、妊娠五か月目の戌の日に行うと安産だといわれ、妊婦は腹帯（岩田帯）を締める。犬のように産が軽いことにあやかるためという。ただ、大層な祝いをするとかえって産が重いといって簡単にする（京都）所もある。帯の祝いのおこわ飯はかたくするとお産が軽い（鳥取県日吉津村）。夫の褌を腹帯にすれば安産（福島・埼玉・東京・岐阜・鹿児島）。上棟式の幟を腹帯にすると安産する（福島・福岡・長崎）。陣痛の時、夫の帯を竈にかけると早く生まれる（長野）。また、妊娠中は帯をかたく締めると難産しない、との伝承はほぼ全国的である。

○クマの腸（百尋《ひゃくひろ》）を岩田帯に入れておくと産が軽い（秋田・群馬・新潟・岐阜・鳥取・高知）。クマの腸を腹帯に巻きつけ、またはクマの毛を腹帯につけておくと安産する（福島県山間地方）。クマの毛皮を腹帯に縫い込んでおくと安産（山形）など、安産の呪《まじな》いにクマがよく登場するのは、クマは産の軽い動物とされていたからで、臨月でなくても人の声を聞きつけるとすぐに産をするものだという（長野県川島村〈辰野町〉）。出産時にクマの手で妊婦の腹をなでる（秋田・福島・岐阜）土地もある。ヘビのぬけがらを腹帯につけておくと安産（福島）ともいう。

○妊婦が帯などの袋ものを縫うとふくろごが生まれる（京都・香川）。静岡県韮山町〈伊豆の国市〉では、妊婦は帯だけは縫うなと言われた。帯は封じ込めてしまう縫い方のためだという。女の人が帯を跨ぐと、難産する（岩手県和賀郡）、流産する（同県）。妊婦が、男帯を跨ぐとよくない（鳥取）、座って帯をとけば産が重い（長野県北安曇郡）。妊娠中、他人から貰ったものを帯にはさむと生まれてくる子は手くせが悪くなるという（同県）。女の帯の間に砥石をはさむと胎児の頭に砥石の形ができる（千葉）。妊婦は帯に鍵（香川）や櫛（愛媛）をはさむな。

○女の厄年である三十三歳の時、鱗模様の帯を貰って締めると厄が落ち魔除けになる（秋田・群馬）。女が六一歳以上になれば瓢箪模様の帯を買えば長生きする（秋田県仙北・南秋田郡）。鱗模様も瓢箪も邪気を祓う魔除けの意味を帯びている。

○帯を締めるとき、そばに立っている人に帯の端が当たるのを忌み、当たると端をなめさせる

（高知県南国市）。一重（巻）の帯をしてはならない（宮城県蔵王町）。帯は祝事と普通のときには折り目は下にする。葬式のとき上にするから（福島県小野町）。和歌山県高野口町〈橋本市〉では、六月帯はするもんじゃない、とか、帯の夢をたびたび見ると長生きするという。墓でこけたら帯を切ってほかす（兵庫）。

○帯を端からたたむと、大病になる（秋田県平鹿郡）、早死にする（同県山本郡）。帯をたたまずにおくと思うことが叶わない（岡山・熊本）。帯を巻いて仕舞い置くと苦労が絶えぬ、出世せぬ（香川）。芸妓が巻帯を巻いておくと、一生芸者をしておらねばならない（石川）。芸妓が帯をたたむとき、五つに折ってたためば客が請け出してくれる（同県）。扱帯《しごきおび》を四つにたたんで、愛人の寝ている上に載せておくと、実のことを寝言にしゃべる（大阪）。帯のしわは必ず伸ばしておかないと運が悪くなる（愛知県名古屋市）。

○山形県南陽市で、帯を締めないで便所に行くな、といい、長野県北安曇郡でも、便所へ帯を締めずに行って病気にかかると治らない、という。創《きず》をしたとき帯でくくると早く治らぬ（岡山）。病人の傍で帯のような物をこしらえれば病気が長引く（和歌山県太地町）。丸帯を巻いたまま寝ると長い病気にかかる（島根県江津市）。

○外出中などに便意を催した時、小石を帯にはさむとよい、との呪《まじな》いがある。小石を帯にはさむと、一時的に止まる（長野・山口）、思う所まで耐えることができる（静岡県磐田郡光明村〈浜松市〉）という。人に知られぬように石を拾って帯にはさむと止まる（兵庫県多可郡）。奈良県上龍門村〈宇陀市〉では、大便がしたくなった時、人に知られぬように小石を三個帯にはさみ「便所に行きたいのを治してください」と言って拝むと治る、という。小石を三個帯にはさんで呪う方法は、岩手・岡山県にもある。福岡県北九州市小倉南区西谷では、途中で便意を催した時は、小石を拾って帯にはさみ、静かに三度体を回すとよい、という。

○民間療法。五月節供に帯にショウブを差してぎーぎー引っぱると腹の虫が切れる（新潟・長野）。唐辛子を帯にはさんでおくと悪疫を避ける（石川県辰口町〈能美市〉）。ナンテンの実を帯の間に入れると酒の席で酔わぬ（岡山県新庄村）。汽車や船に酔う者は、小石を帯の間に入れておくとよい（長野県諏訪湖周辺）。妊娠中に葬式に参列してはいけない。もし行くときは、帯の間に鏡を外向きに入れて行く（兵庫県赤穂市）。⇨紐《ひも》

御襁褓《おむつ》

○衣類は夜干しをするなという。とくに、子供の衣類の夜干しを忌むのは全国的で、なかでも、オムツを外に干したままにするのを嫌う。夜間にオムツを干すと、子供が夜泣きをする（青森・秋田・福島・栃木・群馬・茨城・千葉・新潟・富山・石川・長野・山梨・岐阜・静岡・愛知・三重・和歌山・京都・奈良・兵庫・鳥取・島根・香川）、病気になる（長崎）、泣き虫になる（山形）、下痢をする（長野・愛知・滋賀）、キツネがおどる（岐阜県北方町）などという。禁を犯した際の制裁では、子供の夜泣きをいう例がずば抜けて多い。その原因として、次のような説明がみられる。子供が夜泣きをすると「キツネが憑いた」という。オムツなどを外に干していたりすると憑かれる（茨城県大子町）。オシメをキツネに持って行かれ、夜泣きの原因となる（福島県相馬市）。嬰児の夜泣きはオムツをキツネに取られたのだ（石川県内灘町）。オムツをイヌやキツネが咥えて行き赤ん坊が夜泣きする（群馬）等々、もっぱらキツネの仕業とされている。山形県米沢市では、夜通し外に干しておくと、通り神が洗濯竿の上に止まり、そのシメシ（オムツ）をつけている子が夜泣きをしたり病気になったりする。夕方になったら

洗濯物は必ず家に入れ、洗濯竿の片方をはずしておかなければならない、という。夜は魑魅魍魎や悪霊が徘徊する時間帯である。キツネに代表される邪霊が夜干しのオムツに取り憑くと、オムツを使っている子供に影響が及ぶとされる。感染呪術的な不安といってよい。また、夜とは限らず、イヌがオムツを咥えると赤ん坊が夜泣きをする（栃木・群馬）とか、赤子のオムツを失くすと夜泣きをする（栃木県芳賀郡）という伝承もある。

○子供の夜泣きを治す呪《まじな》いは多様だ。茨城県美和村〈常陸大宮市〉で、夜泣きを止めるには「猿沢の池のほとりに鳴くキツネ、キツネ鳴くともこの子泣かすな」と唱えればよい、という。同県大子町では、台所の入り口に蓑、笠を吊るす。または「古里の池の辺に鳴くキツネ、あのコ（狐）鳴くともそのコ（子）泣かすな」というしゃれた言葉を書き、その紙を羽目板などに貼る。栃木県粟野町〈鹿沼市〉では、蓑を上下反対にして戸口に吊るす。夜泣き封じに蓑を逆さまに吊るやり方は一般的で、これには邪悪なモノの侵入を防ぐ魔除けの意味がある。そのほか、ニワトリの絵を逆さにして天井か竈に貼る（山口）。ニワトリの絵を布団の下に入れる（和歌山県南部町〈みなべ町〉）など、ニワトリの絵を用いる所も多い。ニワトリにあやかるわけについて、群馬県安中市では、ニワトリは夜は鳴かず朝になって時を告げる声を上げるから、といい、ニワトリの絵馬を寺社に奉納して夜泣き封じを祈願することがあった。秋田県山本郡で、夜泣きする子供にはオムツを被せると治る、という。大小便を受けるオムツには、邪悪なモノが嫌う糞穢の呪力が具わっているようだ。その力で夜泣きをもたらす相手を排除しようとの魂胆か。

○沖縄県今帰仁《なきじん》村では、産のあった家のカコー（オムツ）を洗ったり、袍衣（胞衣？）の始末の手伝いをしたりするとお産が軽い、という。

妊婦は近所で育ちの良い子のオムツをもらってその上に座るとよい（福岡県太宰府市）との呪いもある。乳をオムツでふくと乳の出が悪くなる（兵庫県赤穂市）。山梨県甲西町（南アルプス市）では、オムツを子供の枕にしたり顔や手を拭いたりすると馬鹿になる、と伝えている。
○生まれて一週間にならない赤ちゃんのオシメは川で洗ってはいけない（鹿児島県中種子町）。赤ん坊のオシメを湖水で洗うとお産のとき疝気を病む（長野県平村〈大町市〉）という。糞尿にまみれたオムツの洗濯で、川や湖を汚すことを忌むのだろうか。子供のムツキ（オムツ）は水で洗え、湯を使えば出世しない（愛知県岡崎市）という所もある。オシメを洗った水は、日の当たる所に流してはならない（新潟）、流しに流すな（青森）、人の跨がない所に捨てること（栃木）という。この禁に違反すると、子供が病気がちになる（新潟県三条市）とか、子供の尻がただれる（栃木県茂木町）といって心配する。
○オムツを干す場所や干し方にも気を遣った。産後一週間は天日に干すものではない（福島県猪苗代町）。産後二一日間はオシメは陰干ししなければならない（千葉県我孫子《あびこ》市）など、オムツを天日にあてるのを忌む所は少なくない。薪へオムツを掛けて干すと火傷をする（青森・長野）。赤子のシメシを人の通るところに掛けるものではない（長野県丸子町〈上田市〉）という。
○岩手県盛岡市付近では、初宮参りに出るときは子供の額にヤッコといって墨でホシをつけシメシコ（襁褓《むつき》）をかぶせ、最初に自宅の便所へ連れて行き、つぎに出口で米をまき散らして鎮守に行く。オシメをかぶせて外出すれば魔障を受けないという。長野県生坂村・諏訪湖周辺で、お宮参り前の赤子を外へ連れ出すときには、頭にオシメをかぶせる。これは「魔物を除けるため」といわれており、先に触れたように、排泄物の染みたオムツには悪霊を退散させる呪的な力があるのだろう。栃木県烏山町〈那須烏山町〉でも、夜間に外出するときは子供の顔にオムツをかけて行くとよいという。福島県三春町では、生まれて七日目にオシメをかぶせて雪隠《せっちん》参りをする。雪隠参りは、生児が初めて外に出るときの儀礼で、家の便所に参ること。⇩産着《うぶぎ》

【か】

鏡　かがみ

(1)妊婦と鏡、赤ん坊に鏡を見せるな

○妊婦は葬式を見るものではない、との禁忌は各地でいう。とくに、関東から東北地方にかけて分布が濃い。忌む理由としては、葬式を見れば（あるいは参列すれば）黒アザのある子ができる、という土地が多い。なかには、妊婦が野辺送りに参加すると双子が生まれる（福島県猪苗代町）という所もある。愛知県額田町寺野〈岡崎市〉では、妊娠中に死人を見て皮膚をなでると、そこに黒アザのある子が生まれる。死人を見る時は懐に鏡を外側に向けて入れておくとよい、という。岐阜県蛭川村〈中津川市〉では、妊娠中に死人を見たり葬式を見たりすると黒アザのある子が生まれる。この場合、鏡を内側に向けて懐中するとよい、と伝えている。いずれのケースでも、懐や腹帯に鏡を入れておく点は変わらないが、ただ鏡面の向きは土地によって、面を外に向ける（福島・長野・岐阜・静岡・愛知・兵庫・岡山）場合と、内に向ける（秋田・神奈川・長野・岐阜・静岡）場合とに分かれる。愛知県半田市では、同じ市内でも下半田では外向きにし、有脇では内向きにする。長野県丸子町〈上田市〉で、近い人の葬式には鏡を向こうへ向けて（外向きに）入れると死霊が入らない、といわれるように、鏡の力で死の

穢れを防ぐということからすれば、鏡面は外向きにするのが本来のように思われる。鏡を忘れて外出した時に葬式に合い、黒アザの子供が生まれたときには、死体の埋められている墓の土を取ってきて「子供のアザを取ってくだされ」と唱えながら、その土をアザの部分に塗り付けると取れる（群馬県新治村〈みなかみ町〉）との呪《まじな》いもある。

○葬式だけでなく、妊婦は火事を見てはならない（栃木・群馬・長野・静岡・愛知・和歌山・岡山・島根）ともいう。見ると、赤アザのある子ができる（福島・栃木・群馬・茨城・静岡・島根）、アザのある子ができる（栃木・長野）といって心配する。妊婦は花火や火事を見てはいけない。腹に鏡を入れてガラス面を外に向けておくとよい（愛知県西尾市）。妊婦は火事や葬式を見るものではない。見る時は鏡を内側に向けて腹に抱け（静岡県水窪《みさくぼ》町〈浜松市〉）。この場合も鏡を携帯するのは共通だが、鏡面を外向きにするか内向きにするかが異なる。葬式が黒、火事が赤のイメージと結びついている。この俗信が、「見てはいけない」という禁止にとどまらず、鏡を携帯すればよいという解消手段を伴っているのは、「見る」行為が帯びている偶発的で不可避的な要因に、予め対処するためという面があるのだろう。

○赤ん坊に鏡を見せてはいけない、との禁忌は全国的で、禁を破った際の制裁も多様である。鏡を見せると、いつまでも童顔がぬけない（秋田・福島・栃木・群馬・茨城・千葉・神奈川・新潟・長野・宮崎・鹿児島）という。ぼぼと言わないうちに鏡を見せると一生ぼこ（赤ん坊）面が失せない（長野県生坂村）。赤ん坊がヂャーという言葉を言わないうちに鏡に顔をうつすと、大きくなっても赤ん坊の時のままの顔である（鹿児島県国分市〈霧島市〉）。誕生日がこない内に鏡を見せると、大きくなっても顔の形が変わらない（群馬）などという。鏡の中に同じ姿の赤子がもう一人いる状態を忌む俗信といってよい。赤子の魂はとても不安定である。佐賀県武雄市で、百日たたない赤ん坊に鏡を見せると魂が抜ける、といわれるように、赤子の魂が鏡に吸い込まれて離脱し、本人の成長（この場合は顔かたち）が止まるという意味であろうか。子供が話せないうちに鏡を見せると口がきけなくなる（福島・群馬・長野・静岡・山口・徳島・香川）というのも、その時点の状態で成長が止まったままになることを示唆している。

○子供に鏡を見せると、すぐに次の子ができる（岩手・秋田・茨城・新潟・石川・福井・長野・愛知・滋賀・京都・大阪・奈良・三重・和歌山・兵庫・岡山・島根・香川・徳島・愛媛・高知・福岡・長崎・大分）と、広い範囲でいう。一口に子供といっても、禁忌とする年齢には多少幅があって、資料では、子供、赤ん坊、幼児、一、二歳の子、誕生前の子などの表現がみられる。類似の俗信に、子供が股のぞきすると次の子が生まれる（青森・秋田・新潟）がある。また、赤子に鏡を見せると、親の後を追う（青森・岩手・新潟・富山・石川・福井・奈良・長崎）、人見知りする（富山・福井）、馬鹿になる（岩手県下閉伊郡）という。

○天然痘（疱瘡）は根絶されたが、それまでは感染力がつよくもっとも恐れられた伝染病だった。赤ん坊に鏡を見せると、疱瘡に罹ったとき重い（秋田・大阪・和歌山・兵庫・福岡）。種痘をする前に鏡を見せるな（愛知・和歌山・兵庫・愛媛）といった。昔、子供に鏡を見せた。すると、その子が疱瘡に罹りすっかり顔が変わってしまった。後で自分の顔を見たその子が俺の顔はどこへいったと泣いた。それで、疱瘡がすむまでは鏡は見せるものではないという（長崎県美津島町〈対馬市〉）。

○赤ん坊に鏡を見せると、井戸に落ちる（秋田・宮城・大分）、水鏡に落ちる（宮城県七ヶ宿町）、水に入る（山形県長井市）、水の過ちをする（福島県鏡石町）。
○赤ん坊に鏡を見せると、歯が生えない（岩手・秋田・静岡・愛知・岡山）、人見知りする（茨城・富山・石川）、疳の虫が起きる（埼玉・新潟・愛知）、神経質になる（新潟県栄村〈三条市〉）、気がふれる（福井・長野）、早死にする（宮城・群馬・石川・長野・愛知）、おしゃれになる（長野県北安曇郡）、出世しない（群馬県北橘村〈渋川市〉）等々がある。

鏡　かがみ

(2) 禁忌の諸相、鏡と化け猫

○鏡面を仰向けに置くのを忌む禁忌は方々にあり、鏡は伏せて置くものという。仰向けに置くと、恥をかく（長野・岐阜・滋賀）、父が外で恥をかく（愛知）、主人が恥をかく（和歌山県すさみ町）、主人が負傷する（愛知）、夫が浮気する（広島）、貧乏する（和歌山・岡山）、人のものが欲しくなる（三重）、盗人の子が生まれる（京都府八木町〈南丹市〉）、器量が下がる（山口）、病人が絶えぬ（三重県四日市市）、女が苦労する（長野県清内路村〈阿智村〉）、出世しない（和歌山）、馬鹿な婿をとる（徳島）、思うことが叶わない（岡山）、魔が差す（東京都八王子市）など、さまざまにいう。これらは主に手鏡に関する禁忌であろう。それにしても、仰向けの鏡に対する不安はどこから来るのだろうか。静岡県志太郡では、鏡を仰向けに置くと屋の棟が映るといって忌む。三重県大山田村〈伊賀市〉では、鏡を天井に向けて仰向けに置くと天井が落ちるからいけない、という。群馬県利根郡では、鏡を上に向けて置くと仏様がのぞきに来る、といって避ける。鏡面を上にしたままの鏡は、何か霊的なモノを映し出す（邪霊が取り憑く）との恐れがあったものか。あるいは、屋根裏や天井など上のものを下の鏡にまるで相対《あいたい》のように映した状態に、不安な心意を誘う要因が働いたとも考えられる。
○鏡を太陽（空）に向けるな（茨城・栃木・群

馬・石川・福井・愛知・和歌山・宮崎・鹿児島)。罰があたる(茨城・栃木・福井・愛知)、目がつぶれる(和歌山)、火事になる(群馬・鹿児島)、鏡が曇る(石川県珠洲郡)、鏡のガラスが薄くなる(和歌山県高野口町〈橋本市〉)、太陽が落ちる(宮崎県西諸県郡)という。また、太陽の光を鏡で反射させて家の中にいれると、罰があたる(愛知・徳島)、火事になる(愛知)といって忌む。鏡で反射する光は、魔除けとして悪霊に向けて用いるところから忌むのであろう。新月を鏡にうつすものじゃない(長野県北安曇郡)。日や月を鏡に映すと罰があたる(和歌山県高野口町〈橋本市〉)。日向で鏡を見ると白髪になる(長野県北安曇郡)。

○鏡を見ながらものを食べてはならない(茨城・千葉・新潟・富山・長野・島根・徳島・福岡・鹿児島)。食べると、親の死に目に会えない(千葉・長野)、死ぬ(島根県瑞穂町〈邑南町〉)、口がゆがむ(福岡県甘木町〈朝倉市〉)、いやしん坊になる(徳島)、障害のある子が生まれる(茨城)、盗人になる(千葉)という。

○鏡を跨ぐな(岩手・茨城・栃木・石川・長野・愛知・和歌山・広島・島根)。跨ぐと、鏡が割れる(栃木・石川・長野・愛知・鳥取・島根)、鏡が曇る(和歌山県東牟婁郡)、鏡にほしができる(長野県上伊那郡)、神罰があたる(広島)、不縁になる(栃木県姿川村〈宇都宮市〉)、足が曲がる(岩手県九戸郡)という。山口県大島町〈周防大島町〉では、鏡の下をくぐると疣ができる、という。また、鏡を汚すと、病人がでる(群馬)、病気になる(石川県珠洲市)、女の人が病気になる(山形県長井市)という所もある。

○鏡を割る(割れる)のを凶兆とするのは、ほぼ全国的である。鏡を割ると、縁起が悪い(栃木・新潟・富山・岐阜・山口・徳島・愛媛・福岡・佐賀・大分)、凶(岐阜・鹿児島)、不吉なことが起きる(岩手・山形・新潟・山口・佐賀）、その人は間もなく死ぬ（長野県生坂村）、親に死に別れる（岐阜県高山地方）、不時が入る（和歌山）、離縁になる（岩手）といって心配する。広島県加計町〈安芸太田町〉では、子供が鏡をこわすと親が死ぬ、親がこわすと子供が死ぬといい、徳島県木屋平村〈美馬市〉では、嫁入りの鏡を割ると破鏡といって不幸に見舞われる、という。女が鏡を割ると近いうちに死ぬ（愛知）。鏡を割れば七年祟る（和歌山県東牟婁郡）。外出する時、バッグから手鏡が落ちると縁起が悪い（栃木）。高知県土佐清水市や三原村では、割れ鏡で姿を見るのを忌む。容姿をうつす道具として鏡は重宝であるだけでなく、時には魔を祓う呪具でもあった。破鏡には夫婦離別の故事もあり、鏡を割るのは最も不吉なことの一つとされた。ただ、この心配は、金属鏡からガラス鏡になって急増したのではないだろうか。

○ネコに鏡を見せるな（福島・栃木・群馬・福井・長野・岐阜・愛知・岡山）とは、各地でいう禁忌。見せると、化ける（福島・長野・岐阜・愛知・岡山）とか、踊りだす（栃木・群馬）という。化け猫になるのである。喜多川歌麿の錦絵に、針仕事をする女性のそばで、男の子がネコに鏡を見せている場面を描いた作品〈寛政六、七年〈一七九四、五〉頃〉がある。おそらく、ネコに鏡を見せると化けるという俗信が当時知られていて、子供が興味半分でやっているのだろう。ネコに鏡を見せると、魔がさす（長野）、ネコの顔が三尺になる（群馬）、山猫になる（岡山）、見せた人が気がふれる（福井）という。

○ネコが踊るという話も伝承されている。『甲子夜話』巻二に「我生国は下総佐倉にて、亡父或夜睡後に枕頭に音あり、寤《さめ》て見るに、久く畜《か》ひし猫の、首に手巾《しゅきん》を被りて立《たち》、手をあげて招《まねく》が如く、そのさま小児の跳舞《とびまふ》が如し、父即枕刀を取て斬んとす。猫駭《おどろき》走《はしり》て行所を知らず。そこれより家に帰らずと」とある。民話のなかにも、ネコがしゃべったとか踊ったなどの怪異譚は多い。ネコを立って歩かせると踊るようになるが、これは非常に嫌われた（青森）。後ろ足で立ち上がって跳び舞うだけだと、化け猫かどうか判断に迷うが、手拭を被って踊るとなると一線を越えているといってよい。

○徳島県木屋平村（美馬市）で、山で魔物に惑わされたら鏡に映してみるとその正体がわかる、という。青森県七戸町では、メドツ（河童）に引きずり込まれた子供は、鏡を川（沼）に沈めて見れば映るので見つけられる、と伝えている。妖怪の正体を映したり、通常では見えないものを映し出したりする鏡の呪力を物語っている。『巷街贅説《こうがいぜいせつ》』にこんな話が見える。天文年間のこと、摂州の垂井氏が野外で美女に出会い妻にした。やがて男児を生んだが、ある時、その子が鏡に映った母を見るとキツネの姿をしていた。驚き叫ぶと、キツネは一声鳴いて去っていったという。本性が露見した時点で、妖怪は人間界を去らざるを得ない。人と異類との約束事である。鏡は時として、妖異を始め日常の外側の世界（異界）を映し出す。反対に、当然映るはずのものが映らない場合もある。現代の車の怪談には、タクシーの運転手がルームミラーを覗いたところ、後部座席に座っている客（女性）が映っていない、驚いて振り返ると座っていた、といった話がある。また、学校の怪談では、トイレの鏡の中からムラサキババアのような妖怪が抜け出たり、逆に、生徒が鏡の中に吸い込まれた、などという話もある。鏡はこの世と異界との境界性を帯びた道具でもある。

鏡 かがみ

(3)夢、病人と鏡、未来を映す鏡

○鏡の夢は吉凶が分かれる。鏡の夢を見ると、良いことがある（秋田・長野）、偉い子が生まれる（栃木県芳賀郡）、恋人に会う（長野県北安曇郡）。賢い子が生まれる（山形・栃木）。鏡を貰う夢を見ると良い子が生まれる（秋田・長野）。女が鏡を貰った夢を見ると孕む。男が見れば妻が孕む（新潟県南魚沼郡）。鏡を拾う夢は子供が出世する（福井県小浜市）。反対に、鏡の夢は、悪い（和歌山）、恋人が他の人の所へ行く（群馬県利根郡）と、不吉とする所もある。とくに、鏡が割れる夢は、よくない（長野）、凶事がある（秋田・福島・和歌山・広島・香川・徳島）、不幸になる（愛知県西春町〈北名古屋市〉）、親戚が死ぬなどの不幸事がある（沖縄県嘉手納町）といって嫌う。

○病人が手鏡を見ると死期が近い（青森・山形・福島・長野・岐阜・愛知・香川・鹿児島）、全治しない（福井市）という。この場合の手鏡とは、自分の掌を鏡のように見ることである。愛知県碧南市で、病人が手鏡で表を見れば癒えるが裏を見れば死ぬ、というのは手の甲と掌のことか。病人が合わせ鏡をすると死が近い（福島・福井）ともいう。

○死ぬ人は小鼻が落ちる。私の村のある爺がある朝、あまり鬚が生えてうるさいから剃ろうと言って、鏡を出して見たが、不意に家族に向かって「なんだこれや、俺は死ぬぞ。小鼻が落ちている」と言った。それまで普通に仕事をしている老人なので、家人は縁起でもないことをいうと言ったが、翌日、爺はころりと死んだ（佐々木喜善「岩手県遠野地方」『旅と伝説』通巻六七号）。

○夜は鏡を見るものではない（茨城県出島村〈かすみがうら市〉）。晩に鏡を見れば、悪魔が取り憑く（青森県五所川原市）、大工の嫁になる（同県弘前市）。夜、女は鏡を見てはいけない（鹿児島県西之表市）。朝、鏡を見るのはその日の吉凶を見るためであるから、しゃれに見てはいけない。目が縦に血走っていると自分の親族が不幸になり、横に血走っていると家の者に不幸がある（伊豆下田〈静岡県下田市〉）。

○水鏡で髪をといてはいけない（愛媛県久万町

〈久万高原町〉)。水鏡で髪を梳くとヘビになる(高知県大月町)。水鏡を見れば愛嬌が落ちる(秋田県由利郡)という。

○上野勇編『利根の俗信』(一九六一年)に、夜二時頃白い着物を着て、かみそりの刃をくわえ、鏡を持って便所へ行き、じっと見ていると鏡の中をぞろぞろ人が通る。その中でたった一人男が後をふりかえる。その人が夫となる人である(群馬)と見える。和歌山県高野口町〈橋本市〉でも、夜寝静まってから便所で火をともして鏡を見ると未来の夫の姿が現れる、という。岩手県大船渡市では、夜中に室の四隅にローソクを立て、一人で真ん中に座っていると未来の夫が現れる、と伝えている。鏡に未来の夫がうつるという話は、現代の若者たちが語る都市伝説のなかにもある。カミソリを口にくわえて、午前零時ぴったりに水を入れた洗面器をのぞきこむと未来の結婚相手の顔がうつる(東京)。真夜中の十二時に鏡の前に立って、もう一つの鏡を後ろにして、合わせ鏡にすると、前の鏡にうつっていた自分の顔から未来の結婚する人の顔がうつる(北海道函館市)。

○岐阜県久瀬村〈揖斐川町〉で、合わせ鏡をしてのぞくとたくさんの顔がうつるが、七番目に見える青ざめた顔が将来の自分の死に顔である、という。鳥取県米子市では、うつった一三番目の顔が死ぬ直前の顔だといわれている。自分の命が果てる時の顔をうつすというのも怖いが、これも都市伝説にある。鹿児島県の男子大学生の話を紹介する。「この話は、私が高校生のときクラブの合宿で先輩から聞いた話です。鏡台に三枚の鏡がついているものをご存じだとおもいます。いわゆる三面鏡です。それを開くとたくさんの顔が映ります。夜中の十二時ちょうどに、三面鏡に顔を映し、その映ったたくさんの顔の右から七番目の顔が、その人の死んだ時の顔だそうです。ですから、その顔だけ目をつむっていたりするということです」(鹿児島経済大学社会学部編「うわさ」一九九〇年）。夜、家の四隅に鏡を立てておくと自分の死に顔がうつる（岡山）との俗信もある。

○モノモライ（麦粒腫）ができたときは、井戸の上から鏡を半分出してのぞかせ、治ったら全部見せる（茨城県美和村〈常陸大宮市〉）。鏡をものもらいのところに当てて、井戸の底を映してくる（同県東海村）。桶に水を汲んで鏡を見せ「治ったらみんな見せる」と言う（群馬県赤城根村〈沼田市〉）。目のかすみをとる呪《まじな》いは「中日向《ひゅうが》生き目の八幡大菩薩、照らす生きの目の水鏡、後の世まで曇らずにして去る」と唱える。これは高賀のヘボ芳の伝えた呪い（岐阜県板取村〈関市〉）。目の悪い時には「景清の一目に輝す水鏡、後の世までも曇らざりけり」と三度唱えた後アビラオンケンソワカと言う（長野県北安曇郡）。

○その他の俗信。古井戸や古池を埋める前にまず鏡と竹管を埋めた。鏡を埋めないと目の見えない子を生むと信じられていた（沖縄県伊是名村）。アワビ殻を牛舎の柱に掛けて魔除けとする。これをウシノカガミという（愛媛県宮窪村〈今治市〉）。鏡を懐中して歩けばキツネに騙されぬ（岡山）。岩手県水沢市〈奥州市〉で、雷の時は鏡を覆い隠す、といい、秋田県でも雷鳴の時は鏡など光るものをかくす、という。鏡を見ると影がうすくなる（栃木）。鏡を逆さに立てて置くと怪我をする（秋田県鹿角郡）。産婦に鏡をのぞかせるな（神奈川県逗子市）。珊瑚を鏡にうつすと真偽がわかる。ぼやければ本物（愛知）。顔におできの出たとき鏡を見ると倍になる（秋田県由利郡）。鏡に三人でうつると真ん中の一人が死ぬ（兵庫県神戸市）。鏡とぬいぐるみまたは人形を向かい合わせにしておくと、よくないことが起きる（栃木県宇都宮市）。タツノオトシゴを鏡箱の中に入れておくと願い事が成就する（岡山）。

隠し《かくし》

○他人の隠し（ポケット）に手を入れると火事になる（岐阜県海津町〈海津市〉）。

笠《かさ》

○家の中で笠をかぶってはいけない（青森・岩手・秋田・愛知）。かぶると、貧乏になる（秋田県平鹿郡）、叔父が貧乏する（秋田県鷹巣町〈北秋田市〉・仙北郡）、伯父が貧乏する（岩手県花巻市）、おじ・親父が貧乏になる（青森県五所川原市）、母方の叔父が貧乏する（岩手県衣川村〈奥州市〉）と、もっぱら叔父（伯父）の貧困を心配する。笠をかぶったまま座敷に入ると、死人がでる（岩手県花巻市）、川端のおっつぁまが流れる（愛知県北設楽郡）ともいう。大阪府泉大津市では、檜笠を畳の上に置くなという。屋外で使用すべきものを屋内で使用することを忌む、これらは場違いの禁忌の一種である。『日本書紀』神代上に、天《あめ》上を追われた素戔嗚尊《すさのをのみこと》が、青草の笠蓑姿で衆《もろ》神《かみ》たちに宿を乞うが断られ、それよりこのかた「笠蓑を著《き》て、他人《ひと》の屋の内に入ることを諱《い》む」とある。

菅笠（ざんざら笠）

○千葉県下総北部の嫁入りでは、嫁入りの際、婿の家の門口で両親のある男女の子供一人ずつが松明《たいまつ》を持って待ち受け、これを筋交いに地に伏せて、その上を嫁が跨ぐ時に菅笠をかぶせる風があった。頭に笠をかぶせるのは、花嫁を婚家に落ち着かせる鎮魂の呪術であろう。東北や関東地方で多く見られるが、地方によっては鍋蓋や釜蓋をかぶせる土地もある。笠は雨を除け日差しをさえぎる実用面での実感から、降りかかってくるやも知れぬ邪気を防ぎ、かぶるものを保護する呪具へと役割を広げていく。徳島市付近の嫁入り道具には、必ず破れ笠を添えてあった。これは再び帰らぬという意味で、嫁入り道具を運ぶ途中で他家の道具と行き合ったときには、笠を交換することになっていた。破れ笠は元には戻らぬことを逆手に取った縁起物といってよい。嫁と嫁が出合ったら笠を交換せよ（徳島）という。

○菅笠に腰かけると難産する（長野）。同県本郷村〈松本市〉では、親が四十二歳の厄年に生まれた子は、あらかじめ打ち合わせておいた家の庭先などに菅笠に乗せて捨てる。拾ってもらった後に鯣《するめ》一把を持って貰い取りに行く風習があった。

○出産後の一定期間、産婦はなるべく外出を控える。秋田県河辺町〈秋田市〉では、二一日の間外出するなという。外に出なければならぬときは笠をかぶれといい、外にある便所に行くときにも菅笠をかぶる。ほかにも、産婦は天道さまの罰があたるので、オビヤが明けるまでは外に出てはならない。もし出るときは日没後に笠をかぶって出る（福島県南郷村〈南会津町〉）。産婦は戸外に出てはならない。家の前の便所に行くにも笠をかぶらなければならない（山形県酒田市飛島）などという。瀬川清子は『きもの』（一九七二年）のなかで、「昔の人は、忌のなかの産婦や生児が、お日様の光にあたることを極端に恐れて、宮詣り前の生児の外出には、襁褓《むつき》を被せなければいけないといい、産婦も笠・手拭の類を頭に被ってひたすら外光に触れることを忌んだ」と述べている。

○人形を愛すると人形は人に憑くといわれる。憑かれたときには、その人に笠をかぶせて裸にし、川に入れる。次第に深い処まで進み、頭を沈め笠を川に流してしまえば、憑いた人形は笠の上にのって流れてしまう（石川県金沢市）という。憑き物落としの面白い方法である。このやり方と関係があるのかどうかはっきりしないが、飯綱《いづな》（憑き物）を追い払うときは、飯綱を笠にのせて流す。だから、川で笠を拾ってはいけない（兵庫県尼崎市）といわれる。
○溺死者を捜すとき、当人が常日頃かぶっていた檜笠を流すと、その死体のある場所で止まってぐるぐると回って流れない（石川県辰口町〈能美市〉）。溺死人の死体が上がらないときの呪的な探索法だが、笠を用いるのは珍しい。一般にはニワトリで行う。薩摩地方（鹿児島）では、上流からニワトリを流してやると、溺死体の上にきた時に渦形に回転する、と伝えている。
○竜巻を見た時、檜笠で招けば竜は落ちる。しかし、二、三日中に祟りで災難に遭う（石川県金沢市）。不浄のある家には笠を吊るしておく（三重県熊野市）。釜屋の入り口に笠や蓑、鎌の類を掛けるのを忌む（高知県大正町〈四万十町〉）。
○朝虹川越するな、晩虹笠はずせ（山形県新庄市）とは、朝虹が立つと雨になり、夕虹が立つと晴れる、の意である。朝虹蓑笠はずすな（同県東根市）、夕虹は翌日笠いらぬ（同県村山市）ともいう。朝焼けに蓑笠のがすな（同県東根市）は、雨が降る前兆。遠くの雷笠いらず（同県村山市）は、晴れる前兆。三重県御薗村〈伊勢市〉では天気予知の俗信として、朝鳶に笠を着よ昼鳶に蓑を脱げ、という。
○ニンニク・イカ・サンショウを袋に入れて、笠と一緒に玄関に吊り下げておくと流行病に罹らない。「さっさと、いかさんしょう」の呪《まじな》いである（福島県保原町〈伊達市〉）。群馬県子持村〈渋川市〉では、霍乱《かくらん》（日射病）になったときは、まず盥に水を汲み病人の足を中に入れさせる。次に、なるべく破れたところの多い菅笠を病人にかぶせ、上から手桶に汲んだ井戸水を柄杓で三杯ほどかける。菅笠から漏れて顔にかかった水を飲むと霍乱は治る、という。群馬県下には、暑気あたりの呪法として病人の頭に菅笠をかぶせ、上から水をかける方法が各地に伝えられている。夜泣き封じには、産室のかげに蓑笠を逆さに吊るす（福島県西郷村）。後産が出ない時は、菅笠を燃やした灰を飲ませる（福井）。風邪を引いたときは、笠をかぶって風呂に入るとよい（富山県上平村〈南砺市〉）、笠をかぶって風呂に入ったり火にあたったりすると治る（同県大沢野町〈富山市〉）。ハチに刺された時は笠を伏せると痛みが取れる（長野県諏訪湖周辺）。メッパ（モノモライ）ができたら、井戸の上から菅笠を半分見せて「治してくれたら全部見せる」と言う（埼玉県玉川村〈ときがわ町〉）。

傘《かさ》

○家の中で傘をさしてはいけない（岩手・埼玉・千葉・富山・石川・広島・島根・山口・愛媛・長崎・沖縄）。傘をさすと、叔父が貧乏する（山口県大島町〈周防大島町〉）、家が廃れる（富山県氷見市）、老人が死ぬ（島根県安来市）、悪いことがある（埼玉県加須《かぞ》市）、ネズミが暴れる（千葉・広島）、ネズミに不浄物を流される（長崎県南有馬町〈南島原市〉）、天気が悪くなる（石川県松任市〈白山市〉）、俄雨に遭う（長野県北安曇郡）、ナスが生らない（愛媛県丹原町〈西条市〉）などという。叔父が貧乏するというのは、笠の禁忌に見られる制裁で、その方からの影響かも知れない。場違いの行為を忌む俗信の一つである。筆者は二〇〇二年に中国でこの俗信を耳にした。浙江省温嶺市石塘鎮を民俗調査で歩いたとき、一九三一年生まれの男性から「家の中で傘をさしてはいけない。背が伸びなくなる」と聞いた。日本以外にも広く分布する俗信だろう。長野県北安曇郡で、天気のよい日に傘をさして歩くと頭を病む、というのは当然雨傘の禁忌である。岩手県住田町でも、天気の日に傘を広げると雨が降る、といって嫌う。これらは時違いの行為を忌む俗信といってよい。反対に、雨降りに傘をささずに歩くと頭にシラミがわく（愛知・徳島）という土地もある。傘を転がしながら歩くと馬鹿になる（鹿児島県国分市〈霧島市〉)のは、傘本来の機能を逸脱した行為を忌む例。

○傘を燃やすな(富山・静岡・兵庫・岡山・広島・香川・大分)。燃やすと、瘡ができる(岡山・大分)は、カサ(傘)からカサ(瘡)に連想を働かせたもの。腫物ができる(広島・香川)、梅毒にかかる(静岡県周智郡)もカサからの類想。ほかにも、水腫ができる(徳島)、気がふれる(富山・兵庫)、火事がある(富山県氷見市)などという。

○傘を燃やすのを禁忌とする俗信は各地でいうが、他方では、古くなった唐傘を燃やす伝統行事がある。鹿児島県の三大行事の一つに数えられる「曽我どんの傘焼き」は、鹿児島市の甲突川の河原で、旧暦五月二八日頃の土用日に行われる。曽我兄弟が傘を焼いて松明とし、工藤祐経を討ち取った故事に因むもので、古唐傘をうずたかく積み、日没後に男衆が火をつけて傘焼きをする。神奈川県小田原市下曽我でも、曽我兄弟の故事に因む「傘焼きまつり」が五月に行われる。

○嫁入りの時は傘を持参せよ。もし嫁入り同士が道で出合わせた時は傘を取り替える。先方の傘より古いほうが良い(徳島)。同県美馬町〈美馬市〉でも、花嫁同士が出合った時は傘を交換すると縁起がよい、といわれる。新潟県で、嫁入りと嫁入りが道で行き合うと勝ち負けができる。いずれかの嫁が嫁ぎ先から出る、といわれるように不吉とされた。傘を交換するのはこの不吉な事態を避けるための方法である。香川県白鳥町〈東かがわ市〉では、嫁入り行列が行き合った時はさし傘をお互いに取り替えるものだが、傘を先に出すとエンマケしないので、油《ゆ》単《たん》の下に忍ばせておいていち早くさし出すものだ、という。傘を交換するのはお互いに勝ち負けのない関係を意図した行為だが、「古い傘がよい」とか「先に出す」など、差異をつくることで優位に立とうとする意図もうかがえる。嫁入り行列の出合いのように、「同時に同じ」状態に直面したときには、先に何らかの行動を起こした方が優位に立つと考えられている。この問題は、祭礼で山車同士が出合った時、双方がどのような行動にもとづいて道を譲る判断をするのかといったことなどにも通底していそうだ。
○茨城県水府村〈常陸太田市〉では、花嫁が婚家の勝手口から入るときに傘をさしかけるという。笠かぶせの習俗と同様で、花嫁を婚家に落ち着かせようとの願いからでた呪的行為である。
○気を失った時や死の前後に、屋根の上などからその人の名を呼んで生き返らせようとする魂呼びは、かつて方々で見られた。難産で産婦がヒケタ（気を失った）ときは、屋根に登り傘をさして「もどれよ、もどれよ」と大声で呼ぶとよい（岡山県豊洲村〈倉敷市〉）。お産で死んだときには、屋根の瓦をめくって少し開け、雨傘をさして名を呼ぶ（徳島）。生死の境の時、男性が褌姿で唐傘を持って屋根にあがり、下に向かって病人の名を叫んでいるのを見たことがある（香川県詫間町〈三豊市〉）。魂呼びの際にわざわざ雨傘をさして呼ぶからには、それなりの訳があるに違いないが、今一つはっきりしない。ただ、広げた傘には、病人の魂の動揺を鎮め逸脱を押さえる働きが認められる。それとともに、傘には遊離した魂を呼び寄せる力があるとも信じられていたようだ。傘（笠）は山の表象としての小宇宙であり、また、傘の下は聖なる空間、非日常的な空間で、神事や芸能と関わって多彩な文化を生み出してきた。この点は早くに先学が説いている。俗信的には、唐傘の頭（中心）から骨が放射状に広がる形も気になるところで、信仰の植物である蓮の葉脈が中心から放射状に広がっている姿を想起させる。蓮を頭上にかざす感じである。さらに、飾り糸の十字に交叉する網目の形や、蛇の目模様が帯びている魔除けの呪力も見逃せない。傘の文化では相合傘も広く知られている。さまざまな図柄があるが、一つ傘の内で二人の人間が相互に情を通わせるためには、俗信的な発想では、一本の柄を二人が同時に持っている状態で可能となる。同じ一つの物を二人の人間が同時に触れた状態の時、両者が一体となるとの伝承は少なくない。

○雷の鳴るとき傘をさしていくと、傘の上に落ちる（愛知）と、雷鳴時に傘をさすのを心配するが、佐賀県小城〈小城市〉では、傘にクワの葉をのせて行けば雷は落ちない、という。雷除けに絶大な効果を発揮する桑の木の呪力を利用したもの。傘に鳥が巣をかけると曇り（岐阜県本巣町〈本巣市〉）。傘の裏を干すと雨が降る（鳥取県鹿野町〈鳥取市〉）。卯の刻（午前六時頃）雨には傘持つな（岡山市）。三時明かりに傘放せ（滋賀）。朝のトンビ（鳶）は隣へ行くにも傘を持て、昼のトンビは旅へ出るにも傘はいらん（広島県加計町〈安芸太田町〉）。三重県勢和村〈多気町〉では、破れ傘は雨が降らない、という。この意味は、月に輪がかかっていても明るい星が見えるときのことだという。傘は暈《かさ》の意である。

○俗信その他。雪の降る晩、傘の重いのは傘の柄にネコやムジナがついているのだから、時折払えばよい（長野県北安曇郡）。傘を取られると命が縮まる（富山県氷見市）。葬式の日に雨が降ると悪いことが続くので、墓に傘をかける（長野県川上村）。子供の墓は竹簣で囲って上に傘をかぶせる（愛知県鳳来町〈新城市〉）。日食のときには天から毒が降るといって、庭先などへ唐傘を吊り下げておく。こうすると毒を除けることができる（埼玉県秩父市）。土蔵の中に傘または人形を置けば火災の際その土蔵は焼け落ちる（石川県河北郡）。傘をさして写真を撮るものではない（群馬）。ネズミが雨傘を齧ると家が繁盛する（兵庫）。傘にめど（穴）をあけると福の神がくる（埼玉県加須市）。ショウライトンボ（精霊蜻蛉）が肩や傘に止まると良いことがある（岐阜県神岡町〈飛騨市〉）。難産の時、夫が高さの違う下駄を履き、こうもり傘をさし、家の周りを三回廻る（群馬）。夜泣き封じには、寝ている部屋の窓の外に傘を逆に吊るしておく〈新潟県栃尾市〈長岡市〉〉。ひきつけには、子供の寝ている上に傘をさす（岐阜・広島・福岡）。なぞなぞあそびで、「唐傘さして子を生んでいるものなぁーに」。答は里芋（富山県是戸村〈高岡市〉）。

肩上げ　かたあげ

○福岡県久留米市で、夜は衣服の肩上げをしない、という。長野県北安曇郡では、肩上げの真中を止めると出世しない、という。

肩当　かたあて

○秋田県平鹿郡で、肩当と居敷当を続けたのを付けると雷様に打たれるといい、離して付けると立身するという。同県雄勝郡では、肩当のない着物は凶事を意味する、というが、青森県五所川原市では、着物の肩つぎすれば怪我する、といっている。襟や肩に横布を入れると、着た人は成功しない（秋田）ともいう。

鉄漿　かね→お歯黒

蚊帳　かや

⑴雷と蚊帳、五月蚊帳を忌む

○雷が鳴ったら蚊帳の中に入れ、との俗信は全国的。蚊帳を吊っていると落雷しない、万一落ちても助かるという。蚊帳の中にいればヘソを奪われない（石川・愛媛）ともいう。ただ蚊帳に入るだけでなく、線香をたく（岩手・秋田・長野・岐阜・愛知・大阪・奈良・鳥取・徳島・高知）土地も多い。愛知県大治町では、線香を立てて般若心経を唱えると家に落ちない、といい、岡山県加茂町〈津山市〉では「かかよ、線香立て、蚊帳吊れ、ヘソかくせ」と言って蚊帳の中へ入る、という。土地によっては、門口や竈に線香を立てるだけとか、線香を立ててから蚊帳に入る場合もあり、そのやり方は一様でないが、線香も雷が嫌う代表的なものである。林宏の『大和まじない資料集』には「雷ハ火ヲ怖れて、火ノ側ニハ近付カヌトイフ。ダカラ、必ズシモ線香ニ限ラズ、煙草ヲ喫ッタリかまどノソバニイルノモヨイ」と見える。雷が鳴るときは風呂を焚いて蚊帳を吊れ（栃木県塩谷郡）ともいう。

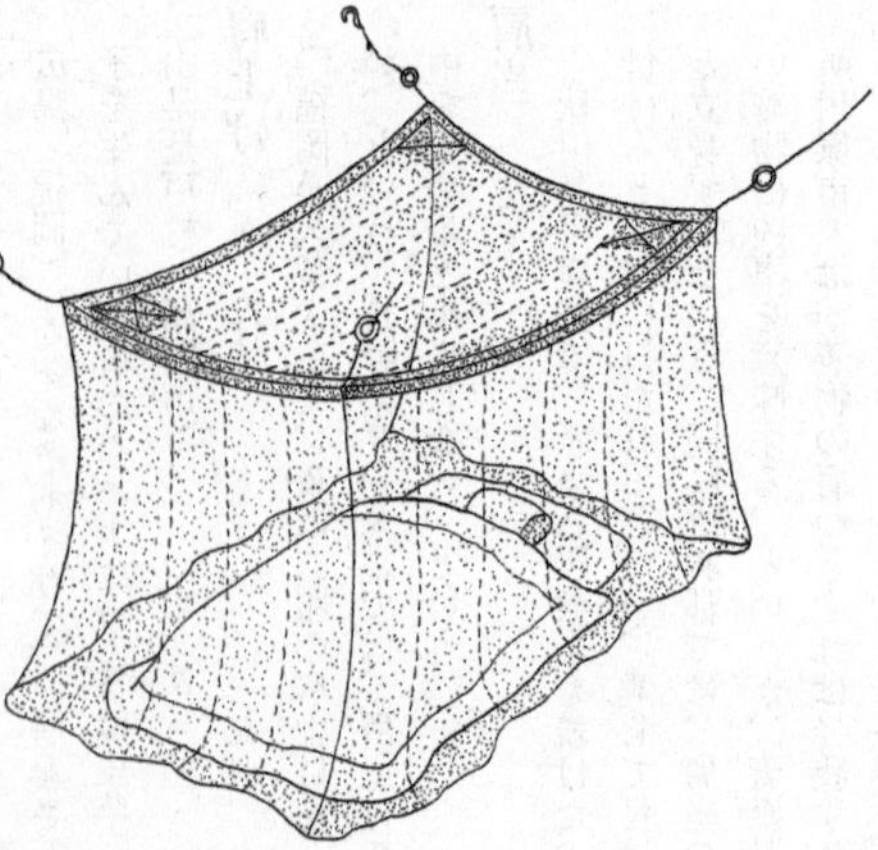

蚊帳

○雷が鳴り始めると「くわばら、くわばら」と唱える、あるいはこの呪文を唱えながら蚊帳に入る（栃木・山梨・長野・岐阜・愛知・岡山）。長野県南箕輪村では「くわばら、くわばら越後へ行け」と三度唱えて蚊帳の中に入るというが、一方、新潟県栃尾市（長岡市）では「ここはくわばらですけ、信濃に飛んでくれ」と言い、お互いに押し付けあっているのは面白い。長野県内には「くわばら、くわばら上州へ行け」と言う土地もある。雷がくわばら（桑原）を避ける由来については諸説ある。江戸時代の『夏山雑談』には「桑原といふ所は、むかし菅家のしろしめしたる処なり。延長の霹靂《へきれき》、其後度々雷の堕たりし時、此桑原には一度もおちず。雷の災のなかりしとかや。これによつて京中の児女子、いかづちの鳴時に桑原々々といひて咒しけるとなり。今にいたりてかくいふ事なり」とみえる。

また、和泉国の桑原の井戸に雷が落ちた際に土地の者が井戸に蓋をし、雷に謝らせた。それから桑原に落ちることがなくなったともいう（『和泉名所図会』）。沖縄県では「クワーギヌマタ、クワーギヌマタ（桑木の股、桑木の股）」などというが、そのわけについて、伊波普猷《いはふゆう》の『古琉球』には、雷が桑木に落ちてその股にはさまれて死んだので「桑木の股」という呪文が唱えられるようになった、と紹介されている。こうした伝承の源には、桑には邪気を祓い魔を避ける力があるとする考えが横たわっている。中村義雄は、古く宮中において、お産の際に辟邪や邪気を祓う狙いで桑の弓・蓬の矢が用いられた例を示し「雷鳴のときや不吉のおりなどにクワバラ、クワバラととなえる俗信も、桑を神聖な霊木で、災厄をはらう呪力があると信じられてきたことを物語るもの」と指摘している（『魔よけとまじない』）。一方、鈴木棠三は、クワを不浄木とするのは古い信仰だったと見做し「古くは雷は天の神であった。神聖な神であるから、不浄のクワ畑には落ちないというのが本来の形だったかと推量される」と述べている（『日本俗信辞典 植物編』）。奈良県大和地方や岡山県奥津町〈鏡野町〉で、雷鳴のときには庭や門に鍬を立てるとよいというのも、桑からの連想によるものか。

○三重県大山田村〈伊賀市〉で、年越のふくわうち（節分）の時の煎った豆を別に残しておき、ビンに入れて高い所へ虫のつかないように吊っておく。雷が鳴ったら蚊帳の中で、その豆を食べると雷が落ちないという。岡山県倉敷市でも、大晦日に煎った鬼の豆を枡に入れて神棚に供えておき、初雷のとき蚊帳の中で食べると雷が落ちない、と伝えている。初雷のときに節分の豆を食べる所は多い。落雷を除けるだけでなく、悪難をのがれる（高知）とか、中風にかからない（滋賀）などといって重宝する。鬼の退散に用いた豆には特別の力が宿っていると考えるのは自然で、はやく、『時慶卿記』慶長一〇年（一六〇五）二月二十五日条に「初雷ナレバ節分大豆ヲ用」とある。

○雷鳴時に蚊帳に入る伝承は広いが、その際、アサ（麻）の蚊帳に入れ（秋田・栃木・新潟・岐阜・愛知・和歌山・京都・奈良・三重・高知・福岡・佐賀・長崎・鹿児島）という所が少なくない。福岡県太宰府市では、雷が鳴る時はアサの蚊帳に入り線香を立てるとよい、といい、京都府美山町〈南丹市〉では、アサの蚊帳に限るという。なかには、アサの蚊帳は、幾分電気を防げるし、又電気は蚊帳を伝わって中の人体には伝わらないと考えたもの（秋田県大内町〈由利本荘市〉）と、合理的な解釈をしている例もみられる。蚊帳の素材はアサのほかに木綿など何種類かあるが、とくにアサが強調されるのはアサと魔除けの関係が意識されているからに他ならない。災いを防ぎ払う呪的な手段にアサが登場する例はいくつもある。生児に初めて着せる産着に麻の葉模様の布地を用いるのは一般的といってもよい。成長の早いアサにあやかって子供の健やかな成長を願う意味が込められているが、それとともに、麻の葉模様自体に魔除けとしての力が宿っていると考えたからであろう。岐阜県安八町では、雷が鳴るときはアサの蚊帳に入って落雷を避ける。蚊帳の四隅には四天王がいるから雷は落ちない、と伝えている。

○蚊帳を縫う際には、さまざまな禁忌を伴っていた。蚊帳は、一人で縫うな（青森・和歌山）、大人数で縫うもの（兵庫・山口）、一針でもよいから縫ってもらえ（和歌山県高野口町〈橋本市〉）という。また、蚊帳は一日で縫い上げるもの（秋田・島根・香川・徳島・佐賀）で、島根県日原町〈津和野町〉では、八人して一日に縫い上げる、という。一日で出来ないと幽霊が入る（秋田県山本・雄勝・由利郡）とか、一日で縫った蚊帳には幽霊は入らぬ（同県仙北郡）といわれる。青森県五所川原市では、蚊帳は縫い終わったら、四つの槌を両側より転がして酒を上げ、蚊帳の棟上げといって飲み食いしてたたむ。そうしないで使って病気をすれば長引くか死ぬ、と伝えている。宮武粛門が報告した「肥前川上郷（佐賀市）の話拾遺」に、蚊帳についてこんな記事がでている。「蚊帳を縫うて居るうちに雷鳴があると不吉だと言い、近所の者手伝いに来て一日の中に縫い上げる。出来上がった時はコウバシ（炒り麦粉）を出して、先ず四天王に供えた後、手伝いに来た一同の者と共に新調の蚊帳の中で之を食べる。私の郷里東讃津田郷（香川県さぬき市）でも、蚊帳は一日に仕上げるものとして、やはり近所から手伝いに来るが、是は雷を厭《いと》う為とは言わず、縫いさしにして置くと火災に罹ると云う俗信があるからである。又四天王に物を供えると云うことをせぬ。川上郷などで四天王と言うのは、蚊帳の上端四隅に普通赤色三角の布きれを当てた所のことである」（『郷土研究』四巻八号、一九一六年）。四天王と称される蚊帳の上部の四隅に赤い三角の布を当て、あるいは×の刺繍をほどこす例が見られるのは、ここが邪霊の影響を受けやすい箇所であることを示している。△や×には魔除けの意味があると思われる。以上のほかにも、酉の年に新しく蚊帳をこしらえると病人がでる（徳島県藍住町）、閏年に蚊帳を織ってはいけない（和歌山県那智勝浦町）、閏年に蚊帳を買うと死ぬ人ができる（栃木・高知）、九月には蚊帳を作らない（群馬）などという。

○五月蚊帳は吊るものではない（青森・岩手・秋田・栃木・埼玉・千葉・長野・岐阜・静岡・愛知・和歌山・岡山・島根・山口）との禁忌は広く浸透している。五月に蚊帳を吊り始めると、死ぬ（静岡県水窪町〈浜松市〉）、病気になる（岩手・長野・岐阜・岡山）、長患いする（青森・岩手・長野・静岡・和歌山・山口）、怪我をする（岩手）、幽霊がでる（秋田）、大雨が降る（青森県五所川原市）、凶作になる（岩手県陸前高田市）などと心配する。青森県平賀町〈平川市〉では、五月蚊帳を避け、四月中に二、二回吊っておく、という。四月に吊り始める土地は少なくない。

○蚊帳を吊り始める吉日は申の日（埼玉・新潟・大阪・和歌山・兵庫）。この日に吊ると、病気をしない（新潟・大阪・兵庫）、悪病が起きない（新潟県十日町市）という。和歌山県高野口町〈橋本市〉では、蚊帳は申の日に吊らないと病が起こる、といい、猿はマメなものだから蚊帳を吊るのに無精のないように申の日に吊るのだ、と伝えている。

○蚊帳を吊る日は、二日、十日、二十日など最後に「か」のつく日にする（岩手・栃木・茨城・奈良・山口・長崎）。かのつく日に吊ればその年の蚊が少ない（山口県福栄村〈萩市〉）という。日《か》で蚊を封じる語呂合わせの呪《まじな》いか。佐賀県大和町〈佐賀市〉でいう「寝蚊帳《ねがや》起蚊《おきが》帳《や》」とは、蚊帳を吊る日の吉凶をいったもの。指を折って数える一日から五日までが寝蚊帳で、指を起こしていく六日からが起蚊帳。寝蚊帳に蚊帳を吊り始めると病人が絶えぬ、といって忌む。ただし、四月八日に一度吊っておけば、後はいつ吊っても支障がないという。指を折る日に蚊帳を吊り始めると病人がでる、との禁忌は埼玉県加須市や茨城県龍ケ崎市でもいう。

○九月蚊帳は吊らない（埼玉・群馬・長野・静岡・愛知・山口・福岡・長崎）。九月に蚊帳を吊ると、病気になる（長崎県南有馬町〈南島原市〉）、化物が出る（福岡県北九州市）という。埼玉県越谷地方では、「五月蚊帳」「九月蚊帳」といって、蚊帳を五月に吊り始めたり、九月に仕舞ったりするものではない、という。このように「五月蚊帳」と「九月蚊帳」はセットで伝承されている場合が多い。要は八月末までに蚊帳は仕舞うべきことをいったものだが、旧暦の俗信なので、新暦の九月だとまだまだ蚊帳の必要な所は多い。『海録』に「貞孝朝臣相傳聞書云、蚊帳の事、四月廿日よりつり始め、八月卅日までにて候」とある。群馬県利根郡では、蚊帳の中でガンの声を聞くとよくない、といって忌み、そのため九月（旧暦）には蚊帳を吊らない、という。また、ガンの鳴き声を蚊帳の中で聞くと、ガンが帰ったのち雁瘡《がんがさ》ができるといって、この頃まで蚊帳を吊ることを嫌う（山口市）。福島県喜多方付近でも、蚊帳の中でガンの声を聞くな、という。『守貞謾稿』に「三都ともに九月朔日後、蚊いまだ去らざる時は紙に雁を描きて四隅にこれを付く、諺に曰く、蟵内《かや》に雁声を聞く者は災至ると、故に雁を画きてこれを呪除《まじないよ》けとす。あるいは曰く、今世、雁を画きて蚊帳につるは非なり。蜻蛉を画くを本とす。蜻蛉は蚊を食ふが故に咒とすと」とある。

○香川県土庄町で、旧暦六月二三日の和霊さんの祭りに、蚊帳を吊らないで寝ると思うことが叶う、といい、そのわけについて、宇和島藩の重臣山家《やんべ》清兵衛（山家公頼）が、蚊帳の中で切り殺されたのが六月二三日だったので、この夜は蚊帳を吊らないという。この伝説は仙台にもあり、公頼は六月晦日に蚊帳の吊り手を切り落として殺されたので、昔はこの夜は蚊帳を吊らなかったという。出雲の和霊祭りでも、この夜蚊帳に入らなかった者はどんな願い事でも叶うといわれ、若い男女は夜明かしをした。言い伝えでは、和霊という人は鳥目であった上に、蚊帳の中にいたために敵に殺されたからだという。蚊帳にまつわるこんな話も伝わっている。昔、今御門町〈奈良市〉の道祖神と薬師堂町の御霊様が博打を打った。結果は道祖神が負け、氏子の多くは御霊神社に取られてしまった。現在、道祖神社（猿田彦神社）の例祭では「蚊帳のやぶれ」と称する儀式が行われるが、これは博打に負けて、破れた蚊帳を質入れしたことに由来するといわれる。

○その他の俗信。初めて蚊帳を吊ったときは、足の方から入る。そうしないと髪の毛がうすくなる（石川県七尾付近〈七尾市〉）。三月には蚊帳は吊らぬもの（愛知県東春日井郡）。蚊帳を旧四月中に吊ると災難が来る（栃木県下都賀郡）。蚊帳の紐は藁などで吊ってはならぬ（沖縄県本部町）。季節はずれの蚊帳（彼岸過ぎまでの）は、病気になってもなかなか治らぬという（群馬県大間々町〈みどり市〉）。蚊帳を片付けるのは丑の日だ（和歌山県高野口町〈橋本市〉）。二百十日の晩は蚊帳の中に寝るな。もし病に罹れば長引く（福島県大沼郡）。川で蚊帳を洗うと、水の出るたびにその岸がどこまでも崩れる（群馬県勢多郡）。七月七日のほかは蚊帳は洗わぬもの（新潟県佐渡郡〈佐渡市〉）。蚊帳に着物を掛けて寝ると、盗人が入っても目が覚めない（福井県小浜市）。お産をしたとき蚊帳を敷いて寝ると血が落ちつく（青森県八戸市）。年取って寝込んだとき、蚊帳を敷くと床ずれしないという（群馬県大間々町〈みどり市〉）。麻疹に罹ったときは、昼夜蚊帳の中で寝かせ、サンを結んだグシチ（ススキ）をその枕元に置く。蚊帳のないときは左綱で囲む（沖縄県伊是名村）。

蚊帳　かや

⑵三隅蚊帳と魔除け、幽霊と蚊帳

○沖縄県の各地で、蚊帳を二人で吊ってはならない、という。その理由として、葬式の際に死体を隠す蚊帳は二人で吊るから（同県名護市・読谷村）と説明している。『平良市史 第七巻』には「カヤビキ（蚊帳ヒキ）とは、トンビャン（龍舌蘭の繊維で織った布）の洗い糸であんだ蚊帳で、これを死者の部屋に吊るしたり、張ったりする。その内で、死者を悪霊から守るとともに、外部の明かりを断ち、死霊が迷い出ることを防いだりする」と記されている。

○蚊帳を三人で吊るな（秋田・千葉・山口・香川・熊本）。三人で吊ると、幽霊がでる（秋田・熊本）、化物がでる（千葉・山口・香川）、双子ができる（千葉県市川市）という。

○先に雷鳴時に蚊帳に入る俗信を紹介したが、今一つ興味深いのは三隅蚊帳の習俗である。蚊帳を取り付けるときには四隅の吊り手を長押《なげし》の鉤などに掛けるが、吊り手の一つを外した状態をミスミカヤとかミスマカヤという。蚊帳の三隅を吊って入ると雷が落ちない（愛知・岡山・佐賀・福岡）という。雷がひどいときは、蚊帳を三角に吊って（一か所吊らない）入り「くわばらくわばら」と言うと落ちない（福岡）。愛知県の『西春町史』（一九八四年）には「雷が鳴ると蚊帳に入るということは、西春町全体で聞かれたが、地区によって細かい点で相違がある。蚊帳が麻でなければならないことは共通している。麻は電気を通さないという理由のようだが、麻の蚊帳は高価なので、木綿の蚊帳しかない家が多かった。だから、実際には蚊帳であれば何でもよかった。このとき、蚊帳の四隅を吊ることが多かったが、一隅を吊らずに入ることがあった」と記されている。凄まじい雷鳴とともにときには落雷の被害をもたらす雷は、昔も今も畏怖の対象だが、かつては人知を超えたものの仕業として一層怖れられていた。蚊帳はこうした雷の害を防ぐことができると信じられてきた身近な生活の道具で、蚊の侵入を防ぐための利用だけにとどまらない。その背景には素材である麻の呪性や特別の吊り方など、蚊帳は人びとの心意と深くかかわっている。

○三隅蚊帳は死者を安置する魔除けの蚊帳でもある。新潟県佐渡〈佐渡市〉では、死者には一方の吊り手を外したミスマ蚊帳を吊り、オガラを十文字にした魔除けを蚊帳の上にのせた、という。死者を蚊帳で覆う習俗は九州から沖縄県にかけて顕著に見られる。長崎県対馬の豆酘《つつ》〈対馬市〉でも、一つの吊り手を外した蚊帳に死者を入れた。鹿児島県大根占町〈錦江町〉では「死人に用いる蚊帳は三角を張れ」という。同県屋久島〈屋久島町〉では三隅蚊帳を吊り、ネコ（邪霊）の侵入を防ぐ。長崎県小値賀島

〈小値賀町〉では、元は死人の湯灌は蚊帳を三ところだけ吊って、その中で行っていた。そのため、普段は蚊帳の三ところは吊らない、という。沖縄県竹富島〈竹富町〉では、人の寝ていない蚊帳には魔物が入る、といって嫌われる。そのため、寝床につくまでは三隅だけ吊って一つを外しておく。三隅蚊帳は魔物が入らないとされている。鹿児島県瀬戸内町でも、蚊帳の中に人が入っていないときは、片隅の吊り手は外しておくという。

○蚊帳は一日で縫い上げろというが、もし、その日の内に仕上がらなかった場合はどうなるのか。秋田県雄勝郡や山本郡では、蚊帳は一日で縫い上げないと幽霊が入ったり又ひっくるまったりする、といい、同県平鹿郡でも、一日中に縫い終えぬ蚊帳には幽霊が入るといって、蚊帳を縫う時に手の足らない家では、親しい人に手伝いを乞い必ず一日中に縫い終える、と伝えている。同県由利郡には、親戚が死んだ時は魂が来るが、その際蚊帳を吊って置けば入らない、という土地がある。言い換えれば、一日で縫い上げた蚊帳には幽霊は入らないということである。沖縄県大宜味村では、幽霊に追われたら蚊帳の中に隠れよ。入り口が無いから入れない、と、幽霊除けの効果を説いている。なかでも、蚊帳と幽霊の関係は一種の取り合せのようになっている。蚊帳は夏の夜具であり幽霊話ももっぱら夏の夜の話題としてもてはやされるところから、両者が結びつくのは自然の成り行きだが、しかし、そこでの幽霊の行動は蚊帳の周囲を廻ったり、覗き込んだりすることが多い。蚊帳には邪霊を防ぐ力があるとされていて、幽霊は中には入ってこないという観念があったためと考えられる。四世鶴屋南北作『小幡小平次』（歌舞伎脚本）に登場する、蚊帳越しに覗きこむ幽霊を描いた葛飾北斎の「百物語　こはだ小平二」は有名。歌川豊国「小平次、同女房二やく尾上松助」でも、両手を垂れた小平次の幽霊が蚊帳の中で眠る妻を覗きこむ場面が描かれている。蚊帳の上部の隅には赤い布の上に×印がみえる。赤色と×は魔除けの意味を帯びていると思われ、蚊帳のなかではこの四隅が重視されていたことがわかる。

簪　かんざし

○女が簪を落とすと、死ぬ（愛知）、縁起が悪い（徳島県小松島市）。嫁の髪飾りが落ちると不吉（青森県南部町）という。長崎県有明町〈島原市〉では、祝儀の時に簪が落ちると離縁になる、といわれ、秋田県鹿角郡では、嫁入りの途中で簪を落とすとその嫁は居つかぬ、という。簪を井戸の中に落とすと、目が悪くなる（愛知）、恐ろしいものが出る（富山県氷見市）ともいう。タクシーに乗る時、簪を落とすと不吉（石川県金沢市）との俗信もある。簪を落とすのを不安視するのは、単なる物の落下ではなく、簪と一緒に福運を落とすという心意があったからだ。一方で、簪を道で拾うと不運になる（長野県大町市）というのは、落ちている物に取り憑いているかも知れない邪気を心配するのである。嫁入り時に嫁の簪がこわれると縁組は長続きしない（岐阜）ともいう。

○生花を簪にするな、という禁忌はほぼ全国的に分布する。頭にさすと、寿命が縮まる（秋田県平鹿郡）、早く死ぬ（岡山県総社市）、親が死ぬ（岩手・富山・京都・三重・兵庫・愛媛・高知）、母親に早く死別する（福井・静岡・大阪・山口・高知）、親の死に目に会えない（福島・群馬・千葉・石川・岐阜・広島）、親が失明する（群馬県利根郡）などと心配する。静岡県田方郡では、ツバキの花を簪にすると早死にするという。東京都南多摩郡で、生花を左にさすと坊主に惚れられる、というのも死を暗示している。花が枯れるとき花簪にして遊んだ者も死ぬ（高知市高須）。花を一本髪にさすと縁遠くなる（岐阜県恵那郡）ともいう。高知県では、頭に花をさす時は、花の元に二、三度唾をつけて「花は枯れても髪ゃ枯れんな」と唱えた。同県物部村槇山〈香美市〉では、娘子らが生き花を髪に飾って遊ぶときは「親も死ぬな、子も死ぬな」と唱える風があったという。草木の花・枝などを頭髪にさす挿頭《かざし》について、石上堅は「生花を簪にすると、親の死目に会えぬとか、早死するとかということは、自然の花の枝を、手にとって、髪に挿むものが、尋常の家庭の生活をしない女性、すなわち物忌みをし、神事にあずかれる女性であったことを、かすかながら記憶しているものと思われる」（『日本民俗語大辞典』）と述べている。花は、精霊を迎えたり、仏に供えたりするところから、平生身に着けるのを嫌った面もあるのだろう。高知県檮原町四万川では、子供たちが山に咲く野生の花の枝を手折り、手に持って歌ったり騒いだりするのを忌み嫌った。人に憑きたくてさまよう無縁仏に憑かれるといって、厳しく戒める風があったという。現在では想像できないが、かつて、家庭での草花の栽培を忌む俗信があり、桂井和雄はそれが死のイメージと結びついていることを指摘している（『仏トンボ去来』）。

○女が山道を行くときは、銀の簪をさしていないとオオカミに天窓（頭）を飛び越される（栃木）という。兵庫県竹野町〈豊岡市〉でも、オオカミに頭上を飛び越えられると死ぬ。それで、夜道を一人で行くときには、男ならキセル、女なら簪や針を頭の上に立てて歩かなければいけない、といわれた。簪は魔除けに用いることもあったようだ。キセルの場合は、脂《やに》の臭いを嫌うのであろう。沖縄県本部町には、夜間に妖怪の出る場所を通るときは、男は褌を頭から被り、女は簪を抜いて髪をかき乱し、簪を口にくわえて通ると、どんな妖怪でも退散すると言い伝えられている。山梨県白州町〈北杜市〉では、象牙の簪は魔除けになるという。他方で、妖怪が簪に化けて娘を騙す話もある。奈良県南阿太村〈五條市〉には、昔、奥の谷の池に娘が洗濯に行くと、簪が落ちていた。拾って頭にさすと、簪が大蛇になって娘を呑んでしまった、という伝説がある。また、珊瑚の簪をさすのは毒見のため。それは液の中に入れると色が変わるから（播州赤穂地方〈兵庫県〉）との俗信もある。
○ヘビが何匹もかたまってとぐろを巻いているのを蛇こしきといい、そのかたまりの中に簪を入れてやるとよいことがあるという（東京都調布市）。滝沢馬琴の『近世説美少年録』に、庄屋が野良でヘビがとぐろを巻いて群がっているのを見つけ「是なん世にいふ蛇甑《へびこしき》にて、甑の中には宝貨《たから》あり、倘《もし》これを得たらんものは、富《とみ》栄《さかえ》ずといふことなし」と見える。
○民間療法その他。自分の歯が抜けたら、女の人の簪を折れ（鹿児島県中種子町）。喉に刺さった骨を抜くには、象牙細工の品物（簪、櫛など）で喉を三回こすりながら「かものどとおすたいのひらぼね」と三回唱える（茨城県岩瀬町〈桜川市〉）。喉にノギが刺さった時は、象牙の櫛や簪などで喉をさするとよい（群馬県倉渕村〈高崎市〉）。肩の痛い人は銀の簪をさすと治る（岡山）。夜簪を見るものではない（高知県土佐清水市）。小さいとき簪をさしては、早く親に死に別れる（福井県高浜町）。死者のでた家では忌の期間中は簪を竹製のものに替える（沖縄県大里村〈南城市〉）。玉の簪を髱《たぼ》と髷との間にさせば待ち人来る（大阪）。

樏《かんじき》

○富山県魚津市古鹿熊《ふるかくま》では、カンジキの爪にウメの木を使用したものを履いて冬山に入ると迷

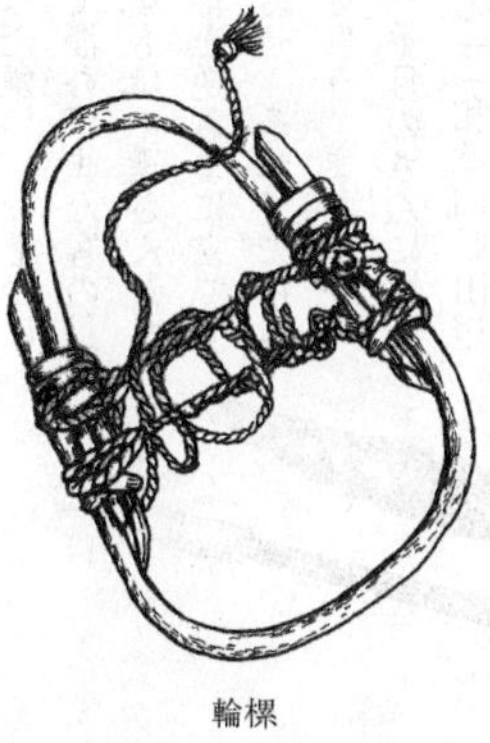

輪樏

うことがないという。もし迷ったとしても、雪の上に腰をおろし、カンジキを履いたまま足を上げて、乗り緒と前輪との間の三日月の隙間から外を透かして見ると、進むべき道がわかるという。

【き】

煙管《きせる》

○来客に長居をされて困った時、障子の上から三段目の桟《さん》にキセルの首をかけると客は直ちに帰る（石川県金沢市）。奈良県桜井市では、客を早く帰そうとするときは、箒、キセルを障子の桟の三つ目に門に向けて置くと帰る、という。岡山でも、長居の人を帰すにはキセルを障子の桟にかけておくとよい、といわれる。南方熊楠は「紀州俗伝」で「料理屋で煙管を指で舞わすをはなはだ嫌い、ひそかに塩撒いて浄む。また客の長座するをもはや還さんとならば、箒を逆さまに立てて手拭を冒《かぶ》せ、それで去らぬ時は茶を供う。また障子の下より三番目のさんに煙管を掛ける」（和歌山県田辺市）と報告している。料理屋でキセルを回すのを嫌うのは、キセルを三本の指でまわすと商売が繁盛しない（石川県金沢市）という俗信と通じている。

煙管

○客を帰す算段ではなく、呼び寄せたいときの呪《まじな》いとして、石川県金沢市では、花柳界で待ち人を待つ時、キセルを指先で三度まわし、願いをかければ待ち人が来てくれる、と伝えている。縁結びした紙縒《こより》をキセルや土瓶などに結びつけるとお客が来る（大阪）ともいう。芸者さんが火鉢から火種を取るとき、小さな炭片が付いてくることがある。そのときは、お金が懐に入るようにと、キセルを懐へ入れるしぐさをしてネズミ鳴きをすることがあった（東京都新宿区神楽坂）という。ネズミ鳴きはネズ鳴きともいい、チュウチュウと音を立てて息を吸うしぐさで、待ち人を呼び寄せる呪いでもある。
○キセルを拾うと運が良い（山形・栃木）。福岡県北九州市では、キセルを拾うと吉。拾う時には中央を握れ、という。また、キセルを拾うと口が増えるといって良い、落とすと口が減るといって悪い（新潟）ともいうが、どの場合もキセルを拾うのは吉とされる。
○キセルの脂《やに》が出ると雨が降る（沖縄県大宜味村）。キセルのスの通らぬ日は雨（熊本）。スの通らぬとは胴が詰まることで、同様の占候は岩手県大船渡市でもいう。鹿児島県中種子町では、キセルの吸い口にニコチンの水滴が溜まったら雨という。キセルの灰が白だと晴、黒だと雨（肥後〈熊本〉）。灰の色からの判断だが、キセルの灰は火皿から掌に落としたので色の変化が目にとまりやすかったのだろう。
○ヘビがキセルの脂を嫌うとの報告は多い。山奥へ行くにはキセルを持っていくとヘビに咬まれない（熊本県球磨郡）。青大将にキセルの脂をつけると腐る（愛知）。ヘビにキセルの脂をなめさせると、ヘビは骨が離れてしまう（神奈川）。ヘビに咬まれた時はキセルの脂を塗ればよい（新潟・広島）。『和漢三才図会』に「凡ソ蛇ハ煙草、脂汁ヲ忌ム。ヘビノ口ニ入レバ則チ困死ス」とあり、穴に入ったヘビでも「煙草ノ脂ヲ傅《ツク》レバ則チ出ヅ」とある。幕末土佐の庶民生活を記した『真覚寺日記』の慶応四年閏四月一六日条に、雪隠に五尺ぐらいの芝走り《しばはし》（アオダイショウ）が出た際に「入口の戸の下へ煙管のやにを置けば夫より来らず」と見える。ヘビはキセルの脂を嫌うので、キセルの中に藁を通してそれをヘビに巻けば動けなくなる（新潟県阿賀町〉。

○狩猟などで山に入った際に使用を忌む山言葉に、新潟県南魚沼郡ではタバコをハナクサ、キセルをハナサオという。秋田県仙北郡ではキセルをコマガリと呼ぶ。また、海上で口にすることを忌む沖言葉では、鹿児島県喜界島〈喜界町〉でキセルをチシイという。

○民間療法。キセルのノロ（脂）を臍に塗ると夜泣きしなくなる〈福島県平田村〉。耳たぶの後ろと足の裏にキセルの脂をつけると疳の虫が治る〈同県山都町〉。小児の疳の虫には、キセルにミゴ（稲の芯）を通して脂を取り、こめかみ、臍の周り、おいどめ（尾てい骨）につける〈山形県新庄市〉。結膜炎に罹ったときは、キセルの脂を眼の縁につけるとよい〈群馬県子持村〈渋川市〉・埼玉県加須市〉。歯痛の時は、キセルの脂を虫歯に入れる、または、タバコの煙をキセルから虫歯に入れる〈沖縄県伊是名村〉。棘を抜くには、キセルの雁首から煙を出して患部に当て吸いだす〈同県多良間村〉。手足に出たまめは、キセルの頭を焼いて「まめまめごいしになれ」と言ってさすれば治る〈山梨県増穂町〈富士川町〉〉。手足のまめは、キセルの雁首をぬくめて撫でるとよい〈和歌山県高野口町〈橋本市〉〉。手足のまめは、キセルを吸って熱くなったキセルを何回もさしつけると痛みがなくなる〈徳島県美馬町〈美馬市〉〉。

○その他の俗信。囲炉裏縁をキセルの雁首で叩いてはいけない。親の頭を傷つけるのと同じ〈山形県南陽市〉。キセルで炉縁を叩くと貧乏神が喜ぶ〈秋田県仙北郡〉。キセルで背中を掻くとヨウ（腫物）ができる〈岡山〉。キセルを跨ぐと足指の長い子が生まれる〈福井県高浜町〉。金のキセルでタバコを吸うと、もうそれ以上身代は伸びない〈愛知県平和町〈稲沢市〉〉。なぞなぞあそびで、「ととも金子《かねこ》かかも金子中のお竹子、なぁに」。答はキセル〈岩手県岩手郡〉

⇩煙草《たばこ》

着物　きもの

⑴ 縫う

・裁《た》つ日の吉凶

○着物を裁つのは酉の日がよい（岩手・秋田・福島・東京・石川・岐阜・愛知・和歌山・徳島・高知・佐賀・長崎・熊本）とする土地は多い。この日に裁つと、縁起がよい（岩手・福岡）、新しい着物があたる（石川県七尾地方）、多く縫える（愛知・徳島）という。とくに、鳥の羽のように、着物持ちになる（岐阜県岐南町・愛知県西尾市）、たくさん着られる（群馬）、沢山できる（東京）という。鳥羽《は》重《がさ》ねするといって着物をたくさん着られる（秋田）。熊本県人吉市では、酉の日は布を裁つのに良い日とされる。トリノハガサネという言葉は女の財産である着物をたくさん持っている意味だという。酉の日をトリノハガサネと称して吉日とする例は高知県や佐賀県にもある。着物を裁つのは卯の日がよい（群馬・大阪・長野・和歌山・長崎・熊本）とする土地も少なくない。着物に恵まれる（熊本県水俣市）、卯の日重ねで着物がふえる（長野県北安曇郡）、ウガサネといってよい（群馬）などという。「卯の日重ね」や「卯重ね」は、物事が重なるとの俗信で、二度あることを嫌って葬式などは避けるが吉事は喜ばれる。また、辰の日は吉日（山形・福島・群馬・岡山・徳島）といい、この日に着物を裁つと後から後へ着物ができる（徳島県藍住町）という。岡山県加茂町〈津山市〉では、着物は辰に裁って巳の日に着るのが最上。裁った日にいりぼし三匹を縄でゆわえて衣の中へ入れる、という。「辰巳井戸に戌亥の土蔵《くら》」といわれるように、吉方とされる方位である辰巳にあやかったものであろう。辰と裁つ、同音の語呂合わせがあるのかも知れない。一般に申の日は裁物を嫌うが、申の日がよい（和歌山県高野口町〈橋本市〉）との報告も見られる。ほかにも、子《ね》の日に裁つと新しい着物があたる（石川県七尾地方)、戌の日に裁つと着物がふえる(長野県生坂村)、大安の日を選ぶ(三重・熊本)、着物を裁ち切る時はその人の生まれ年の干支の日に裁つと強くてよい事がある(茨城県土浦市)などという。

○着物を裁つ前に、布の上に鋏とトビ(おひねり)を置き「朝姫の教え覚えし唐衣、裁つ度毎にきそますかな」と唱える。裁ち損じのない呪いである(兵庫)。最後の「きそますかな」の意味が理解しづらいが、類例では、仕立物をするとき「朝姫の教えはげめよ朝衣、立つ(裁つ)度毎に喜びを待つ」と唱えてから取りかかると失敗しない(愛知)という。また、和歌山県高野口町〈橋本市〉では、裁物をするときの呪歌として、歌の冒頭は不明だが「○○姫の教え始めし唐衣、裁つ度毎にくずれ無きかな」が知られている。○○姫は朝姫であろう。福島県舘岩村〈南会津町〉では「唐衣裁つたびごとに喜びぞする」と唱える。文言は変化しているが、いずれも同系統の呪歌あるいはその一部である。また、着物を裁つ時には「天竺のささらえべすが着物裁つ、裁つ日も着る日もきらわざりけり」と三回唱えるとよい(群馬)。着物を裁ちつ違わないようにするには「天竺のあらえびすの絹たてば、月夜もしおもきらわざりけり、あびらおんけんさま」と三回繰り返す(同県)。着物を裁つとき「天福皆来地福円満諸願成就皆霊満足」と三回唱えれば着物の寿命が長い(秋田県北秋田郡)。高知県土佐山村〈高知市〉では、裁った布は藁で括り、裁ち祝いといってなまぐさを供え、頂いた後で仕立てる。同県東津野村芳生野〈津野町〉では、反物を裁ったときには、物差し、鋏などを裁った布の上にのせて「七十七の七孫《ななまご》までお祝いします」と唱えるものという。

○裁物を避ける日は実に多い。十二支では申がその筆頭で、禁忌の分布は全国に及ぶ。申の日に裁つと、焼け穴ができる(秋田・石川・長

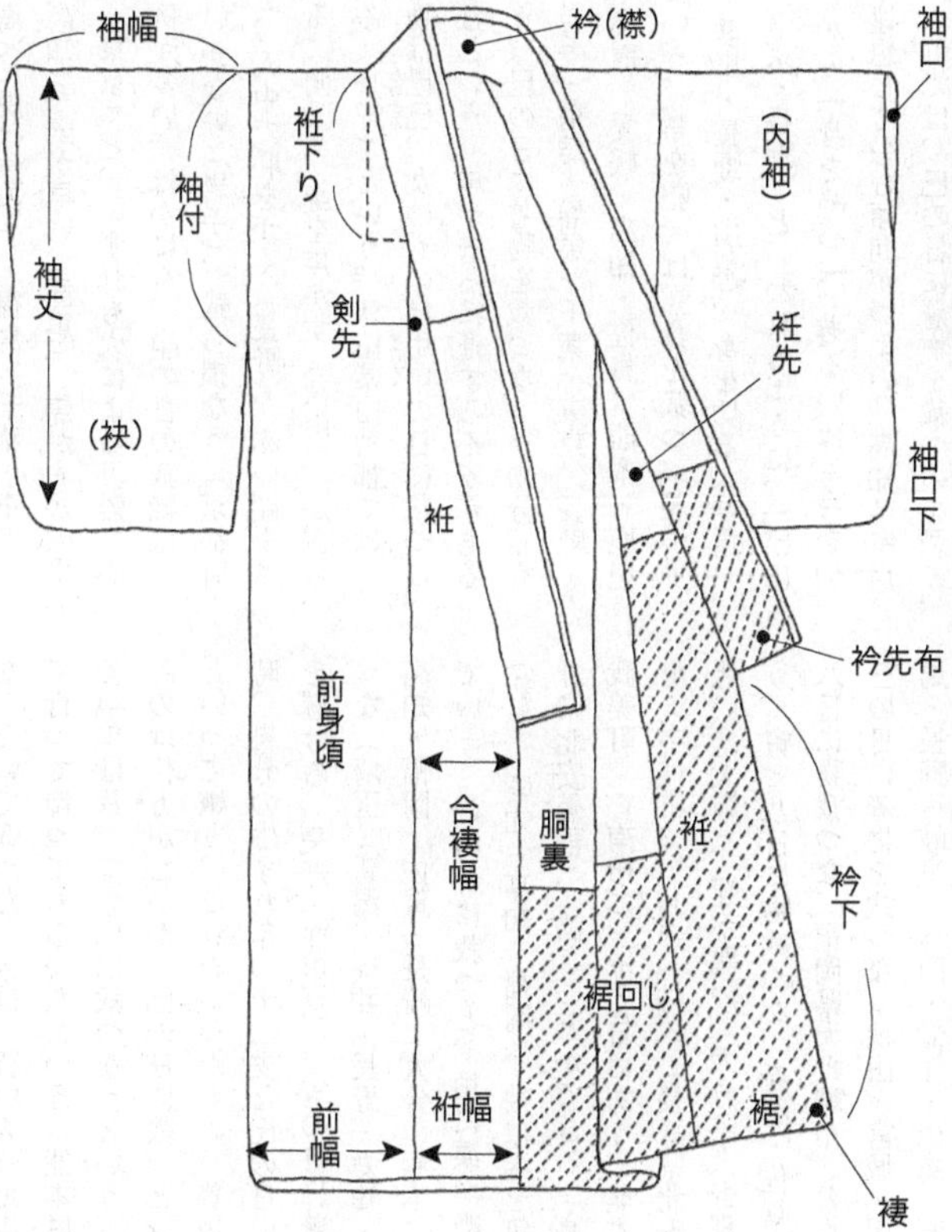

着物（振袖）の部分名称

野・徳島）、焼け焦がす（福島・千葉・東京・長野・高知）、火が早い（群馬）、焦がすか火事を出す（東京）と、いずれも火による災難を心配する例が多い。ほかにも、申の日の裁縫は、うまくいかない（岩手）、裁ち損なう（京都府宮津市）、人中で恥をかく（長野）、赤い顔をさせられる（同県）、身を焦がす（秋田）、かぎさきをする（長野）という。秋田県由利郡では、男の着物は己巳《つちのとみ》、女のものは甲申《かのえさる》の日に裁つことを忌むという。申が去るに通ずる不安があるのだろう。巳の日に着物を裁つな、との分布も広く（岩手・福島・群馬・千葉・東京・長野・山梨・鳥取・愛媛・高知・佐賀・熊本・鹿児島）でいう。禁を犯せば、身を裁つ（絶つ）（福島・群馬・長野・山梨）、身を切る（群馬・千葉・東京・長野）といわれるように、「巳に裁つ」から「身を絶つ」、あるいは「身を切る」を連想して忌む傾向がつよい。高知県室戸市吉良川町では、巳の日に着物を裁つのを忌み、知らないで裁ったときは、買い入れた店に持って行って飾ってもらったという。熊本県水俣市で「年は裁っても巳は裁つな」という。歳を取るのは仕方がないが、巳の日に裁つと身を裁つといって嫌う、これをいったもの。着物を裁つ時、自分の生まれ年の十二支と巳の日に裁つのを避ける（長野・鹿児島）。寅の日に着物を裁つな（埼玉・新潟・福井・長野・愛知・大阪・高知・福岡・佐賀・長崎・大分・熊本）と各地でいう。この日に裁つと、袖に涙が絶えない（新潟・愛知・高知・福岡）、袖に涙を包む（長野県北安曇郡）、泣きごとができる（高知県香我美町（香南市））、泣く目にあう（熊本県松橋町（宇城市））、お寺へ行く（長野県北安曇郡）、悪い（大阪）、運が悪い（大分県大野郡）という。寅と八日に物裁つな（新潟・佐賀）。申寅八日に物裁つな（福岡県大野城市）ともいう。丑の日に着物を裁つな（秋田・宮城・福島・群馬・長野・岐阜・静岡・愛知・徳島・鹿児島）

という。丑の日に裁つと、長患いする（福島・群馬・岐阜・愛知）、仕上がりが長引く（静岡・愛知）、裁物に飛び火がかかる（岐阜県丹生川村〈高山市〉）、火に祟る（愛知）、焼け穴ができる（長野県南信濃村〈飯田市〉）、着ぬ人がでる（茨城県水戸市）などと忌む。子の日に着物を裁つな（秋田・兵庫・高知・沖縄）。この俗信は沖縄県に色濃く分布しており、いずれもネズミの害に遭うからと説明している。子の日に裁つと、質屋に行く（秋田県由利郡）、寝《ね》着物《ぎもん》になる（高知県大月町）、不幸が来る（沖縄県北谷町《ちゃたん》）ともいう。ほかにも、自分の生まれ年の十二支の日には自分の着物を裁ってはいけない（群馬・長野）という。以上、十二支で主に忌まれるのは、申巳寅丑子であるが、細かく見ていくと十二支の全てが何らかの禁忌の対象になっているといってよい。また、先に見たように、多くの土地で酉の日は着物を裁つ吉日とされるが、しかし、衣服を裁つのは酉の日にするな（福岡県岡垣町）とか、酉の日に着物を縫うと着ぬ人がでる（茨城県水戸市）と、不吉とする伝承もある。卯の日も同様で、三重県小俣町〈伊勢市〉では、卯の日は重なるので裁物をするな、という。同じ事柄であっても、吉凶相反する結果をいう例は俗信にはよく見られる現象である。

○自分の誕生日に裁物をすれば、身を切るという（秋田県山本・南秋田郡）。徳島県藍住町では、自分の誕生日には着物を裁たない。その反面で、着物を自分の生まれた日に裁てば縁起がよい（長野県北安曇郡）、幸いが来る（同県大町市）ともいう。「買い切り裁ち」と言って、買った日に裁ちきるものではない（長野県生坂村）という。福島県棚倉町でも、反物は買った日に裁つものではない、といい、その理由として死人の衣はその日に裁つから、と説明している。同町では、人の死んだことを聞いた日には着物を裁たない、という。集落内に葬式のある日は着物を裁たない（長野県北安曇郡・高知県大月町・長崎県芦辺町〈壱岐市〉）所は少なくない。鹿児島県西之表市では、死人の出た日は死人の着物以外は縫ってはいけない、とされている。村に死人があったときは、作りかけの着物はその日の内に作ってしまうか、または解いてしまう（長崎県美津島町〈対馬市〉）。その日に入用の着物をその日に裁つのを忌む（高知県土佐清水市・檮原町）のも、葬式との関連が考えられる。宮城県本吉町〈気仙沼市〉でも、買ってきた反物をすぐ縫うものではないという。他方で、着物は貰った日に裁てば日を見なくてもよい（群馬）との報告もある。着物の三日裁ちはいかん（佐賀県小城町〈小城市〉）。三重県熊野市でも、三の日に布を裁つと身を断つといっていけない、と忌む。五の日は衣を裁たせぬ（愛知県渥美町〈田原市〉）。月の八日の裁縫を忌む（新潟・長野・高知・福岡・佐賀）。九の日に着物を裁つものではない（群馬）。月の四の日九の日は着物を裁たない（秋田・長野）等々、忌む日はまちまちである。

○岡山県笠岡市では、正月三日の縫い初めに紙の袋を縫って米と銭を入れる。年中食べ物やお金に不自由しない、という。同県上齋原村〈鏡野町〉では、縫い初め（一月三日）の袋に米がたくさん入ると豊作になる、と伝えている。ほかにも、縫い初めは正月二日で、ユズリハを二枚合わせて糸で縫い神様に上げる。それより前には針仕事はしない（長崎県壱岐郡〈壱岐市〉）。正月一週間、裁縫をすると箱に虫がさす（秋田県山本郡）。正月一六日まで縫物をするな（山形県西川町）。小正月に裁縫すると畑が荒れる（岩手県住田町）という。

○寒の日には着物を裁ってはいけない（佐賀県小城町〈小城市〉）。裁物はお彼岸にまたがってするものではない（福島県相馬市）。盆の内は縫物をするものではない（愛知・高知）。盆に縫物をすると御精霊様が針で足を突つかれる

（愛知）という。高知県東津野村〈津野町〉では、旧一二月八日の針さまの日は裁縫をするのを忌む。コトヨーカ（針供養）の日は衣服を裁ってはいけない（長野）。針供養は事八日《ことようか》（二月八日と一二月八日）に行う所が多く、両月とも行う地方とどちらか一回だけという地方がある。一二月八日は海が荒れる日といわれ、この日浜に流れ着いたハリセンボン（針千本）を拾い、戸口に吊るして魔除けにする風習がある。香川県白鳥町〈東かがわ市〉では、ハテノハツカ（一二月二〇日）は、どこにも行ってはいけないし、縫物などもしてはならない、といわれている。沖縄県平良市〈宮古島市〉では、節日や折目に着物を縫ってはいけない。子孫が絶える、という。同県名護市でも、節供や折目に着物を縫うてはいけない。不幸が来る、といって忌む。愛知県赤羽根町〈田原市〉では、おんぞの日に針仕事してはいけない、という。おんぞの日とは、伊良湖神社（田原市）のおんぞ祭り（御衣祭）のことであろう。ほかにも、衣服は仏滅に裁つな（長野・三重）、三隣亡・先負には裁ってはいけない（長野）などという。

○着物は朝（午前中）に裁つもの（福島・岐阜・長野・愛知・滋賀・三重・山口）と各地でいう。当然、午後から裁つものではない（福島・長野・奈良・和歌山・山口・徳島）とされ、午後に裁つと、裁ち損なう（和歌山県紀北地方）、出世しない（福島県飯舘村）、命が短い（福岡県犀川町〈みやこ町〉）などと嫌う。漠然と午後というのではなく、土地によっては、夕方縫物をすると、無駄になる（山形県米沢市）、不幸になる（宮崎県高原町）、死人の着物になる（鹿児島県栗野町〈湧水町〉）などと忌む。長野県大町市では、日が入ってから裁縫はしない。高知県吾北村〈いの町〉では、暮れ方に裁縫すると恵比寿が嫌うといい、長野県麻績《おみ》村では、日が沈んでからの綿入れはいけない。着物がまともにできない、と伝えている。岩手県一関市舞川では、午後三時過ぎたら着物を裁つな、という。縫物は朝にする土地が多い中で、朝は縫物をしない（鹿児島県大根占町〈錦江町〉）とか、朝縫物をするとよくないことが起きる（新潟県栄町〈三条市〉）との報告もある。高知県南国市で、着物を裁つには昼夜の二明《ふたあ》かりで裁つものではない、という。二明かりについては、昼と夜の明かりの意味か、外の光と灯火の光が交錯する夕暮れの時刻の意味か、解釈が分かれるが、おそらく後者であろう。

○裁物に悪い日だとわかってはいても、事情があって休むわけにはいかない場合も少なくない。そんな時の呪《まじな》いとして、秋田県山本郡では「佐保姫の急ぎの衣を裁つ時は月をも日をも嫌わざるらん」と三回口ずさみ、魚の尾を衣の上に載せてから裁つと良い、という。長野県北安曇郡では「から国の悪しきえびすの衣なれば時をも日をも嫌わざりけり。朝ひめの物裁ち始めに裁つ度毎にアビラオンケンソワカ」と三回唱える。福岡県太宰府市では、悪日にどうしても縫わなければならない時は「からくれのあしき衣のきぬならばときをも日をもえらばざりけり」の歌をよむ。急ぎの物は「あられえびすの木に（衣？）裁つ時は月も日も嫌わざりけり」と三編唱える（長崎県壱岐郡〈壱岐市〉）。愛知県知多市では、着物を夕方裁つ時は「津の国の荒きえびすの衣裁ちて、時をも日をも嫌わざりけり。津の国の荒きえびすの衣なれば、入日も時も嫌わざりけり」と唱える。この場合は夕方の禁忌を解く必要から、文言に「入日」が挿入されている。江戸時代後期の『諸民秘伝重宝記』に「衣服日をえらまず立ち縫ひ（選ばず裁ち縫い）する傳」として「〽津の国のあしきえびすのきぬたちてときをも日をもきらハざりけり〽から国のあられえびすのきぬなれバ時をも日をもきらハざりけり　此《この》歌をよミて立ぬひ（裁ち縫い）すれバ日をえらまず立（裁ち）てよし」とある。こうした呪歌が広く流布していたことが知られる。不安を呪歌で解消し滞りなく作業をすすめるための生活の知恵といってよい。当日が悪日かどうか分からないときは「裁つ日も縫う日もあびらおんけんさま」と三回繰り返せば大丈夫（群馬）とも。長野県生坂村で、着物はその人の生まれた日と巳の日に裁つものではない、といい、どうしても裁たなければならないときは、箕に当てて裁つという。我身に降りかかるかも知れぬ災厄を箕で肩代わりする、つまり身から箕へ移す魂胆であろう。巳の日には衣の裁断をしない。やむを得ず裁つ時は衿肩明きだけ残す（福岡県太宰府市）。長野県伊那市では、寅の日の裁物を忌むが、ただし、シャクナゲの木で作った物差しを用いればよいという。

・一枚の着物を二人で縫うな

○一枚の着物を二人で縫うな、との禁忌は全国的である。あるいは、一枚の着物を二人以上で縫うものではない（秋田・山形・福島・静岡・和歌山・愛媛・鹿児島・沖縄）、三人で縫ってはいけない（新潟・長野・岐阜・滋賀・福岡・鹿児島）という。二人で縫うのを忌むわけについて、静岡県水窪町〈浜松市〉では、一枚の着物を同時に二人で縫うものではない。死者に着せる帷子を二人縫いするから、といい、沖縄県名護市でも、着物を二人で縫うてはいけない。死人の着物は二人で縫うから、と説明している。死人の死縫うのは二人以上とする土地も多い。死人の死出の旅路に着せる経帷子は、さらしを裁って数人で取り急いで縫って着せるので、これを忌みごととした（長崎県吉井町〈佐世保市〉）。一枚の着物を二人以上で縫うな。経帷子は数人で取り急ぎ縫うから（和歌山県上富田町）などという。新潟県山古志村小松倉〈長岡市〉では、着物を三人で縫うのはよくない。葬式のときの縫い方だから、といっている。引っ張り合って縫うな（秋田・福島・静岡・高知）というのも、死者の衣装の縫い方の特徴をいったものである。

いずれも葬送習俗と結びついており、その印象から、平生一枚の着物を複数の人が一緒に縫うのを、仏様だ（長野県南信濃村〈飯田市〉）とか、死人の着物になる（兵庫県赤穂市）といって嫌う。ただ、裏返せば、一枚の着物を二人で縫うな、というのは、一枚の着物は一人で縫うのが通常のあり方として認知されていることを前提にしている。死人に着せてやるものは一人で縫うてはならぬ（栃木）とか、普段着は一人で縫うもの（新潟市）というのは、そのことを物語っている。死の儀礼の場で浮き彫りになる倒立像は、禁忌として日常生活に影を落としているが、しかし、この倒立した像そのものが、私たちのなかに当たり前として沁み込んでいる日常の秩序や論理をかえって顕在化させている。日常と葬送習俗の逆転の関係のあり方は、本質的には、死に関する事柄のほうが日常性を基準に逆転しているのであって、その逆ではない。また、二人で一枚の着物をほどくものではない（長野県生坂村）。二人で着物をほぐす（解く）のは死んだときのみ。死人の着物は何人もで手分けしてほぐす（秋田県大内町〈由利本荘市〉）という。

○死に装束を縫う時は返し針をしない（青森・岩手・秋田・新潟・長野・岐阜・愛知・京都・兵庫）。返し針をすれば、死者は生まれ変わってこない（秋田県由利郡）、死人が帰って来る（同県平鹿郡）という。同県大内町（由利本荘市）では、縫い返しは死者が行ったり来たりする、といって忌む。葬式の場では、死霊を滞りなく冥途に送り出すことが大切で、再び戻ってくることがないように気をつける。この俗信もその一つで、縫い進んだ針を戻す運びが「死人が帰って来る」とか「死者が行ったり来たりする」という不吉な連想と結びついている。普段は、着物を縫う時は返し針をする（静岡県新居町〈湖西市〉）。返し針をしないで縫うものではない（長野・愛知）という。

○死に装束を縫うときは糸の端を玉どめしない（青森・秋田・山形・福島・群馬・千葉・新潟・長野・岐阜・山梨・愛知・三重・兵庫・広島・高知・沖縄）。つまり、縫い放しにする。こぶ（結び玉）をつけると死人が行くところまで行けぬ（秋田県大内町〈由利本荘市〉）とか、死者が三途の川で鬼につかまった時、すぐに着物が脱げるため（新潟県妙高高原町〈妙高市〉）という。返し針の禁忌と同様、結び玉が死者の霊が他界へ移行する際の障害になるのでは、との心配である。平生は、糸の端を結ばないで縫うものではない（秋田・新潟・長野）とされる。福井県小浜市で、着物を縫うとき結びこぶを他人にしてもらうと、産の時にその人が来ないとややが生まれない、という。奈良市でも、裁縫をするとき糸のこぶを他人に結んでもらえば難産する、と伝えている。高知県東津野村〈津野町〉では、死人の着物を縫うときは結び玉は他人にしてもらうもの、という。日常のささやかな身ぶりから連想する感性が、心の襞《ひだ》のように小さな不安や喜びと敏感に触れ合いながら伝承されている。

○着物の綿（綿入れ）に糸屑を入れると、早死にする（秋田・愛媛）、早世する（石川県河北郡）、着ている人が死ぬのを待つ（岐阜県高山地方）、立身しない（秋田県北秋田郡）、すぐほころびる（群馬）などと忌む。ほかにも、子供の綿入れに糸屑等を入れると、その子に病気が絶えない（岩手県陸前高田市）。糸屑を着物に縫い込むと着た人が死ぬ（長野・愛知）。新しい着物をこしらえるとき、ごみを入れると寿命が短くなる（長野県北安曇郡）。夜具、綿入れ等の綿に糸を残しおけば、その糸縫いたる人を呪《のろ》う（石川県鹿島町〈中能登町〉）。綿入れの中に糸屑が入っていると、糸が「出たい出たい」と言う（兵庫県赤穂市）。綿づくりのとき、ごみを中に入れると、主が死ねば世に出るといって病ませる（長野県生坂村）。同県北安曇郡では、死人に着物を着せてやるときは、糸屑を入れてやるものだ、という。糸屑ではないが、着物に頭髪を縫い込むのはその人の死を祈るものなり（石川県珠洲郡）との報告もある。

○一枚の着物を二年がかりで仕上げるな（岩手・鹿児島）。縫い始めた着物に年を越させるものではない（長野・兵庫・島根・高知・佐賀）。一枚の着物を縫い始めたら年内におやす（終わらせる）（山形県米沢市）。年を越させた着物を着ると不幸がある（佐賀県武雄市）。高知県窪川町〈四万十町〉では、年越しの着物を縫うのを忌み、それを猟師が着ると獲物に見える、という。

○妊婦は袋物を縫ってはならない、との禁忌は各地に多い。島根県では、妊婦は帯や蚊帳・枕・袋物を縫わぬ、といい、兵庫県赤穂市では、糠袋を縫って口をふさぐといけない、という。袋物を縫うと、袋子を生む（長野・愛知・京都・岡山・島根・香川・長崎）、産が重い（千葉・愛知・福岡）、睾丸の大きな子を生む（吉野川沿岸〈奈良〉）という。妊婦は死人の着物を縫ってはいけない（岩手・三重・奈良・愛媛）。妊婦が葬式に関わるのは禁忌とされ、やむを得ず参列する時には、懐中や帯に鏡を入れておくとよいといわれる。妊婦は針仕事をしない（新潟・大阪・沖縄）。オビヤアキまで針仕事は目に障る（新潟県中条町〈胎内市〉）。産後一か月ぐらいは縫物をしてはいけない。針を持つと血の道が起きるという（大阪府摂津市）。

・出針と着針、禁忌と呪歌

○出針の禁忌は全国的である。出かける直前にほころびを縫ったりボタンをつけたりするなど、針を使うのを忌む俗信で、禁を破った際の制裁も多い。出針をすると、凶（福島・沖縄）、凶事がある（茨城・新潟・大分）、悪いことが起きる（山形・福島・富山・岐阜）、怪我をする（岩手・長野・山梨・岐阜・和歌山・山口・熊本・鹿児島）、災難に遭う（秋田・新潟・和歌山）、血をみる（和歌山）、縁起が悪い（福島・新潟・長野・岐阜・福岡）、恥をかく（秋田・群馬・新潟・長野・愛知）、その日の運が消える（香川県綾歌町〈丸亀市〉）、山から無事に帰ってこられなくなる（静岡県水窪町〈浜松市〉）、旅立つ人に不幸がある（秋田）、忘れ物をする（山口県宇部市）等々さまざまにいう。岐阜県荘川村〈高山市〉では、家人が山仕事に出かける時、針を使うことを朝針といって忌み嫌う。徳島県一宇村〈つるぎ町〉でも、山仕事に出かける時は針を使ってはならず、ほころびがあってもそのまま行くという。新潟県栄町〈三条市〉では、出針を使うのは死んだときだけだ、といっている。死者の着物は急ぎ縫うことからの連想だろうか。どうしても針を使う時には、次の歌を唱える。「川向うの役人の親が死んでやれ忙しやなー」と唱えて縫えばよい（島根）。出がけに針をもつ時は「さいぎょうが　たびのこころにせかされて　いそぎにぬうは　よろしからざり」と三回唱える（茨城県常総市）。岐阜県板取村〈関市〉では、「天のひ衣糸といて着たらぬうもいとく天人」と唱える。新潟県中魚沼地方では、出針使ったら何か食って出ろという。明応九年（一五〇〇）の『随兵之次第事』に、出陣で家を出る際、クシャミを凶兆として弾指《たんし》（爪弾き）をするとある。出針もそうだが、「出がけに下駄の鼻緒が切れると不吉」といわれるように、家を出る時の状況やふるまいには特別の関心を払ってきた。物事の初発時の行動や状態が吉凶を含めて、その後のあり方を拘束するようなつよい影響力をもつという心意は、私たちの生活の処々に脈打っている。「元旦に喧嘩をすると一年中喧嘩をするようになる」「生まれたときが雨だと結婚式の日も雨になる」など、類例は多い。

○衣服を着たままでほころびなどを繕うのを忌む。着針《きばり》とも称されるこの禁忌も全国的である。着たままで縫うと、人から疑いを受ける（秋田・石川）、冤罪《えんざい》を受ける（石川・愛知）、言いがかりにあう（和歌山・島根）、人前で恥をかく（富山県氷見市）、親の死に目に会えない（富山・石川・愛知・山口）、若死にする（長野県北安曇郡）、貧乏する（岩手・長野）、着替えがなくなる（岐阜・愛知）、裁縫が下手になる（長野・和歌山・岡山）、出世しない（長野・愛知）、気がふれる（和歌山・島根）、吃音になる（石川）、怪我をする（同県）、難産する（鹿児島県和泊町）、出先にて通り魔が縫い目から入る（栃木県茂木町）、かぎさけをする（長野県北安曇郡）など、さまざまにいう。着針は家を出る際に慌ただしく行うことも多く、この点で出針の状況とも重なっている。

○着針は避けたいところだが、そうもいかない場合もある。やむを得ず着たまま繕うときの唱え言が各地に伝えられている。呪文のタイプとしては、大きく「急用多忙型」と「身ぶり偽装型」に分けられそうだ。前者は、さらにいくつかの系統が認められる。まず、〔嫁取り婿取り系〕で、福井県美浜町では、衣服を着たままでボタンつけや繕いものをするときは「嫁取り婿取りやれ忙しや着ていてふくろべ（綻び）縫いまする」と唱える。愛知県南知多町では「着とって着物を縫い候、嫁取り婿取りやれ忙しや」という。「嫁取り婿取りそれ忙しい」と三度唱える（長野県諏訪湖周辺・大分県宇目町〈佐伯市〉）。次に、〔庄屋の嬶《かか》が死んだ系〕。鹿児島県坊津町〈南さつま市〉で、着物を着たまま針を使う時は「庄屋どんの葬式じゃ」と言ってつけよ、という。島根県木次町〈雲南市〉では「川向うの庄屋のババアが死んだけん、はや行かにゃえけん、ああ忙しい、ああ忙しい」と言う。熊本県宮地町〈阿蘇市〉では「山田ン肝入殿《きもいりどん》の娵御《よめご》が死なしたき、早よしていかにャ遅なる」と三回唱える。長崎県壱岐郡〈壱岐市〉では、やむを得ない時は「庄屋の嬶の死なした。急ぎ急ぎ」と言って縫う。同県吉井町〈佐世保市〉

で「庄屋のかかあ、庄屋のかかあ、庄屋のかかあ」と唱えるのは、庄屋の嬶が死んだの意か。村人としては、庄屋の嬶の死は、何はさておき駆けつけねばならない一大事である。緊急事態を理由に、制裁を見逃してもらおうとの魂胆。庄屋の嬶の死ではないが、高知県東津野村〈津野町〉では、着たまま縫う時は「庄屋の川流れ大急ぎ大急ぎ」と言ったという。川流れも緊急事態にはちがいない。この呪《まじな》いに登場するのは庄屋の嬶だけではない。島根県日原町〈津和野町〉では「奥山の三治が女房が死んだげな、ふくろび縫うて着て行こう」と唱える。「隣のばあさんが危ないから急いで縫ってくれ」と言って縫ってもらえばよい（埼玉県入間郡）。「川向うのおばばが死なれたげで、やぁれ忙しや、あぁれ忙しや」と言って縫えばよい（島根県木次町〈雲南市〉）などという。三番目は、「旅立ち系」である。長野県生坂村では、着たままで縫うときは「旅立ちゃ忙しや（自分の名前を言う）旅立ちゃ忙しや」と言う。「旅立ちじゃでもごめんなさいごめんなさい」と言って縫う（岐阜県真正町〈本巣市〉）。着たままボタンを付ける時は「旅立ち旅立ち」と言って付ける（愛知県南知多町）。「縫って恥かしや旅でござんす」と三回唱える（長野県北安曇郡）。「旅だからかねしてくれ（堪忍してくれ）」と言うがよい（愛知）。「旅の事ゆえごめんなさい」と言う（愛知県西尾市）。「旅の者だから許してください」と言えば構わない（和歌山県高野口町〈橋本市〉）。愛知県西尾市では、着たままほころびを縫うと着物が無くなる、または他出して恥をかくといって忌むが、但し「西行も旅の衣に急がれて、着ていて縫うは目出度かりけり」と唱えればよい、と伝えている。同じ歌は各地で伝承されている。以上、特徴的な三つの系統を紹介したが、これ以外にも禁忌の無効を訴える呪いは少なくない。和歌山県上富田町では、着針をどうしてもしなければならない時は「隣の嫁さんナベブタの上に子を生んだ」と言う。徳島県藍住町では「隣に子はらみがある」と言って縫え、といわれる。新潟県栃尾市〈長岡市〉では、「奥さまのおそばの忙しさ、着て縫うことの天の羽衣、お姫様のおそばさらずの暇もなし、着せて縫うことのめでたかりけり」と唱える。「私は親に孝行ひまなくて着ていて物を縫うぞめでたき」と三度唱えて縫えばよい（愛知県北設楽郡）。「姑が偉うて暇のうて、着たまま縫いまする」と言う（同県南知多町）。「やれ忙しや急ぎの山に腰をかけ」と唱えながら針を運ぶ（山口）。「さつじょ、さつじょ、しやみ行こう」と言って縫った（長崎県吾妻町〈雲仙市〉）。最後のさつじょの意味は不明だが、他は押し並べて急用・多忙を言い立てるものである。「みぶり偽装型」には次のような呪《まじな》いがある。着物を着たままほころびなどを縫うときは、「脱いだ」と言う（石川・福井・岐阜・京都・和歌山）。福井県美浜町では、「脱いだ」と言わないと死人と同じとされ忌み嫌う。京都府美山町〈南丹市〉では、もし縫う時は「脱いだ、脱いだ、脱いだ」と三回唱えてからするとよい、と伝えている。徳島県小松島市では、家の出がけに立ったまま着物の破れを縫うてはならぬといい、縫う時は「歩きのおかかでございます」と唱えつつ縫う。そうしないと着物が無くなるという。香川県長尾町〈さぬき市〉でも「歩きでござんす」と言って縫ってもらう。和歌山県高野口町〈橋本市〉では、一旦脱ぐ真似をしてから縫うてもらえ、といっている。いずれも、着たまま、立ったままで縫うという着針の状態を、そうではないと否定する言葉や身ぶりでカムフラージュし、災厄を免れようとの狙いである。

・裁縫上達の伝承、その他

○岡山県新見市では、縫い初め（一月二日）で財布か一升袋を縫い、年神様に供えると裁縫が上手になる、といい、同県上齋原村〈鏡野町〉

では、三日の縫い初めに布や紙などで袋を縫うと裁縫が上達するという。三九郎（小正月の火祭り）のとき、柱につけた自分の作ったまりや猿ぼこが上に上がるほど裁縫の手が上がるといった（長野県塩尻・松本市）。左義長（とんど）に折紙で着物を折って上げると裁縫が上手になる（奈良県東吉野村）。七夕に新しい着物を飾ると裁縫が上手になる（愛知県名古屋市）。高知県土佐清水市では、七夕の朝早く、隣家七軒の前の掃除をすると裁縫の手が上がるという。十五夜の明かりで裁縫すると上達する（群馬・岡山・熊本）。八のつく日に稽古を始めると裁縫が上手になる（群馬）。死んだ人の着物を縫った針を使うと手が上がる（栃木県芳賀郡）。中指の渦の巻いている人は裁縫上手（秋田県仙北郡）。手にホクロがあれば裁縫が上手（富山・香川）。指にホクロがあれば裁縫、手芸に秀でる（沖縄県伊良部町〈宮古島市〉）。中指にホクロがあれば縫物が上手い（岡山）。鼻の上に汗をかく者は裁縫が上手（和歌山県紀北地方）。流れ星のとき着物の裾を持つと裁縫が上手になる（群馬）。

○着物の背縫いをするときは糸をついではいけない（秋田・群馬・岐阜・滋賀・奈良・兵庫・鳥取・山口・徳島・高知・鹿児島）と各地で禁忌とされる。背縫いの糸をつぐと、出世しない（秋田・群馬・山口・高知）、長生きしない（大阪・兵庫・鳥取・鹿児島）、着るたびにせつない（群馬）、背丈が伸びない（高知県土佐山村〈高知市〉）、一生すべての勝負に負ける（奈良県吉野郡）という。背筋は魂の出入りする部分と見做され、背縫いのほころびは魂が抜け出るなどと心配した。糸をつぐ禁忌もこれと関係すると思われる。もし、つぐ必要が生じたときは、返し針とか重ね縫いをした（高知）。ほかにも、背縫いの終わらぬうちに立って歩くな（秋田・福島・高知）、背縫いの糸や色糸を変えてはならぬ（三重県美杉村〈津市〉）、背縫いの返しが反対になると悪い（秋田）などという。背筋をまたいでつぎをするのはよくない（香川）とも。

○一反で三枚の着物をとるものではない（秋田・群馬・長野・奈良・福岡）という。また、着物の丈は三尺に裁ってはいけない（福島・京都・大阪）とされる。京都府綾部市では、亡くなった人に着せる着物は三尺に裁つ、といい、兵庫県赤穂市でも、死に装束は三尺の丈にして、近所の人か身内の者が縫うという。

○死人のシロ（白衣）はあまりしゃべらないで縫うものだ（青森県五所川原市）。死人に着せる白衣は手で裂いて縫う（同市）。仏の着物を縫う時は鋏や物差しを使うな（岐阜県串原村〈恵那市〉）。死人の着物を縫うとき他の着物を縫ってはいけない（佐賀県東脊振村〈吉野ヶ里町〉）。死人の着物を二度縫うともう一人死ぬ（秋田県仙北・山本郡）。葬式から三五日の法事まで死者の家族は縫物をしない。どうしても必要があれば他所の家族に縫ってもらう（山形）。四十九日まで家の中で針仕事をするものではない（静岡県細江町〈浜松市〉）。葬式のときの旗を使って服を作ると悪運が来ない（鹿児島県中種子町）。

○縫う俗信その他。着物を縫うとき縫い目越しにつぎ足すと悪い（秋田県由利郡）。縫いかけの着物を人に頼むと出世しない（長野・愛知）。着物や帯は半分にして縫うな（福島県相馬市）。若い内は上下を縫い直して着ぬもの（新潟県佐渡郡〈佐渡市〉）。手芸に秀でたる男は醜き女に縁あり（石川県鹿島郡）。着物を左手で縫うな（佐賀県小城町〈小城市〉）。裁縫のとき足をのばすとお針の神様が逃げる（秋田）。入院しているとき縫物をすると治る（三重県磯部町〈志摩市〉）。着物は立っていてほどくものじゃない（長野県北安曇郡）。除夜の鐘の鳴っているうちに袋物を縫ってしまえば金が貯まる（同郡）。北向きでは裁ち損なう（熊本県水俣市）。縫い玉が表に出るといけない。女の子がお尻を出して歩いているようなもの（兵庫県赤穂市）。祭祀行事（ウチマー）の時、肥料などを畑へ搬入したり、着物を縫う針仕事をしたりしてはいけない。もしこのようなことをするとハブに咬まれる（沖縄市）。

着物　きもの

(2) 着る

・着初めは大黒柱から、作法と吉凶

○着物を新調したときは、まず家の柱（多くは大黒柱）に着せてから着る（新潟・石川・福井・岐阜・京都・和歌山・兵庫・岡山・山口・香川・徳島・高知・沖縄）という所が各地にある。柱に着せるとは、着物を柱に押し当てて着せる真似をすることをいう。こうすると、着物がたくさんできる（兵庫県赤穂市）、着物に不自由しない（石川県金沢市）、新しい衣を得る（同県江沼郡）、着物が長持ちする（和歌山県高野口町〈橋本市〉）、身が護られる（岐阜県武儀町〈関市〉）、災難に遭わない（新潟県新津市〈新潟市〉）、魔除けになる（兵庫県竹野町〈豊岡市〉）などという。岡山県山手村〈総社市〉では、新しい着物を着る前に床柱に着せてから身につけると、一生着物に不自由しない、と伝えている。

○柱に着せる際に唱え言をする所もある。高知県大月町では、新しくつくった着物は一番に大黒柱へ着せて「千枚も万枚も着られるように」と唱えるものという。岡山県落合町〈真庭市〉では、新しい着物の襟を持ち、大黒柱に下から上に着せかけながら「ミミンジョ、ミミンジョ、月に三十、日に一つ、えっと（たくさん）重ねて着ますように—忘却—耳より高うなりますように」と唱えた。和歌山県高野口町〈橋本市〉では、新しい着物をおろす時は、家の大黒柱へ「主も千年柱も千年」と言って着せる真似をしてから自分が着ると長持ちをするという。兵庫県竹野町〈豊岡市〉では、子供の着物が仕立てあがったら、大黒柱に着せて「着破る元気で着

れや」とか「この子が長く病気をしないで息災のように」などと唱え言をした。徳島県藍住町では、新しい着物を初めて着る時は、大黒柱にもっていき「肩より高く頭より高く重ねます」と唱えて柱に着せ、それから着る。沖縄県南風《はえ》原《ばる》町では、新しい着物を着初めるときは襟を柱に当て「衣は弱く体は強く」と言う。この「衣は弱く体は強く」の唱え言は沖縄県の各地に伝承されている。山口県大島郡では、柱に着せて「主は強かれ着物は弱かれ」と言って着る。新調の着物を主人に着せるときは、大黒柱に着せる真似をしてからにする。着物よりも中身が強いように（京都）。

○福島県飯舘村では、新しい着物をおろすときは良い日を選ぶ。友引と大安の日に着初めをしておく。また、午後からは新しいものはおろさないという。着初めに、お宮参りをするとか吉日を選ぶ風は広くみられる。新しい衣装は氏神様へ参ってから着るもの（愛知・滋賀）。新調の衣服は神参りの時に初めて着るもの（岩手県和賀・上閉伊郡）。新しい着物を着たら氏神様へ参れ、長くまともに着られる（和歌山県高野口町〈橋本市〉）。静岡県細江町〈浜松市〉では、新しい着物をつくると「キヤブリますように」と言って地の神にお参りをする。天王さん（細江神社）にも参る。キヤブリは「丈夫で長生き」の意味だという。着破りであろう。鹿児島県中種子町では、着初めはお祝いの時に着れば縁起がよいという。

○着初めしてよい日は巳の日（山形県温海町〈鶴岡市〉）。初衣は大安・酉・友引の日にせよ（佐賀県川副町〈佐賀市〉）。着初めは卯の日が吉日（秋田県南秋田郡）というが、同県北秋田郡には、卯の日に衣類を裁ったり着初めしたりすると悪いことがある、と不吉とする伝承もある。着初めを避ける日としては、寅と申の日は悪い（秋田県鹿角郡）、寅と八日は避ける（佐賀県川副町〈佐賀市〉）という。申の日に初着をすると穴があく（秋田県由利郡）ともいわれる。

○新しい着物を着るときはある方角に向いて着る、という土地も多い。南に向って着る（秋田・福島・長野・愛知・徳島）。南を向いて着始めると着種がふえる（愛知県名古屋市）。長野県南信濃村（飯田市）では、新しい着物を着るときは、男性は左手、女性は右手から手を通し南へ向って着るものという。東に向って着る（長野・徳島・大分）所もある。衣類を新しく縫い上げたとき、まず、手を通す前に東に向いて「月に三十、日に一つ、耳より高く、着上げますように」と三回唱え、「何歳の男（女）新調いたしましたからお供えします」と、衣類をさばいて襟をもって神さんに供える（徳島市ほか）。氏神様の方を向いて着る（岩手・長野・山口）。新しい着物を初めて着るときは、氏神様の方に向って「月に三枚日に一枚耳より高う着るように」と唱えて着れば、着物に不自由しない（山口）。着初めのときは富士山に向って着る（山梨県増穂町〈富士川町〉・河口湖町〈富士河口湖町〉）。反対に、忌まれる方角として、着物を北向きに着てはいけない（秋田・佐賀）という。

○新しい着物は午後からおろさない（福島・愛知・熊本）。縁起が悪い（愛知）、火事や不吉にあう（福島県浅川町・鏡石町）という。やむを得ずおろす時には鍋墨をつける（福島）。熊本県人吉市では、昼過ぎにおろして着る着物は葬式の時だけと決まっているので、初めて着る時は朝ちょっと肩にかけておく。こうすると不浄を切るという。朝肩にかけることで、仮に午後から着ても初めておろす着物ではないことにするのであろう。新しい着物は夕方おろさない（宮城・長野・和歌山・岡山・徳島・福岡・熊本・宮崎・鹿児島）。夕方も午後の内だが、日暮れ時を忌む意識がはっきり表れている。夕方おろすと、縁起が悪い（岡山・熊本）、死人がである（鹿児島県大根占町〈錦江町〉）、キツネが騙す（岡山）という。どうしても着るときは墨（鍋墨か）を付けておろす（長野県大町市）。新しい着物は夜おろさない（山形・富山・山梨・愛知・三重・和歌山・兵庫・岡山・香川・徳島・高知・佐賀・宮崎）。貧乏になる（富山・愛知）、衣食住に乏しい（鹿児島）、魔物におそわれる（愛知県旭町〈豊田市〉）、悪いことがある（同県春日町〈清須市〉）、葬式の真似（愛知・兵庫）といって忌む。
○葬式に新しい着物をおろすな（青森・岩手・秋田・長野・大阪・兵庫・山口・鹿児島）。縁起が悪い（鹿児島県栗野町〈湧水町〉）、死人が絶えない（岩手県住田町）、ずっとそれを葬式に着るようになる（兵庫県赤穂市）という。お弔いに新しい着物をおろす時は、便所へ行って振ってくるとよい（長野県北安曇郡）という。秋田県北秋田郡でも、葬式のとき初着する時は便所に入って穢しておく、と伝えている。葬式での着初めを不吉とするなかで、これを嫌わない、むしろ吉とする伝承もある。山形県下には、紋付の着初めは葬式がよい（南陽市・米沢市・白鷹町）という所が多い。米沢市では、葬式に新しい着物をおろすのはよい。紋付は葬式に着始める、といい、南陽市では、新しい着物は葬式におろしてよいが婚礼にはおろさぬ、という。秋田県平鹿郡でも、葬式に着初めをすると長生きする、との報告がある。そのほか、葬式のときに着るものを新調すると縁起が悪い（長野県大町市）、仏事には着初めをするな（秋田・新潟）、新しく縫った着物を寺へ着て行くのを忌む（高知県葉山村〈津野町〉・大月町）という。
○他人が新調した着物を先に着てはならない（岩手・秋田・千葉・富山・石川・長野・大分・沖縄）。先に着ると、新しい着物があたらない（富山・石川）、年中古着ばかり着るようになる（沖縄）、一生着物を調えることができない（岩手県紫波町）、裸になる（秋田）、早死にする（秋田県北秋田郡）、出世しない（長野）、病気が移る（大分県大野郡）、憎まれる（千葉・長野）などという。

○着初めの俗信その他。生まれた日に着物をつくって着るものではない（愛知）。新しい着物を初めてつけるときは「ハラハラ命や永さ」と言う（沖縄県玉城村〈南城市〉）。新しい着物をつけるときは食塩をなめる（沖縄県平良市〈宮古島市〉）。雨の日に新しい着物を着始めてはならぬ（埼玉県越谷地方）。新しく縫い上げた着物を身につけたら一度座るものという（高知県吾川村〈仁淀川町〉・東津野村〈津野町〉）。新しくつくった着物は、一度箪笥へ納めぬうちは着るものではないという（同県大月町）。夜、新しい着物を着て橋を渡るときは、ちょっと炭をつけるか厠へ行ってきてから出かける（長野県北安曇郡）。新しい着物を着て便所に行くな（和歌山県高野口町〈橋本市〉）。新調の着物をおろしてただちに便所へ行かない。行くのであれば、まず井戸へ行ってから行かねば着物が買えなくなる（徳島県小松島市）。卯辰の方向に新調の衣服を吊れば吉事（和歌山県太地町）。新しいものを着たときは、正しい出入り口から出入りしなければならぬ（秋田県鹿角郡）。以上、一連の着初めに関する俗信を通して言えるのは、衣服を着る最初の機会をいかに重視してきたかということだ。そこには、物事の初発時の行動や状態が、その後のあり方を拘束し、将来に大きな影響を及ぼすとの心意が流れているといってよい。

・しつけ糸と左前の禁忌

○しつけ糸のついた衣服を着るな、とは全国的にいう。禁を犯した際の制裁も多様だ。多いのが、キツネに化かされる（岩手・秋田・宮城・千葉・富山・長野・岐阜・愛知・京都・大阪・奈良・和歌山・兵庫・鳥取）という例で、手許の資料では四国・九州を除いて広範に分布している。群馬県利根郡では、しつけ糸をつけたまま橋を渡るとキツネに化かされる、という。要は、しつけ糸をつけたままでの外出が忌み嫌われた。長野県生坂村では、しつけ糸を取らないで着て、戸間口を跨ぐと親の上にのぼったと同じ。また、しつけ糸をつけて橋を渡るものじゃない、といわれる。福島県田島町〈南会津町〉で、しつけをしたまま着て出ると橋から転落する、といい、栃木県芳賀郡では、しつけ糸を取らないで一本橋を渡ると落ちる、という。橋からとはいわないが、川にはまる（新潟・岐阜）ともいう。しつけ糸をつけた着物で川に落ちると、上がることができない（岐阜・滋賀・岡山）、溺れて死ぬ（山形・岐阜・愛知・三重）。また、しつけ糸を取らないで着れば、死んだ人（岡山）、死んだ時だけ（新潟県中条町〈胎内市〉）、仏様だ（長野）、死人が招く（石川県金沢市）、冥途から迎えに来る（兵庫県赤穂市）、葬式ができる（同市）、死ぬ（青森県五所川原市）、和尚に会うと死ぬ（岩手県西根町〈八幡平市〉）、寺で転ぶと三年の間に死ぬ（山口県大島町〈周防大島町〉）、早死にする（岩手・秋田・福井・福岡）、死神がつく（長野県南信濃村〈飯田市〉）という。いずれも、葬式や死と深く結びついている。しつけ糸は取ってから着用するのが普通で、それを逸脱した状態を忌む俗信だが、同時に、死に装束を縫う際に糸の端を玉どめしない作法が、しつけ糸をつけたままのイメージと共通するためである。

○ほかにも、しつけ糸のついた衣服の着用を忌む俗信には次のようなものがある。凶事がある（石川県七尾市）、縁起が悪い（山形県村山市）、苦労が絶えない（岩手県久慈市）、病気になる（岩手・宮城）、病気が長引く（岩手・秋田）、中風になる（山口県大島郡）、風邪を引く（秋田）、怪我をする（新潟・奈良・兵庫・岡山）、転ぶ（山形県米沢市）、転ぶと起きられない（新潟県巻町〈新潟市〉）、火事のとき逃げ口を失う（秋田県秋田郡）、火傷をする（秋田県平鹿町〈横手市〉)、親の死に目に会えない(長野)、親不孝者(同県)、他人に育てられる(同県北安曇郡)、人前で恥をかく(岩手・新潟・長野・愛知)、女が腰巻をしないで歩いているようなもので恥かしい(三重県小俣町〈伊勢市〉)、背が伸びない(大分県大野郡)、犬に吠えつかれる(茨城県土浦市)、喧嘩に負ける(香川県綾歌町〈丸亀市〉)、論争に負ける(秋田)、出世しない(長野・兵庫)、人の下役にされる(長野)等々である。長野県大鹿村で、着物のしつけ糸を取らぬまま着るとしつけられる(出世ができぬ)といい、鳥取県佐治村〈鳥取市〉でも、初めて着る着物はしつけ糸を取っていないと人からしつけにあう、という。しつけ糸を取らないで着ると、男は人にしつけられ女は恥をかく(長野・愛知)ともいう。他方で、この禁忌を逆手に取った伝承もある。女は早く躾けられるようにといってしつけ糸をとらないで着る。子供にしつけ糸を取らないで着せると躾けがよくなる(長野県北安曇郡)という。同様に、子供がしつけ糸を取らずに着ると、躾けられるといってよい(群馬)という。

○着物を左前に着るな、という禁忌も全国的である。左前に着ると、早く死ぬ(長野)、近いうちに死ぬ(秋田)、死んだものがばれる(背負われる)(新潟県巻町〈新潟市〉)、悪い(富山・福井・和歌山)、縁起が悪い(秋田・長野・愛知・奈良・福岡)、不吉(愛知・宮崎)、不幸がくる(佐賀県北茂安町〈みやき町〉)、親の死に目に会えない(福島・滋賀)、貧乏になる(青森・愛知)、財布を盗まれる(秋田県鹿角郡)、盗人が入る(富山県氷見市)、ヘビが入る(同市)、キツネに化かされる(秋田・石川)、芝天《しばてん》に化かされる(高知県南国市)などという。岐阜県高山地方では、産着をあやまって左前に着せると左利きの子になる、といい、同県古川町〈飛騨市〉では、着物を左前に着て寝ると晴天になる、と伝えている。左前の禁忌は全国的に分布するよく知られた俗信で、事例数は多いが伝承内容の変化に乏しい。多くの土地で、左前に着るのは死んだ人、といわれるように、死者の着物は左前に合わせるところから忌む風がつよい。

・背縫いのほころび、裏返しの着物

○背縫いのほころびた着物を着てはならない（福島・長野・高知・長崎・宮崎・鹿児島・沖縄）という。福島県小野町で、背のほころびた着物を着るな。魂が抜けるので三年生きない、という。鹿児島県和泊町では、背縫いのほころびからマーブイヌトゥビン（魂が抜けてしまう）または悪霊がはいってくるという。沖縄県平良市〈宮古島市〉でも、着物の背縫いのほころびたものを着てはならない。霊がそこから抜けてしまうから、と不安視する。背縫いのほころびから魂が抜け出るとの伝承は、長野・宮崎・高知県にもある。高知県野田村〈南国市〉では、昔、打ち首になる者は背筋を三寸ばかりほころばせておいたという。同県吾北村〈いの町〉でも、昔打ち首になるときは後襟に近い背筋の部分をほころばせたもの、と伝えている。桂井和雄は、高知県土佐清水市下ノ加江で、幼児が驚いたり、病気がちであったりしたときのオブイレという呪法について次のように報告している。「これには米粒少々と、一文銭一枚を用意しておき、幼児の着物の後襟の部分をほどいて、背筋の背守りの部分をあける。子どもを抱いて、三回家の周囲をまわる。角にきたとき、子どもの名をよぶ。子どもが重病の場合には、その着物を使い、同じように抱いて家をまわる。三回まわると、背筋のほどいたところから、米粒一粒、一文銭の穴を通して落とす。こうして三粒落とすと、それを子どもに食べさせる。子どもが食べることができないときは、親が代わって食べる。その後でアブラオンケンソワカと三回唱えるというのである」（『土佐の海風』）。後襟の少し下がったところが魂の出入りする部分であることを端的に示している。当然、ここは外部から邪霊などの影響を受けやすい箇所でもあり、それを防ぐため背守りなどの魔除けが施される。新潟県山古志村小松倉〈長岡市〉では、背中に縫い目のない着物は着るものではない。死んだ人がおぶさる、といって忌む。そのわけは、死人には縫い目のない着物を着せるからだという。

○着物を裏返しに着るものではない、との禁忌は全国的。裏返して着ると、死人がおぶさる（青森・新潟・石川・長野）、死霊にあう（秋田県平鹿・仙北郡）、死ぬ（石川）、早死にする（秋田・福井・福岡）、カラスに見られると死ぬ（秋田県平鹿郡）、親が早く死ぬ（佐賀県川副町〈佐賀市〉）、父か母に死別する（秋田県仙北郡）、子が親より先に死ぬ（愛知県岡崎市）など、死の不安が漂っている。この行為を忌むわけとして、死者には着物を裏返してかけるから、と説明される。ほかにも、裏返して着れば、お化けがおぶさる（新潟県山古志村〈長岡市〉）、悪いことが起きる（山形・愛知）、出世しない（岩手・福島・群馬）、雨が降る（秋田・栃木・富山・石川）、流星がある（秋田県仙北郡）、キツネが化かす（島根県江津市）、塩売りに連れていかれる（和歌山県野上町〈紀美野町〉）など、さまざまである。沖縄県竹富町で、若夫婦の一方が早く死んだ場合は、別れ草《ばーりんくさ》を寝床に敷き、裏返しに着物を着て一夜眠る。翌日門外で草や着物で祓えば別れるという。同町では、着物を裏返しに着ると魔物が逃げていく、ともいう。

○眠っている人に着物を逆さに掛けてはいけない（鳥取県日吉津村）というのは、上下を逆にすることであろう。寝ている人や自分自身が着物を逆にかけて寝ると病気が重くなる（茨城）ともいう。山口県大島郡で、着物を尻さかしに着るのは死人という。着物を後ろ前に着るな（青森・秋田・山形）。後ろ前に着ると、死ぬ（山形県米沢市）、幽霊にあう（秋田県平鹿郡）

という。
○衣服を裏返しに着て寝ると思うている人の夢を見る（大阪）。着物の裏を着て寝ると逢いたい人に逢える（愛知）という。『古今和歌集』に「いとせめてこひしき時はむばたまの夜の衣をかへしてぞきる」（小野小町）とあるように、衣を裏返しに着て寝れば恋しい人を夢に見ることができるという俗信が、早くにあったことがわかる。着物を裏返しにして着ると、思うままの夢を見る（秋田県雄勝・平鹿郡）、死人の夢を見る（同県大内町〈由利本荘市〉）ともいう。
○死と着物に関するその他の俗信。死者が地獄へ行くと、赤鬼や青鬼に着物を脱がされるので、脱がされてもいいように二枚着せる（愛知県西春町〈北名古屋市〉）。作りかけの着物を着ると死人だ（長野県生坂村）。死人には白い着物を着けさすもので、黒色の着物を着せて葬ってはいけない。子孫に愚人がでる（沖縄）。白い着物を着ると死んだ人と同じで縁起が悪い（山形県長井市）。会葬者が赤い着物を着ると災難がある（秋田県雄勝郡）。葬式のとき赤い着物や帯を着ては行かぬ。龕《がん》の精に魂を奪い取られる（沖縄）。会葬に絣《かすり》や毛の着物を着てはならぬ（秋田県平鹿郡）。四尺四寸の着物を着ると死ぬ（同郡）。巳寅にかかった着物を着ると死ぬ（長野県生坂村）。さらの物を墓参りに着ると長く持つ（大阪府河内長野市）。死人が着用した着物を着ると丈夫になる（沖縄県多良間村）。死人の棺の布衣を身につけていると身の守りになる（秋田県由利郡）。振袖を着たり髪をきれいに結ったりする夢を見ると死者がでる（長野）。

・横つぎと人柱伝説

○横つぎの衣服を身につけてはならない、との禁忌は全国的。横つぎとは、布の柄を縦地にせず横向きにしてつぎを当てること、もしくは、当てた衣服のこと。横つぎに縫うのを忌むとともに、それを着るのを嫌う。横つぎの着物を着る（縫う）と、出世しない（岩手・秋田・福島・茨城・長野・岐阜・愛知・和歌山）、成功しない（秋田）、訴えごとに負ける（山形県南陽市）、怪我をする（秋田・愛知）、災難にあう（岡山）、凶事がある（大分）、山で雪崩に遭う（秋田県平鹿郡）、難産をする（秋田県鹿角郡・鹿児島県和泊町）、不幸（福島）、運が悪い（宮崎県高原町）、縁起がわるい（愛媛）、人の犠牲になる（鳥取県岩美町）、罪人の着物と同様と見られる（長崎県芦辺町〈壱岐市〉）などという。とくに、男が横つぎの着物を着るのを忌む（秋田・山形・福島・長野・愛知・和歌山・長崎）傾向があり、それが出世をしないという結果（制裁）に反映しているようだ。愛知県北設楽郡では、出世前の者に横つぎを使うのを「横無理」といって嫌う。高知県窪川町〈四万十町〉では、着物に横つぎするのを忌み、猟師が着ていると猿に見えるという。佐賀県川副町〈佐賀市〉で、ふせもの（つぎ当て）をするとき横切れを使うと人柱にたつという。和歌山県では、男が横つぎの着物を着ると出世しない。人柱になった彦五郎は横つぎだった、と伝えている。彦五郎の話は西牟婁郡岩田村〈上富田町〉に伝承されている伝説で、たびたび決壊する富田川の堤を築く際に、通行人の衣服に横つぎのある者を人柱とすることを決めた。その結果、彦と五郎の二人に横つぎがあり人柱になったという。横つぎを忌む由来として、人柱伝説を語る土地は方々にある。筆者も、高知県中土佐町大野見で「おこう地蔵」という、横つぎにまつわる人柱伝説を、地元の方から聞かせていただいたことがある。紹介したい。「奈路から分かれて島ノ川の方へ入った所に、折野々堰《おりののぜき》という堰がありますがねえ。私たちが、子供の時に聞かされたのは、昔、毎年毎年、水が出るとその堰が切れたということです。それで、その堰で、昔は田役《たやく》というものをやりまして、そこで水路の修理とかですねぇ、やっておった時に、堰を直しておる時に、たびたび堰が切れるもんですから、誰か人柱を入れるという協議になったそうですわ。その時にですね、庄屋さんが『こんど来る者で、横つぎをした者を人柱にしよう』という事を言い始めたそうです。横つぎというのは、模様を縦にせず横にして継ぎをあてることをいいますがねぇ。ところが、ちょうどその庄屋さんの娘がハヤビル（早い昼食）を持って来られたときに、その横つぎの着物を着ちょったそうです。おこうさんという人じゃったらしいですが。そういう約束で人柱になったということです。おこう地蔵いうて、お地蔵さんがありましてですね。今に折野々では旧の七夕の日に水神祭りというてお祭りをしております。それで、祖母なんかからは、モンペでもなんでも修理をする時には、横つぎは絶対にしてはいけないという言い伝えを聞きました」（語り手・吉門記清さん一九二二年生まれ）。横つぎの禁忌のいわれを説く話である。この話は「長柄の人柱」の話名で広く知られており、類話は『神道集』巻七「橋姫明神事」や『摂陽群談』などに見える。

○着る俗信その他。秋田県北秋田郡で、女の着物を男が着て山野の仕事に出ると穢れて怪我をする、といい、山口県新南陽市（周南市）でも、女物の着物を男に着せると出世をせん、という。反対に、婦人が男の着物を着るとその男の運が悪い（大分県大野郡）とか、男の着物を着ればせどこえない（幸福にならない）（岩手県二戸地方）といわれる。古着を買って着るときは、襟を足で踏んで着る。こうすると悪病も移らぬ（長崎県壱岐郡〈壱岐市〉）。糊付け着物を打たないで着れば川に落ちる（秋田県大内町〈由利本荘市〉）。糊漿《マヽ》の着物を着て川へ行くと川にはまる（奈良県山添村）。着物を二人で着せるものではない（福島・群馬）。単衣を重ねて着ると悪いことがある（秋田県山本郡）。古着は出世前に着せるものではない（群馬）。一度使った糸で縫った着物を着ると成功しない（秋田県鹿角郡)。長袖の着物を着る人は金を貯められない(新潟県横越町〈新潟市〉)。田植え着のまま寝て病気になると治らない(高知県窪川町〈四万十町〉)。着物を着ないで便所に行くと腋が臭くなる(福井県高浜町)。着物を着るときは朝日の出る方に向いて着るもの(高知県安芸市)。着物を着るときは恵方の方を向いて着よ(和歌山県高野口町〈橋本市〉)。下からそっくり着物を替えるとその場で死ぬ(長野県北安曇郡)。きんぬぎ朔日(七月一日)にきぬ(着物)を脱がぬとヘッピ(ヘビか)が笑う(新潟県十日町市)。大正月に着物を着替えるな、小正月に着替えろ(同県川西町〈十日町市〉)。炊豆の皮を取って食うと着物を脱がせられる(岩手)。三つ身の着物は必ず一度は着せないといけない(兵庫県赤穂市)。白と赤の横縞の着物を着たら、大きくなったら何を着てもよくうつる(大阪府枚方市)。夜道で着物を頭から被って歩いてはいけない。また、着物だけ持って歩いてはいけない。化物に迷わされるから(沖縄県平良市〈宮古島市〉)。丑の日に糊をつけた着物を着て患いはじめると長患いする(静岡県藤枝市)。福島県会津高田町〈会津美里町〉には、こんな話が伝えられている。二十三夜の月が出るまで働けば幸せになる。ホオズキは月の出るまで働いたので赤い美しい着物を着るようになったが、スッパコ(ウシッポとも。イタドリか)はその夜働かずに遊んでいたので青い尻を出したままでいるようになった。

着物　きもの

(3) 洗う

・洗う――汚れと一緒に落とすもの

○洗濯日の吉凶は、土地によってさまざまである。岡山県総社市では、元日には洗濯をしない。また、二日には糊付けをしない。長崎県壱岐郡〈壱岐市〉では、洗濯のし初めは正月二日でそれ前にはしない、といい、長野県生坂村では、正月二日に洗濯をすれば後は日を見なくてよいという。他方で、正月二日は洗濯するな（岩手県住田町）という所もある。正月三日間は洗濯しない（山形県南陽市・兵庫県竹野町〈豊岡市〉）。一月一一日に洗濯のし初めをする。それまで炒りものをしたり洗濯をしたりしてはいけない（京都）。正月一五日には洗濯しない（山形県西川町）。同県村山市で、春の彼岸に洗濯すると先祖が早く出ていくという。正月に箒を使うのを忌むが、それは来訪した年神様を掃き出すことを心配するためで、洗濯にもそれに近い心意があったようだ。落とすとか洗い流すという連想が働くのだろう。新潟県新発田《しばた》市で、彼岸の中日と正月三日は洗濯をしない、といい、秋田県仙北郡でも、彼岸中は洗濯するなという。節供に洗濯すると雨が降らぬ（長野県北安曇郡）。男節供に洗濯してはならぬ。夕立がこない（新潟県長岡市）。七夕に洗濯をすると汚れがよく落ちる（青森・長野・山梨・愛知）といわれる。新潟市では、盆の七日（七夕）には太陽が出る前に川で洗濯をした。この日は薬水が流れてくるので、汚れが良く落ちるからだ、と伝えている。七夕は水にちなんだ祭りで、この日は髪洗い、硯洗い、井戸替えなどが各地で行われた。盆に洗濯をするな（石川県金沢市・愛知県西春町〈北名古屋市〉）。盆の一四日には両親のない人は洗濯ができない（神奈川県相模原市）。鹿児島県中種子町坂井本村では、盆の一三日の洗い物をしなければその人の心が汚れ、生活がうまくいかないという。一二月八日は洗濯物をするな。奪衣婆の洗濯日だからという（福島県滝根町〈田村市〉）。師走の二〇日は山姥の洗濯日とて必ず雨が降るとされている。この日は一般に洗濯をしない（長崎県壱岐郡〈壱岐市〉）。

○毎月一日には洗濯をするものではない（秋田・福島・群馬・新潟・高知）。一日に洗濯すると愛嬌を洗い流す（群馬）。福島県滝根町〈田村市〉では、一日は神日なので洗濯すると神様に汚れ水をかけることになる。しかし、子供のおむつ洗いはかまわない、という。高知県土佐清水市や大月町では、月の二日に着物の糊をするのを二日糊といって忌み、この日糊を買うのも嫌う。大月町では、人が行方不明になると「朔日洗いに二日糊も横つぎもして着せちょらんに、どこへいつろう（行ったのだろう）」と言う。月の一日、一五日、二八日には洗濯をしない（岩手・新潟・長野）。この日洗濯すれば、人相を洗い流す（長野県北安曇郡）という。新潟県新発田市滝谷では、これらの日は神棚に燈明を上げる日であったので、洗濯をせず肥やしもいじられなかった。月の一日、一五日は洗濯をしない（秋田・群馬・新潟・長野）。一五日と二八日は洗濯するな（岩手県陸前高田市）。二八日に洗濯した着物を着て病みつくと治らない（兵庫県竹野町〈豊岡市〉）など、土地によって洗濯を忌む日は一様でない。

○夕方洗濯をするな（秋田・長野・島根）。親の死に目に会えない（長野県大町市）、縁が遠い（島根県江津市）という。鹿児島県中種子町では、夕方川へ洗濯に行ってはならないといわれている。夜、洗濯をするな（秋田・長野・和歌山・鹿児島）。夜間洗濯すれば不幸がある（秋田県平鹿郡）。

○丑の日に洗濯や糊づけをすると、一生の長患いをする（秋田県雄勝郡）、川に落ちる（同県由利郡）。師走の巳の日は悪日とて洗濯をしない（長崎県壱岐郡〈壱岐市〉）。庚申の日は洗濯をしない（長野・三重）。庚申の日は、庚申様が南の川で行をするから洗濯するな（長野県南信濃村〈飯田市〉）。金毘羅の日は川で洗濯をするな（長野・愛知）。仏の命日に洗濯すれば病人がでる（岩手）。先祖の命日に洗濯すると災難に遭う（秋田県由利郡）。北の方から南の方へ向いて洗濯をしてはならない（三重県熊野市）。

○徳島県小松島市で、旅行した者の衣類は留守に洗濯してはならぬという。名古屋市でも、旅に出た人の着物は留守の間に洗ってはいけない、と伝えている。身体を包む衣類は、着用者の人となりが沁みついた、いわば、その人の魂が宿るものとも見做された。洗うことによってそれが落ちてしまうのでは、との不安があるのだろう。『万葉集』巻一九（四二六三）の、旅に出た者の無事を願って家に残る者が箒で掃くのを忌む歌とも通ずる心意といえる。兵庫県竹野町〈豊岡市〉で、出漁中も洗濯はしない、というのも共通する心意といってよい。褌を人に洗ってもらえば力がぬける（長野県北安曇郡）との俗信も、洗うことで褌に宿る霊力が失われる心配であろう。洗濯は衣類の汚れを落とすための作業だが、状況によっては、衣類にこもっている、あるいは付着している霊力を落とすことでもあった。墓地で転んだらその着物をすぐ洗え（岩手県久慈市）というのは、転んだ時に取り憑いたかも知れぬ死霊を洗い落とすためである。

こうしたことと関係があるかどうかはっきりしないが、着物を洗濯したら襟を揉んで着ろ（長野県北安曇郡）、洗濯したものを槌子で叩かずに着るとイヌに吠えつかれる（和歌山県高野口町〈橋本市〉）ともいう。着物ではないが、長野県北安曇郡で、人から物を貰ったとき入れ物を洗って返すと仲たがいになる、という。現在は洗って返すのがむしろ普通だが、かつては食べ物などを貰うとその一部を器に残して返却する習わしがあった。貰い物の一部、あるいはそれに代わるちょっとした品を返すことで、贈り主に対して感謝の気持ちを示すとともに、さらなる福運があることを願ったのである。その際、入れ物を洗えば、贈与者との良好な関係が流れ去る（切れる）と考えたのであろう。

○田植えの着物を洗わないでおくと、疲れが取れない（福島・長野）、病気になる（秋田・山形・福島）、長患いする（山形・福島）という。福島県滝根町〈田村市〉では、田植えが終わるとサツキアライ（五月洗い）といってすぐに田植えに着た着物を洗わないといけない。洗わないうちに病気になると長病みする、という。奈良県天理市上入田でも、田植えがすむとすぐその日のうちに田植え衣装を洗濯しておかぬと、しんどなったら治らぬという。群馬県大胡町滝窪〈前橋市〉では、田植えが終わらないうちは、着物は全部洗わないで、いくらかでも残しておくものだとされる。そうしないと、田植えのうちにくたびれが出るという。田植えが終わってからきれいに洗濯する、と伝えている。

○人が亡くなった日には洗濯をするものではない（秋田県平鹿郡・和歌山県白浜町）。洗濯すると仏の水が濁る（秋田県平鹿郡）という。高知県春野町〈高知市〉では、死者のあった家の屋根が見える家では、三日間の洗濯を忌む。長野県生坂村では、村に死人があったら一七日《ひとなぬか》（初七日）のうちは洗濯をするなという。他方、鹿児島県里村〈薩摩川内市〉では、死人があったらその日にきれいに洗濯せよという。葬式の翌日は死者の着物を洗う日なので、洗濯してはいけない（兵庫県竹野町〈豊岡市〉）。一枚の着物を、二人で洗うな、二人以上で洗うな（秋田・山形・愛知・三重）、二人以上で洗うな（愛知）といって忌む。二人で洗うのは、死んだ時ばかり（秋田県鷹巣町〈北秋田市〉）、死んだ人の真似（愛知）という。一枚の着物を二人で縫うな、の禁忌同様「同時に同じ」を忌む俗信。濯ぎを一回で止めるのは死んだ時だけ（秋田県由利郡）。死人の衣類は足で洗濯するもの（長野県南信濃村〈飯田市〉・愛知県北設楽郡）。洗濯物を二人で絞ると、どちらかが橋から落ちる（岩手県大船渡市）。死者の着物を絞るときは左回しにする（愛知県西春町〈北名古屋市〉）。

○福島県原町市〈南相馬市〉で、カード（川端の物洗い場）には水神様がおられるので、小便をしてはならないという。以前の洗い場は井戸や小川、池などが多かった。共同の洗い場は常に清浄を保つように気を遣ったのである。双生児の着物を洗う下流で洗濯すると双生児を生む（秋田）というのも、小川などで洗濯をしていた時代の俗信である。高知県香我美町〈香南市〉では、盆の一六日は無縁仏が洗濯しているといって川に行くのを忌む。盆の期間中は非業の死を遂げた霊が出没するとされ、洗濯に限らず川や海に出ない土地が多い。
○洗う俗信その他。男女の洗濯物を一緒に洗ってはいけない（秋田・兵庫）。洗濯物は男の物を先に洗え、女の物を先に洗うと男は出世しない（福島）。妊婦が洗い張りをすると斜視の子が生まれる（福島）。山の神様の日に洗濯をしてその着物を着て行くと帰ってこない（長野県北安曇郡）。精進日に肥出しや洗濯をすると三途の川が濁る（秋田）。籾播きの日に洗濯すると籾が流れる（岐阜県串原村〈恵那市〉）。わらのあく水（藁の灰汁か）で真綿を洗濯すると丈夫になる（新潟県新津市〈新潟市〉）。雨水で洗うとよく落ちる（長野県丸子町〈上田市〉）。洗濯の夢は得をする（福島県郡山市）。親子が洗濯をしたら雨が降る（高知県東津野村〈津野町〉）。

・**干す——物干し竿の作法と心意**

○物干し竿から洗濯物を取り込むときは、最初に通した方へ抜くもの（福島・群馬・茨城・長野・岐阜・山梨・愛知・三重・京都・奈良・和歌山・山口・徳島・高知・長崎・沖縄）。そうしないと、縁起が悪い（徳島県小松島市）、着物がたくさん着られない（山梨県中巨摩郡）、逆子が生まれる（長崎・沖縄）という。さした方の反対側から抜き取るのを忌む俗信で分布は広い。現在のステンレス製などの竿では、両端のどちら側から衣服を通すかは自由だが、竹竿を使っていた時代にはウラ（末）とモト（本）の関係がつよく意識されていた。洗濯物は必ず竿のモト、つまり竹の根元に近い方から通し、再びモトの方に抜き取った。竿のウラから通すと、縁起が悪い（愛知県赤羽根町〈田原市〉）、お産が重い（山梨・福岡）、逆子を生む（香川）などという。また、洗濯物をウラから抜くのは死んだときだけ（三重県御薗村〈伊勢市〉）とか、着物を竿のモトからさしウラへ抜くのは葬式の真似（愛知）といわれるように、葬送習俗と結びついた禁忌である。高知県東津野村〈津野町〉では、死人の着物を洗濯したときは竿のウラから通し、抜くときもウラの方へ抜き取るという。死者の着物は、竿のモトからさしてウラに抜く場合と、ウラからさしてウラに抜く場合とがあるようだ。愛媛県東予市〈西条市〉では、物干し竿に両方から通すものではない、といい、福岡県大任町では、根元の切口から通すが、七夕に切った竹を用いるときはどちらでもよいという。最初にさした方へ抜くという伝承には、いわば「行き」と「帰り」を一対の行為のようにそっくり重ね合わせることによってもたらされる安心感が見て取れる。反対側から抜き取るのは、行きっ放しのままで帰ってこない「片道」であって、それは「往復」の日常性にたいして、非日常的な行為で、戻られて困る死者の霊を送る際のやり方である。

○夜干しをしてはいけない、とは全国的にいう。夜間に衣類を干す禁忌で、違反した際の制裁も多彩だ。死神が憑く（岐阜）、魔物が取り憑く（山形県新庄市・温海町〈鶴岡市〉）、通り神が憑き病気になる（同県南陽市）、化物が取り憑く（同県村山市）、その上にむくぅ鳥という鳥が止まって治らない病気になる（群馬）、脹満の鳥が止まる（秋田県平鹿町〈横手市〉）、やごめ鳥が止まる（愛知県北設楽郡）、夜カラスに糞をかけられるとその持ち主は死ぬ（長野県北安曇郡）、できものができる（香川・愛媛）、病気持ちになる（名古屋市）、鬼子を生む（沖縄）、不幸が来る（愛知県岡崎市）、縁起が悪い（徳島）、やもめになる（長野）、双子が生まれる（沖縄）、その着物を着ると中風になる（山口市）、干し物に雁が糞をかけたら疵《きず》になって取れぬ（岡山）など。徳島県各地で、衣服の夜干しをすると、海を越えて行くときに海のものに食われる、といい、高知県土佐清水市では、夜干しの着物を着て山へ行くと猟師に撃たれるという。秋田県平鹿郡では、夜干し物を外に出しておくと腹満という鳥が降りて来て、干した人を腹満病に罹らせる。もし、出しておいたときは、それを包丁で切る真似をする、と伝えている。とりわけ心配するのが赤子の衣類で、オムツを夜干しすると、夜泣きをする（岩手・秋田・山形・富山・福井・長野・岐阜・山梨・静岡・愛知・京都・奈良・和歌山・岡山・島根・徳島・愛媛・高知・佐賀・長崎・鹿児島）と各地でいう。夜干しを忌むわけとして、福岡県大野城市では、夜干しはするな水かけぎもんと同じになる、といって忌む。水かけぎもんとは、死者があったとき三日間、竿にかけた故人の着物に身内の者が昼夜絶えず水をかけて乾かぬようにしておくことで、この間に死者は火の山を越えるので、熱い目にあわぬためだという。熊本県人吉市でも、死者の着た着物は夜干しして二、三日おくからだ、と説明している。各地で行われる死者の着物を夜干しする習俗との関連が考えられるが、同時に、夜間に徘徊する悪霊が衣服に取り憑くと、着用者に災いを及ぼすという感染呪術的な意味もある。

○着物は北向きに干すな、という禁忌も全国的である。北向きに干すと、人が死ぬ（秋田・愛知・奈良・和歌山・鳥取・宮崎）、その持ち主が死ぬ（香川県庵治《あじ》町〈高松市〉）、葬式が出る（和歌山）、死人の着物になる（岐阜県坂下町〈中津川市〉）、早く死ぬ（高知）、よくないことが起きる（香川県香川町〈高松市〉）、悪い（京都府美山町〈南丹市〉）、病気する（山形県村山市）、縁起が悪い（岐阜・愛知）、不吉（岐阜県安八町）などという。北向きに干すのは、死んだ人（山形・奈良・三重・兵庫）とか、死人の真似（愛知）といわれるように、この俗信も葬送習俗から説明されることが多いが、その説明が土地によって変化があり面白い。各地の伝承をいくつか紹介しよう。洗濯したものを北向きに干してはならぬ。死人の肌に着けたものを一週間北向きにかけ、水をかけて乾かぬようにすると死人は成仏する（秋田）。一七日《ひとなぬか》（初七日）がくるまで、死者の着物を北向きに干し水をかける。死者が極楽へ行く道中が長いため、水気がなくなってしまうと困るからするという。ふだん洗濯物を北向きに干すのを忌むのはこのためである（長野県南木曽《なぎそ》町）。死者が生前着用していた衣類を三五日間、家の裏に北向きにかけておく。これによって死者の亡霊が迷い込むことをなくする。だから洗濯物を干すときには北向きにしてはならない（岐阜県安八町）。四十九日のあいだ、死者の魂はあの世とこの世を行ったり来たりしていて、夜は自分の着物に泊まって寝るといわれ、北向きに一枚着物を干しておく（京都府綾部市）。死んだ人の着ていた着物は、葬式から帰ると洗って北向きに干す。これが死者の魂が家に帰って来る目印になる（兵庫県赤穂市）。死んでから三日目に、その人がふだん着ていた着物を北向きに竿に干し、着物が乾く間のないように水をかける。三日目に火の山を通るから熱くないように（佐賀県武雄市）等々、さまざまである。ほかにも、洗濯物を西や北向きに干すものではない（山梨・大阪）、着物を内向きまたは北向きに干してはいけない（三重県桑名市）、死んだ人の着物は家の方へ向けて干す（広島県加計町〈安芸太田町〉）、着物の背を外へ向けて干すものではない（愛知県旭町〈豊田市〉）などという。長崎県壱岐郡〈壱岐市〉では、洗濯物は東に向けて干さぬ。死者が火の山を越すのに焼けないように、四十九日があいだ死者の着物を東向きに干して絶えず水をかける。これを水掛着物という。着物を干すに東向きにしない（和歌山県那智勝浦町)。洗濯物を西に向けて干すな(山形県温海町〈鶴岡市〉)という報告もある。
○着物を干すときは竿に袖を通せ(秋田・福島・愛知・滋賀・島根・宮崎)という。宮崎県西諸県郡では、かんじん干しを忌む。かんじん干しとは、物干し竿に着物の袖を通さず、二つ折りに掛けて干すことで「かんじんのような真似をするな」と戒められたという。島根県木次町〈雲南市〉では、投げ掛け干しを忌む。これは、死者の入棺後に生前着ていたものを物干し竿に投げ掛けて干すことで、着物の陰に仏の霊魂が四十九日のあいだ宿っているという。秋田県南秋田郡でも、着物を竿で干すとき二つに折って掛けるのは死人の時だけ、といって嫌う。兵庫県竹野町〈豊岡市〉では、願をかけていた者が死んだときは、願ほどきといって、翌日洗った死者の着物を竿の先に干して立てる。また、着物を裏返しにして干すな(秋田・福島・石川・愛知)、早死にする(秋田県山本・由利郡)という。死人の着物を洗濯して干すときは裏返しにする(石川県金沢市)。洗濯物は三日干しをするものではない(京都・三重・和歌山)。福井県小浜市で、洗濯物を干すのに三日干すといけないという。和歌山県田辺地方では、死者の着た布団など穢れたものは、葬式の翌日にその家の嫁が洗濯し、三日間陰干ししておく。これをミッカボシといい、平素は洗濯物を三日間干すのを忌む。洗濯物を家と向かい合わせに干してはいけない(兵庫県赤穂市)。長野県生坂村で、襟を家の方に向けて干すものではない、といい、島根県日原町〈津和野町〉では、死人の着物は洗って干すとき、内に向けてかけるという。同県瑞穂町〈邑南町〉では、洗濯物を内側に向けて干すと死人が出る、といって忌む。洗濯物を干すとき一枚きり掛けるものではない(長野県北安曇郡)。着物一枚干すのは死んだ者の真似(愛知)。洗濯物を家の表から裏へ通すと死んだ者真似(愛知)。物干しを南からさして北へ抜くのは人が死んだときにすること（三重県飯南町〈松阪市〉）。

○干す俗信その他。干し物の下をくぐるな（福島・高知・宮崎・鹿児島）。くぐると、出世しない（高知）、大きくならない（宮崎県高崎町〈都城市〉）、頭が悪くなる（鹿児島県坊津町〈南さつま市〉）という。正月一五日には洗濯竿の片方をはずす（休ませる）（山形県新庄市）。洗濯竿を使わぬときは、片方をはずしておく（同市）。着物を高いところに干すと乳の出が悪くなるから干してはいけない（香川県志度町〈さぬき市〉）。着物を逆さに干すと逆子が生まれる（沖縄県読谷村）。お産のあった家はソーズバリ（忌み明け）がすむまで、着物を庭先で干してはならない（沖縄県平良市〈宮古島市〉）。産後の洗濯物は日陰干しにしないと生児の肥立ちが悪い（岐阜県蛭川村〈中津川市〉）。お日待ちは天道様が休まれる日だから洗濯物を干すものではない（佐賀県武雄市）。下帯の洗濯したのを、人目につく場所や太陽の直接あたる所に干してはならぬ（埼玉県越谷地方）。囲炉裏にオシメや下ばきを干すと火事になる（岐阜県宮村〈高山市〉）。土用に着物を干すと虫が食わない（愛知・島根県温泉津《ゆのつ》町〈大田市〉）。土用干ししないと着物がくさる（岩手県水沢市〈奥州市〉）。着物は太陽に背を向けて干すな。干すと病人がでる（茨城県水戸市）。岩手県大船渡市でも、洗濯物は太陽に後を向けて干すな、という。秋田県秋田郡では、着物を乾かすとき前を太陽に向けてはならぬ、という。昔の婆さまは、日（太陽）に干した着物をすぐ着ると日が当たる（お天道様の罰が当たる）と教えた（山口県鹿野町〈周南市〉）。高知県土佐山村〈高知市〉や東津野村〈津野町〉でも、日に干した着物をすぐ着るのを忌む。洗濯物を干すときは裏表をそろえて干さなければいけない（和歌山県すさみ町）。座敷に着物を干してはいけない（佐賀県脊振村〈神埼市〉）。着物の洗濯をしてよすがなんで（濯がないで）干すと産土神様に嫌われる（長野県北安曇郡）。洗濯物は二年越しに干さぬこと（岩手県和賀・上閉伊郡）。竿に子供の着物だけ一枚かけて干すのを忌む（長崎県壱岐郡〈壱岐市〉）。二日洗《ふつかあらい》の洗濯物がその日に乾いたら幸せがよい（京都府綾部市）。屋敷内の木が育っているままで先を切って洗濯物を干す支柱にするものではない（青森県五所川原市）。洗濯物の乾きにくいのは雨の前兆（岩手県大船渡市）。

・畳む——干し物から着る物へ

○縫い上げた着物は、一度たたんでから着るもの（岩手・秋田・福島・群馬・栃木・愛知・和歌山・兵庫・岡山・山口）。新調の着物をたたまずに着ると、出世をしない（山形県南陽市）、悪い（和歌山）、死んだ者になる（岡山）といって忌む。福島県飯舘村では、縫い上がった着物は必ずたたまなければならない。たたんだ着物の上に裁縫道具をあげて、仕事の終了を感謝した。そうすれば、やがて着物持ちになれるという。尤も、急ぎの際は袖だたみをしてから着よという。鹿児島県栗野町〈湧水町〉では、着物は一度たたんでから着る。ただし葬儀のときはそのまま、といい、和歌山県高野口町〈橋本市〉では、死者の着物はたたまずに左前に着せる。また、着物は、その年の恵方の方を向いてたため（同県高野口町〈橋本市〉）、南枕にしてたため（岐阜県北方町）という所もある。着物を北向きにたたむものではない（長野県北安曇郡）。着物をたたまずに着ると着種がなくなる（愛知）ともいわれる。

○洗濯物は、一度たたんでから着る（岩手・秋田・福島・群馬・茨城・千葉・神奈川・新潟・長野・山梨・静岡・愛知・三重・和歌山・岡山・山口・高知・大分・宮崎・熊本・鹿児島）。竿から取り込んでそのまま着るものではない、との禁忌はほぼ全国的といってよい。この禁を破ると、死ぬ（宮崎・鹿児島）、死後に硬直する（熊本）、親の死に目に会えない（千葉県我孫子市）、凶（三重県二見町〈伊勢市〉）、縁起が悪い（秋田・栃木・大分）、出世しない（愛知県阿久比《あぐい》町）、川に落ちる（秋田県雄勝・平鹿郡）、着種がなくなる（愛知）など、さまざまである。福島県棚倉町では、洗濯したものは袖だたみでもよいので、たたんで着るものだ、といい、新潟県横越町〈新潟市〉では、洗濯物はたたんだ真似して着ろという。秋田県由利郡では、洗濯して糊付けした着物を初めて着るときは、手を叩かないとその人に雷が落ちる、と伝えている。山梨県牧丘町〈山梨市〉でも、洗濯物はたたんでからでないと着てはいけない、といい、たたむのは「ものごとにけじめをつける」ことだといっている。この禁忌の由来として、たたまずに着るのは、死んだ者（三重）、仏の衣と同じ（長野県生坂村）、死人の真似（愛知）というように、葬送習俗から説明される場合が多い。香川県白鳥町〈東かがわ市〉では、家を出る際に着物のほころびを直すときは「キモイリサン」と言ってから直し、一旦たたんでから着なければならないという。同県綾歌町〈丸亀市〉では、洗濯物や着物は裾の方から折りたたんではいけない、といわれる。そのわけは、上へ向いてぺこぺこせねばいけなくなるからという。衣服をたたむのは、気持ちよく着るための大切な作業だが、それとともに、たたむという行為は、それまでの関係を一旦断ち切ってリセットする意味をもっている。たたむことで、従前の状態を切り替えて「干し物」から「着る物」へと役割を変える。

着物　きもの

(4)衣装がふえる俗信、色、模様、夢

○タマムシ（玉虫）を箪笥の中に入れておくと、衣装がふえる（群馬・東京都小平市・愛知県豊橋市）という。女性が着物の間にタマムシを入れておけば、衣装にことかかない。タマムシをしまっておけば着物がふえる（広島）。この俗信は江戸時代にもよく知られていた。「玉虫の夫婦中よい箱ずまい」（宝暦二年〈一七五二〉『柳陰』）、「ふんこつさいしん（粉骨砕身）の玉むし母もち」（『誹風柳多留』）といった句が詠まれている。『雑俳語辞典』に「吉丁虫。雄を干し簞笥へ入れれば衣服、白粉箱へ入れると愛を受けると」と見える。『和漢三才図会』に、婦女は鏡の奩《はこ》に納《い》れて媚薬とするとあり、『和訓栞』には「玉虫の義、吉丁虫也といへり、四季物語に、此虫はやんごとなきさちあるものにて、なにくれの御つぼねにも、御くしげの中、白ふんの中にまろびと見えたり」とある。

○ヘビのキヌ（ぬけがら）を簞笥に入れておくと衣装がふえる（京都・兵庫）という。ヘビのぬけがらは財布に入れておくとお金がたまる、と各地でいわれるように、福運をもたらす代表的な呪物である。ほかにも、衣装がふえる俗信には次のような伝承がある。コガネムシを簞笥に入れておくと着物がたまる（兵庫県赤穂市）。正月の買い初めのとき、加賀起き上がり小法師を店で転ばして、自分の方へ向くのを買い求め、簞笥の中へ入れておけば衣装がふえる（石川県金沢市）。春画を簞笥に入れておけば着物がふえる（山口県小野田市〈山陽小野田市〉）。芝大神宮（東京都港区）でいただく千木筥《ちぎばこ》は、千木が千着に通ずるところから、簞笥に入れておくと衣服がふえるといわれる。葬式に着物の初おろしをすれば着物がふえる。着物を酉の日に裁つと鳥の羽ほど着物を着る。戌の日に着物を裁つと着物がふえる（いずれも長野県北安曇郡）。卯の日に裁断すればうがさねといい、着物がふえるといって喜ぶ（埼玉県越谷地方）。着物を裁つとき、氷を側に置いてすると沢山の着物持ちになる（秋田県平鹿郡）。

○爪に白い星（斑点）ができると、着物がふえる（秋田・東京・石川・静岡・愛知・滋賀・兵庫・山口・香川・徳島・高知・福岡・長崎）。同じことだが、着物を買ってもらえる（秋田仙北郡）、作ってもらえる（岐阜県川島町〈各務原市〉《かかみがはら》）などと、具体的に吉兆を言う場合もある。静岡県島田市では、爪にでる白い斑点を物着星《ものきぼし》と呼んで、着物のふえる予兆としている。兵庫県赤穂市では、爪の中に白い斑点ができたときは、着物をこしらえてもらうと治る、と伝えている。

○首筋にホクロがあると、着物に不自由しない、衣装持ちになる（秋田・宮城・福島・群馬・富山・石川・山梨・長野・岐阜・愛知・滋賀・奈良・三重・和歌山・岡山・広島・香川・徳島・愛媛・福岡）と各地でいう。ホクロのある場所は、首筋とか首の周りという言い方が多いが、襟足にあるホクロは衣装持ち（秋田）というように、首筋のなかの特定の場所のホクロをいうこともある。襟から肩にかけてホクロのある人は着ぶくろといって着物ができる（群馬）という。衣装持ちになるホクロは首筋だけとは限らない。肩にあればよい着物を着る（青森・秋田）。左の肩にあればよい着物をたくさん着る（秋田県山本郡）。頭にある女は衣服を多く着る（同県南秋田郡）。耳たぶの下にあったら一生着物には不自由しない（香川県土庄町）。脇の下、背骨、脛にあれば着物をたくさん着る（秋田）。足の裏にある人は着物大尽（群馬）。ホクロではないが、首にイボのある人は着物がたくさん着られる（山梨県甲西町〈南アルプス市〉）という。

○子年まれの人は着物を多く着る（秋田県仙北郡）。丑の年に生まれた者は着物に縁が深い（山口県久賀町〈周防大島町〉）。酉年生まれの人は一生着物に不自由せぬ（福岡県築上郡）。

○吉兆とは反対に、衣装運を失う忌むべき行為もある。仕上がらない着物を着ると着物が少なくなる。人の着ていない着物を借りて着ると着物があたらない（共に富山県氷見市）。豆の皮をむいて食べる人は着る物に不自由する（山形県南陽市）。炊豆の皮をむいて食べると大人になって着物を着られない（岩手県気仙沼市）。クンゼ（囲炉裏で燃やす太い木）の皮をはぐと着物が着られない（高知県東津野村〈津野町〉）。炭の白灰を取ると着物ができない（愛知県名古屋地方）。
○ネズミにナツメを食わすと人間の味わいがするので、人間を食いに来る。ネズミがナツメの種をかじると、すぐ着物をかじるから、ナツメを庭へ放ってはいけない（福井県小浜市）。ネズミを足で追うと、衣類をかじられる（富山・石川・岐阜・奈良・広島）という。ネズミの悪口を言うと、一張羅の着物をかじられる（岡山）といい、同様の俗信は山形・山口県でもいう。ネズミを殺しそこねると、その人の衣服をかじる（熊本県水俣市）、家族の誰かの着物が食いちぎられる（沖縄市）。
○藍染の着物を着ていると、病気をしない（宮城県蔵王町）、マムシ除けになる（島根県邑智町〈美郷町〉）。秋田県由利郡では、山へ行くときは藍色の着物を着て行けという。マムシは紺色を嫌うとされ、仕事をするときは紺の脚絆・足袋・手甲などを身に着けるとよいとの伝承がある。藍には呪的な力があり、その効果に期待したものである。老人に赤い着物を着せると中風にならない、長生きする（秋田）とか、八十八歳のお祝いに真赤な着物を着る（群馬）。還暦に赤い頭巾やちゃんちゃんこを着る慣習は一般的で、米寿の祝いに行う土地も多い。赤い褌をしめていると猿猴《えんこう》に引かれない（高知）とか、疱瘡除けにダルマを用いるなど、赤色が帯びている魔除けの民俗は広く認められる。婚礼のときは紫色の着物を嫌う（秋田県鹿角郡）、男女四十歳以上になって青や紫の着物を着ると悪いことがある（同県山本郡）。白い着物を坊主以外の人が着ると死んだ人である（群馬）。白麻を着ると毒虫が刺さない（秋田県鹿角郡）。黒と黄の模様の着物は不幸を招く（同県山本郡）。
○チョウ（蝶）模様の着物を好む者は短命（秋

田県山本郡）。同県由利・平鹿郡では、トンボの模様のある着物を着ると早死にするという。チョウは死霊の化身とされ、トンボはお盆の精霊の乗り物ともいわれる。そうした心意が俗信の背景にあるのかも知れない。嫁の紋付にはサクラを嫌う（同県鹿角郡）のは、花が散ることから不吉な連想を働かせたものか。ツバキの花模様の着物はよくない（群馬）というのは、首がもげるように花が落ちるからで、ツバキは病気見舞いにも避ける風がある。ハスの花の着物を着ると世を去る（秋田・群馬）と忌むのは、仏の座する植物のイメージからいうのであろう。ほかにも、ショウブの模様のある着物は早死にする（秋田県北秋田郡）、花模様の着物は早死にする（同県仙北郡）などの報告がある。嫁入りのときヤマユリの模様の紋付を着ると、球根のようにころころと何度も稼ぐ（同県平鹿郡）という例もある。動植物以外では、鳳凰、地蔵様、妖怪などの模様のある着物を着ると早死にする（同県由利郡）、ハート模様の着物を着ると早く死ぬ（同県山本郡）、丸紋（紋を書き入れない）の着物は着るな（福島県小野町）、六一歳を越えると瓢箪の模様の着物を着る（秋田）、文字の入った着物を着ると長生きする（同県山本郡）、一生に一度矢羽根の着物を着るとよい（群馬）、一九歳で三角模様の着物を着ると難を逃れる（広島県加計町〈安芸太田町〉）などという。沖縄県読谷村では、家庭や着物にシラシグトゥ（知らせ）がでることがあるといわれる。家庭に厄が入ると、着物にフシアヤという銭形が入った、という。『嬉遊笑覧』巻三に、衣服模様の判じ物として「貞享頃の女の衣服の雛形をみるに、斧に菊と琴とを付たるはよき事をきく也、又つり鐘の滝の中にあるは成のぼるといふ意か又は金が湧にてもあるべし」とある。

○新調の衣類を着る夢は、良い（長野）、喜びごとがある（岡山県哲多町〈新見市〉）、家が栄える（福島県富岡町）と、いずれも吉夢とされる。白衣を着た夢は悪い（鹿児島）。黒い服を着る夢は身近に不幸がある（岡山県哲多町〈新見市〉）。夢で緑色の衣類を見ると、旅立ちすることあり（福島県表郷村〈白河市〉）。着物の裏を着て寝ると夢を見る（徳島県藍住町）。着物を裏返しに着ると、友達が自分の夢を見る（秋田県鹿角郡）。人の夢を見たとき、床の上に起き直り、着ている着物の前を逆に合わせると向こうの人に通ず（岡山）。紋付を着た夢を見たら身内に禍ごとがある（愛媛県一本松町〈愛南町〉）。長い洋服を着る夢は家業繁盛、短い洋服を着る夢は願い事が叶わない（岡山県哲多町〈新見市〉）。人が集まっているとか、着物を多く着たりさわったりしている夢を見ると不吉なことがある（秋田県鷹巣町〈北秋田市〉）。

着物　きもの

(5)民間療法、その他

○疱瘡の病人に赤い着物を着せると早く治る（石川県鹿西町〈中能登町〉）。疱瘡（天然痘）は撲滅されて過去の病となったが、かつては最も恐れられた疫病の一つである。疱瘡神は赤いものを嫌うとも、あるいは好むともいわれ、ダルマや赤絵などを病人の傍に置いて平癒を願った。『誹風柳多留』に「小児いしゃ赤い紙燭《しそく》でおくられる」（明和八年〈一七七一〉）の句がある。福島県滝根町（田村市）では、盆踊りでたてる櫓を新しく作ったとき、そこで踊ると中風の予防になると信じられ、新築されたときには、老年の人たちが盛んに踊った。とくに、赤い着物をきて踊ると効能が顕著といわれた。また、男の子に赤い着物を着せるとジフテリアにならない（福井県坂井郡）という。皮膚病、虫刺されの予防には藍染の衣を着るとよい（沖縄県北谷町）、モノモライ（麦粒腫）は、着物の左の褄を糸で結べば治る（秋田）、袂か裾を黒糸でしばっておくと治る（埼玉県入間市）。ニンニクを着物に縫い込んでおくと風邪を引かない

（岩手）。流行病のときは、移らぬ用心に、着物の縫い上げやかくしにニンニクとか赤いトウガラシを入れておくとよい（長野県上山田町〈千曲市〉）。『調法記四十ヨリ』（江戸後期写）に「時疫の家に行くニうつらぬ傳」として「病家へ行く時に、右の手の中指ニて左の手の内に坎《こん》此字を書き、かたく握り行くべし、うつること無し、又時疫を初めて病人《やむ》あらバ其の病人の衣服を浣《すす》ぎ甑《こしき》の中にてむすべし、家内にうつる事なし」とある。

○長生きの人の着物を持っていると長生きする（群馬）。死んだ人の着物を遺物に貰うと長生きする（秋田県仙北郡）。入院中の病人が退院を夢見て、どんな着物を着て退院したらなどと言うと、退院できずに死ぬ（長野県大町市）。死人に着せる着物は屛風越しに渡す（青森県五所川原市）。死者の魂は四十九日間屋根棟にいるので、仏様は喉が渇くといって着物のしずくを飲みにくる（愛知県西春町〈北名古屋市〉）。四枚ののうれんを掛けるものではない。死人の着物は四枚で作るから（福井県小浜市）。夜十一時を過ぎてから糸車を回してはならない。夜の機織りは魔物が集まって来るといわれ、その時に織られる着物は葬儀、忌中の初着となる（沖縄県竹富町）。かつて、魂呼いに着物を用いたことが『越後風俗志』に次のように出ている。「家に新死ありしもの修験などに頼み『なきたまよばい』といふことを為せり。一名招魂ともいへり。其死人の存生中着たる衣服を携え、東南の方より家の上へ登り、北に向ひ大音にて三度呼招き、衣服を巻て頼みし人の前へ投落し、己は西北の方より地へ降る。尤も男をたまよばいするには在世の名を呼び、女は字を呼びしものと云へり。魚沼郡中にては文化の頃まで最も流行せしやに聞けり」。

○着物を枕にして寝ると病気が長くなる（茨城）。寝るときに頭の方に着物を積んでおくと大病になる（群馬）。水泳をして体を拭かずに衣類を着るとなまずができる（徳島）。大病が全快すれば身の代わりとしてその者の着物を川へ流す（秋田県由利郡）。夜道で着物の縞の見えるものは、化物である（沖縄県名護市）、幽霊である（同県沖縄市）。掛けてある着物をゆすると亡霊に打たれるという（高知県大正町〈四万十町〉）。着物を跨ぐと出身ができぬ（秋田）。山仕事に行く者の衣服を女が跨ぐと怪我をする（同県北秋田郡）。干した子供の着物に月の光がさすと、着物の主の子供が下痢をする（高知県佐川町）。外出するとき着物がほころびると凶事がある（岩手県大船渡市）。三夜泊りはいけない。避けられないときは着物を置いていく（鳥取県淀江町〈米子市〉）。生きている木に着物を掛けてはならぬ（徳島）。チャ（茶）の木に着物を掛けると病み倒す（熊本県水俣市）。一本杭へ着物を掛けるのを忌む（高知県大月町）。同町では、葬式後三日目に死人の着物を木に掛けて水をかける。死者が生前にかけた祈願を解くためという。兄弟姉妹三人に同じ年に子供ができると、親に着物を贈る（長野県穂高町〈安曇野市〉）。どてらの裾を燃やしたときは火の燃えあがるほど縁起がよい（新潟県中里村〈十日町市〉）。ナヌカビ（七夕）に虫干しすれば着物に虫がない（青森県鰺ヶ沢町）。着物の焼穴はイヌの鳴くたびに大きくなる（長野県南信濃村〈飯田市〉）。ハブが交尾しているのを見ると悪い。自分の着物を取って上から被うべきもの（沖縄）。

脚絆《きゃはん》

○足の脛《すね》を保護し動きやすくするために着装する。古くはハバキ（脛巾）と称したが、脚絆の呼称が用いられるようになり、現在は植物で編んだものを脛巾、布製のものを脚絆というところが多い。紺の脚絆をつけているとマムシに咬まれない（福井・奈良県吉野郡・和歌山・高知県大方町〈黒潮町〉）。福井県美浜町では、藍の木綿の脚絆をつけ、ネハンダンゴをシジミの殻に入れてお守り袋とし、身につけているとマムシ除けになる、という。マムシは紺色を嫌う（神奈川県津久井郡〈相模原市〉）といわれ、紺を恐れて逃げる（山口）とか、紺は毒を消す（熊本県玉名郡）などの俗信がある。これらは藍の呪的な力に期待するものである。山仕事に行くとき、藍のハバキ（脛巾）と藍の足袋を履いていると、マムシに咬まれても毒が回らぬ（香川）という。毒蛇は藍の匂いを嫌うともいう。『譚海』巻一三に「股引脚袢の類、藍にて染べし、藍はまむしを避るといへり」とある。旅立ちのとき、脚絆の紐が解けると難にあう（兵庫県飾磨郡〈姫路市〉）。脚絆へ横つぎするのを忌む（高知県南国市）。

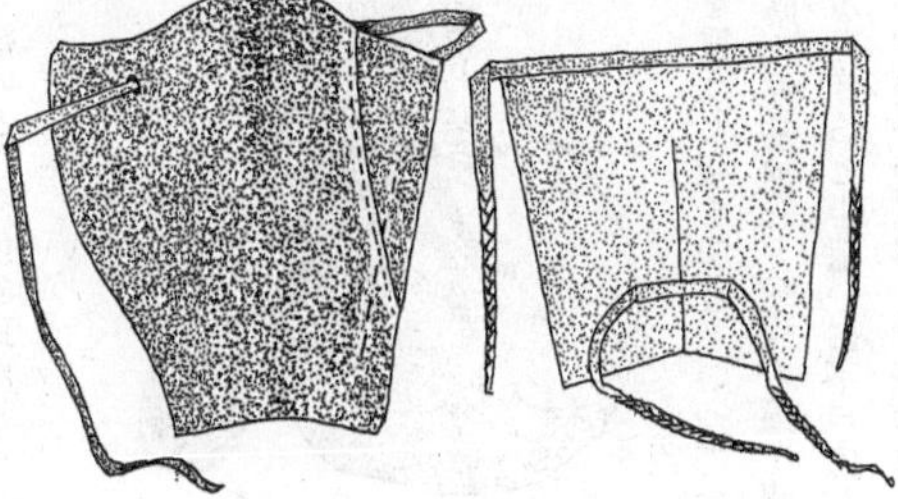

脚絆

鏡台《きょうだい》

○婚礼の時に、箪笥・鏡台を北向きに置くものではない（福島・岐阜・和歌山）という。多くの土地で、死者の着物を北向きに干すところから忌むのであろう。

○茨城県常陸太田市では、ヘソナワ（へその緒）は、生涯切っても切れないつながりがあるといわれ、大切に取り扱われてきた。女は嫁に行くとき、鏡台の引出しに入れて持って行くものとされ、一生大病もせずに持っていれば、棺の中へ入れるものだといわれている。福島県梁川町〈伊達市〉でも、へその緒は大切に扱い、紙に包んで名前を記し、箪笥や鏡台の引出しにしまっておく。大病のときや疳の虫が起きたときは煎じて飲ませるとよいという。

巾着　きんちゃく

○布などで作った小さな袋で、口に紐を通して括るようにしたもの。小物類や小銭を入れて腰につけた。秋巾着を買うと空き巾着といって金が入らない（長野県北安曇郡）。除夜の鐘を聞いているうちに巾着を作ると小遣いに不自由しない（愛知）。宮城県名取市では、子供が欲しいときには、牛野の地蔵に巾着の紐をゆるめて奉納し、生まれないように願いをかけるときには、巾着の紐を締めて奉納するとよい、という。妊婦が巾着を縫うと袋子ができる（長野・徳島）。疫病が流行っているときに、道を往来する人々はニンニクと辛子とを入れた巾着を腰に吊るして疫病除けの呪物とした（福島県舘岩村〈南会津町〉）。巾着にニンニクを入れて帯にぶら下げると風邪をうつされない（茨城県大子町）。⇩財布

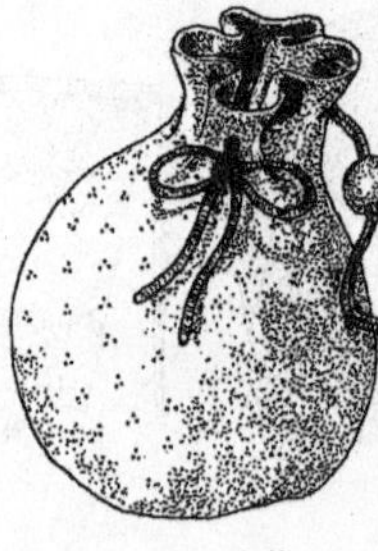

巾着

【く】

櫛　くし

⑴落とす・拾う、贈る・貰う

○櫛を落とすのは吉（岩手・秋田・宮城・福島・新潟・富山・石川・長野・愛知・三重・山口）とされる。そのわけは、苦を落とす（岩手・秋田・新潟・三重）、苦が消える（宮城・群馬・長野・愛知）、苦が抜ける（富山県氷見市）、苦死を落とす（福島県桑折《こおり》村〈桑折町〉・

新潟県赤泊村〈佐渡市〉からという。櫛を失くすと苦を失くす（静岡・愛知）とも。いずれも、クシの語呂合わせから、苦死や苦を捨て去る意に解して喜ぶ。福島県郡山市では、神参りのとき櫛などを落とすと厄が流れる、といい、新潟県中条町〈胎内市〉では、厄を捨てるには櫛を捨てる、という。身体に付着した厄を櫛と一緒に落とす、つまり櫛にうつした厄を捨て去る手段である。他方で、櫛を落とせば苦労する（三重県名張市）、櫛を捨てれば苦をする（石川県珠洲郡）といって嫌う所もある。井戸に櫛を落とすと、長病人となる（石川県鹿島町〈中能登町〉）、罰があたる（山口県福栄村〈萩市〉）。出がけに櫛を落とすとその途で死ぬ（愛知）。櫛を使う時に落とすのは不吉（沖縄県名護市）。頭につけた木櫛を跳んだりして落とすと、夫になる人の顔に傷ができる（群馬）、三重県阿波村〈伊賀市〉では、櫛の歯の数が減ると落とす、という。

○落ちている櫛を拾ってはならない、とは全国的にいう禁忌である。拾うと、苦を拾う（青森・岩手・秋田・山形・福島・茨城・千葉・新潟・石川・山梨・長野・岐阜・愛知・三重・奈良・和歌山・岡山・鳥取・島根・香川）、苦が増す（福島）、苦が抜けない（栃木）、苦を背負う（宮城）、苦死を拾う（福島・茨城・千葉・新潟・長野・三重・岡山・徳島）、くしくし（苦死苦死）する（岡山・山口県鹿野町〈周南市〉）、苦労する（青森・秋田・山形・新潟・富山・静岡・三重・和歌山）、凶兆（石川県珠洲郡）、死ぬ（京都府八木町〈南丹市〉）、災いがある（石川・沖縄）、悪いことがある（愛知・兵庫）、不幸が起きる（岐阜）、不吉（福島・京都・兵庫・高知）、縁起が悪い（青森・福島・新潟・岐阜・兵庫・山口・福岡）、病気になる（岩手・新潟・島根・高知）、頭を病む（長野県大町市）、頭痛が起きる（群馬・大阪）、夫婦が別れることがある（岐阜県海津町〈海津市〉）、縁切り（福島県浅川町）、兄弟げんかが絶えない（大阪）、家内に苦情が絶えない（滋賀県神崎郡）、悩みごとが起きる（新潟・長野）、女難にあう（徳島）、泣き虫になる（石川県輪島市）などさまざまである。櫛を拾ったら歯を欠いて元のところに置くとよい（山形県羽黒町〈鶴岡市〉）という例もある。福島県安積地方〈郡山市〉で、神参りのとき櫛などを落とすと厄が流れるといい、逆に拾った人は厄まで拾う、といわれるように、落とした人の災厄を引き受けるのではないかと危惧した。櫛を拾うのを不吉とするなかで、拾うと若さが増す（愛知県高豊村〈豊橋市〉・静岡県佐久間町〈浜松市〉）との報告は珍しい。また、京都府宇治田原町では、女の櫛を拾うと、拾った人のところへ拾われた人が嫁に行くという。面白い俗信で占いの一種のようにも見えるが、他に類例がないので何とも言えない。

○落ちている櫛を拾うのは不吉とされるが、では手を付けないのかというと、実はそうでもない。拾うときは踏んでから拾うもの（青森・岩手・秋田・宮城・福島・栃木・茨城・新潟・福井・長野・岐阜・愛知・兵庫）という。二度踏んでから拾わないと悪いことがある（兵庫県山崎町〈宍粟市〉）、三度踏んで拾えばよい（青森・福島・長野）、自分の歳ほど踏んで拾え（新潟県新発田市）などともいう。踏むのは、櫛に付着しているかも知れない災厄を圧伏し取り除く手段である。福島県大沼郡では、櫛を拾うときは足で三度踏みつけて後ろ手に取れ、と伝えている。後ろ手も、災禍の影響を避ける呪的なしぐさといってよい。「踏む」とともに多いのが「蹴る」である。足で蹴ってから拾う（福島・茨城・新潟・石川・岐阜・兵庫・岡山・高知・福岡・沖縄）所も多い。蹴るのも、災禍を祓う行為であるのは言うまでもない。以上は、他人が落とした櫛を拾う際の例だが、自分の櫛を落とした時にも、踏んで拾う（長野県下伊那郡・愛知県北設楽郡）、三度蹴ってから拾う（和歌山県高野口町〈橋本市〉）という例がある。落ちている櫛の不吉なイメージと重なるのだろうか。踏む・蹴る以外にも、落ちている櫛は跨いで拾えばよい（群馬・新潟・福井・兵庫）といい、福井県小浜市では、櫛を拾うときは跨いで拾わないといつもくしくし思うという。この場合のくしくしは苦死苦死とかけているのだろう。また、櫛を拾うときは跨いで「人はくしくし言うけれど、わたしゃするするとき（梳き）あげる」と言うとよい（兵庫）との伝承もある。唾を吐きかけて拾うもの（秋田県由利郡）との報告も見られる。いずれも、踏む・蹴る・跨ぐ・唾をかけるといった呪的なしぐさを伴っている。櫛に付着しているやも知れぬ災禍を祓う身近なまじないだが、見方を変えれば、櫛を拾い取るためのしたたかな知恵（民俗的な論理）でもある。

○櫛は人に贈らぬもの（宮城・福島・群馬・石川・愛知・熊本）。贈れば、その人と生き別れになる（群馬）、若死にする（福島）、苦死に通ずる（熊本県水俣市）、苦を与える（福島県舘岩村〈南会津町〉）といって忌む。福島県会津高田町〈会津美里町〉や鏡石町では、形見に櫛は贈らない。「櫛は縁切り、かんざし形見」という。山形県米沢市簗沢でも、櫛は縁を切る、かんざしは形見にいい、と伝えている。

○櫛は貰う方でもこれを嫌う。櫛を貰うと、縁切りの羽目にあう（茨城県新治郡）、その人と縁を切る（長野県上諏訪付近）、仲が悪くなる（福島・岐阜・香川）、苦を貰う（宮城・東京・岐阜）という。貰った結果は、縁を切るとか不仲を心配する傾向がつよい。岩瀬百樹（山東京山）編『歴世女装考』に「櫛を投て親子の縁を断《き》る、櫛は人に贈ぬ物といふ事」と題して、『源氏物語』にも見える、斎宮が伊勢へ立たれる時、帝が御自ら黄楊《つげ》の小櫛を斎宮の額髪にさされる儀式について述べている。「わかれ櫛といふよしは斎宮に立せ玉ふうちはふたゝび京へかへり玉はざる御制《おんさだめ》ゆゑの名なり。此事と前に引たる息女が自害の事に拠て櫛は人におくらざる物、つむりの物を人にやれば縁がきれるなど今もいふなるべし」と、人に櫛を贈らない由来を説いている。別れの御櫛は、『大鏡』や『狭衣物語』などにも見える。櫛を貰うのを吉兆とする俗信もある。南会津檜枝岐《ひのえまた》村（福島県檜枝岐村）では、昔、クマ狩りに村を発つとき、女から櫛を借りたり貰ったりした。それは、クマが獲れるという縁起だという。また、人に櫛を借りると仲が悪くなる（愛知県西春町〈北名古屋市〉）という伝承もある。

櫛《くし》

(2) 投げ櫛を忌む、夜と櫛

○東京都多摩市では、櫛を投げたり、落ちている櫛を拾ったりするものではない、という。投げ櫛といって縁が切れる、といわれる。櫛を投げるな（千葉・山梨・和歌山・佐賀）とか、櫛を投げて渡すものではない（岩手・群馬・高知・熊本・沖縄）といい、投げ櫛はその人との縁が切れる（熊本県水俣市）、苦を受ける（岩手）という。投げ櫛は葬式の習俗として行われることから忌む例が見られる。山梨県丹波山村では、葬式から帰ると縄を三度跨ぎ、そして女は用意された櫛で一、二度髪を梳いて投げ捨てる。次の人はそれを拾って同じ動作を繰り返す。だから、普段は投げ櫛はするものではないといわれる。阿波の祖谷《いや》山《やま》（西祖谷山村〈徳島県三好市〉）では、葬列に参加した女の人は家の中に入ると、櫛で髪を梳き、後ろ向きに左手で投げて次の人に渡す。次の人もその通りにして順繰りに回し、一番最後の人は投げ捨てる。この習俗について、武田明は「それはあたかも古事記神話の中で、イザナミノミコトが黄泉の国に行ったイザナギノミコトに会いに行って、逃げて帰る途中、櫛を投げすてると、それが筍になったというくだりを思わせるものがある」（『日本人の死霊観』）と述べている。『日本書紀』神代上では、黄泉の国に行ったイザナギがイザナミの言葉を無視して、爪櫛《つまぐし》の太い歯を欠き、手《た》灯《ひ》として見たことが、今の世の人が夜の一つ火と夜の投げ櫛を忌む起こりであると説明している。櫛を投げる葬送習俗の報告は、ほかにもいくつかある。沖縄県首里〈那覇市〉では、死んだ人の髪を結うとき、櫛を渡すには後ろ向きになって、自分の肩越しに投げてやる。岡山県蒜《ひる》山《ぜん》盆地では、湯灌が終わると塩で手を洗い、三人か四人が屋外に出て女の櫛の投げ合いをする。それで、常には櫛の投げあいを戒めるという。『吾妻鏡』建長二年六月二四日条に、投げ櫛を取る者は骨肉も皆他人に変ずるとの俗信にもとづく話が見えている。

○沖縄県竹富町で、夜道で怖い所があれば、櫛か簪を口にくわえれば魔除けになる、という。島根県広瀬町〈安来市〉では、夜中に女が一人歩きをするときは、頭の髪をさばいて赤い櫛を口にくわえて歩くと魔除けになり怖くない、と伝えている。沖縄県名護市では、夜、櫛を挿して歩いてはいけない。シチマジムン（魔物）に迷わされてしまう、という。同市では、髪を梳く時に折れたりした不吉櫛は魔除けになるとされ、流行病のあるときは豚小屋に櫛を下げておく。同県竹富町では、夜、女は櫛を使ってはならない、というが、夜間に外出をするときは櫛を挿して歩けば魔除けになるという。夜は櫛を縁先などに置いてはいけない。外からもの（悪い霊）が来て取って行く。取られるとその家に災いが起こる（同県首里〈那覇市〉）。夜は櫛を投げぬもの（千葉・熊本）ともいう。魔除けとしての櫛の呪力の一つは、目が多い点であろう。機の筬《おさ》などにも言えることで、魔物は目の多い物を嫌う。

○櫛の歯を数えるものではない（三重・兵庫）。数えると、早く折れる（同）、落とす（三重県大山田村〈伊賀市〉）。櫛の歯を数えるときは

「買ったか、貰ったか、拾ったか、盗んだか」と言って歯数を数える（栃木県宇都宮市）。
○櫛が折れると、悪いことがある（山形・長野・愛知）、縁起が悪い（福島・愛知・静岡・三重）、不吉（大阪・沖縄）、その人が死ぬ（秋田）、人が死ぬ（岐阜県美並村〈郡上市〉）、苦労が絶えない（奈良県御杖村）、親の死に目に会えない（和歌山県龍神村〈田辺市〉）といって忌む。とくに、髪を梳きながら（愛知県小坂井町〈豊川市〉）、出がけに（同県豊田市）折れると悪い、という所もある。折れた櫛を挿すのも忌まれる行為で、親が早く死ぬ（島根・山口）、片親に別れる（岩手県住田町）、親の死に目に会えない（和歌山県有田市）、貧乏になる（山口県久賀町〈周防大島町〉）という。他方で、櫛が折れると、苦労が無くなる（福井・三重・兵庫）、近いうちに良いことがある（岐阜県荘川村〈高山市〉）、正月に折れると一年中苦労がない（千葉）と喜ぶ。折れるという現象を凶兆とみるか、吉兆とみるか、その解釈の根拠と判断に人々の思惑がにじみ出ている。
○櫛の歯が欠けると、不吉（福島・長野・徳島）、縁起が悪い（新潟県横越町〈新潟市〉・長野県松川村）、悪いことがある（岩手・宮城・長野）、親戚に不幸がある（長野県上諏訪付近）、子に別れる（熊本・山口）、親の死に目に会えない（群馬）、その日に歯が折れる（愛媛県内海村〈愛南町〉）といって忌む。また、歯の欠けた櫛を挿すと、親が死ぬ（千葉・福井・長野）、片親になる（長野県上諏訪付近）、親の死に目に会えない（群馬）、貧乏になる（名古屋市）、後家に入る（新潟県赤泊村〈佐渡市〉）、キツネに化かされる（長野県北安曇郡）という。その一方で、新潟県川西町星名新田〈十日町市〉のように、櫛の歯の欠けたのは苦（苦労）が減ったと同じで縁起がよい、という所もある。

櫛《くし》

(3) モノモライと櫛、夢、その他

○モノモライ（麦粒腫）は、櫛の峰を温めて患部に当てるとよい、との伝承は全国的である。用いる櫛は、多くの土地でつげの櫛（黄楊櫛）が良いというが、竹の櫛（長野県南牧村）、べっ甲の櫛（同県小諸市）、象牙の櫛（福島県飯舘村）という例もある。温める方法としては、「峰を畳に擦《こす》りつける」または「火であぶる」の二つに大別できる。畳で熱を起こす時には、畳のどの部分に櫛の峰を当てて擦るのか。資料には畳とだけしか書いていない場合が多いが、なかには、メコジキ（麦粒腫）にはつげの櫛を畳の目でこすって患部につけた（和歌山県本宮町〈田辺市〉）、つげの櫛を畳の縁《へり》でこすり熱くしてミケゴに三回つける（群馬県板倉町）というように、畳の目か縁かが区別されている場合もある。畳のほかにも、櫛を筵《むしろ》にこすりつける（福島・新潟）との報告がある。農山村に畳が普及するのは、大正から昭和にかけてだという。畳の使用が日常的ではなかった所では、筵を利用するのが普通であったろう。また、べっ甲の櫛を着物でこすり、熱くなったものを患部に当てた（長野県小諸市）との例もある。櫛を火であぶる方法も一般的といってよい。メボロがでると梳き櫛を熱くあぶって撫でればよい（富山県氷見市）。つげの古櫛を火であぶって油を出しメチョンボにつける（石川県内浦町〈能登町〉）。バカがでたら木製の梳かし櫛の峰を囲炉裏の火であぶり、腫物の上を二、三度こする（宮城県北部）。奈良県山添村では、つげの櫛の背を火に当てて、油をにじませるほど熱くしたものでモノモライを撫で潰すと根治するといい、実効があるとされる。火であぶるやり方では、にじみ出る油に効能があると説明する例が多く見られる。火であぶるつげの櫛は、頭の油が沁みこんだ物でないとだめだ（茨城県常陸太田市）という所もある。福島市では、櫛に髪油をつけ火にあてて瞼に当てるという。

○モノモライの呼称は土地によって変化に富む。

それを治す呪《まじな》いもまた多様で、一つの地域に複数の呪いが同時に伝承されているケースも少なくない。むしろ、その方が普通かも知れない。右にあらましを記した櫛の峰を温める方法も、モノモライの呪法の一つだが、細かく見ていくと多彩な展開を示している。その一端を紹介したい。メバチコは、つげの櫛を畳の縁で擦って患部に当てる。その際、丑年の丑の日丑の刻に生まれた人、または丑年生まれの人の櫛を借りるとよいという〈和歌山県高野口町〈橋本市〉〉。丑年はともかく、丑の日丑の刻生まれの人を見つけるのは至難の業である。熱くなった櫛で患部を三度なでる〈福島・栃木・群馬・茨城・長野〉と、回数の決まっているケースもある。福島県田島町〈南会津町〉では、櫛を筵で三回こすってノメに三回つけるという。畳の目で櫛を自分の歳の数だけこすり目に当てる〈群馬〉例もある。櫛を火であぶり目を突く真似をすれば治る〈福岡県北九州市〉。同県築上郡では、櫛の歯を熱くして突くと治るという。動作と一緒に唱え言を発する場合もある。メイボができたときは、着物の袖口か櫛の歯で「出らば突こう、出らば突こう」と繰り返して突く〈福岡県北九州市〉。新潟県羽茂町や赤泊村〈共に佐渡市〉では、メボロは木の櫛を焼いて「出ば焼け」と言いながらこする。突く・焼くといった脅し文句で引っ込めようとの狙いといってよい。つげの櫛を畳の目でこすって熱くなったものをモノモライに当て「ひっこめ」と三回唱えると治る〈千葉県浦安町〈浦安市〉〉。メボは櫛をあぶって「人に見られて恥かしければ、引っこめ引っこめ」と言って目をなでる〈長崎県美津島町〈対馬市〉〉。香川県直島町では、メボがでたときはつげの櫛を火にあぶり、それでメボをなでながら「アビラオンケンソワカ」と三回唱えると治る、と伝えている。

○茨城県常陸太田市では、モノモライは櫛を持って井戸へ行き、半分のぞかせて「早く治してくれれば全部お見せいたします」と言い、櫛を二、三回出したり引っ込めたりする。これは気づいた時にすぐやらねばいけない。治っても全部見せないのが普通である。また、櫛を半分井戸に掛け、後を見ないで帰ってくる方法もある、という。愛知県額田町〈岡崎市〉でも、井戸に櫛を半分見せて「もし治れば全部見せる」と言えば治る、と伝えている。井戸に物を半分だけ見せるやり方も、モノモライを治す代表的な呪法の一つで方々にあるが、見せる物は篩《ふるい》・箕・笊などが多く櫛を見せるのは珍しい。井戸の上でメカゴに櫛の峰を四、五回あてる（群馬）。釣瓶《つるべ》井戸に向って竹櫛を目に当ててこする（福島県表郷村〈白河市〉）所もある。モノモライと井戸は関係が深い。筆者が小学生のときに教えてもらったのは、アズキを一つメボウに当てて井戸を覗きこみ、豆を落とすと同時に「豆かと思うたらメボウじゃった」と口にする（高知県中土佐町）という方法だった。井戸という異界にモノモライを捨てるのである。機織り道具の筬《おさ》や物差しをはじめ、篭、賽子《さいころ》など目の多い物を魔除けの呪具とする伝承は多い。櫛もその一類と考えられる。熱くした櫛を当てるのは、魔祓いの呪具でもある櫛で「焼き切る」のが主眼のような気がするが、目のできものを目の多い櫛で封じ込める語呂合わせ的な意味も含意されているのかも知れない。ほかにも、モノモライができたら、口の湯気（吐く息）をかけた櫛で七回なでると治る（愛知）、櫛の背を布でこすり、その布をメボに当てると治る（京都）、メッパチはつげの櫛で逆さま（下から上に）なでると取れる（新潟県山古志村〈長岡市〉）などという。山古志村の例では櫛を温めるとは言っていない。同様に、櫛の峰をただ当てるという事例はほかにも報告がある。

○民間療法。ぐりぐり（リンパ節の腫れ）ができた時は、櫛の背に墨を塗り、畳などで摩擦して熱くなった櫛をぐりぐりに擦りつけると、血のめぐりが良くなり治りを早める(福島県湯川村)。イノネ(大腿部のリンパ節の腫れ)のできた時は、女のつげの櫛の背で、人に知られぬよう便所の中でなでると治る(熊本県南関町)。イヌゴができたら櫛の歯を火にあぶりなでると治る(三重県大山田村〈伊賀市〉)。喉に刺さった骨ぬきには、象牙細工の簪や櫛で喉を三回擦りながら「かものどとおすたいのひらぼね」と三回唱える(茨城県岩瀬町〈桜川市〉)。喉にノギが刺さった時は、象牙の櫛や簪などで喉をさするとよい(群馬県倉渕村〈高崎市〉)。足の肉《ま》刺《め》はつげの櫛の峰でなでる(茨城県東海村)。切傷深傷の時は、櫛に付いている女の人の抜け髪と醤油と油を煮て、その熱い汁を傷のまわりに塗る。傷口にはムカデ膏という置き薬をつけた(広島県加計町〈安芸太田町〉)。瘧《おこり》を落とすには、櫛を投げ上げて家の棟を越させ、落ちたのを頭に載せ後を見ずに家に入ればよい(愛知県西尾市)。

○歯の欠けた夢は悪い(岩手・秋田・群馬・新潟・長野・山梨・愛媛・鹿児島)という。自分の歯が欠ける夢のことだが、親が死ぬ(長野・山梨)、人が死ぬ前触れ(岩手・新潟)と心配する。悪夢の難を避けるには、櫛の歯を欠けばよい(群馬・新潟・山梨・鹿児島)という。歯の欠けた夢は縁起が悪い。人が死ぬ前触れである。この夢を見たら、朝起きてすぐ櫛の歯を一本欠くか、下駄の歯の端っこを欠き取ればよい(群馬県子持村〈渋川市〉)。己の歯が折れる悪夢を、櫛や下駄の歯が折れたことにして難を逃れようとの魂胆である。愛媛県内子町では、この夢を見たときは、櫛の歯を折るか、下駄の歯を川に流すとよいという。岩手県陸前高田市では、歯の欠けた夢を見ると人が死ぬ。それを避けるためには櫛を便所へ三晩とめればよい、と伝えている。ほかにも、櫛を落とした夢を見れば苦労しない(同県久慈市・葛巻町)。櫛を拾った夢を見れば、苦労が増す(同県)、よくない（新潟県栃尾市〈長岡市〉）という。櫛にまつわる現実世界の吉凶が、夢の世界の吉凶にそのままスライドしている。また、くという字が頭につくクリや櫛などの夢を見ると悪い（群馬）ともいう。

○神様に供えた櫛を、産気づいたとき頂くか頭に挿していると安産する（富山県氷見市）。櫛をきれいにしておかないと難産する（山形県米沢市）。産婦が櫛で子の頭を三度梳くと毛が抜けない（兵庫県加東郡）。出産のとき産婦の実母の櫛で三回梳く、そうすれば産後髪の毛が抜けぬという（群馬県桐生市）。

○その他の俗信。正月に櫛を買うな、苦を買うことになる（山形県新庄市）。もの迷い（神隠し）にあった者は、一旦帰って来て自分の櫛を持って再び出て行くそうである。櫛を持って出たらもう帰って来ないと信ぜられている。だから、神隠しにあった家族は当人の櫛を隠して取られないようにする。それでも、閉め切っている部屋の中にどうして入って来るのか、家人の知らないうちに取られることがあるとのこと（沖縄県首里〈那覇市〉）。蠟燭を点じ、油じみたる女の櫛に透かし見れば怪物の正体を認め得べし（石川県鹿島郡）。櫛をくわえて家のまわりを七回まわるとユーラになる（化ける）（沖縄県伊良部町〈宮古島市〉）。女の人が山に登るときには、魔除けになるといって櫛を持って行くとよい（兵庫県朝来《あさご》町〈朝来市〉）。櫛箱が美しいとよい所へ嫁に行かれる（福井県三方町〈若狭町〉）。櫛を跨ぐと嫁入りができない（群馬県横野村〈渋川市〉）。頭に挿す櫛を池の中に入れると家の中が祟られる（福井県小浜市）。櫛を舐めると、歯が欠ける（青森県北津軽郡）、頭髪が抜ける（山口）。人の櫛を使うときは、その櫛に唾をつけて使用しないと悪いことが起こる（山口県宇部市）。女の使った櫛を使うときは、フーと息をかけてから使わぬと悪い（徳島県小松島市）。漁に出る前に女のサバキ

（櫛）を見たら漁運が悪い（沖縄県糸満市）。七夕の日に櫛・鏡を洗うとよく落ちる（愛媛県久万町〈久万高原町〉）。櫛が通りにくい日は天気がくずれる（長崎県有明町〈島原市〉）。

口紅　くちべに

○土用の丑の日に口紅を貰うとよい（秋田県南秋田郡）。弔いの日に紅をつけるものではない（千葉県我孫子市）。

靴　くつ

○岡山県山手村〈総社市〉では、新しい靴や下駄を履くときは、先ず井戸の神様にお参りする。また、新しい靴は火の上で三回まわしてから履く（千葉県八千代市）との例もある。

○奈良県菟田野《うたの》町〈宇陀市〉では、夕方や夜に新しい靴をおろすと縁起が悪い、朝おろすとよいという。福島県小野町では、新しい靴や草履を午後からおろすなといい、おろす時は「酒になれ、餅になれ」と三回唱えて、竈の煤をつけてからおろす、と伝えている。ほかにも、新しい靴は、午後から履いてはいけない（新潟県村松町〈五泉市〉）、午後に出すと悪いことが起きる（山形県白鷹町）という。埼玉県加須《かぞ》市では、夕方、靴をおろすと死んだんぼになる、といって忌む。

○出がけに靴の紐が切れるのは、不吉（栃木・岡山）、縁起が悪い（沖縄）といい、外出を見合わせる（栃木県宇都宮市）場合もある。

○愛知県旭町〈豊田市〉では、靴の紐が解けると良い知らせがある、と吉兆としている。

○家の中から靴を履いて出ると縁起が悪い（新潟県新津市〈新潟市〉）という。出棺時には、座敷から草履や草鞋を履いたまま庭に出ることからの連想だろう。靴を囲炉裏にあぶりそこから履いておりるのは死んだ時だけ（秋田）との報告もある。

○お寺で転んだら下駄か靴を片方おいてくる（埼玉県加須市）。墓地で転ぶと片袖おいてくる伝承は各地にある。死霊に憑かれたと判断し、身代わりとして残してくるのであろう。
○夜、草履や靴が乱れていると泥棒が入る（岐阜県南濃町〈海津市〉）。
○子供に二人で靴を履かせると、その子は早死にする（群馬）という。一つの物や一人に対して二人の人間が同時に関わることを忌む「同時に同じ」の禁忌である。大分県国東町《くにさき》〈国東市〉では、一足の靴を二人で履くなという。
○夢に革靴が出ると立派な人が来る（秋田県山内村〈横手市〉）。
○「あした天気になぁーれ」と言って、履いている靴を蹴上げて、表がでれば天気になる（兵庫）。愛知県豊田市でも、靴を天に放り上げて表がでたら天気という。
○晩秋、靴に土が多くつくときは根雪になる（山形県村山市）。同県米沢市では、土がかえる（靴につく）と根雪が近いという。
○長靴（ゴム製）を履いていると落雷防止になる（山形県村山市）。雪道では靴にナンバ（トウガラシ）を入れておくと足が寒くない（富山県小杉町〈射水市〉）。靴ずれで肉刺《まめ》ができた時は、墨糸を肉刺に通して墨を入れると治る（鳥取）。⇩履物《はきもの》

靴下　くつした

○靴下をはいて寝ると、親の死に目に会えない（山形・福島・埼玉・愛知・三重）という。同様の禁忌は足袋でもいい、足袋の方が先行する俗信といってよい。靴下をはいて寝ると足が太くなる（岡山）、目が悪くなる（三重県磯部町〈志摩市〉）との報告もある。和歌山県日高町では、何気なしにはいた足袋や靴下が裏向きだと良いことがあるという。ニンニクを靴下に入れておくと凍傷にかからない（岩手県盛岡市）。
⇩足袋《たび》

【け】

化粧《けしょう》

○夕方に化粧する夢は、万事願い事が叶う（福島県表郷村〈白河市〉）。夢で髪を洗い化粧をすれば、一切煩悶は解決する（同市）。化粧してもらう夢は体の調子が悪くなる（兵庫県竹野町〈豊岡市〉）。髪をきれいに結う夢を見ると死者がでる（長野県諏訪市）。新しく便所を建てるときは、鏡と化粧品を埋める（山梨県甲西町〈南アルプス市〉）。

下駄《げた》

(1)下駄は夜おろすな

○新しい下駄を夜おろしてはいけない（福島・栃木・群馬・茨城・神奈川・新潟・石川・長野・岐阜・静岡・愛知・滋賀・大阪・和歌山・兵庫・岡山・鳥取・香川・福岡・佐賀・長崎・宮崎・鹿児島）。広い範囲で夜おろすのを忌むが、その分布は主に関東以西である。夜おろすと、キツネに化かされる（長野・岐阜・愛知・大阪・和歌山・兵庫・福岡・長崎）、お化けがでる（岐阜県海津町〈海津市〉・川島町〈各務原市〉）、縁起が悪い（岐阜・愛知）、早く親を亡くす（石川県金沢市）、病気になる（滋賀）、すべって転ぶ（長野県北安曇郡）、怪我をする（長野県上田市・鹿児島県東市来町〈日置市〉）、凶事がある、火事になる、マムシに食いつかれる、出世ができない、貧乏になる（以上愛知）、下駄を紛失する（岡山・佐賀県小城町〈小城市〉）、すぐ割れる（愛知）、鬼が笑う（岡山）、死んだ者である（同県）、葬式の真似（愛知）などという。岐阜県下呂町〈下呂市〉では、夜新しい下駄をおろすとキツネに化かされる。おろす時は下駄の裏に鍋墨をぬるという。鹿児島県でも、新しい下駄を夜はく時は釜へグロ（煤煙・鍋墨）をつけておろす。鍋墨をつけるのは、福島・新潟・長野・岡山・宮崎の諸県でもいう。神奈川県横須賀市東浦賀では、下駄の裏に消し炭で印をつけた。鍋（釜）の尻を焼く火炎の勢いが結晶したものが鍋墨であり、鍋墨の呪的な力の源には火の威力が控えている。愛知県武豊町では、夜新しい下駄をおろすとキツネに化かされる。しかし、下駄の底を火であぶるとよいという。鹿児島県でも、夜新しい下駄をはくときは歯を少し焼けばよいという。茨城県日立市では、夜おろす時は下駄の裏に唾を二、三回つける、と伝えている。

○新しい下駄は夕方おろすな（千葉・石川・長野・岐阜・静岡・奈良・三重・兵庫・岡山・鳥取・福岡・佐賀・長崎・熊本・宮崎・鹿児島）という。夕方に限定されるわけではなく、夕方以降も含まれていると思われるので、夜の禁忌とも重なるが、分布はやはり関東以西といってよい。禁を破ると、キツネに化かされる（岐阜・三重・兵庫・長崎・熊本）、誰かが死ぬ（奈良県御杖村）、その家から死人がでる（石川県河北郡）、怪我をする（長野県上田市）、不幸がある（岐阜・静岡・鹿児島）、ヘビが出る（奈良）という。止むを得ずおろす時には、下駄に鍋墨をつける（千葉県木更津市・岐阜市）。

○新しい下駄は午後おろすな（岩手・山形・福島・千葉・新潟・福井・愛知・奈良・福岡・佐賀・長崎）という。禁忌の対象が午後だと、当然夕方や夜を含む長い時間帯となる。東北地方では、夕方や夜を忌むというのは少なく、午後という例が多い。禁を破ると、験《げん》が悪い（奈良市）、悪いことがつく（山形県新庄市）、思うことが叶わない（岩手県陸前高田市）、下駄の歯が取れる（佐賀県小城町〈小城市〉）、下駄がなくなる（福岡県八女市）、葬式だ（奈良市）などという。止むを得ずおろす時には、下駄に鍋墨をつける（福島・千葉・新潟）、消し炭をつける（福島県鏡石町）、火で少し焼く（長崎県吾妻町〈雲仙市〉）とよい。福島県飯舘村大倉では、下駄を午後からおろす時には墨をつけるが、その時「餅にあたり、酒にあたれ」と唱えながらつけるものだ、と伝えている。岩手県陸前高田市では、昼過ぎに新しい下駄をおろすのは死んだ時ばかり、といい、もしおろす時は便所に行ってこいと言う所もある、という。
○新しい下駄を履いて便所に入ると、下駄が割れる（秋田・群馬・茨城・岐阜・静岡・愛知・京都・大阪・兵庫・岡山・広島・山口・愛媛・高知）という。茨城県土浦市では、履きだして三日たたぬ下駄を履いて便所に行くと真っ二つに割れる、といい、広島県加計町〈安芸太田町〉では、新しい桐下駄を履いて便所に行くと割れる、といって忌む。下駄が割れるという以外にも、歯が欠ける（千葉・和歌山・岡山・山口・鹿児島）、歯が抜ける（群馬・長野・岡山）、早くいたむ（愛媛県内海村〈愛南町〉）、下駄のあごが欠ける（香川県綾歌町〈丸亀市〉）、緒が切れる（長野・愛知・島根）、古くなる（岡山）などという。和歌山県太地町では、クスノキの下駄を履いて大便に行けばすべる、という。
○新しい下駄で便所に入るのを不吉とする一方で、これを吉と見做す俗信も多い。新しい下駄はまず便所に履いて行く（青森・岩手・秋田・新潟・富山・長野・愛知・鳥取）。そうすれば、下駄の歯が欠けない（岩手）、歯が抜けない（同県水沢市〈奥州市〉）、こわれない（長野県南箕輪村）、長持ちする（青森・秋田・新潟）、怪我をしない（富山県氷見市）、身体が丈夫になる（愛知県旭町〈豊田市〉）という。下駄を夜おろす時は最初に便所に履いて行く（大阪・佐賀）。新潟県新津市山谷〈新潟市〉では、初めておろす下駄を履いて医者や薬屋に行ってはいけない。どうしても行かなければならない時は、便所にちょいと下駄を入れてから行くとよい、という。同じ行為でありながら、吉凶が分かれるのは俗信では珍しいことではない。使い初めの機会に、汚物の不浄に触れるのを忌むのか、あるいは、魔除けとしての排泄物の呪力に期待するのか、解釈の違いであろうか。
○徳島県では、新しい下駄をおろす時、井戸の周囲を三度回ると割れないという。香川県志度町〈さぬき市〉でも、新しい下駄は井戸のはしりを踏んでおくとなかなか割れないという。新しい下駄は井戸に履いて行くと歯が抜けない（岡山）、井戸端でおろすのはよい（愛知県武豊町）という所もある。奈良県室生村〈宇陀市〉では、新しく下駄をおろした時は、必ず流し元で一度は踏まねばならぬという。新潟県村上市村上では、新しい下駄をおろす時は、カギノハナ（自在鉤）を三回まわしてからおろす、と伝えている。新潟県川西町〈十日町市〉では、葬礼に下駄を履き始めるとこわれない、というが、福井県大飯町〈おおい町〉では、新しい下駄を葬式で履くと、いつも悪い時に履くようになる、といって忌む。夜間におろす時には唾をつける事例を先に示したが、夜でなくても、下駄をおろす時には唾をつける（群馬・鹿児島県栗野町〈湧水町〉）という所もある。また、下駄をおろす時のまじないではないが、新しい下駄を履いていくと勝負事に勝つ（愛知）との伝承もある。
○下駄の緒（鼻緒）が切れるのを凶兆とするのは、全国的である。緒が切れると、悪いことがある（山形・秋田・茨城・埼玉・新潟・富山・山梨・岐阜・静岡・愛知・兵庫・高知・大分・鹿児島）、不吉（秋田・群馬・茨城・千葉・新潟・石川・長野・岐阜・愛知・三重・福岡・鹿児島・沖縄）、不幸がある（岩手・秋田・新潟・島根・佐賀）、年内に死ぬ（秋田県山本郡）、早死にする（愛知）、死者に招かれる（栃木・神奈川）、縁起が悪い（栃木・岐阜・愛知・大阪・三重・鳥取・愛媛・福岡・大分・鹿児島・沖縄）、災難の前兆（千葉・奈良）、変事が起きる（宮城）、思い事が切れる（島根県邑智町〈美郷町〉）、用事が調わない（石川県河北郡）

などという。とくに、新しい下駄の緒が切れるのを、不吉（岐阜・愛知）、縁起が悪い（大分県天瀬町〈日田市〉）といって嫌う。千葉県東葛飾郡では、緒が中央から切れると病人が死ぬ、といった。「切れる」という言葉や現象から、さまざまな負の連想を働かせている。下駄の緒がいつどこで切れるかを予想するのは難しいが、切れる（切れた）ときの状況には大いに関心を払ってきた。最も多いのが、家を出る時に切れるのを忌むケースで、栃木・群馬・茨城・新潟・岐阜・愛知・大阪・和歌山・島根・山口・福岡・鹿児島・沖縄の諸府県に及ぶ。朝、切れると悪い（山形・富山・三重・鳥取）ともいう。旅先で下駄の鼻緒が切れると家に不幸がある（秋田県山本郡）。歩いているとき、突然下駄の鼻緒が切れると不幸がある（佐賀県有田町）と、外出中の不安をいう例もある。お墓で下駄の緒が切れると、死者に招かれる（栃木・神奈川）、早死にする（愛知県西春町〈北名古屋市〉）といって忌む。秋田県平鹿郡で、葬式や墓参りのとき、下駄の鼻緒が切れるのを嫌う、といい、三重県青山町〈伊賀市〉でも、墓参りの途中で下駄の鼻緒が切れると不吉という。かつて、葬式のときには、新しく作った草履で墓場に行き、帰りには鼻緒を切って捨ててくる習俗があった。そうしたことも影響しているのかも知れない。新潟県十日町市高山では、嫁入りのとき下駄の鼻緒が切れると不吉というが、一方では、嫁入り後すぐ下駄の鼻緒を切ると嫁が実家へ戻らない、と伝えている。後者は、切ることで実家への未練を断ち切り、婚家に末永く居着くことを願う呪《まじな》いである。神参りのとき下駄の緒が切れると、凶事がある（岩手県遠野市・和歌山県太地町）、年内に不幸がある（岩手県住田町）、年内に死ぬ（秋田県山本郡）という。秋田県平鹿郡では、神社仏閣の付近で下駄の緒が切れると悪いことがある、と心配する。お詣りをするとき下駄の緒が切れると凶（宮城県気仙沼市・本吉郡）。

○下駄が割れるのは、悪いことがある（長野）、不思議なことが起きる（愛知）、縁起が悪い（同県半田市）という。新しい下駄が割れると、その日はよくない（岐阜県海津町〈海津市〉）、変わりごとがある（長野）。新しい下駄が縦に割れると縁起が悪い（岩手県宮古市・栃木）。元日に新しい下駄が割れるのは死の予兆（沖縄県糸満市）。旅の出がけに下駄が割れるとその日難を受ける（山梨県中巨摩郡）。墓場で下駄が割れると凶事がある（茨城県龍ケ崎市）。

○下駄の歯が欠けると、悪いことがある（長野）、不吉なことがある（長崎県美津島町〈対馬市〉）。長野県大町市では、下駄の歯が欠けると旅に出て病気や怪我をするという。石川県金沢市では、下駄の台が欠けたとき、台替りといって米の相場が変わるという。下駄の歯が抜けると悪い（宮城・長野・島根）。

(2) 盗人と下駄、妊婦とまじない

○三重県多気町で、主人の下駄の上に盥《たらい》を伏せてその上に刃物を置けば盗賊が入らない、という。香川県観音寺市では、盗難を防ぐには、家の戸口で主人の下駄の片方に洗面器を伏せてその上に包丁を置くとよい、という。主人の下駄に金盥を伏せ、その上に刃物を門口に向けて載せておくと盗難除けになる（大阪）。いずれも、盗人の侵入を防ぐ呪い。ほかにも、下駄の上に盥を伏せて寝ると泥棒が入らない（千葉県市川市）、男親の下駄に盥を伏せておけば盗人が入らない（長野）、留守にする時は主人の両下駄に何かを伏せておけば用心がよい（静岡県浜松市笠井町）という。以上は、家の主の下駄に盥を伏せるものだが、これとは別に、伏せた盥の上に下駄を載せるやり方がある。長野県諏訪地方では、盗人を除けるには、土間に盥を伏せてその上に藁を叩く槌と父親の下駄とを載せて「摩利支天ソワカ」と三度唱える。ほかにも、

夜、伏せた盥の上に主人の下駄の片方を置き、もう片方を逆しまにしておくと盗人が入らない（徳島）。寝る時に主人の下駄を盥の上に載せておくと泥棒が入らない（秋田県山本郡）。『嬉遊笑覧』巻八に「手洗《たらい》を夜家の中にふせ置ば盗賊来らずと云こと、何よりいへるか」とある。江戸時代にも知られていた盗難除けの俗信だが、この場合は下駄に伏せたかどうかは不明。資料を見ると、盥だけを伏せる例も少なくない。

○下駄を乱雑にぬぎ捨てている家には泥棒が入る（秋田・栃木・長野・愛知）という。和歌山県川辺町〈日高川町〉では、盥で主人の下駄を伏せられると泥棒が入っても目が覚めない、という。下駄に盥を伏せる呪いは、これを泥棒にやられてしまうと、入られても目が覚めないという逆の危険があることを示している。高知県室戸市傍士では、盥などを空のまま家の外に置くものではない。伏せられると、盗人に忍び込まれても目を覚ますことができないという。このように、夜間に盥を出しっぱなしにしておくのを忌む土地は多い。その際、興味深いのは、侵入した泥棒は、盥を下駄に伏せるよりも自らの糞に伏せる場合が多いことである。長野県上山田町〈千曲市〉では、泥棒は家に入る前に、その庭あたりに脱糞してその上に盥なりを伏せておくと、家人が目を覚まさないという。群馬県では、夜、盥を外に置くものではない。泥棒が外で大便をし、盥をかぶせておくと家の者が目を覚まさない、という。寛政一二年（一八〇〇）の『新木賊後篇』に「ぬっくりと・呪《まじな》いの屎《くそ》盥伏せ」の句（笠付）が見えており、早くから知られていたことがわかる。徳島県板野郡や徳島市では、本人の下駄を仰向けて輪の入ったもので伏せておくと起きられぬという。

○神奈川県津久井町〈相模原市〉では、一二月八日は厄病神がやって来るといって下駄を見えないところに隠した。厄病神は下駄に判を押す。判を押された下駄を履くと病気になるといわれた。二月八日と一二月八日の事八日《ことようか》は、厄病神が来るとの伝承は各地にあり、関東ではこれらを防ぐために目籠を掲げた。東京都東久留米市でも、この日、下駄を外に出しておくと鬼が判を押してまわり、それを履いた人は死ぬといわれ履物は家の中に入れた。
○主人が家出をしたとき、クド（竈）の上に下駄を置くと早く帰って来る（愛知）。家出人の下駄を戸口先に置くと帰って来る（岐阜県北方町）。家出人を連れ戻すには、生木に下駄・草履を打ち付けて祈る。実際は、おちょぼ稲荷へ行ってやったらしい（同県安八町）。
○逃げた者の足を止めるには、その人の下駄をひっくり返して灸をすえればその者は動けなくなる（長野県朝日村〈辰野町〉）。逃げた人を捕まえるには、その人の下駄をお宮の御神木にかけ、七日七夜のあいだ毎晩十二時から一時の間に、三十三本の釘を打ちつける（長野県上伊那郡）。盗人と限らず、家出人、逃亡者などのあった場合、その者の下駄に灸をすえると、逃げた者はどこにいても足が痛くなって動けなくなり、捕まるものだという（山梨県旧上九一色村）。『調法記　四十ヨリ』（江戸後期写）に「逃《にげ》走《はし》りたる人止《とどむ》る傳」として「其人の草鞋を竈の前に釘にて打つ、主ハ遠方へゆかずかへりきたる也」とある。
○長居の客を帰すには、下駄の裏に灸をすえる（山形・宮城・栃木・埼玉・石川・福井・長野・岐阜・愛知・大阪・和歌山・奈良・兵庫・岡山・島根・山口・徳島・愛媛）。長座の客を帰す手段として、箒を逆さまに立てる方法ともによく知られている呪い《まじない》。下駄に限らず履物の裏に灸をすえる。幕末から明治初期の世相を風刺した錦絵「当世長ッ尻な客しん」（一八六八年・三代歌川広重）には、いつまでも帰らない客を帰そうと料理茶屋の女二人が、草履の裏に灸をすえる場面が描かれている。江戸の川柳にも詠まれており、広く膾炙《かいしゃ》していたことがわかる。灸のほかにも、下駄にあく（灰）をかけると客が早く帰る（秋田県雄勝郡）という報告がある。愛知県豊根村で、来客の足止めにはその人の下駄に灸をすえる、というのは、退散を促すのとは反対の効果を期待する珍しい例である。

○下駄と草履を片方ずつ履くものではない（岩手・宮城・福島・栃木・群馬・茨城・長野・岐阜・愛知・三重・鳥取・徳島・熊本）。このような履き方をすると、長生きしない（茨城県龍ケ崎市）、親が死ぬ（栃木・鳥取）、みさきが取り憑く（長野・愛知）、火事のとき出られない（茨城県八郷町〈石岡市〉）、物乞いが連れて行く（長野県上伊那郡）、キツネに化かされる（同郡・愛知県南設楽郡〈新城市〉）という。福島県川内村では、葬式の日の朝、手伝いの人が餅を搗く。この餅を搗くには、搗き手は下駄と草履を片方ずつ履くとか、下駄を履いて搗くという風習がある。愛知県にも、葬礼に由来する禁忌に下駄と草履の餅搗きがある。下駄を履いた人と草履を履いた人とで餅を搗くものではない（愛知県旭町〈豊田市〉）。餅の相い取り（こね取り）のとき下駄と草履を履くな（福島・群馬）というのも、葬送習俗と関係がありそうだ。

○高知県土佐山村（高知市）では、八朔《はっさく》に植え付けたニンニクを正月の食前にのせると一年中病気をしないといい、八朔の正午に片足に草履、片足に下駄を履いて植えるとよいなどという風がある。

○長野県生坂村で、お産で後産が下りないときは草履と下駄を履き交ぜて便所に行けば下りる、という。高知県十和村（四万十町）でも、後産の遅いときには下駄と草履を履いて歩くとよい、と伝えている。難産のとき、草履と下駄を妊婦の足元に置く（長野）。飯島吉晴は、この習俗について「事態を転換するために此の世に意図的に不均衡な状態を作りだし、異界の力を流入させる、つまり胞衣をおろさせる手段だと考えられる」(『竈神と厠神』)と指摘している。下駄と草履を履くことを忌むわけについて、明治中期の渥美半島の産育習俗を記した『三州奥郡産育風俗図絵』には次のように記されている。「産褥《さんじょく》で母子共に死んだ場合には、子供を海へ捨てに行った。此の捨てに行く時には片足に草履、片足に下駄をはいて行き、帰りには絶対に後を向いてはならぬと言われている。此の風習は明治以前のことで、ただ言い伝えのみ残っている。然しその言い伝えも下駄と草履と片々に履いてはならぬという理由として言い伝えられている」。

○下駄を履いて餅を搗くと、歯の生えた子が生まれる(岐阜・静岡・高知・福岡・佐賀)、歯の悪い子を生む(和歌山県日高町)、歯のない子が生まれる(鹿児島県松元町〈鹿児島市〉)、双生児が生まれる(岐阜・静岡)という。また、餅搗きのとき、女が下駄を履くと難産する(岩手県大船渡市・住田町)という所もある。

○妊婦は下駄の上に腰をかけてはいけない(福島・栃木・岐阜・奈良・和歌山・岡山・徳島・福岡)。腰をかけると、お産が重い(栃木・徳島)、逆子を生む(奈良・和歌山)、歯の生えた子ができる(奈良・和歌山・岡山)、生まれた子が人にかじりつく(福島)という。妊婦は下駄に尻をついて洗濯をしてはいけない(福島県湯川村)ともいう。難産の時は、夫の下駄を産婦の腰の下に入れる(山口・香川・福岡・大分)、夫の下駄一揃いを産婦の背中におく(広島)、下駄を産婦の頭にのせる(山口)。難産の時、夫が高さの違う下駄を履き、こうもり傘をさし、家の周りを三回廻る(群馬)所もある。徳島県名東郡や徳島市では、後産がでないときは、男の下駄の上にすわると直ぐおりる、と伝えている。双子を生んだ人の下駄の間に履物をぬぐと双子を生む(福島県相馬市)。妊婦が葬式の団子を作るとき下駄を履いていると歯のある子を生む(静岡県沼津市)。妊婦は下駄の鼻緒をすげ替えてはいけない（三重）。妊娠中に下駄の歯替えをすると歯の生えた子が生まれる（山口）。禁忌の結果として子供の歯に関する事例が多いのは、下駄の歯からの連想であろう。

下駄　げた

(3)下駄の音と予兆、すり減り方、夢

○「牡丹灯籠」では、カランコロンと下駄の音を響かせてお露（幽霊）が歩いて来る。下駄は音と深く結びついた履物で、死を知らせる予兆には、下駄を鳴らす音がしばしば登場する。山形県南陽市では、人が死ぬと、寺への知らせは台所から来るし、家には玄関の戸が開く音がして下駄の音が聞こえる、という。人が死ぬ前には寺に知らせがある。人の入って来る気配があって、死人が男のときは必ず表口から、女のときは裏口から入って来る。男は駒下駄の音をさせ、女は日和下駄を鳴らして来るという（東京梅田町〈足立区〉）。人が死んでお坊さんを頼みに行くと、「やっぱり」と言われる。カランコロンと下駄を履いて来て、寺の本堂にぶつかったのでわかっていたという（神奈川小田原市）。夜中に高下駄の音が近づいてきて、戸を開ける音がした。確かめても何事もない。翌日、本家のおじいさんが死んだとの知らせがあった（群馬県池田村〈沼田市〉）など数多い。

○下駄の歯のすり減り方で、親不孝か親孝行かを占う。後ろの歯が減る人は親不孝（奈良・和歌山・兵庫・山口・佐賀・熊本）。前の歯が減るのは親孝行（岐阜・奈良）だとされる。資料を見る限りでは、どうも親不孝が多いようである。下駄の外側を減らす人が発心すると大成功する（秋田県鹿角郡）。下駄の歯を曲げてしまう人は意地が悪い（同県由利郡）ともいう。

○下駄の歯に石がはさまると、良いことがある（岩手県大船渡市）、吉事あり（岩手・宮城）といって喜ぶ。下駄にはさまった石を誰にも知らせないで懐に入れると、金が授かる（岩手県大船渡市）。下駄にはさまった石を持ってくじを

引くと当たる（宮城・福島県相馬市）。下駄にはさまった石を持っていると、勝負事に勝つ（岩手県一関市）という。福島県相馬市の伝説にこんな話がある。昔、伊勢参りの帰りに下駄に石がはさまったが取れない。伊勢参りからついてきたのだからと持ち帰り、神棚に上げておいたところ、だんだん大きくなったので柏《かしわ》神社と命名してお祀りをした。柏神社の祭りでは、罪のある者が神輿を担ぐと身が縮まり、罪のない者が担ぐとどんな大石でも楽に担げるという。御伽草子の「一寸法師」が、足駄の下から都の宰相殿に声をかけて縁を結ぶように、下駄の下（歯と歯の間）は霊力のこもる聖なる空間という一面もありそうだ。

○下駄を竈で焚いてはいけない（石川・群馬・岐阜・奈良）。竈で焚くと、貧乏する（石川県金沢市）、火事になる（群馬）といって忌む。ヨロブチ（囲炉裏）に下駄をくべると悪い（新潟県中条町〈胎内市〉）。囲炉裏では、下駄は火の神様が嫌うので燃やしてはならない（長野県南木曽町）。古下駄とか汚れた木は炉にくべるな、風呂に焚け（福島県天栄村）。下駄を焚きつけにして燃やしてはいけない（岐阜）。下駄で飯を炊くと双子が生まれる（千葉県市川市）。使い古しの下駄を燃すと足を病む（静岡県島田市）。下駄の歯を焚けば蟻巻《ありまき》（アブラムシ）が発生する（兵庫県武庫郡）。

○歯が抜けた夢や欠けた夢は凶兆（岩手・秋田・山形・新潟・栃木・群馬・茨城・長野・静岡・愛知・京都・大阪・兵庫・徳島・愛媛・長崎）とは各地でいう。自分の歯が抜けた夢のことだが、この夢を見ると、身内の者が死ぬ（群馬・長野）、下の歯なら目下の者、上の歯なら目上の者が死ぬ（長野県諏訪湖付近）、近親に不幸がある（新潟・島根）、家内に不和が起きる（山形県立川町〈庄内町〉）、病気になる（愛知）、必ず悪いことがある（茨城）、縁起が悪い（長野）などと心配をする。悪夢を打ち消すために下駄が多用されるが、そのやり方には基本的に三つのパターンがある。まず、①下駄の歯を欠く（群馬・愛媛）、歯を抜く（群馬・茨城・京都）、歯のヒゲを削る（大阪）など、直接、下駄の歯に手をかけて欠いたり抜き取ったりする方法である。今一つは、②下駄を川（海）に流す（岩手・山形・栃木・静岡・奈良・愛知・愛媛）もので、その際、片方だけ流す（愛知）という例もある。三つ目は①と②が組み合わされたケース。歯の欠けた夢は縁起が悪い。上顎《うわあご》なら下駄の前歯を、下顎《したあご》なら下駄の後ろの歯を欠いて川に流すとよい（長野県諏訪湖付近）。歯が欠けた夢を見たら下駄の歯を折って海（川）へ流す（長崎県美津島町〈対馬市〉）。歯の抜けた夢を見ると身内の者が死ぬ。見たら下駄の歯を抜いて流せ（長野）。歯の抜けた夢を見たときは、朝、下駄の歯を取って堰に流す（秋田県仙北郡）。歯の抜けた夢を見たら下駄の歯を削って川へ流せばよい（徳島県小松島市）。歯が抜けた夢を見ると近親に不幸がある。その時には、自分の履く下駄の歯を削ってその削り屑を川に流す（島根）。山形県温海町〈鶴岡市〉では、歯の欠けた夢を見た時は、下駄の歯を小刀で削って「下駄の歯だ」と言って、台所の流しに捨てるとよい、と伝えている。長野県川上村では、子供が歯の抜けた夢を見ると、親と別れる前兆なので、下駄の歯を抜いて便所の屋根に上げるか川に流すとよい、という。いずれも、歯が抜けた（欠けた）のは下駄の歯だった、ということにして悪夢の不安を逃れようとの魂胆。ほかにも、次のような事例が見られる。歯の抜ける夢は身内に死者が出る。夢違えとして、朝「歯が抜けたと思ったら下駄の歯だった」と唱える（兵庫県竹野町〈豊岡市〉）。歯の欠けた夢を見たら、下駄をひっくり返しておく。ひっくり返しておかないと身内の者が死ぬ（長野県生坂村）。下駄と同時に凶夢もひっくり返す意味であろうか。歯の抜けた夢を見た時は、下駄の歯を欠いて後ろ投げに投げると凶事を免れる（秋田県雄勝・平鹿郡）。後ろ向きに物を投げるのは、異界や非日常的な空間に投げ捨てることで、歯を欠いた下駄を川に流し去る行為とも通じている。

○人の歯が抜けるのを悪夢とする事例について紹介したが、じつは下駄の場合も同様で、下駄の歯が欠けたり抜ける夢は凶兆（岩手・秋田・宮城・愛知・岡山・愛媛・熊本・鹿児島）といって忌む。下駄の歯が欠ける夢を見ると、人が死ぬ（鹿児島県和泊町）、悪い（宮城・岡山・愛媛）、不吉（岩手・愛知）という。この夢を見た時は、朝すぐに下駄の歯を抜いておけ（岡山）、自分の下駄の歯を一枚抜いて捨てる（長野県北安曇郡）。山梨県落合村（南アルプス市）では、下駄の歯とか人間の歯の欠けた夢を見た時は不吉。この時は、朝、櫛の歯を欠いてそっと外へ投げながら、誰にも聞こえぬように「枕の下の玉手箱、開いて見たら何事もなし」と唱えればよい、という。

○下駄の緒が切れた夢は、よくない（岩手県浄法寺町〈二戸市〉）、凶（秋田県仙北・山本郡）という。下駄が家にいっぱいある夢は厄（沖縄県読谷村）。下駄の夢を見れば便りがある（長野県北安曇郡）。下駄の夢ではないが、和歌山県太地町で、ウシの夢を見れば下駄の歯を欠いて流すという。

下駄　げた

(4)天気占い、同齢者の死と下駄

○蹴り上げた下駄が地面に落ちた時、表向きだと晴で裏だと雨になる、という天気占いは全国的。蹴り上げる際に、「あした天気になれ」（岐阜市）、「あしたの天気はどうーち」（熊本県水俣市）、「あしたの天気がよいかわるいか」（長野県北安曇郡）、「雨だか天気だか天に行って聞いてこい」（新潟）などと声をかけることも多い。福島県川内村では、下駄か草履を投げて「恵比寿大黒に聞いてみろ」と唱えるという。

また、下駄を足で前の方に投げ「あした天気になるかどうか、天のおばさんに聞いてこい」と言って、下駄の表がでれば晴、裏がでると曇〈群馬〉という報告もある。下駄の表か裏かで晴雨を占うのが一般的だが、たまに横に立った状態になることがある。側面で立つと、曇（福島・新潟・群馬・東京・神奈川・山梨・福岡）と判断する例が多いが、雪になる（栃木県宇都宮市・埼玉県加須市・石川県金沢市）、風が吹く〈新潟県巻町〈新潟市〉〉という所もある。静岡県島田市では、下駄が横に立つと、雨と晴が半々という。そのほか、朝起きたとき下駄が裏返しになっていたらその日の天気は悪い（富山県氷見市）、人が駒下駄を履いて歩いている時の音がよいと天気がよくなる（福島県保原町〈伊達市〉）、下駄を洗うと雨が降る（福島・長野・山口）などという。天気占いではないが、鳥取県米子市では、表がでれば吉、裏がでれば凶といって遊ぶという。

○村内で同年齢の者が死んだとき、長野県伊那市北福地や羽広では、下駄を裏返しにして敷居の上に置き、塩を三か所に載せ、その塩を本人が嘗めて外にとばす。同県生坂村でも、屋根の見える範囲の同年齢の人が死ぬと、早く年取りをして避ける、という。下駄の裏へ塩を四か所おいて年取りをする。また、自分の履いている下駄を片方だけ川に流せば死なない（同県上伊那郡）ともいわれる。死者と同年の者が死の影響を避けるために行う呪法で、餅などを耳に当てて、凶報を聞かなかったことにする「耳ふさぎ」の呪《まじな》いが知られている。

○葬式の時は下駄で墓場に行くな（宮崎県高千穂町・五ヶ瀬町）。葬式の時に履きおろしの下駄はいけない（埼玉県大宮市・大阪）。墓で転ぶと下駄を片方置いてくる（群馬）。葬式に合ったとき下駄を履き替えると百歳まで長生きする（山形県藤島町〈鶴岡市〉）。

○新しい下駄を家の中から履いて下りるもので

はない（青森・岩手・群馬・富山・石川・福井・長野・山梨・静岡・奈良・兵庫・島根・山口・徳島・愛媛・高知・宮崎・鹿児島）。下りると、死人が出る（石川・島根）、家内の一人が死ぬ（静岡県浜松市）、葬式がある（兵庫県赤穂市）、目が見えなくなる（群馬）、罰があたる（山口県新南陽市〈周南市〉）などと忌む。出棺時には、新しい草履などを履いて座敷から庭に出ることからの連想である。家の中で下駄を履くと、人が死ぬ（石川）、足が不自由になる（福島県原町市〈南相馬市〉）、弟が貧乏する（岩手県松尾村〈八幡平市〉）という。畳の上で下駄をおろすと、下駄が割れる（山梨県櫛形町〈南アルプス市〉）、紛失する（佐賀県小城町〈小城市〉）ともいう。下駄を新たにおろした時は、家の表口から出ない（千葉）。縁側から下駄を履いて上がってはいけない（鹿児島県小平山〈南種子町〉）、新しい下駄は一度地につけてから履かないとその人は死ぬ（群馬県横野村〈渋川市〉）との俗信もある。

○下駄を履いて畑に入ると、植えたものに虫がつく（秋田県仙北郡）。下駄ばきでダイコン畑に入るとダイコンにみぞができる（奈良）。畑に下駄ばきで入るとナスが割れる（和歌山県すさみ町）。ムギに下駄で上ると中風になる（岩手）。五月田に下駄を履いて行くものではない（同県遠野市）。

○長野県上伊那郡で、七日に旅に出るときは六日に下駄を外に出しておく、という。島根県仁多町（奥出雲町）では、一週間ぶりに帰ってはいけない。もし、帰らなければならないときは、下駄だけは外にだしておけ、と伝えている。七日の旅立ちや七日帰りを忌む俗信で、当日の出発や帰宅ではないことをカムフラージュする便法である。

○子供の歯が抜けると、下駄の歯を少し削って、それを川に流すと早く歯が生える（茨城県岩瀬町〈桜川市〉）。子供が引き付けた時は、父親の下駄の裏で額を三回撫でるとよい（播州赤穂地方〈兵庫県赤穂市〉）。癲癇《てんかん》には下駄を頭に載せるとよい（群馬・福井）。ハチに刺された時は、下駄をひっくり返すと腫れない（福島県桑折町）。マムシに咬まれた時は、下駄の右と左を履き替えるとよい（岡山）。

○その他の俗信。夜、新しい下駄を履いて外に出るとキツネにだまされる（岐阜県宮村〈高山市〉）。田の上を笠がクルクル円を描いて飛んでいるので、不思議に思い下駄の歯の間からのぞくとムジナだった（新潟県中蒲原郡）。ヘビを殺すと祟る。ヘビを殺したなら、古い下駄に釘で頭を打ちつけて川に流せば祟りを免れるという（奈良県十津川村）。ヘビを指させば指が腐る。下駄の歯で踏めば解消する（愛知県岡崎市）。家の敷居を下駄で踏むと、親孝行ができない（愛知）、火災のとき出ることができない（石川県河北郡）。下駄を履いて船に乗ってはいけない（静岡県沼津市・兵庫県赤穂市）。下駄の歯がひっくり返っていることを嫌う。川などから下駄が流れてきて、歯が二本でているものを見ると漁が無いといった（新潟市）。下駄を洗うと、出世ができぬ（愛知県浅井町〈一宮市〉）、親の死に目に会えない（千葉県下総町〈成田市〉）。家の主人や家人が用事で外出した時、その人の下駄または使用物をみだりに使えば満足に用事ができない（岩手県陸前高田市）。人の沢山集まった時「一ノ下二」と書いておけば下駄を替えられぬ（愛知）。女の下駄を履くと出世しない（同県）。下駄や草履は揃えて上がる（同県木曽川町〈一宮市〉）。下駄のぬぎ方がわるいと変事が起きる（宮城県黒川郡）。下駄を盗まれると縁起が悪い（千葉県下総町〈成田市〉）。亥の子の日の晩に、下駄をカタカタ鳴らして履くと娘の縁が遠い（三重県名張市）。壱岐では履き別れといって、下駄を情人に贈ることを忌む（長崎県壱岐市）。流れ星を見た時、唾を吐いて踏んでおく（静岡県浜北市〈浜松市〉ほか）。善光寺境内の地震塚の周りを、下駄をぬいで五回廻ると下駄がなくなる〈長野〉。一寸法師の下駄を持っていると病気がうつらぬ〈愛知〉。⇩足駄《あしだ》・草履《ぞうり》・履物《はきもの》・鼻緒《はなお》・草鞋《わらじ》

【こ】

茣蓙　ござ

○福島県いわき市遠野町では、赤ん坊が夜泣きをして困る時は、茣蓙と赤ん坊を背負い、ツチンボウ（藁打の槌棒）でお尻を叩き、「夜泣きする子は、この家にござらん、ござらん」と言いながら家の周りを三回まわった。茣蓙と「ござらん」を掛けたものか。

○後産（胞衣）には赤子の霊がこもっているとされ、出産時のおりものと一緒にして茣蓙に包み、他人に見られないように夫が墓地に埋めた〈茨城県牛久市〉。

○黍《きび》や粟を乾燥する際、茣蓙の上で干すと糯《もち》が変じて粳《うるち》になる〈群馬県横野村〈渋川市〉〉。

○津軽野内〈青森市〉では、炭焼きの山詞《やまことば》で茣蓙をタノナカという。

腰巻　こしまき

(1)火事と腰巻

○近くで火事が発生したとき、火に向かって腰巻を振れば類焼を免れる、という伝承は全国的である。まず、各地の事例をいくつか見てみよう。火事が近くで起きたときは、赤い腰巻を屋根の高いところに上がって振ると、風向きが変わって家が燃えない。腰巻は汚れて

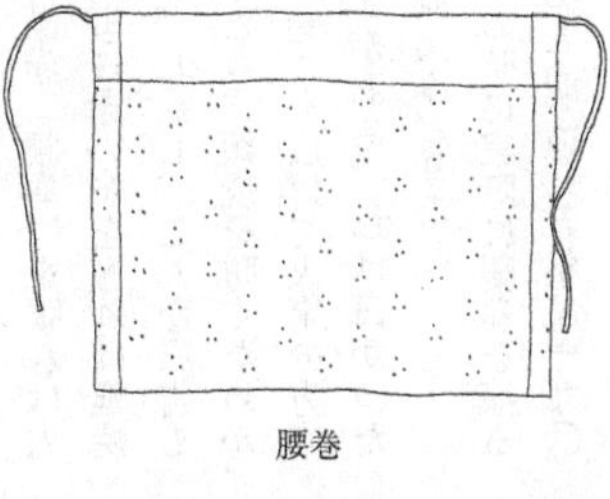

腰巻

いる方がよいともいう（福島県桑折町）。近くに火事があったとき、屋根に上がって腰巻を振ると風向きが変わり、火が反対の方へいく（新潟市谷内）。女性の赤い腰巻を棒の先にしばり付けて振り、類焼を避けた。腰巻は赤く汚れているほどよいといった（長野県原村払沢）。類焼を受けそうなときには、月経のついた腰巻を火の方に向けて振ると免れる（大阪）。近火のときは女の腰巻を振れば類焼を免れる。また、腰巻を屋根に広げておけばよいともいう（島根県瑞穂町〈邑南町〉）。近所が火事のとき、腰巻を小便壺につけて竿に結んで立てると火を防ぐ（鹿児島県東郷町〈薩摩川内市〉）。女性の腰巻を竿などに結び、屋根の上から火に向かって振ると風向きが変わる、という報告が多いが、長野県駒ヶ根市では、風上にとんで行って女のふんどし（腰巻）を振り回すと、風向きが変わり類焼が防げるという。各地で、赤色の腰巻が強調されるのは、赤が帯びている魔除けの力を示していると思われる。鳥取県河原町〈鳥取市〉では、火災のとき女の湯巻（腰巻）を張れば火が移らない、とか、火事に赤い布を振れば延焼しない、といっている。しかし、こんな報告もある。強風下の火事のとき、類焼を防ぐためか、七七歳の人のお腰（腰巻）を広げて火事の方向に吊るすのを見たことがある。色は白かった（群馬県大間々町上桐原〈みどり市〉）。

○以前、筆者は、火事の時に実際に腰巻を振る現場に立ち会ったという明治三五年（一九〇二）生まれのお爺さんから話を聞いたことがある。その体験談を紹介したい。「俺《わし》が越知面《おちめん》（高知県檮原《ゆすはら》町）の横貝に奉公しとった時に、そこの嫁さまの里が火事がいた。通る道があって、上が母屋《おもや》で下が蒸し釜じゃったが、蒸し釜に火がついての、ほいて、居屋《おりや》へむけてどんどん風がまくりよった。それから母屋の軒へ三回火がついたんじゃがの。『これは大事《おおごと》じゃ上へ火がついたぞ』いうことで、部落の人がの、水かけたけんど、なかなか下のはおち（吹き上げる風）がえらいもんじゃけ、水がとどかん。俺《わし》も下で水を汲みよったが、そいたら、そこの爺さんなる者が、『嫁よ』『なんな』、『お前のいもじ（腰巻）は有りゃせんか』『有《あ》らわえ』、『いけん時（月経の時）のが、置いとらせんか』『有るが』、『それがええのじゃ、早う出せや』言うてな。持って来ると、竹の両方へ旗を張るように張ったけん。そしたらえらいもんねや、下から吹きよった風が全部変わってしもうて、川下へ吹き出しての、母屋が助かったことがあらや。これは実際あったことを俺が見とるけ嘘じゃない」（『土佐の世間話』）。

○かつて、女性の下半身を覆う腰巻は、不浄でケガレたものとされた。板橋作美は「ケガレは呪的な力をもっており、それは、悪い方に解釈されれば神聖性をけがす邪悪な力とされて忌避されるが、逆に、邪悪な力に対しては、それを打ち消すものとなる」と指摘している（「火と小便―俗信の論理（三）」）。火事の火はケガレである。火と腰巻という同じケガレたものの間には、強く反発しあう関係が生じるようだ。長野県真田町で「下肥をすくい出してかけるとくず屋は絶対に燃えないといった」というのも、共通の思考に根ざしているといってよい。そう考えると、月経の時の腰巻がより強力な威力を発揮するという理由も理解できる。糞穢をもって邪悪なモノを退散させようとする呪《まじな》いなどとも通じているだろう。火事で逃げるとき、腰巻をかぶって逃げれば頭に火がつかない（岩手県久慈市）ともいう。

腰巻　こしまき

(2) 産育習俗・魔除け、その他

○腰巻は日のあたる所に干すな（秋田・山形・福島・岐阜・愛知・三重・徳島）。日に当てると、産が重い（岐阜県高山地方）、罰があたる（徳島）という。茨城県桜村（つくば市）では、女の腰巻などを夜干しするのを嫌う。腰巻をか

ぶって泥棒が入ると、家人は目を覚まさないという。夜、女の腰巻を干しておいて、キツネにそれをかぶられると気がふれる（福島県相馬市）。腰巻を蔵の前に干すときは、亭主を尻に敷くの挙動あるべし（石川県鹿島郡）。
○子供をたくさん生んだ人の腰巻を借りてきてしめると子供ができる（福島）。多産で困る人と子供がほしい人が同伴して太田観世音に参詣祈願し、堂の裏手の石に腰をかけて互いの腰巻を交換すれば思いが叶うという（福岡県三潴《みづま》郡）。腰巻を上下に縫い返すと難産する（秋田県平鹿郡）。愛知県額田町寺野（岡崎市）では、生後三日まで子供を母親の腰巻でくるんでおくと、親のいうことをよく聞く子になるという。三重県熊野市でも、母親のオコシ（腰巻）に赤ちゃんをくるんでおくと火傷をしないという。赤ん坊を腰巻にくるまないと横着になる（長崎県西彼《せいひ》町（西海市））。産湯のあとに年寄りのネルの腰巻にくるむと長生きする（山形県南陽市）ともいわれる。一方で、腰巻で男の赤ん坊を包むと、出世しない（福島）、その子の福が落ちる（秋田県南秋田郡）との報告もある。赤ん坊を腰巻に包めば大きくなってからひびが切れる（岩手県盛岡市）ともいう。三重県志島（志摩市）では、双子が生まれたとき、男が鎌を持ち、嫗の白ナカネ（腰巻）を頭にかぶって屋根に登り、大声で「見にござれ」と三度繰り返した。石川県白峰村（白山市）では、出産のとき、産児に女の腰巻をかぶせる。男の子には首まで、女の子には頭の上までかぶせると天狗や狐狸に化かされない、と伝えている。
○岩手県久慈市や葛巻町で、赤子を夜連れ歩くときは魔除けに腰巻をかぶせるとよい、という。沖縄県では、ヒチマジムンという妖怪が道の辻々にでて通行人を惑わす。これに出合ったときには、褌を取って頭に鉢巻をするか、女は腰巻を取って頭からかぶれば惑わされたり連れ出されたりすることはないという。石川県白山麓では、子供が天狗にさらわれないように、着物の背中か襟に赤い腰巻の布切れを縫い込む、と伝えている。

○高知市北秦泉寺では、女が山で昼寝をしていて下からヘビが入ったりすると、腰巻の紐で引っ張ると出る、という。

○ヘビの交尾を見たら腰巻をかけてやると、金持ちになる（福島県只見町）、お金に不自由しない（岡山県上齋原村〈鏡野町〉）という。福井県美浜町では、ヘビが交尾しているのを見たら「ゲンがいい。追うな放っとけ、いろたらあかん（触ってはいけない）」といって、赤い腰巻をかけると金になっているという。他方で、ヘビの交尾を見ると運が悪くなる（神奈川県津久井郡〈相模原市〉）という土地もある。『和漢三才図会』には「人、蛟《ミツチ》ノ交《ツル》ムヲ見レバ、三年ニシテ死ス。蛇ノ交ムヲ見レバ喜ビ有ルヲ主《ツカサド》ル」とある。宮崎県えびの市で、ヘビの群れに腰巻をかぶせると幸運、というのは蛇甑《へびこしき》のことであろう。滝沢馬琴の『近世説美少年録』に、庄屋が野良でヘビがとぐろを巻いて群がっているのを見つけ「是なん世にいふ蛇甑《へびこしき》にて、甑の中には宝貨《たから》あり、倘《もし》これを得たらんものは、富《とみ》栄《さかえ》ずといふことなし」と見える。

○金玉《かねだま》を拾って床の間に安置すれば一代のうちに大金持ちになれる。金玉は、夜一人で歩いている時に運のある人の足下をころころ赤い光を出して転げていくのだという。拾うときには両手で押さえつければよいが、手に負えないこともある。その時は、女の方は腰巻をはずしてそれをかぶせると動かなくなるので、その時とるのだという（静岡県沼津市）。

○火事でウマが出ない時、女の赤いフンドシ（腰巻）をかぶせて出すとすぐ出る（群馬）。愛知県北設楽郡でも、火事の時は腰巻でウマの目を覆うと出るという。

○おへっついさん（竈）で火を焚きながら女が前を露出すると、釜が唸りだす。唸りを止めるには、一度も用いたことのない腰巻を釜にかぶせるとよい（富山）という。和歌山県南部川村〈みなべ町〉でも、米を炊いていて大釜がゴーゴーとなる時は、女の腰巻をかぶせるとよい、と伝えている。

○旧一二月二四日は、竈の神が昇天するというので、夜中に女の袴（腰巻）をかぶって屋根で見る。大晦日に降下するという（沖縄県名護市）。田の神迎え、田の神送りの日には、朝飯前に空臼を叩いて音をたてる。新潟県上川村九島〈阿賀町〉では、朝、嫁が腰巻姿で空臼を台所に出して三回たたく。田の神はその音で上ったり下ったりするという。

○厄年の女の人が年の晩に鎮守にお参りに行き、湯文字（腰巻）をすっぽり脱ぎ捨ててくる。脱いだままの形で落ちているのを拾うと、運がよいなどという（長崎）。『誹風柳多留』に「越中橋に捨てある古ゆもじ（腰巻）」（文政一一年〈一八二八〉）の句が見える。厄年の者が、腰巻や褌など身に着けていたものをわざと落として厄を捨てる習俗。

○女が腰巻を長くだせば雨が降る（長野・岐阜・愛知）。西の空が焼けるのは翌日雨の予兆で、「鬼婆が腰巻干した」という（秋田県平鹿町〈横手市〉）。雨を乞うには、南魚沼郡六日町五十沢郷〈新潟県南魚沼市〉では、野中・永松・八海山の不動に婦人たちを同道させ、腰巻を解いて振ると、不動様が激怒してたちどころに雨を降らすという。

○赤い腰巻をすると中風にならない（福島・茨城・長野・岡山・高知）。福島県西郷村では、七五歳になると赤い腰巻を娘が贈って祝う。また、午・申年に生まれた人に腰巻を買ってもらうと中風にならないという。岡山県久米町〈津山市〉では、未の年に母親に子が赤い腰巻を買って贈ると、中風が母親につかない、といわれる。高知県東津野村〈津野町〉では、彼岸と社日の重なる日を待って赤い腰巻を作り、年寄りたちに贈ると中風にかからないだけでなく、寝込んでも下を汚さないといった。高知市布師田では、丙午《ひのえうま》の年の最初の丙午の日に赤い布を買い入れて腰巻を作り、年寄りに贈ると中風にかからぬという。香川県志度町〈さぬき市〉では、中風にかかったときは、オコシ（腰巻）を枕の下に敷くとよいといわれる。

○モノモライ（麦粒腫）は、ヘコ（腰巻）の縁《へり》でさする（島根県江津市）、腰巻の裾でさする（愛媛県久万町〈久万高原町〉）、女の場合は腰巻の下の端を糸で結ぶとよい（佐賀県川副町〈佐賀市〉）、女の腰巻の紐で突いてもよい（新潟県三条市）という。おたふく風邪にかかったときは、女の子なら父親の褌、男の子なら母親の腰巻をなでれば治る（新潟県栄町〈三条市〉）。火傷をしたとき、女の腰巻でなでると治る（徳島）、腰巻の裾で押さえるとよい（大阪府岬町）。水に溺れた人を救うとき、女の腰巻で温めると生き返る（石川県金沢市）。遭難で水死寸前の漁夫は、女の腰巻で包んで温めるか、女の肌で抱いて温めると息を吹き返す（同県宇ノ気町〈かほく市〉）。女性は野辺送りで拾った撒《ま》き銭で腰巻を買ってつけると、下の病気にならない（栃木県小山市）。腰巻にノシをつけてしまっておくと、お尻の世話にならずに成仏できる（栃木県大平町〈栃木市〉）。派手な腰巻をすると長生きするという（群馬）。

○その他の俗信。ユルカ（イルカ）の墓参りといって、一度捕獲された地には年忌ごとに群れを成してやって来るといわれる。ユルカは陸にイリアガルことがある。このとき、女が腰巻をはずしてこれにかぶせれば、その女の所有に帰するとされている（長崎県壱岐郡〈壱岐市〉）。腰巻につぎをすると出世しない（栃木県芳賀郡）。女の腰巻の端はくけずに縫うもので、くけると人中にでて恥をかく（長野・愛知）。オコシ（腰巻）を家より高く上げるな（大阪府泉大津市）。屋根の押し石が落ちた時は、すぐ水を掛けるか、女の腰巻でくるんで屋根へ上げると、火の祟りを逃れる（岐阜県高山地方）。腰巻を裏返しにしていれば待人が来る（長野県北安曇郡）。腰巻を盗まれると下の病になる（秋田県平鹿郡）。腰巻の腰の部分に尻当て・つぎ当てをすると尻のない子が生まれる（熊本県人吉市）。

【さ】

財布　さいふ

(1)中にヘビのぬけがら、春画など

○財布の中にヘビのぬけがらを入れておけばお金がたまる、との俗信は全国的である。「お金がたまる」という言い方が一般的だが、ほぼ同じ意味で、金持ちになる（山形・宮城・茨城・長野・岐阜・和歌山・鳥取・香川・大分・鹿児島）、長者になる（栃木県芳賀郡）、お金に不自由しない（福島・滋賀・佐賀）、金運がよい（奈良県御杖村）、お金を失わない（大阪府河内長野市）などという。なかには、財布を落とさない（宮城県本吉郡）、金を拾う（奈良市）、魔除けになる（岐阜・愛知）という所もある。広島県加計町（安芸太田町）では、ヘビのツルギ（ぬけがら）を財布に入れておくとお金がたまる。とくに、全部そろったツルギを入れておくとよくたまる、という。鹿児島県曽於郡でも、ヘビの殻をお守りだといって財布に入れる人がいるが、これは頭から尾っぽの先までないとだめだといわれる。さらに、ヘビの種類や色にこだわる例もある。群馬県富岡市では、ヤマカガシのキヌ（ぬけがら）だと金がたまるが、アオダイショウのキヌではだめという。福島県白河市でも、ヤマガチ（ヤマカガシ）のぬけがらを財布に入れておくと金が入る、と伝えている。長野県上伊那郡では、金持ちになる呪《まじな》いとして、

シマヘビかマムシのぬけがらを人に知られぬように財布に入れておくという。高知県土佐清水市では、白蛇のぬけがらを財布に入れておくと金が入る、といい、同様の俗信は愛知県にもある。ヘビはお金や商売と縁の深い動物で伝承は多いが、ぬけがらをキン（衣）などと呼ぶことも、お金のイメージと繋がっているのかも知れない。

○ヘビのぬけがら以外でも、財布に入れておくと金運を招くとされる呪物は多彩である。動物では、イノシシの毛を財布に入れておくと、金持ちになる（長野県上伊那郡）、金がたまる（広島県加計町〈安芸太田町〉）という。ビッキ（カエル）のモズ刺し（モズのはやにえ）を誰にも見られぬように財布に入れておくと財産家になる（岩手県盛岡市見前）。トカゲの尾を財布に入れておくと金がたまる（愛知）。タツノオトシゴを財布に入れると金が入る（宮城県気仙沼町〈気仙沼市〉）。財布に魚の骨を入れておくと金がたまる（千葉県市川市）。

○春画を財布に入れておくと金がたまる（岐阜県美濃加茂市・東白川村・蛭川村〈中津川市〉・日向北部〈宮崎〉）という。枕草子《まくらぞうし》（春本）を財布に入れておくと魔除けになる（宮城・長野・岐阜・愛知）とも。中世の武家では出陣する際に、具足櫃の中に春画を入れておくと勝つと信じられていた。そこから、春画を勝《かち》絵《え》と呼ぶようになったといわれる。『嬉遊笑覧』巻三に「枕絵（春画）を鎧櫃衣《きぬ》びつに収むるは蠹《むし》の喰ざるまじなひ也といへり」とある。

○三三歳の厄年の女の陰毛を三本抜いて財布に入れると、その年は商売繁盛する。戦時中、軍人が出征するとき持参すると武運があるといわれた（三重県松阪市）。同県美杉村〈津市〉では、財布にヘビのぬけがらか三三歳の厄年の女の陰毛を入れておくと、博打とか商売繁盛で儲かるといった。瓢箪《ひょうたん》・サイコロを財布につけておいてもよい。また、女性の陰毛を財布に入れておけば魔除けになる（青森県大畑町（むつ市））ともいう。

○長生きした人の葬式で撒く撒き銭を拾って財布に入れておくと、お金がたまる（福島県浅川町）、魔除けになる（同県滝根村（田村市））という。兵庫県丹波篠山市では、墓で拾った一文銭は秘密にして財布に入れておくとお金がたまる、といわれる。和歌山県田辺町（田辺市）では、墓地で昔埋めた六文銭の錆びたのを掘り出すことがある。この銭を財布やがま口に入れて所持すると、小遣い銭に不自由しない、という。福島県白河市関辺では、八十歳以上で亡くなった人の場合は、らんば（墓地）に入った時、みんなで棺巻布をちぎって取った。この布は小さく切って財布等に入れ、長生きのお守りにしたという。また、墓石の角を欠いて財布の中に入れておくと賭け事に強くなる（愛知県半田市）という。

○節分の豆を財布に入れておくと、金が入る（岩手県東磐井郡）、金に不自由しない（新潟県山古志村（長岡市））。節分の豆を自分の年齢の数だけ財布に入れておくと、お金に不自由しない（愛知県犬山市）。節分の豆を三粒財布に入れておけば金が入る（岩手県東磐井郡）。年の替り目である節分の豆には邪気を祓う霊力があるとされ、保存した豆を落雷除けの呪《まじな》いに使うなど、その呪的な効果を期待する伝承は多い。

○財布の中に大黒さまを入れておくと金がふえる（富山・岐阜・愛知）。左肩に大袋を背負い、右手に打ち出の小槌をもつ大黒天は、福徳の神として広く知られている。愛知県では、カラスウリの種を財布に入れておくと銭がたまるといい、佐賀県川副町（佐賀市）では、ゴーイ（カラスウリ）の実を麻袋に入れて、誰にもわからぬように床《とこ》の下に入れると金持ちになるという。カラスウリの実が大黒天に似ているところからいうのだろうが、見ようによっては、打ち出の小槌の形にも似ている。財布の中に恵比寿さんを入れておくとよい（鹿児島県国分市〈霧島市〉）ともいう。
○下駄の鼻緒の金（前金）を財布に入れておくと小遣い銭に不自由しない（愛知県美浜町）。
○財布を空にするな（愛知・岡山）。財布の中に銭が一文も無ければキツネに騙される（長野県北安曇郡）という。岡山県津山市では、一三日は虚空蔵様の縁日で、萬福寺（東田辺）に参り、福銭を借りて帰り、財布に入れておくとお金がふえるという。愛知県阿久比町では、初午のころ新しい財布に種銭を入れて使っていると、どんどんお金の芽が出てきて縁起がよいという。ほかにも財布に入れて金運や吉事を願う俗信は少なくない。財布に五円を入れておくとお金がたまる（新潟県新津市〈新潟市〉）。大晦日に食べる蕎麦で、切れていない一本の蕎麦を取り出し、乾かして財布にいれておけば金銭がたまる（石川県金沢市）。米穀取引き商で正月四日に初相場が立つ、その時に神棚に供えた勝栗を財布に入れておけば金銭がたまる（同市）。丹生神社の前の木の葉を財布に入れておくとお金がたまる（三重県勢和村〈多気町〉）。塞の神で飛び散ったオンベ（御幣）を財布に入れておくと縁起がよい（新潟県山古志村〈長岡市〉）。キツネに化かされないためには、三つ角のイチョウを二個財布に入れて持って歩く（岐阜県高富町〈山県市〉）。
○財布を買った時は、他人から金を入れてもらうと金がたまる（岩手県遠野地方）という。空財布を人にやるものではない（新潟県巻町〈新潟市〉）といい、財布を人に贈るときには五円玉を入れてやるもの（山形・新潟）とされる。お金にご縁があるようにとの意味である。岡山県備中町〈高梁市〉では、財布を他人に贈る場合には銭を入れてやる。それを財布まぶりという、また、財布を買ったら、誰かにお金を入れてもらわないといけないという。石川県江沼郡では、財布を貰うとき、少しでもお金を入れてもらわねば金がたまらない、という。

財布　さいふ

(2) 春財布、秋財布、赤い財布

○財布は春に買うとよい（石川・岐阜・三重・兵庫・岡山・鳥取・山口・徳島・愛媛）。春買えば、金がたまる（山口・愛媛）、運がよい（徳島県西祖谷山村〈三好市〉）、縁起がよい（岐阜県輪之内町）、吉（岡山県久米郡）という。これは、春財布が張る財布に通ずるところから、財布の中身が張る（多くなる）ことを願うもので、岐阜県糸貫町〈本巣市〉では、金入れは秋冬に買わないで春買えという。そのため、金入れのことを春袋ともいう。反対に、財布の購入に際して敬遠されるのは秋である。財布は秋に買うものではない（福島・新潟・石川・福井・岐阜・静岡・愛知・滋賀・三重・奈良・和歌山・兵庫・岡山・広島・島根・鳥取・山口・徳島・愛媛・高知・鹿児島）と広い範囲でいう。秋財布から空き財布を連想して忌むためで、金がたまらない（石川・広島・山口・岡山・徳島・高知・鹿児島）、金が入ってこない（岐阜・奈良・和歌山）、空財布になる（新潟・岐阜・愛知）、運が悪い（徳島）、枯れ落とす（愛知）などという。山口県久賀町〈周防大島町〉で、財布を秋に買うと空《あき》財布といって金がたまらないが、春に買うと張《はる》財布といって金がたまる、というのは、こうした事情を端的に示している。岐阜県では、財布は秋冬に買うものではない。落としてしまう、といって冬の購入も嫌う所が多い。しかし、鹿児島県国分市〈霧島市〉では、秋の購入は忌むが、冬に買った財布はお金が入って来るという。福島県鏡石町でも、財布は年末に買うものといい、静岡県浜松市では、冬に買うとふくれるといって喜ぶ。冬が増ゆ・殖ゆに通ずるためであろう。

○春財布、秋財布を気にするのは、購入の時だけではない。徳島県藍住町では、春に財布を縫うと運が良いが、秋に縫うと秋財布（空財布）

といって運が悪い、と伝えている。新しい財布を縫うときには、一文銭か二文銭を必ず縫い込んでおくもの（同県）といい、新潟県十日町市高山でも、財布を縫うときに一円を縫い込むと金がたまる、という。島根県江津市では、新しい財布をこしらえる時は一文銭を入れて縫う。これは、金がいつも財布の中にあるようにとの呪《まじな》いだという。
○妊婦に財布を作ってもらうと、金がたまる（青森・岩手・宮城・長野）、金銭に不自由しない（埼玉県越谷地方）という。長野県北安曇郡で、二親そろった妊婦に財布を縫ってもらえばふくらんでいる、というのは、身ごもった状態にあやかって財布にもふくらみを期待するのであろう。大晦日の日に妊婦に財布を作ってもらえば金が入る（宮城）ともいう。ただ、妊婦が財布を縫うと袋子を生む（岡山県阿哲地方）と禁忌とする事例もある。秋田県大館市や平鹿郡では、厄年である三三歳の妊婦に財布を作ってもらうと金持ちになる、という。岩手県和賀・上閉伊郡では、三三歳で妊娠した女性が財布を作って知人に配ると、貰った人の財布に金がたまる、といわれる。
○庚申の日に財布を縫えば金銭がたまる（石川県鹿島郡）。庚申の日に申年の人が財布を縫うと金持ちになる（岡山）。大晦日に庚申生まれの女に財布を縫ってもらうと金持ちになる（同県）。庚申は、陰陽五行説では十干の庚が金、十二支の申も金で金気が重なる比和《ひわ》の関係にあることが、とかく「金」の俗信と結びつく背景にあるようだ。
○福島県郡山市では、葬式のときの位牌の袋を盗んで財布を作ると金持ちになる、という。同県天栄村でも、長生きした人の位牌覆いや五色の旗で財布を作ると金持ちになる、といっている。ヘビの皮で財布を作るとお金がたまる（広島・大分）。山梨県北巨摩郡でも、ヘビの皮の財布を持てばお金がたまるという。ヘビの皮ではないが、『譚海』巻一三に「かはうその皮にて、銭財布を拵えれば、火にやくる事なしといへり、水獣なる故然るにや、いまだ試みず」とある。ほかにも、次のような報告がある。財布を縫うときは三の日がよい。この日財布を拵えれば金が入るという（群馬県大間々町〈みどり市〉）。初甲子の日に作った財布を持っていると金持ちになる（長野県北安曇郡）。財布を買ったり作ったりするには、子の日・飴市・恵比寿講の日がよい（同郡）。大晦日の年桶に財布を縫って入れておくと、金に不自由しない（岡山県長船町〈瀬戸内市〉）。除夜の鐘を聞いているうちに巾着（財布）を作ると小遣いに不自由しない（愛知）。女の厄年に財布を縫うと金がたまる（石川県江沼郡）。寅の日に財布を買うとよい（岡山県久米郡）。

○赤い布で銭入（財布）を拵えると銭が出る（兵庫県美嚢《みのう》郡）という。赤い財布は、金がなくなる（三重県名張市・磯部町〈志摩市〉）、金が赤目で逃げ出す（新潟県川西町〈十日町市〉）といって忌む。群馬県利根郡では、財布の裏に赤い布をつけると、アカンベェしてお金が貯まらないといい、福島県舘岩村〈南会津町〉でも、赤色の財布を持つとアカンベイをするので金がたまらないという。新潟県川西町や中里村〈共に十日町市〉では、黒い財布を持つと金がたまるが、赤い財布はたまらないという。赤には赤字のイメージもあるのだろうか。赤い財布は各地で敬遠されるが、赤い財布を持っていると金がたまる（新潟県中魚沼地方）との報告もある。

○財布を拾った夢を見ると、財布を落とす（愛知）、銭を落とす（富山県氷見市・愛知）、散財する（青森県大畑町〈むつ市〉）、損をする（新潟・福井県小浜市）、火事にあう（石川県七尾市）などという。夢とは逆のことが起きるという悪夢である。東枕してサルの夢を見ると、財布をなくす（福島県小野町）、財布を落とす

（同県滝根町〈田村市〉）と忌む。こうした悪夢に対して、愛知県一色町〈西尾市〉では、ヘビの夢を見て朝早く外に出ると財布を拾う、という。長野県大町市でも、ヘビに合った夢は財布が落ちている、と吉夢とされる。

○イタチが自分の前を右から左へ（懐に入るように）走り抜けると幸運がある、または財布を拾う。左から右へ抜けると不幸がある、または財布を落とす（愛知）。財布や金などを拾って自分の物にするときは、一度踏みつけてから拾え（静岡県島田市）。年の暮れに財布・金入れを拾うと吉（宮城）。縞の布で作った財布を持っていると金が授かる（新潟県川西町〈十日町市〉）。大晦日の晩「年末もこの財布がいっぱいになるように」と、財布と銭を若年様に供える（岡山県久米町〈津山市〉）。毘沙門様（三日）の晩に財布を正月様に供え、雨戸を少し開けておくと毘沙門様が銭を持って来てくれる（同県上斎原村〈鏡野町〉）。毘沙門講のとき、恵比寿様の前に財布を置くと金がふえる（茨城）。縞の財布は金に縁がない（千葉県清和村〈君津市〉）。財布の模様にヒツジとサルはつけるな（岩手県花泉町〈一関市〉）。皮の財布を持つと金ができない（岡山）。⇩巾着《きんちゃく》

座布団　ざぶとん

○座布団を枕にすると、病気が長引く（京都・奈良）、出世できない（福島・石川）という。尻に敷くものに頭をのせるのを忌む。

○座布団を重ねて敷いてはいけない（群馬）。座布団の縁を縫うと難産になる（長野）。座布団を火で温めて上に座れば婦人病になる（奈良市）。座布団を着て寝ると出世しない（長野県生坂村）。子供が座布団をかぶって遊ぶと背が伸びない（徳島県小松島市）。長居の客を帰すには、客の座布団の下へ気付かれぬように、熱灰を少々白紙に包んで押し込むとよい（福井市）。

【し】

襦袢《じゅばん》

○妊娠すると妊婦はうこん染の襦袢を着る（長野県豊科町〈安曇野市〉）。無地赤の長襦袢は一九の女の着るもの（秋田県由利郡）。女の三三歳は大厄。厄除けには長いものが良いとされ、着物の帯やヘビの鱗の文様のはいった長襦袢を作ったり買ったりした（佐賀県有田町）。手拭で襦袢をこしらえると盗人の子ができる（徳島）。難産で人事不省に陥ると、帯を固く締め、夫の襦袢を頭から逆さにかぶせる（滋賀）。

【す】

頭巾《ずきん》

○生まれる前に頭巾や着物を縫うと、生まれた子が弱い（徳島）。山梨県西山村〈早川町〉では、生後長頭巾を三三日間もかぶせ、その後は外出でもかぶせる。これをかぶせないと生児が危険な状態になるという。秋田県鹿角郡で、赤ん坊に花染めの頭巾をかぶせると丈夫に育つという。福島県二本松市塩沢地区では、かつて種痘を植えたときは赤い頭巾をかぶせた。赤は疱瘡除けの色で、種痘をした子供に赤頭巾をかぶせた例は高知県にもある。

○長野県臼田町三分〈佐久市〉では、病気のときに地蔵様に祈願した。治ると、喉の病ならよだれ掛け、頭の病は頭巾、腹の病は腹掛けを上げた。秋田県中仙町〈大仙市〉では、地蔵様の頭巾を幼児にかぶせると疱瘡が軽くなるという。宮城県多賀城市では、子供が夜泣きをするときは、慈雲寺の縛り地蔵をつなぎ藁でしばってお願いをする。治ると赤い頭巾か腹掛けを奉納する。

○新潟県中頸城郡《なかくびき》では、春の村寄合のときの取り決めを犯した者には赤頭巾をかぶらせた。とくに、田植えや刈取りなどの規定を破ったり、休み日に禁を犯して田畑に出たりした場合は厳重に処罰されたという。

裾《すそ》

○モノモライ（麦粒腫）は、呼称の多様性とともに、それを取り除くためのさまざまな俗信が各地に伝承されている。着物の裾を利用した呪《まじな》いもその一つで、モノモライができたときに裾を結ぶ方法は広い範囲に分布している。ただ、細かく見て行くと、やり方には変化が多く、単純に、着物の裾をくくると治る（新潟・山梨・岐阜・愛知・鳥取）というだけではない。たとえば、裾は糸でくくるのが一般的だが、藁（新潟県畑野町〈佐渡市〉）とか藁しべ（鳥取県鹿野町〈鳥取市〉・日吉津村）、髪（兵庫）を用いる例もある。裾をくくって出来る小さなこぶをモノモライに見立てているのだろう。長野県北安曇郡では、モノモライができた方の裾を白糸で三遍まわして結ぶといい、三重県熊野市では、糸で裾を七巻きし、治ったらほどくが、翌日には治っているものだという。裾をくくる際、高知平野の村々では「メボーが取れたら解きます」と言う。治癒と引き換えに糸を解く、と半ば強請する例は長野・愛知県にもある。着物の端を人のいない所で髪で結び「ほどけ次第に治してください」と唱える（兵庫）事例も見られる。長野県下伊那郡では、左の目にできたなら左の裾、右の目ならば右の裾を糸でくくり、治るまで解かない。同県諏訪湖畔では、メコジキは便所へ行って「良くしてくれれば解いてやる」と言いながら、右目のときには右の裾を、左目のときは左の裾を糸でしばる、という。モノモライと裾の左右が対応しているが、反対にする土地もある。静岡県春野町〈浜松市〉では、モノモライができた方の反対側の着物の裾を糸で三回半巻き、治ったらほどく。石川県内浦町〈能登町〉でも、メモライが左目のときは右の裾の先を糸でくくり、右目のときはその反対にする。兵庫県朝来町〈朝来市〉でも、メバチコはできた目と反対の方の着物の裾をくくれば、直ぐに治るという。モノモライの位置を左右ではなく上下で判断する例もある。東京都恩方村〈八王子市〉では、モノモライが上瞼なら着物の上前の裾を、下瞼なら下前の裾を糸で結わえ、治ったら解く、と伝えている。筆者は新潟県山古志村〈長岡市〉で、次のような伝承を聞いた。メッパチができた時は着物の裾を糸でからごえ（かがり）、おとっこ（末の女の子）とやりとりをする。「おと、おと、何するや」「おらぁメッパチもがや」「ああもげた」と言って、からごえた糸を引き抜く。『諸民秘伝重宝記』（江戸後期）に「目いぼを直す傳」として「目いぼをわらしべにて三度くくるまねをしながら、此文を三度いふべし『となりのおかたハなにをしやる、こちハ目いぼくくります』と唱ふべし」とある。ほかにも、服の裾を三針縫う（群馬）、三軒で米を一粒ずつ貰って着物の裾を結び、糸が自然に取れれば治る（島根県赤来町〈飯南町〉）といった伝承がある。

○次は、着物の裾を直接モノモライに当てるやり方。着物の裾で患部をこする（広島県加計町〈安芸太田町〉）、便所に行って裾で撫でる（長野県諏訪湖畔）、裾を糸で結びそれで撫でる（群馬）、末っ子の着物の裾を糸で結わえて目に当てる（新潟県山古志村〈長岡市〉）。長野市では、着物の裾を折って便所に行き「あったら目玉にめができた」と言ってこする。同県北安曇郡では、便所に行って着物の裾を目に当て「物貰い浅ましからずや蹴られし褄で撫でられる」と三回唱えて撫でる。島根県江津市では、人目をはばかって着物の裾を目に当て「メボ癒えれ、癒えれ」と唱える。長野県上伊那郡では、便所に行き、メコジキが瞼の上なら着物の上の裾、瞼の下なら下の裾をなめて目に当てる。
○新潟県赤泊村（佐渡市）では、メボロは着物の裾へアズキを三粒包んでおくと治る、という。岡山県美作《みまさか》地方では、モノモライは裾に小石を入れておき、それが落ちたら治るという。裾は（褄も含めて）着物の端であり、外部と接する境界的な性格をもっている。モノモライの呪《まじな》いは、障子や井戸といった境界性を帯びた場所で行われることが多い。その狙いは病を境界の外（他界）へ捨てるためであり、裾にもこうした意味があると思われる。
○病床にあるときは、着物の裾を頭の方にして逆さに掛けるものではない（兵庫県赤穂市）。妊婦は葬式の焼香に行ってはいけない。やむを得ず行く時は着物の裾に針をつけて行けばよいといった（大阪府阪南市）。やむを得ず夜干しをする時は裾を返しておくものだ（長野県南信濃村〈飯田市〉）。
○初着のときは裾を焼くと裾から焼き上げるといって出世する（長野県生坂村・松川村）というのは、火にかざして焼く真似をすることをいうか。着物の裾の方がほころびるとおめでたいことが、お尻がほころびると悪い事ができる（兵庫県赤穂市）。古着の裾から切り取ってつくろいをしてはならない。子孫が絶えるという（沖縄県今帰仁村）。流れ星の時、着物の裾を持つと裁縫が上手になる（群馬）。
○クド（竈）の前で女が裾を広げて火を焚くとよく燃える（福岡県築上郡）。ゴマを蒔くときは裾を長くして蒔くもの（愛媛県石井村〈松山市〉）。ゴマを蒔くとき裾を引きずって蒔くとよく実る（愛知）。喉に魚の骨がたった時は、着物の裾を結ぶと取れる（島根県出雲市）。

○キツネに化かされぬためには着物の裾をしばって旅すればよい（三河〈愛知〉）。⇩褄《つま》

ズロース

○寅年の人が、黙って相手にズロースを贈ると癌にならない（山口県福栄村〈萩市〉）。

【せ】

背守り　せまもり↓産着

扇子　せんす↓扇

洗濯　せんたく↓着物

千人針　せんにんばり

○戦時中、一枚の布に千人の女性が、糸（主に赤糸）で一針ずつ結び目を作り、武運長久を祈願して出征兵士に贈ったもの。腹に巻くなど千人針を身につけていれば、戦場で弾に当たらないと信じられていた。全国的に流布した弾除けの呪《まじな》いである。福島県の『下郷町史 第五巻』（一九八二年）に、次のように出ている。「召集令状が来て出発するまでの間が長いときは千人針の腹巻を作った。千人針は晒し木綿に筆の軸などで赤い円を印し、それが一〇〇〇個になるようにしたものだが、後になると染め抜いた製品ができるようになった。この印の中に女の人が一針ずつ結び目をつくり、一〇〇〇人の人に縫ってもらうことになる。縁起を担いでこの丸点で虎の姿を描いたり、武運長久の四文字を書いたりもした。また、寅年生まれの女は、自分の年齢ほど縫うことができるということで重宝がられた。千人針の腹巻を作るときには、『死線（四銭）を越える』という願いをこめて五銭銅貨を縫いつけたりもした』。○松谷みよ子『現代民話考第二期Ⅰ 銃後』（一九八七年）には、千人針について兵庫県神戸市の栗山一夫の報告が載っている。「始めは女ならだれでもよかったのに、だんだん難しくなっ

ていった。処女が最もよく効くというので、小学校や女学校、百貨店の女店員などがよくねらわれた。千人針をしていても戦死する者が多くなったからだろう。そのうち千人目のとどめの針は五黄の女の人の髪の毛で結んでもらえというのが流行してきた。その毛も処女の毛でないと効果がないことになり、探すのに困っていた。昭和十八年の頃になると限定的となり、五黄の女の性毛で結んでもらわねばならぬといい、どうしたものか困っていると相談されてびっくりした。工場の女工さんたちに話したら、四銭（死線）を越えるというので、とどめの針で穴あきの五銭貨をくりつけるのも流行しているだ」と教えてくれた。それも性毛がよいということだ」。

○日露戦争の頃に「千人結び」と呼ばれて流行したものが、満州事変の頃に「千人針」と称されるようになったといわれ、昭和一二年以降大流行をした。千人針の歴史と習俗については、渡邉一弘「戦時中の弾丸除け信仰に関する民俗学的研究―千人針習俗を中心に―」に詳しい。五銭玉を縫いつける俗信は、昭和七年（一九三二）四月の寺田寅彦の随筆「千人針」が最も古い記録だろうという。死線（四銭）を越えるために五銭硬貨を、苦戦（九銭）をまぬがれる意味で十銭硬貨を縫いつけたが、日中戦争以降は、五銭と十銭を合わせて十五＝銃後の護りとして語られることが多いという。ほかにも、虎の姿や怪我除けの呪文であるサムハラ（摚抬摚揞）などを描く。また、聞き書きの資料として、千人針の布の中に、勝栗やナタマメ（刀豆）などを入れたとの事例を報告している。ナタマメは「旅に出る時、ナタマメを食べると、途中で死ぬことはない（奈良）、丈夫で帰る（同県）」（『日本俗信辞典 植物編』）といわれる植物である。渡邉は、ナタマメについて「無事に戻るという旅の無事を祈る俗信が、戦時中における弾丸除けの俗信として変化した事例と考えられ

【そ】

る」と指摘している。
○戦時中、死線（四銭）を越えるように千人針に五銭つけた。クルミ（来る身）や勝栗を持って行った（群馬県新田郡）。千人針を赤糸ですると、血がついているといって忌む（播州赤穂地方〈兵庫県赤穂市〉）。戦争に持って行く千人針を鋏で切ると挟み撃ちになる（埼玉県加須市）といった報告もある。合力祈願をはじめ結びの力など、千人針が帯びている弾除けの呪的な背景は多様である。魔除けの特徴の一つとして、目の多いものが挙げられるが、千人針にもそうした要素があるように思われる。また、黄色の木綿を用いる例などは、産着に見られるうこん色との関連があるかも知れない。

草履　ぞうり

(1) 草履作りの吉凶、新しい草履

○草履作りの上手な人には、美しい嫁が来る（岩手県花巻市・香川県香川町〈高松市〉）、良い嫁があたる（三重県名張市）。島根県江津市では、草履をきれいに作る人はええ女房をもらうという。一方で、いい草履を作る人には美人が来ない（広島県加計町〈安芸太田町〉）とか、草履作りの下手な者には良い嫁が来る（山口県宇部市）ともいう。草履を作るとき毛焼き（余った藁を焼くこと）をすればやきもち妻《かが》をもつ（岩手）との報告もある。かつての農家では、藁草履作りは夜なべ仕事などの大切な

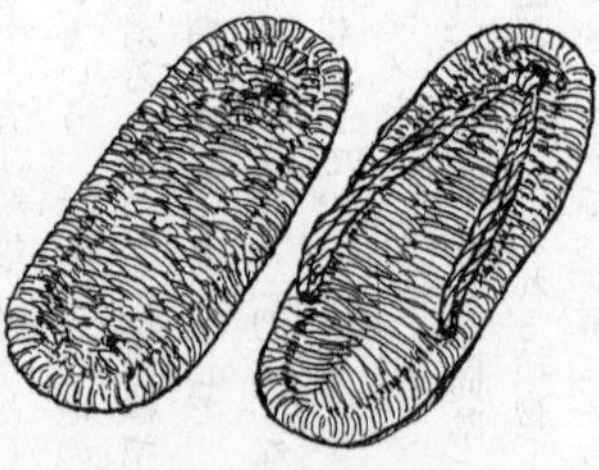
藁草履

作業で、多くの人が身につけていた技術だけに関心も高かった。和歌山県大塔村〈田辺市〉では、庚申の日は普請や事業にはよいが草履作りは悪い、といって休む。長野県や愛知県にも庚申の日の草履作りを避ける土地がある。庚申の日に作った草履を履いて山に入ると怪我をする〈和歌山県山路郷《さんじ》〈田辺市〉〉とか、庚申の晩に草履を作ると盗人の子ができる（愛知県小原村〈豊田市〉）という。愛知県北設楽郡では、辛《かのと》筵《むしろ》に中草履《さるぞうり》はいけないとされている。ほかにも、二十三夜に作った草履は踏抜きをする（栃木県芳賀郡）。初田植えの夜の草履作りと、死人のあった時は草履作りを忌む（和歌山県大塔町〈田辺市〉）。草履を一部編んで人が死ねば捨てる（同県太地町）。軒下で草履を作るのは葬式のとき（同県那智勝浦町）というのは、平生は軒下での草履作りを忌むのであろう。

○草履は片方だけ作るものではない（岩手・宮城・福島・群馬・新潟・三重・和歌山・高知・佐賀）と、各地で忌む。二人で片方ずつ作るものではない（高知）、一枚のムシロで二人して草履を作るな（岐阜・愛知）ともいう。禁を犯せば、雷が落ちる（佐賀県川副町〈佐賀市〉）、片足が異常になる（三重県小俣町〈伊勢市〉）といわれる。禁忌とされる理由として、高知県土佐山村〈高知市〉では、葬式用の草履を作るときには、一枚のムシロで片足ずつ作るものとされているので、平生は二人で一足の草履を作るのを忌むという。ほかにも、葬式のときの野草履は一枚ムシロで二人で作る（愛知県北設楽郡）、人の死んだときの草履は二人で一足つくる（和歌山）ため忌む、との報告がある。

○時には作り直すこともある。高知県土佐山村〈高知市〉では、一足の草履を作っていて四本のヒキソ（草履の縦になっていて引き締める縄）を綯《な》っている時、死に事を聞くと不吉だといって作り直す。和歌山県川辺町〈日高川町〉では、草履を作ってひき縄の引けない時は草履を持って身の周りを三回まわせという。山口県でも、草履を作るとき芯縄が抜けなくなったら、自分の周りを三度まわしてから引っ張ると抜ける、と伝えている。

○新しい草履をおろすときは裏に鍋墨をつける（福島・茨城・和歌山・高知）。茨城県東海村では、藁草履をおろすときは、へっつい（竈）の墨をつけて「キツネにだまされんな」とか「銭めっけろ、金めっけろ」と言って履く。裏を火であぶる（愛知県長久手町〈長久手市〉）。福島市では、履く時に「金に会え、餅に会え、酒に会え」と言って鍋墨をつける。履き始める時には草履の裏に唾をかける（群馬）所もある。同県甘楽町では、草履をおろす時は裏に唾と鍋墨をつけ、まず便所に行くという。鍋墨も唾も呪的な力があるとされていて、魔除けのためであるのは言うまでもない。また、草履をおろす時は、裏に水をつけると強い（和歌山県高野口町〈橋本市〉）とか「ウマになれウシになれ」と言う（長野県南信濃村〈飯田市〉・愛知県北設楽郡）との事例も見られる。

○新しい草履をはいて便所に行くな（愛知・三重・奈良・和歌山・岡山・高知）。不吉（愛知・和歌山）とか、草履が割れる（奈良県山添村・高知）という。同様の禁忌は下駄でもいうが、下駄の場合にはこれを吉とする所も少なくない。新しい草履をはいて夜道を行くと、帰りに道に迷って家に戻れない（岐阜県谷汲村〈揖斐川町〉）。水を汲むときに新しい草履をはかない（和歌山県那智勝浦町）。双子をもっている人の草履をはくと双子をもつ（大分県大野郡）。新しい草履をはいて行くと勝負事に勝つ（岐阜県八百津町）。

○新しい草履をはいて家の中から外に出るものではない（福島・茨城・千葉・新潟・長野・三重・兵庫・山口・愛媛・高知・長崎）という。高知県土佐山村〈高知市〉で、出棺の時に畳の上から草履をはいたまま下りるので、平生座敷から草履をはいて下りるのを忌む、といわれるように、禁忌の背景には葬送習俗が強く意識されている。

○新しい草履は午前中におろすものとされる。では、昼を過ぎればだめかというと、そうでもない。禁忌の時間帯は、大きく「午後」「夕方」「夜」と分けられる。ただ実際には、夕方といっても夕方の時間帯だけではなくそれ以降を含んでいることも多く、厳密に意識されているわけではないが、一応、時間区分に従って紹介する。新しい履物は午後おろしてはいけない（福島・茨城・千葉・新潟・三重・京都・奈良・兵庫・鳥取・島根・山口）。午後におろせば、キツネにだまされる（福島・三重・島根）、化物につけられる（山口県大島郡）、喪に遭う（鳥取県河原町〈鳥取市〉）、悪い（奈良）という。その理由として、葬式はたいてい午後に行われるから（京都・茨城）と説明される。やむを得ず午後おろす時には、草履に鍋墨をつける（福島・千葉・新潟・奈良・兵庫）、草履の裏のひげを焼く（奈良市・山口県大島郡）、午前中にちょっと履き初めをする（京都府北桑田郡）などの対応をとる。奈良市では、新しい草履を午後履く時は、裏のひげを焦がすかまたは鍋墨をつけるが、これは葬式の草履と同じことだという。次に、夕方おろすのを忌むのは（長野・岐阜・愛知・三重・京都・大阪・和歌山・兵庫・岡山・広島・長崎・熊本）である。夕方おろせば、キツネに化かされる（長野・岐阜・大阪・広島・長崎・熊本）、親の死に目に会えない（岐阜県川辺町）、魔がさす（熊本県水俣市）、不吉（和歌山県太地町）、死んだ真似（愛知）という。やむを得ず夕方おろす時には、鍋墨をつける（長野・岐阜・大阪）、草履の裏に消し炭をぬる（京都）、鼻緒に墨をぬる（兵庫県佐用町）、ちょっと火をつける（長崎県壱岐郡〈壱岐市〉）という。三番目の、夜おろすのを忌むのは（長野・岐阜・愛知・三重・和歌山・兵庫・岡山・鳥取・山口・徳島・愛媛）である。夜おろせば、キツネに化かされる（長野・三重・兵庫）、キツネが憑く（和歌山県南部川村〈みなべ町〉）、タヌキに化かされる（徳島）、イヌが吠える（山口県大島町〈周防大島町〉）、お化けが出る（岐阜県池田町）、魔が憑く（岡山）、焼け焦げがないと魔に憑かれる（和歌山県南部川村〈みなべ町〉）、トゲを踏む（愛知県旭町〈豊田市〉）、親の死に目に会えない（山口）、不吉（三重）などという。やむを得ず夜おろす時は、鍋墨をつける（長野・岐阜・徳島）、竈の煤をつける（和歌山南部川村〈みなべ町〉・愛媛県久万町〈久万高原町〉）、草履の裏の毛を焼く（長野県南信濃村〈飯田市〉・和歌山県南部川村〈みなべ町〉）、「嫁取り婿取り忙しや」と言って裏の毛を焼いてから履く（岐阜県串原村〈恵那市〉、愛知県北設楽郡）などの対応をとる。新しい草履をおろす時間帯の禁忌に関しては、手許の資料で見る限り、西日本に伝承の分布が濃いように思われる。制裁を免れる手段としては、主に鍋墨をつけるか草履の裏の毛を焼くのが多い。このほかに、庚申の日には草履をおろすな（長野・岐阜・奈良）という土地がある。

草履《ぞうり》

(2) 頭に草履、怪異と妖怪

○キツネに出合ったら、草履をぬいで頭にのせれば化かされない（愛知）という。もし化かされても、頭に草履をのせればよい（石川・長崎・熊本）。熊本県有明町〈天草市〉では、キツネに騙されたら、履いている草履を頭にのせて目を閉じ、その場にすわるものという。鹿児島県松元町〈鹿児島市〉では、キツネやタヌキが騙したときは、草履か下駄をぬいで頭にのせ、しゃがむと騙されずにすむ、と伝えている。高知県吾川村〈仁淀川町〉では、タヌキに化かされたときは、草履を頭にのせるとよいという。人を騙す狐狸や妖怪に遭遇した時、草履を頭にのせると難を逃れるという俗信は少なくない。

愛知県野間町〈美浜町〉には、こんな話が伝えられている。夜、浜辺で「かりやたろう」と叫ぶと火の玉が来る。沖の方に小さな火が現れ、見る見る大きくなって接近し、真上に来たときは風呂桶のような大きさになりぐるぐると回る。もし逃げ遅れたときは草履を頭にのせて這っていれば、そのうち帰って行くという。ある時、元気な若い衆が「火の玉なんか恐くない」と浜辺で呼ばり、火の玉が近づいて来ると、用意していた肥柄杓《こえびしやく》で下肥〈糞尿〉をかけた。汚い物が嫌いだからとやったのだが、真上の火の玉にかけたので、結局糞だらけになって帰って来たという（『野間町史』）。三河岡崎地方〈愛知県岡崎市〉では、天狗の火を見た時は頭へ下駄なり草履なりを上げれば去るという。静岡県両河内村〈静岡市〉では、病気が流行ったとき、お婆さんが子供を連れて山に逃げた。そのとき天狗が小屋を揺すったり太鼓を叩いたりしたが、草履を頭にのせてナンマイダンボを三べん唱えたら止んだという。また、夜間に大入道に出合った親父が、あぐらをかいて坐り、草履をブッチガイにして頭にのせ、煙草を吸っていたら消えてしまった〈神奈川〉という話がある。そのほか、雷にあったら草履を頂いて地べたに腹ばいになると難を逃れる〈徳島県小松島市〉との報告もある。草履を頭にのせる行為が、妖異から身を守る呪的な意味をもっていることがわかる。常に地面と接し、あらゆるものを踏みつける草履は、一面では不浄で穢れたものと見做された。それを頭上にかざすことで、妖怪の類が手をださない、あるいは退散すると考えたのであろうか。草履を頭上にのせるのは、身体全体を草履の影響下におくことである。また、一番下の物を一番上に置くのは、見方によってはあべこべの行為でもある。

○高知県富山村〈四万十市〉では、山道で突然空腹を感じ冷や汗が出て歩けなくなる状態を、ダリとか餓鬼が憑いたという。そのときには、身につけている草履、手拭などを後ろ向けに投げると治るという。北伊豆地方では、送りイタチというものがでる。夜間、道行く人の後をついてくるが、草履を投げてやればやめるという。これらの事例も難を逃れる方法だが、頭にのせるわけではなく、草履を投げるのである。愛媛県内海村〈愛南町〉では、道を歩いていると「草履をくれ」といってノツゴが追いかけてくる。すると、急に足が重くなってどうにも歩けなくなるが、草鞋のチ（乳）か草履の鼻緒を切ってやると、足の自由が利くようになる、との報告がある。高知県大方町馬荷〈黒潮町〉では、夜間に赤子の泣き声をだすノツゴに出合ったときは、草履をうつ伏せにして、裸足で後を振り返らずに帰るとよいという。草履を投げるとかその場に捨て去るのは、本人の身代わりとしての意味なのか、あるいは、妖怪の嫌う草履で遠ざけようとの意図なのか、いくつかのケースがありそうだ。三重県熊野市では、夜道でオオカミが後をついて来るのを「オオカミが送ってくれる」といい、家までついて来たら、履いていた草履を投げてやると、咥えて帰るという。奈良県十津川村でも、送りオオカミがついてきて、家に着いたら草履を投げてやるという。

○千葉県館山市では、海の怪として、時化日和《しけ》のとき明かりを出したり山になったりすることがある。その時には、草履の鼻緒の間から見るとその正体がわかるという。怪異現象に遭遇したとき、穴明き銭などの小さな穴や隙間を通して見ると、得体のしれないモノの正体を見抜くことができるとの俗信が各地に伝承されている。妖怪は正体が露見すると、人を誑《たぶら》かす力を失う。草履の鼻緒の間から見るのもその一類型である。以前に船が沈没した場所ではモウレイがでる。船に乗っていても見える人と見えない人があるが、草履の編目から見るとよく見える。モウレイ船（幽霊船）は帆船だといわれている（福島）。高知県土佐山村〈高知市〉では、夜妖怪に出合うと、履いている草履をぬいで腰の下にすかす（敷く）と正体が分かる、と伝えている。

○高知県池川町〈仁淀川町〉では、草履を新しくおろす時は、草履の裏に鍋墨をぬる。山へ行ったときの魔除けのためである。山道や夜道で妖怪につけられた時は、草履をぬぎその裏につばき（唾）をつけると逃げて行くと信じられている。同県物部村別府〈香美市〉では、川漁に行くときには、草履の裏につばけ（唾）を吐きつけて行くと魔物につけられないという。

○ケチビは火玉などと呼ばれる怪火の一種で、高知県には伝承が多い。江戸時代に作られた『土佐お化け草紙』（堀見忠司氏蔵）には「鬼《けち》火《び》」について、薊野《あぞうの》の法経堂という所に出る。この火を呼べば、呼んだ人の屋根の棟に来て燃える、と記され、口から火を吐きながら飛ぶ首が描かれている。薊野は現在の高知市薊野である。ケチビを呼ぶ方法については、草履の裏に唾をつけて招けば飛んでくる（高知市・国府村〈南国市〉・中村市〈四万十市〉・大方町〈黒潮町〉）といい、ケチビにまつわる話がいくつもある。桂井和雄は、ケチビとヒダマについて次のように述べている。「土佐郡一宮村（現在の高知市）から土佐山村に通ずる笹ケ峠にある法経堂には、昔から夜更になるとヒダマ（火玉）が出ると言われている。何でも藩主から託された手紙を持った飛脚が殺された亡霊であると言い、『文があった』というと消えてなくなると伝えられている。ヒダマはヒトダマ（人魂）等と言い、ケチビの詞と共に土佐の至る處で言われる怪異の一つであるが、草履の裏へ唾をつけて招くと寄ってくるとも言われている。ケチビ（怪火）とヒダマは同一の怪異内容をもって語られることが多いが、ある古老の話ではケチビは野にいっぱいちらちらとあかっていて、大きく一つになったり消えたりする怪火で、ヒダマはボーっと一塊になって長く尾を引いて飛ぶものであると区別しているのに出逢ったことがある」（『土佐民俗記』）。興味深い指摘である。柳田国男は、ケチビについて「妖怪名彙」（『妖怪談義』）で「竹の皮草履を三つ叩いて喚べば近よるといい（郷土研究一巻八号）または草履の裏に唾を吐きかけて招けば来るというのは（民俗学三巻五号）もとは人の無礼を宥さぬという意味であったらしい」と解説している。

○その他の俗信。夜中、新しい草履をおろす時には煤をつけておかないと、変化が出るという（徳島県三好市）。高知県本川村〈いの町〉では、山道で突然空腹に襲われて歩けなくなるのは餓鬼仏のためで、これに憑かれると草履の裏を舐めると治るという。同県十和村〈四万十町〉では、夜雀《よすずめ》につけられて灯を消された時、いくらマッチをすっても火がつかないことがある。その時には草履の鼻緒をむしってマッチと一緒につけると火がつく、と伝えている。同県春野町弘岡下〈高知市〉では、かつて雨の降る夜などに外を歩いている時、寂しくて耐え切れなくなると、履いている草履を自分の前にそろえ「どうぞお先にご案内ください」と、頼んでから行くと寂しくないといった、という。

草履《ぞうり》

⑶婚礼の草履、葬式の草履

○草履の緒が切れるのは不吉（福島・茨城・千葉・埼玉・新潟・長野・岐阜・静岡・愛知・広島・香川・徳島）とする土地は多い。とくに、家を出がけに切れるとよくない（福島・長野・岐阜・愛知・香川・徳島）という。草履の緒が切れると、凶事の前兆（静岡・愛知）、災難にあう（福島・岐阜）、悪いことが起こる（香川県仁尾町〈三豊市〉）、事故に遭う（福島）、旅先でうまくいかない（埼玉・徳島）、旅に出て病気や怪我をする（長野県大町市）、何か不思議が起こる（千葉県長柄町）などと心配する。伊豆下田〈静岡県下田市〉では、下駄や草履の鼻緒が切れるのは変事の予兆という。ある人が、鼻緒のウラツボ（前坪）が三日続けて切れたのに、何でもないといって漁に出たところ、烏賊《いか》船がひっくり返って九死に一生を得たという。草履の緒が抜けたり切れたりしたときは旅立つな（名古屋市）ともいわれる。

○長野県諏訪湖畔地方では、嫁入りのとき、婿方に着いた嫁は門口の表でそれまで履いて来た下駄をぬいで、紙巻草履に履き替え、上り口まで行ってぬぐ。この草履は緒を切って屋根の上に投げ上げる。これは、嫁が出ることができないようにするため、つまり、生家に帰らない意味である。屋根に投げ上げた草履は、表がでれば初産は男、裏ならば女の子が生まれる。投げた草履が落ちると、その嫁は出ていくだろうという。緒の切れた草履は不吉とされるが、この場合は意図的に切ることで、儀礼的に実家との関係を切り、婚家に末永く定着することを願う。愛知県犬山市や豊山町でも、嫁の草履の緒を切って屋根に上げる。実家に帰らないようにとの意味である。茨城県水戸市では、婚礼の日、嫁が履いて来た下駄や草履は金を払って買い取る。そうしないと、嫁が戻ってしまうという。緒を切るのは使用不能にすること、買い取るのは嫁の所有から切り離すことで、どちらも、それを履いて実家には帰れない状態を象徴的に演出し、嫁ぎ先に居つくことを期待する。

○長野県小谷村では、家を建てたときに棟梁が履いた草履（緒を切って大切にしまってある）を枕の下に敷くとお産が軽いという。富山県福岡町（高岡市）では、善光寺の草履を布団の下に入れてお産をすると軽いという。葬式で墓に参った人の草履を履くと産が軽い（奈良県西吉野村（五條市））ともいわれる。岩手県胆沢郡では、女が大工の草履を履くと難産するという。難産の時は、善光寺から頂いた草履を履かせればすぐ生まれる（長野県生坂村）。後産の出ない時は、草履を産婦の頭にのせる（群馬・千葉）。お産のあと、腹の痛みがないように台所の草履を床の下へ入れた（神奈川県横須賀市）。

藁で草履を七足作り、出産後は毎日どれかを決めて履く。七夜がすむと墓場へ持って行った（愛知県平和町〈稲沢市〉）。
○葬式で使用する草履は、藁を打たないで編む（山形・愛知・高知）、紙緒の草履にする（和歌山・長崎）といい、普段はそうした草履を作るのを忌む。葬式の場では、帰り道で身内の者は草履の鼻緒を抜き捨てて帰る（岡山市）。葬式の時に近親者が履いた草履は帰る途中で鼻緒を切って捨てる（愛媛県西条市）。死者に最も近い血縁者は紙緒の草履で墓までの参列に加わり、墓に着くとこれを引きちぎって家に戻る（長崎県西彼町〈西海市〉）。葬式の位牌を持った者は行くときに履いた草履を履いて戻ってはならない。必ず取り替える（宮城県七ケ宿町）。葬列に参列した役割のある人は、墓場からの帰りに草履を捨てて裸足で帰って来る（長野県上伊那郡）。緒を切るなどして捨てて戻るのは、死霊との絶縁のための行為で、そのまま草履を履いて帰るとキツネに騙される（長崎県西海市）という所もある。
○墓場で転んだら、草履を片方捨ててくる（三重県名張市・磯部町〈志摩市〉）、片袖か片草履を置いてこないと死人が迎えに来る（同県）という。転ぶのは死霊に憑かれたせいだと考えて、身代わりに草履を置いてくるのだろう。墓場に限らず、坂などで転んだ時に片袖を木に掛ける伝承は各地にある。葬式を見に行って転ぶと死ぬ、ただし、すぐに草履の裏を舐めると免れる（信濃松本付近〈長野〉）。
○福島県鏡石町で、葬列で施主たちが履いた草履は、帰りに道が枝分かれしたところに捨ててくる。この草履を拾って履くと、怪我をしない、踏抜きしない、マムシに咬まれない、という。同県飯舘村でも、葬式に用いた紙緒の草履を墓地から拾ってきて履くとマムシに食われないという。葬式の際に履いた草履には呪的な力があると信じられ、その効用を説く俗信が数多く伝えられている。葬式で用いた草履をはくと、足痛が治る（京都府京北町〈京都市〉）、遠道しても足が疲れない（同府美山町〈南丹市〉）、踏抜きしない（福島）、トゲが立たない（島根県広瀬町〈安来市〉）、躓《つまず》かない（秋田）、あかぎれしない（兵庫・徳島）、水虫が治る（兵庫）、脚気が治る（大阪府河内長野市）、中風にならない（島根県江津市）、丈夫になる（新潟）、産が軽い（奈良）など、健康や身体安全の効用が期待されているが、これだけではない。鹿児島県中種子町では、葬式に履いた草履をはくと漁がよいといい、宮城県でも、葬式のときの草履やツマゴ（爪子）を貰って履いて行くと大漁といわれる。岩手県大船渡市では、野辺送りの帰りに捨てる草履をはいて町に出ると商いがあるというが、一方で、死人を送っていくとき棺を担いだ人が履いた草履をはくと文無しになる（群馬）との事例もある。同じ内容でも吉凶が分かれるケースは俗信では少なくない。葬式のときの草履をはくと、マムシに咬まれない（島根県隠岐郡）、ヘビに食われない（青森県五所川原市）という一方で、マムシに食われる（愛知）との報告もある。以上のほかに、仏（死者）に上げた草履をはくと踏抜きをしない（栃木県茂木町）、死んだ人の草履や着物を使用すると夏痩せしない（愛媛県小田町〈内子町〉）という。

○葬式の帰りに草履の緒が切れるとまた死ぬ（長野県丸子町〈上田市〉）。葬式のときの草履を屋根に放り上げて、落ちてくると嫁が出て行く（愛知）。棺を担ぐ人の草履は結び緒、左縄にする（岐阜県蛭川村〈中津川市〉）。

○草履と下駄を片方ずつ履くものではない（岩手・宮城・福島・栃木・群馬・茨城・長野・岐阜・愛知・三重・鳥取・徳島・熊本）。このような履き方をすると、長生きしない（茨城県龍ケ崎市）、親が死ぬ（栃木・鳥取）、みさきが取り憑く（長野・愛知）、火事のとき出られない（茨城県八郷町〈石岡市〉）、物乞いが連れて行く（長野県上伊那郡）、キツネに化かされる、思うことが叶わない（岩手県陸前高田市・長野県上伊那郡・愛知県南設楽郡〈新城市〉）という。福島県川内村では、葬式の日の朝、手伝いの人が餅を搗く。この餅を搗くには、搗き手は下駄と草履を片方ずつ履くとか、下駄を履いて搗くという風習がある。愛知県にも、葬礼に由来する禁忌に、下駄と草履の餅搗きがある。旭町〈豊田市〉では、下駄を履いた人と草履をはいた人とで餅を搗くものではない、といわれる。餅の相い取り（こね取り）のとき下駄と草履をはくな（福島・群馬）というのも、葬送習俗と関係がありそうだ。

草履《ぞうり》

(4)病気とまじない、疫病、夜泣き

○伝染病が流行するときは、悪病送りといい、俵端（桟俵《さんだわら》）に草履・賽銭・握り飯等をのせ、村境の辻に置くと、悪病が逃げる（岩手県和賀・稗貫《ひえぬき》郡）。同県岩手郡では、伝染病のときは、赤飯に草履を添えて十字路または橋のたもとに置けば、厄病神は退散し病気が治るという。同県川井村〈宮古市〉でも、流行風邪に罹ったら、小豆飯・銭・草履などを道端に置いて「かぜを送る」と唱えるとよい、と伝えている。疫病退散に草履を用いるのは岩手県内に多くみられ、盛岡市では、熱病に罹ったときは、赤飯のお握りと草履をもって、人に見られないように辻にそっと置いてくると病気が治るという。宮城県白石市では、厄病神除けにヨスケの行事を行う。二月中の荒れ日に、地区で申し合わせ、「笹原与助御宿」と書き、唐辛子とともに片方の藁草履に結びつけて戸口の上に掲げる行事である。疫病神や疱瘡神を除けるために、「釣舟清次宿」「鎮西八郎為朝御宿」「佐々良三八御宿」などと書いた札や鮑《あわび》の貝殻を、戸口に吊るす呪いが各地で行われていた。笹原与助の素性は定かでないが、大島建彦が指摘するように、疱瘡除けの人物として知られる笹野才蔵の

「笹」が、笹湯の習わしに関係することなどとの関連も考えられる（『疫神と福神』）。山形県米沢市では、麻疹や疱瘡のときは疱瘡神社に参詣したり、赤飯を赤い紙にのせ緒の切れた草履に上げて、道の辻に置いてきたという。群馬県渋川市では、疱瘡がホシケル（治りかけた？）ころに、小さな草履を作って供えたり、赤飯をふかして近所の子供に食べさせたりしてから、疱瘡棚と供え物を一緒に持って、大勢で三本辻に送り出す。疱瘡の神さまは小さな草履を履いて行くのだと言われていた。石川県鹿島郡では、疱瘡の神を送り出すには、幼児の草履に銭をのせて辻に捨て置くべしという。

○夜泣きを止める俗信は多様だが、その中には草履による呪《まじな》いも見られる。長野県豊科町〈安曇野市〉では、建前のときに大工が履いた草履は横緒を切って屋根に上げておく。それを持ってきて枕元に置き、夜泣きするごとに釘を草履に打ちつけるとよいという。大工の草履を用いる例はほかにもある。赤子の夜泣きには、上棟式のときの大工の草履を床に敷く（大阪府泉大津市）、大工の草履を借りて夜泣きする子の寝床の下に入れておく（愛知）、大工のイワバキゾウリ（仕事草履）を枕にするとよい（新潟）などである。滋賀県西浅井町〈長浜市〉では、夜泣きする子の草履を「夜泣き虫、ウミへ行け」と言いながら、家の前から裏の方へ三回放ると夜泣きが治るという。群馬県黒保根村〈桐生市〉では、子供が身につけている物（草履など）をグシ（屋根の棟）越しに投げるとよい、と伝えている。香川県佐柳島〈多度津町〉では、夜泣きする子には草履を枕にしてやるといい、徳島県では、寝ている赤ん坊の上にあんよ草履を吊るしておく。福島県船引町〈田村市〉には、次のような言い伝えがある。夜泣きには、殿様から頂いた草履を子供の枕元に吊るす。この草履は石沢の佐々木義治家の先祖が、三春藩秋田侯の草履取りをしていた折に拝領したもので、大変よく効くと隣家からも借りに来たという。
○石川県鹿島郡で、瘧《おこり》を治すには新しい草履を十字路に捨てて振り返らずに帰るといい、岐阜県本巣郡でも、朝早く人に知られぬように四辻に草履をぬぎ捨ててくれば落ちるという。瘧は草履を墓の上に置いて逃げ帰る（愛知県碧南市）所もある。長野県諏訪湖畔地方では、夜、新しい草履をはいて産土神社へ行き、お宮の入り口から裏へ抜け、人に見つからぬように形跡をくらますと落ちる。これをぬけ参りという。瘧は特定の蚊から感染する病気で、間欠的に発熱し悪寒やふるえがでるという。瘧を治すことを「瘧を落とす」というように、落とせば治ると考えられていた。幕末の土佐の世相を記録した井上静照『真覚寺日記』に、瘧を落とすこんな話が記されている。寺の近くにある薬師堂に夫婦がやってきた。女房は瘧を患っている。薬師堂の入り口に立つと、亭主は「薬師様へ参りてくる間、病は暫くここに留まれ」と言い置いて、二人で境内に入っていく。夫婦は薬師様に「南無薬師瑠璃光如来 当年四十九才ノ女病気全快仕りまする様守らせ給へ オンコロ〳〵センダリマトウギソワカ〳〵」と唱えて病気快癒を願う。ところが、祈願をしたあとの二人は入り口には戻らず、お堂の後ろからそっと出て行った。病（瘧）は、入り口に置き去りにされたままである。瘧は夫婦の計略に乗せられてまんまと騙された。とり憑いた病魔を「落とす」ための巧みな想像力といってよい。当時の人々の病気に対する思考の一面をよくとらえている。
○子供の引き付けには、小さな草履を逆さにして門口に吊るす（愛知県豊田市・三重県伊勢市）。本柱に竹の皮の草履をぶら下げておくと子供が引き付けない（愛知）ともいう。癲癇には草履を頭にのせるとよい、とは東北から四国まで広い地域でいう。
○疣を取るには、善光寺参りに履いていった草履でこする（石川県中島町〈七尾市〉・愛知県名古屋市）。岐阜県谷汲村〈揖斐川町〉では、お遍路さんに本人の草履で疣を踏む真似をしてもらい「南無大師遍照金剛さん」と唱えてもらうと取れる、といわれる。瘤《こぶ》ができたときは、草履でこする（新潟県赤泊〈佐渡市〉）、草履の裏でなでる（愛知県大府市）、善光寺参りの草履でなでる（石川県辰口町〈能美市〉）。同県石川郡では、朝早く、新しい草履を履いて神社に行き、ぬいで帰ると瘤が取れるという。

○沖縄県読谷村では、カゾーラムン（蕁麻疹《じんましん》）がでたときは、豚舎の近くに行き、湯で温めた草履で患部をこすり「サンジャクアナフティウミラリンドー（三尺の穴を掘って埋めてしまうぞ）」と唱え、フーと息を吹きかける、という。同県糸満市でも、患部を古草履でこするといい、宜野座村でも、使い古した草履の裏で患部をさすりながら呪文を唱える。また、カダマキ（ハゼ負け）は、古草履を火にあぶって体をさすると治る（同県多良間村）という。同じ草履でも、古草履の方が呪的な効果があるようだ。

○火葬場にぬぎ捨ててある草履を履くと脚気が治る（福井県武生市〈越前市〉）。大阪府河内長野市でも、葬式に履かれた草履を履くと脚気が治るという。子供が腹痛を起こしたとき、へその緒を煎じて飲ませると同時に、草履を火であたためて子供の腰にあてる（沖縄県竹富町）。家を建てるときの草履を腹にあてると腹痛が止まる（秋田県由利郡）。藁の草履を頭にのせると頭痛が治る（群馬県大間々町〈みどり市〉）。目にゴミが入った時は草履、下駄を裏返すとよい（福井市）。流行目を治すには、三本道に赤飯と山草履をあげて、誰にも見つからぬように「流行目他の人に移しめえ、移して俺の目を治せ」と唱える（福島）。足の踵《かかと》のゴウワレ（ひび割れ？）には、野辺送りの役草履を拾って履くと治る（長野県清内路村〈阿智村〉）。皮膚のトゲを取るには草履でこする（愛知）。胸のつかえは、頭に草履をのせて背中をなでる（群馬県板倉町）。履いている草履で腹を踏む真似をしてもらうと胎衣（胞衣）はすぐに下りる（和歌山県高野口町〈橋本市〉）。寝言は便所の草履を枕下に敷くと治る（岩手県盛岡市）。

草履《ぞうり》

(5)ヘビと草履、天気占いほか

○高知県三原村では、ヘビを殺して捨てに行くとき、竹槍で頭部を突き刺し、それに金剛草履の古いものを刺して、川端のオドサ（イバラの茂ったところ）の中に捨てたという。同県仁淀村長者〈仁淀川町〉では、殺したヘビの頭を砕き、竹槍を突き刺して古草履の片方を添えて捨てたといい、同村泉川集落では殺したヘビに古草履を添えて断崖《たき》の下の蛇捨て場に捨てた。同県須崎市上分でも殺したヘビを捨てに行くとき、頭部を竹の先ではさみ、その上に古草履の表を上にして刺し、蛇捨て場に立てて置いたという。同県十和村〈四万十町〉では、ヤジ（アオダイショウ）を殺して捨てるときは、ヤジを引っかけた竹の先に草履を吊るして一緒に埋めると生き返らない、ヤジが二度と家に来ないという。高知県下のこうした俗信について、桂井和雄は「古草履を頭部につけて捨てるのは、草履の踏みつける呪力によって、蛇の執念を断つためであった」と指摘している（『土佐の海風』）。高知県以外では、ヘビを捨てるときは草履の片方をつけて捨てないと生き返る（伊勢渡会地方〈三重〉）、ヘビを殺したときは頭部を砕き古草履の片方を添えて捨てると祟らない（徳島）との報告がある。

○草履の上に金盥を伏せておくと盗人が入らない（奈良・和歌山）という。類似の俗信は下駄にもあり、下駄の上に盥を伏せて寝ると泥棒が入らない（千葉県市川市）などという。草履に盥を伏せてその上に箒を載せておくと、盗人が来た時に目が覚める（岡山）との伝承もある。秋田県平鹿郡では、夜寝る時に草履を返して寝ると盗人が入っても目が覚める、と伝えている。
○草履を投げて（または蹴り上げて）表だと晴、裏だと雨（山形・福島・神奈川・新潟・長野・岐阜・愛知・滋賀・三重・兵庫・岡山・広島・長崎）といって占う。投げ上げるときには「あした、天気になぁれ」（長野）とか「明日の天気はどーやあ」「あした天気になっとくれ」（兵庫県飾磨郡〈姫路市〉）などと唱えながら投げる。山形県温海町〈鶴岡市〉では、漁師が明日の天気が荒れか凪《なぎ》かを占うときに草履を使う。まず、「明日の天気はどうだかの－、草履なげればわかるわや。ひっくり返れば荒れだしの－、起きれば凪だわや」と言って、自分の草履を蹴り上げる。落ちてきた草履の裏が出れば荒れ、表が出れば凪で明日は漁に出られると判断し、出漁の準備をするという。この占いはよく当たるといわれる。『奥州白川風俗問状答』に「又天気の晴雨を占ふに、あすは照るか降るかといひて、はきたる草履を片々づゝ、なげあげる。落て伏たるを降り、仰ぎたるを照りといひて占ひ遊ぶなり」とある。雨乞いに草履を利用することもある。愛媛県西条市加茂では、日照りが続いて水不足になると、集落の青年たちが集まって、笹ケ森、瓶ヶ森《かめがもり》に行った。行く途中に道路や谷の水溜りに草履を投げ込むと、これを見た水溜りの神様が怒り、雨を降らせるといわれている。滋賀県マキノ町旧剣熊村〈高島市〉では、村の入り口にある石の上に、ウシの草鞋とか人が履いている草履などムサイものを持っていくと、雨が降るという。
○草履の片方を逆さにして吊るしておくと魔除けになる（高知県南国市）。草履を吊るす俗信について、桂井和雄は『土佐民俗記』で「昭和二十二年八月、幡多郡昭和村久保川口〈高知県四万十町〉の農家の二三軒では、出入り口に吊った正月の注連縄《しめなわ》の両端に、草履を二足吊ってあるのを見た。これは昭和十九年の沖縄上陸の頃、弘法大師がおいでになって防いで下さるという噂が立ち、草履二足を吊って置くと、敵が四国へ上陸しないというので戸毎に吊ったとのことであった」と、興味深い見聞を記している。

○畑にイヌが入って糞をするのを防ぐ呪《まじな》いとして、竹の先を尖らしたものに草履の裏を上向きにしてさしておく（高知県土佐山村〈高知市〉）。他人の恨みを受け、災いを受けたときには、恨みを持つ人の家の正月注連を越させるように古草履の片方を投げるとよいという（同県窪川町〈四万十町〉）。憑き物はキツネやタヌキが最もひどい。取り憑かれる人はたいてい金持ちである。憑かれないためには、草履を便所につけておいて、それを屋根の上に置いておくとよいという（京都府三和町〈福知山市〉）。紙付草履を履いて山に行けばキツネに欺かれる（和歌山）。ウマの糞を踏むと草履がよくたまる（愛媛県内海村〈愛南町〉）。新しいウマの草履を拾えば家が繁盛する（奈良）。虹を草履で煽ぐとすぐ消える（佐賀県川副町〈佐賀市〉）。海に下駄・草履が流れているのを忌む（兵庫県竹野町〈豊岡市〉）。下ばきの草履を履いて船にあがってはいけない。下ばきの草履はクソ草履といって忌み嫌う。船用の上ばきの草履を履いて船に乗った（三重県熊野市）。草履や下駄を引きずって歩く人は長生きしない（長野県大町市）。タケノコが盗まれないように草履をかぶせる（宮崎県えびの市）。大晦日は草履を外に出しておくと病気になる（岡山）。双子の草履をはくと双子を生む（岩手）。生後はじめて切った髪は、新しい草履の鼻緒を一か所切り、その上に載せて道端に置いて大勢の人に踏んでもらうと髪が濃くなる。また、頭が堅くなる（京都府綾部市）。

⇩足半《あしなか》・下駄《げた》・履物《はきもの》・草鞋《わらじ》

袖 そで

(1)幽霊の片袖、袖もぎの俗信

○片袖だけつけて夜を越してはいけない（青森・岩手・秋田・山形・福島・群馬・千葉・新潟・石川・福井・長野・岐阜・愛知・滋賀・京

都・大阪・三重・奈良・和歌山・兵庫・岡山・鳥取・島根・山口・徳島・高知・佐賀・鹿児島・沖縄）と、ほぼ全国的にいう。つまり、両袖は一日のうちに仕上げるものとされており、縫い残したまま一夜を越すことを、俗に「幽霊の片袖」と呼んで忌む（愛知・滋賀・大阪・奈良）。この禁を犯した際の制裁は多い。死ぬ（秋田・千葉・新潟・和歌山）、それを着た人が死ぬ（青森）、親が死ぬ（鳥取）、両親の一人が死ぬ（沖縄）、幽霊がでる（岐阜・愛知・京都・鳥取）、片袖幽霊がでる（兵庫県赤穂市）、幽霊が袖に手を通す（福井・三重県大山田村（伊賀市））、黒坊主が手を通す（福井県小浜市）、夜片袖が踊りだす（和歌山・岡山・山口）、夜片袖の着物が踊りだす（和歌山・徳島・高知）、着物のお化けがでる（新潟県新津市（新潟市））、片袖のお化けがでる（群馬）、キツネにだまされる（岩手県久慈市）、妖怪に合う（秋田）、恐ろしい目にあう（佐賀）、凶事がある（岐阜）、着物の主に不幸がある（沖縄）、雷が落ちる（新潟県赤泊（佐渡市））、夜中に人が起こしに来る（岐阜・愛知）、残りの袖が泣く（愛知県名古屋市）、盗人にとられる（長野）などという。長野県生坂村では、袖をつけかけたままにしておくと、袖ない、袖ない（そうでない、そうでない、の意か）といってはかどらないという。群馬県では、その日のうちにつけてしまわないと、夜「片袖ほしや」と片袖のお化けがでる、と伝えている。

○岐阜県藤橋村（揖斐川町）では、片袖をつけただけで翌日までおくと、死人が手を通すので、必ず待針だけでも打っておく。高知県室戸市でも、待針を打って片袖を添えておく。福島県川内村では、どうしても片方を残さねばならない場合は、たとえ一針でもよいので縫いさしにしておく。鹿児島県和泊町では、両袖つけられないときは、仮縫いでもしておけという。両袖をつける時間のないときは、つけずにおき、次の日に仕上げる（高知県安芸市）。

○片袖の禁忌は、かつては女性の日常に抜き差しならぬ影響力をもっていた。堀三千は「片袖の俗信」と題した文章で、研究テーマとして取り上げた理由をこう述べている。「三重県出身の姑がよく口に出した『幽霊の片袖』という言葉が、長い間私の脳裏にのこっていたからである。着物を仕立てている時、片方の袖をつけたままで放っておくことをひどく忌み、『幽霊の片袖はいけないから、両方つけておしまいなさい』と云ったものである」（『女性と経験』七号）。ものを作る際に夜を跨ぐのを忌む俗信はいくつかあるが、なかでも、袖や草履のように、本来一対のものについていう傾向が見られる。夜を挟むことで、一組あるいは一まとまりとしてあるべきものが、二分されてしまうような心意があったのだろう。

○袖にまつわる説話として、片袖幽霊譚が早くから知られている。旅人がある霊場で幽霊と出合う。幽霊は郷里にいる家族への伝言を依頼し、証拠の品として自らの片袖を裂いて旅人に渡す、といった話である。謡曲「善知鳥《うとう》」始め、江戸時代には怪異小説、寺院の縁起、地誌などで紹介され広く流布した。落語の「幽霊の片袖」や民話としても伝えられている。この話は、先の片袖の禁忌や葬送習俗と関係がありそうだ。『誹風柳多留』に「片袖を足《た》スふり袖八人のもの」（明和二年〈一七六五〉）の句が見える。『日本古典文學大系57』では「胴・袖などを別々に数人で縫って後に一つに仕立てるのは、死者に着せる経かたびらを縫う時の習いとして通常は忌むところ」と注釈している。高知県大方町〈黒潮町〉では、着物の袖を二人で片方ずつ縫うものではないという。葬式のときにそうするからである。葬送習俗における片袖については、いくつか報告がある。秋田県山本・鹿角郡で、間をおいて片袖をつけると早死にすると言って忌む。死人の着物は片袖を翌日つけるからという。阿波祖谷の山の西山〈徳島県三好市〉では、昔は衣の片袖を棺の中に入れたという。ショーヅカの婆さまにあげるためだといわれる。岡山県勝田町金原〈美作市〉では、湯灌の折、死者の着ている衣服の片袖をちぎって、それで遺体を洗う。片袖で遺体を清めるのは、同県八塔寺〈備前市〉でも行われていた。青森県五戸町荷軽井集落では、死者に着せる着物は片袖で、あとの片袖は死人の頭の上にかぶせるという。佐藤米司は、「物語（片袖幽霊譚）が成立する根底には、死者の衣服は片袖であるという人々の認識がなければならない」と述べ、死者の衣服は片袖だった習俗の存在を推測している（「片袖の民俗(1)」）。三村昌義もこうした民俗事例をもとに「そういう習俗があってこそ、亡者が証拠として自分の片袖を切るという片袖幽霊譚の大切なプロットが成立してくるように思える」と指摘している（「片袖幽霊譚の変容」）。

○片袖のとれた着物を着てはならない（石川・高知・鹿児島・沖縄）という。両親の一人が死ぬ（鹿児島県中種子町・沖縄）といって忌む。高知県東津野村〈津野町〉では、裁縫の途中で片袖の着物を着るのを忌むという。

○三重県度会《わたらい》町では、墓で倒れたら片袖か片草履を置いてくる。そうしないと死人が迎えに来るという。和歌山県高野口町〈橋本市〉では、墓でこけたら死ぬ、下駄を片方置いてくるか、袖をちぎって放《ほか》せ。袖を引かれたからこけたのだ、という。長野県諏訪湖畔では、墓参りの途中で転ぶと近い内に死ぬ。もし転んだら、片方の袖を墓に置いてくるとよい。また、下駄の土をなめてもよい、と伝えている。栃木県宇都宮市では、墓地で転んだら片袖つけ替えぬと三年内に死ぬ、といわれる。墓地で転べば片袖を置いてくるとの例は、茨城・山梨・兵庫県などにもある。転ぶのは、死霊が取り憑こうとしているからだと判断して、片袖や片草履を身代わりに置いてくるのであろう。
○路傍の神である袖もぎ様の前で転ぶと、片袖を取って供えるという習俗は有名である。袖もぎ坂や袖かけ松といった言い伝えは各地に多い。千葉県市川市宮久保の坂には、袖かけ松があり、この坂で転ぶと災難があると言い伝えられてきた。もし転んだ時には、片袖をちぎって道脇の松の枝にかけると難を免れるという。現在の松は三代目だが、以前はよく袖が掛けられていたという。松のそばには「妙法袖掛松」と彫られた明和三年（一七六六）の石碑があり、早くから知られていたことがわかる。三年坂で転ぶと三年以内に死ぬ、との俗信もこの伝承の類型である。『古今和歌集』に、素性法師の「たむけにはつゞりの袖もきる（切る）べきにもみぢにあけるかみやかへさむ」の歌が見える。

袖　そで

(2)袖をかぶるな、妖怪の正体

○着物の袖（袂）をかぶるな（岩手・秋田・福島・群馬・新潟・愛知・奈良・和歌山・鳥取・長崎）という。秋田県北秋田・由利郡では片袖かぶるのを嫌い、とくに左袖は絶対にかぶってはいけないという。福島県では、袖をかぶって寝るのを忌む。袖をかぶると、病気をする（秋田県平鹿郡）、死ぬ（同県山本郡）、不吉（和歌山県太地町）という。新潟県では、小児が俄雨のときに袂をかぶって来るのを、縁起が悪いといって叱ったり、背丈が伸びなくなるといったりした。石川県河北郡では、背負っている幼児の頭に袖をかぶせると火傷をするという。袖をかぶるのは、死んだ時（奈良・和歌山）とか、死んだ者の真似（愛知）といわれるように、葬式に参加する女性が袖（普通は左袖）をかぶる習俗と結びついている。井之口章次は『日本の葬式』（一九六五年）で「長崎県には袖かぶりの風習を温存している島が少なくない。五島などには、近親の女だけはかたびらの左袖をかぶって顔をかくすことが現にあり、あるいは近いころまであったし、平戸島でも同様で、それがしだいに綿帽子をかぶることに移行し、ついにそれさえ消えようとしているのが現状である」と報告している。長野県南信濃村〈飯田市〉や愛知県北設楽郡では、子供が死んだ時は親の片袖をかぶせてやるものだという。

○佐渡の外海府〈新潟〉では、ムジナは人の背越しに変化をみせるといわれ、左の袖の下から後ろを見ると、人に憑いたムジナが見えるという。死者の霊が憑いたときも、袖越しに見れば亡霊の姿を見ることができる、といわれる。阿波北方〈徳島〉では、節分の晩には首切れ馬が走る。これに飛びつくと金持ちになるといわれ、着物の袖をかぶって見ると通るのが分かるという。日常では見えないモノが、袖の下からのぞくと見える、との伝承は各地にある。夕方辻道に線香をともして立て、左の袖から透かして見ると幽霊がわかる（山原《やんばる》〈沖縄県国頭《くにがみ》地方〉）。夜着の袖から見ると人魂がみえる（秋田県鹿角郡）。袖越しに人魂を見ると顔がみえる（東京都大田区）。夜道でタヌキに化かされないためには、親指を隠して通る。タヌキが来たなと思ったら、袖の下から見ると逃げる（徳島県宍喰町〈海陽町〉）。キツネの嫁入りは袖をかぶって見るとみえる（長崎県壱岐島）。魔物に化かされたときには、着物の袖を透かして見ると正体が分かる（山梨県芦川村〈笛吹市〉）。河童その他の化物は袖の下から見れば見える（宮崎県えびの市）。紋付を着て、ローソクをつけて袖を透かして見るとガラッパがみえる（鹿児島県伊佐郡）などである。江戸時代の『うき世物語』（無刊記）の「篠田狐の事付狐にばかされたる事」にも「顔を、ふところに、さしいれて、袖ぐちより、のぞきて、ミれば、せなかの、はげたる、ふる狐、うしろあしにて、たちて、さきにゆく」とある。片袖を頭上にかざす、もしくは袖をかぶった状態は、妖異の影響を遮断し、つまり自らの姿を覆い隠した上でそっと相手を覗き見るしぐさであろう。妖怪変化の姿やその正体を見破ることは、同時に、それらの災いを防除することであり、袖のぞきには魔除けの効果があるといってよい。
○徳島県では、夜間に怪火を見たときは袖に手を入れて招くと、その方に飛んでくるといい、また、左の袖の下から招けばただちに飛んでくるともいう。
○万葉人の風習について、辰巳和弘は「領巾《ひれ》と袖の民俗」で「袖を折り返して寝たならば、夢に思う人と逢えると信じられていたらしい」と述べ「我妹子《わぎもこ》に恋ひてすべなみ白たへの袖返《そでかへ》しは夢《いめ》に見えきや」(一二八一二)の歌を紹介している(上野誠ほか『万葉民俗学を学ぶ人のために』)。似た俗信は着物や布団でもいう。
○衣服は袖から縫い始める(福島・群馬・石川・兵庫)。袖から先に縫うと早く仕上がる(石川・兵庫・香川・愛媛)という。袖より着手すれば、袖の神に助けられて速やかに成就する(石川県河北郡)。袖から縫うと、袖が手伝ってくれるから早く縫えるが、縫い上がると大黒柱にちょっと着せねばならない(香川)。福島県滝根町(田村市)や川内村では、衣服は袖から先に縫え。袖が無いと「そーでねえ、そーでねえ」と、いくら縫ってもはかどらないという。群馬県では「敵のものでも袖から縫え」といって、袖から先に縫う。
○雨明かりで袖をつけるものではない(長野県北安曇郡)。袖をつけかけて訃報を受けると悪い(秋田県仙北郡)。年越に袖を作るな。不幸が起きる(佐賀県川副町(佐賀市))。
○福島県鏡石町や天栄村では、片袖つけて地震にあったらもう一度袖をつけ直せ、という。同県小野町では、片袖または片襟で地震が揺ったら、その着物は着るな、とか、地震の時に外に出られなくなる、と伝えられている。
○モノモライ(麦粒腫)の呪《まじな》い。メコジキは箕で片袖を隠して井戸に行き「井戸神様、早く癒やしておくりゃ皆見せます」と三度唱え、後を振り返らずに戻る。メッパツができた側の袖の下を糸で結んでもらうと不思議に治るという（新潟県北条町〈柏崎市〉）。メイボができた時は、着物の袖口か櫛の歯で「でらば突こう、でらば突こう」と繰り返して突く（福岡県北九州市）。「あったらメカゴに目ができた、小袖小褄でなでおろせ」と外便所の中で三回唱え、後ろを振り返らないで家に入る（長野県東信地方）。
○お産をして震えのくる時は、夫の左の袖をかぶるとよい（和歌山県高野口町〈橋本市〉）。姉妹で妊娠している時は、片袖を換えて着物を着ると安産（鹿児島県中種子町）。血が止まらない時は、袖のゴミをつけると止まる（岩手）。
○その他の俗信。一尺の袖を作れば不幸がある（秋田県仙北郡）。袖口を九寸五分にするものではない。切腹のときには九寸五分を用いる（同県山本郡）。衣服を作り替えるときは袖を身にしてはならぬ（長崎県壱岐郡〈壱岐市〉）。夜、仕立て下ろしの着物に袖を通すな（茨城県水戸市）。洗濯物は必ず袖を通して干す。死人の肌着は七日に洗い、竿に振り掛けて北向きに干す（京都府美山町〈南丹市〉）。着物をたたむ時に右袖を上にすると早死にする（長野県北安曇郡）。着物の袖から顔を出しているのをハトに見つけられるとその人は死ぬ（秋田県山本郡）。袖で顔を拭くと泣くことがある（長野県南信濃村〈飯田市〉）。四ツ（午前十時頃）前に下りてきたクモを右の袖に入れるとよいことがある（愛知）。朝、屋根から下がってくるクモを袖に入れると縁起がよい（長野県北安曇郡）。ハチなどを追い散らすときは「さむはらや、衣の袖二尺八寸」と言う（愛知県南知多町）。流れ星が右の袖の中に入ってくると幸福がくる、左の袖に入ると苦労がくる（福井県小浜市）。晴着の袖の中に六角のソバを入れておくと虫が食わない（愛知）。人の寝言を聞いた時、その人の袖の中に頭を入れて尋ねると、その人は返答をする（徳島県板野・名東郡ほか）。アカヘラ（イモリ）を黒焼きにして、その粉を気づかれないように好きな相手に振りかけるか、袖にそっと入れるかすると、思いが叶う（福岡県久留米市）。⇩袂《たもと》

【た】

タオル

○沖縄県では、妊婦がタオルを首にかけると、胎児の首にへその緒が巻きつくといって忌む。この禁忌は、妊婦の夫でも同じことをいう。同県浦添市では、未婚の女性が妊娠して難産の場合、相手の男性のサージ（手拭・タオル）をもらってきてあげると、お産が軽くなるといわれる。

○乳が出すぎる人は茶碗やタオルにしぼって壁にかける。虫やミミズになめられると乳が出なくなるといって、川に流す人もいる（福島県梁川町〈伊達市〉）。

○愛媛県朝倉村〈今治市〉では、客が帰らない時は、箒を逆さに立ててタオルを着せると帰るという。よく知られた呪《まじな》いだが、以前は手拭を用いるのが一般的だった。⇩手拭《てぬぐい》

襷《たすき》

○襷を掛けたまま食事をしてはならない（岩手・秋田・山形・宮城・千葉・石川・福井・長野・愛知・大阪・三重・岡山・徳島・熊本）と、広い範囲で忌む。掛けて食べると、襷に食われる（石川・福井・長野・愛知）、襷が飯を食べて身につかない（大阪）、一杯分余計に食べる（三重県大山田村〈伊賀市〉）、襷が飯を三杯食う（熊本県水俣市）、いくら食っても腹が空く（愛知県北設楽郡）、一年中忙しく暮らす（秋田県由利郡）という。普段より余分に飯を食ってしまうのを心配する土地が多い。妊婦がこの禁

を破ると、生まれてくる子にへその緒が絡まる（山形・宮城・千葉・福井）、難産する（秋田県秋田郡）、ずる賢い子が生まれる（岩手県水沢市〈奥州市〉）という。
○襷を掛けて便所に入るな（岩手・秋田・山形・宮城・福島・富山・京都・鳥取）。掛けたまま入ると、出産のときへその緒が絡まって生まれる（山形・宮城・福島・京都・鳥取）、難産する（秋田県由利郡）、忙しい家に嫁に行く（岩手県江刺・水沢市〈奥州市〉）という。そのため、福島県飯舘村では、女は便所に入るときはいくら忙しくても襷は外して入れ、といっている。

早乙女の襷

駅伝の襷

○妊婦は太い襷を掛けてはならない。へその緒が太くなる（山口）、難産する（栃木）という。紐や襷を縫うと、胎児がへその緒を首に巻きつける（京都府綾部市）。葬式のときの地どり陸尺の麻の襷で、へその緒をしばってやると産後の肥立ちがよいといわれる（福島県鏡石町）。
○普段は縄帯、縄襷をしてはならない（山形・福島・山梨・岐阜・愛知）という。葬式のとき、湯灌をする者は縄帯に縄襷をして行う土地は多い。葬送習俗と結びついた禁忌である。安政四年（一八五七）の「馬路村風土取縮差出扣《ひかえ》（仮題）」（高知県馬路村）には「入棺之場合身親者縄ヲタスキニかけ縄帯むすび、鍋へふたをせずニ湯ヲわかし」とある。広島県では、ヒダリダスキといって、片襷を左から右へ掛けるのを忌む。葬式の湯灌のときにそうするという。帯で襷を結んではいけない。死人を結ぶから（山形県長井市）。
○群馬県板倉町西岡新田では、地蔵様に赤布で作った襷をあげると、疣やホクロが治るという。
○丑三つ時に女の人の襷を北に投げると宙に浮く（群馬）。筒袖を着て襷を掛けるな（和歌山県太地町）。襷を掛けて裁縫をすると下手になる（福井県小浜市）。

煙草《たばこ》

○山梨県富士吉田市では、キツネは煙草が嫌いだから煙草を吸っていると化かされないという。福島県鏡石町や浅川町では、夜、山道を行くときは煙草をふかしながら行くとキツネに化かされない、と伝えている。同様のことは富山・愛知県でもいう。茨城県大和村〈桜川市〉では、キツネは油揚げを持っている者に憑きやすく、煙草を吸うと離れるといわれ、遠出するときは常に煙草を持つようにした。キツネに化かされそうになったら煙草を吸うとよい（山口・香川・長崎）。化かされるなと思ったら、すぐ煙草を吸ってマッチを投げる（秋田県藤里町）。化かされた時は、煙草を吸う（岩手・群馬・千葉・石川・愛知・愛媛）、煙草の火を見せれば逃げる（岩手県西磐井郡）。煙草に火をつけてしばらくしゃがんでいる（山梨県白州町〈北杜市〉）。岡山県児島郡では、キツネに誑かされると行き先が見えなくなるといい、煙草を吸うか小便をして一休みするとよいという。群馬県高山村では、化かされたときは、煙草を吸うか眉毛に三度唾をつけるとよいといわれる。
○ヘビ除けには、煙草の吸殻を燃やす（石川県金沢市）、出そうな所に吸殻を撒いておく（宮城県唐桑町〈気仙沼市〉）、ヘビの穴に吸殻を入れる（同市）、刻み煙草をヘビの来る道に撒いておく（石川県金沢市）。キセルの羅宇《らう》掃除のときにでる脂《やに》を家の周りに塗るとヘビが侵入しない（福井県美浜町）。アオダイショウの体に煙草の脂をつけると腐る（愛知）。ヘビに脂を飲ますと死ぬ（徳島県小松島市）。長靴の中に煙草の吸殻を入れておくとヘビに合わない（宮城県白石市）。ヘビが煙草の脂を嫌う伝承は広く知られている。昔話「たのきゅう」でも、煙草の脂で大蛇を退治する。幕末土佐の庶民生活を記した『真覚寺日記』の慶応四年閏四月一六日条に、雪隠に五尺ぐらいの芝走り《しばはし》（アオダイショウ）が出た際に「入口の戸の下へ煙管のやにを置けば夫より来らず」と見える。ただ、半殺しのヘビに煙草の脂をつけると生き返る（新潟県磯部村）との事例もある。

○夜道を歩いているとカベヌリに遭って、一寸先も見えないことがある。タヌキかキツネが金玉を広げて目隠しをするのだから、火をつけるとよい。煙草を吸って一服すると見えるようになるという（大分県臼杵市門前）。京都北山の雲ケ畑から丹波方面への山道にさしかかるとウシが歩かなくなることがある。オオカミがいるためだという。煙草を吸うと、山中に潜むオオカミはその匂いを嫌って立ち去り、ウシが歩き始める（京都）。魔物に化かされたときは、落ち着いて煙草をふかすとよい（山梨県芦川村〈笛吹市〉）。ヘビ除けには煙草の脂が効果的とされるが、それだけでなく、煙草の火や匂いを妖異が嫌う例も少なくない。

○煙草が湿ると雨が降る（山形・宮城・福島・埼玉・長野）。煙草の火つきが悪いときは雨が近い（福島県滝根村〈田村市〉）。煙草の煙が早く散らないときは雨（長野県辰野町）。煙草を吸って煙が輪になるときは降雨の知らせ（福島県飯野町〈福島市〉）。煙草の匂いがよいときは雨になる（同県川内村）。煙草の匂いが遠くまでとどくと天気が変わる（同県滝根村〈田村市〉）。山形県長井市では、刻み煙草が乾燥すると晴という。いずれも湿度との関係で晴雨を占うものである。福島県飯舘村大倉では、葉タバコの匂いの溜まるところは、南風の吹く日にカイコがやられるという。

○マムシに咬まれたら煙草の脂をつける（石川・愛媛・佐賀）。ヘビに咬まれたときは煙草の脂をつける（新潟・広島）。ヘビが煙草の脂を嫌うところから、咬傷にも効果があると考えたのだろう。怪我をしたとき傷口に煙草をつける（岩手・三重）。血を止めるには煙草をつけるとよい（岩手・秋田・富山・福井）。『落穂種』（明和八年〈一七七一〉）に「切疵に杣はたばこを喰れけり」の句があり、早くから血止めに使われていた。
○疳の虫には煙草の脂を、眉毛につける（長野県東信地方）、耳の裏につける（福島県岩代町〈二本松市〉）、くぼ（後頭部のくぼみ）につける（同県船引町〈田村市〉）、臍につける（宮城・福島）、背筋につける（福島・岐阜）という。夜泣きには、太陽の昇らない暗いうちに、煙草の脂を赤子の耳たぶにぬっておくと治る（福島）。
○歯が痛いときは便所神様を拝む。便所神様は煙草が好きなので皿や木の葉に刻み煙草をのせて供える（岐阜県上宝村〈高山市〉）。福島県保原町大柳（伊達市）の阿保原地蔵は虫歯の地蔵様なので、歯痛のときは煙草をふかして地蔵様にかけるとよい。火葬の火で煙草をのむと歯が強くなる（石川県石川郡）。歯痛のときは煙草の煙をキセルから虫歯に入れる（沖縄県伊是名村）。塞《さえ》の神（小正月の火祭り）の火で煙草を吸うと虫歯にならない（福島・新潟）。さいとう焼きの火で煙草を吸うと虫歯にならない（山形）も同じ。静岡県では、どんど焼きの火で煙草を吸うと虫歯が痛まないという。
○ハジマキ（漆かぶれ）は、「ハジハジハジハジの字を知っているか知らないか、大和から渡って来た刃物で道具で切り殺すよ」と一息で唱えて煙草の煙と酒を吹く（沖縄県糸満市）。「ハジハジ落ちるか落ちないか、慶良間の後に流すよ、言っても聞かないのなら恥をかかすよ」と一息で唱え、煙草の煙を吹き返す。これを三回繰り返す。唱えた後でハゼの木に石を吊るす（同市）。

○煙草の脂を足の土踏まずに貼ると熱が取れる（岐阜県美並村〈郡上市〉）。頭痛のときは煙草の脂を小鬢にぬると治る（山形県新庄市）。火葬の燠《おき》で煙草をのめば胃のつかえが起こらない（青森県蟹田町〈外ヶ浜町〉）。手足のマメは、煙草を吸って熱くなったキセルを何回も押し当てると痛みがなくなる（徳島県美馬町〈美馬市〉）。ムカデに咬まれたときは煙草の煙でふすべるとよい（山口県大島郡）。

○煙草をのんで酔ったときには雪隠に入っていれば治る（徳島）。火葬場の火で煙草を吸うと長生きする（山口県宇部市）。小児の立ち初めに煙草入れを持たせると長生きする（和歌山）。妊婦が煙草を吸いたがると男の子という（長野）。蚕室の中で煙草を吸うな（福島県飯舘村）。煙草をのむ人は味噌汁を飲むと脂が取れる（新潟県加茂市）。煙草の火は三人にまわすな（栃木）。子供が煙草をのむと尻から煙がでる（岩手）。タバコを植えるとその付近の畑は煙草くさくなる（岩手）。イタチを見たら「煙草を落といた」と言え。そう言うと後ろを向いて立ち止まる（愛知県阿久比町）。フクロウが夜鳴けば煙草の値が上がる（長野県北安曇郡）。⇨煙管《きせる》

足袋　たび

(1)足袋をはいて寝るな

○足袋をはいて寝るものではない。親の死に目に会えない、という禁忌は全国に及ぶ。長野県大町市では、夜寝床に入るとき足袋をはいて寝たり、北枕に寝るのは死人だけであるといって忌む。和歌山県高野口町〈橋本市〉では、足袋をはいて寝るのは夜伽の時だけだからと嫌う。長崎県美津島町〈対馬市〉には、この俗信にまつわる次のような言い伝えがある。昔、ある人が親が危篤の知らせを受けて家を出た。川にさしかかったところで、寝る時にはいていた足袋

をぬいで渡ったために遅れ、それで親の死に目に会えなかったという。

○親の死に目に会えない、というのは全国的だが、違反した場合の制裁はこれ以外にも多い。足袋をはいて寝ると、早死にする（佐賀県武雄市）、親に早く死に別れる（岐阜・三重・和歌山）、仏様になる（岐阜）、北向きに寝ると死ぬ（岡山）、病気になる（長野・徳島）、長患いをする（石川）、病気をすると一生治らない（秋田・岡山）、目を患う（埼玉・茨城・千葉・新潟・愛知）、頭を病む（新潟県川西町〈十日町市〉）、足から疲れがでてとれない（三重県小俣町〈伊勢市〉）、背が伸びない（群馬・徳島）、出世しない（愛知・長崎）、火事のとき逃げられない（群馬）などという。和歌山県那智勝浦町では、足袋をはいたまま寝てサルの夢を見ると不吉という。新潟県三条市では、もしサルの夢を見ると死ぬといい、同じ俗信は岡山県にもある。石川県珠洲郡では、足袋をはいて寝ると善光寺参りの夢を見るという。

○足袋をはいて寝ると、神仏が心配するとか嫌うという所もある。徳島県西祖谷山村〈三好市〉では、氏神様が見廻りに来て悔やむといい、同県木屋平《こやだいら》村〈美馬市〉では、夜中に氏神さんが来て「わしの氏子にこんな足はない」と足をさすって言われるという。佐賀県小城町〈小城市〉でも、夜足袋をはいて寝れば氏神様が廻って来て死人扱いをするという。足袋をはいて寝るのは氏神に縁の無くなった人であるから、ふつうの人は足袋をはいたまま寝てはいけない。そうするのは死んだ人だけである（静岡）との報告もある。徳島県では、足袋をはいたまま寝ると神さんが顔を撫ぜにくるという。山口県大島郡では、夜足袋をはいて寝ると、神様が旅人と思うのではいてはならない、といわれる。足袋をはいて寝ると八幡様が嫌い給う（岡山）。香川県綾上町〈綾川町〉では、足袋はいて寝たら八幡さんが心配する。はいて寝るならコハゼを一つはずして寝る、という。コハゼは足袋の合わせ目をとめる金具のこと。同県綾歌町〈丸亀市〉では、足袋をはいて寝ると仏さんが心配するから寝るなという。
○岐阜県美濃加茂市や京都府宮津市で、足袋をはいて炬燵に入ると親の死に目に会えないという。足袋を火でぬくめると貧乏する（大阪）との事例もある。
○和歌山県高野口町〈橋本市〉では、枕元に足袋を置いて寝ることをタビダチといって商人は嫌うという。枕元に足袋を置いて寝ると悪夢を見る（大阪）。病気の時に足袋を枕元に置くとたびたび病む（長野県北安曇郡）。
○死人にはかせる足袋は綻ばせてはかせるもの（長野・岐阜・愛知・和歌山）という。和歌山県高野口町〈橋本市〉では、死人には足袋を綻ばしたり、着物の袖をはずすとか縫い目を破ったりして着せる。足袋に限ったことではないが、死に装束や死者が身につけるものは普段とは異なる扱いをする。千葉県我孫子市では、死者の足袋は左右反対にはかせる。群馬では足袋の裏を取ってはかせる。一人に対して二人で足袋をはかせるものではない（群馬・埼玉）、縁起が悪い（埼玉県加須市）という。葬式では、死者の装束は二人で一緒に縫う。平生は、一人に対して二人の人間が同時に同じことをするのを忌む。二人で足袋をはかせるのは「同時に同じ」行為を嫌う俗信の一種である。

足袋　たび

(2) マムシと紺足袋、その他

○山行きに紺足袋をはくとマムシに咬まれない（福井・奈良・和歌山県由良町・兵庫県姫路市・高知県大方町〈黒潮町〉）という。神奈川県津久井郡〈相模原市〉では、紺足袋をはいていると、食いつかれない。マムシは紺色を嫌うからと伝えている。マムシは紺を嫌うと信じられていた。紺は毒を消す（熊本県玉名郡）という。香川県その他で、マムシに咬まれぬ用心に、藍のはばきと足袋をはくとか、紺の足袋・脚絆・手甲・作業着などを着用するのも、藍の持つ効力に期待するからである。『譚海』巻一三に「股引脚絆の類、藍にて染べし、藍はまむしを避るといへり」とある。

○福島県西会津町黒沢では、妊婦が跨いではいけないものは、ウマの手綱・男の足袋・丸いもの・着物とされる。群馬県太田市では、獅子の舞子のはいた足袋を貰ってきて、産婦がこれをはいてお産をすると軽いといった。お産する人は、舞子に足袋を腰につけて踊ってもらい、その足袋をはいたという。愛知県大府市では、白足袋をはいてお産をすると産後の脚気にならない、と伝えている。妊婦は足袋を縫うてはいけない（山口県新南陽市〈周南市〉）。妊婦が袋物を縫うのを禁忌とする所は多いが、足袋にも袋物の連想が働くのだろう。

○足袋の中に、ナンバ（トウガラシ）を入れておくと風邪を引かない（石川）、赤いコショウを入れると風邪を引かない（長野）。足袋の先にニンニクを入れておけば寒くない（岩手県胆沢・江刺郡）。麻疹の時は、赤飯を桟俵に盛り草鞋に足袋をそえて村の端に置くと早く治る（秋田県南秋田郡）。節分の夜、家族の歳の数（それに一つ加える家も）の豆と櫛・足袋など厄落しする人の身につけたものを、町の三叉路や十字路に置いて「餓鬼にくれましょう」と言って、後ろを振り返らずに帰ってくる（新潟県村上市）。脚気は神社の床下の砂を足袋に入れてはけば治る（石川県羽咋《はくい》郡）。『待問雑記《たいもんざつき》』（文政一一年〈一八二八〉）に、船に乗ろうとする場所で土砂を少し取って紙に包み、それを臍《ほぞ》に当て乗れば船酔いしないとある。冬ならば足袋の裏に敷いておくのもよい。とくに、神社の土で行えば効果が著しいという。

○その他の俗信。左足から先に足袋をはくな（徳島県西祖谷山村〈三好市〉・藍住町）。贈り物に足袋を嫌う。この度きりという。小さい足袋をはく子は親孝行（和歌山県南部川村〈みなべ町〉）。大きな足袋をはく者は親不孝者（同県日高町）。足袋の片方を拾うと運がよくなる（愛知）。白足袋ものの娘は縁遠い（高知県物部村〈香美市〉・高知市）。足袋を着物にすると長い病気にかかる（岩手県九戸郡）。足袋をはいて病みつくと治らない（長野県北安曇郡）。足袋をはいて風呂に入った夢を見ると近く死ぬ（秋田県平鹿郡）。嬰児の足袋は生まれて二年目に買うものではない（東京府南多摩郡）。夜足袋の新品をはくときは便所へ持って行けば長持ちする（大阪）。足袋をはいたりツマカケをつっかけたりして親方のところに行くな。失礼にあたる（新潟県堀之内町〈魚沼市〉）。葬式の時に捨てた草鞋や足袋をはいて山に行くと怪我をしない（秋田県山本郡）。⇩靴下

袂《たもと》

○高知県檮原《ゆすはら》町四万川では、夜道をチッチチッチと鳴きながら人についてくるモノをヤマスズメ（山雀）といい、これに狙われると、袂の糸を切って投げるとよいといわれる。そのために平生から袂の糸を縫い残しておくものという。同県では、夜道を歩く者にチッチチッチと鳴きながらまとわりついてくるモノを、タモトスズメ（袂雀）とかヨスズメ（夜雀）とも呼ぶ。筆者も以前、高知県檮原町で、明治三五年生まれの男性からこんな話を聞いた。「たもと雀いうもんじゃ。やっぱり魔ドウですけんな。ヒの悪いような時に憑くらしいな。着いちょる服の脇の下で鳴きよると。袂の中で鳴くような気がするらしいな。チッチチッチ、チッチチッチいいよる。これが憑いとる時には、お呪《まじな》いがあるわけよ。それを唱えた人が教えてくれた。『さんざいうまの ひげのかず いえばいえ いわねばこれにとどまりたまえ あびらうんけんそわか』と、これを言うたらぴしゃりと止まる。ついてきよる時にゃ、なんぼパッと跳んだて、やっぱりおると、袂の中に」。同県東津野村〈津

野町〉では、タモトスズメに憑かれた時は、袂をしっかり摑んでいるとよいという。
○和歌山県高野口町〈橋本市〉では、キツネは袂の下に来てだます、といい、白レンゲソウの花を袂に入れておくとキツネにだまされないと伝えている。徳島県では、白ゲンゲの花を袂のなかに入れておくとタヌキに化かされぬという。
○船霊様は時にチッチチッチといさむが、この音は並んでいる他の船には聞こえない。船霊様がいさむと船に何か吉凶が起きるといわれている。また、船霊様は船頭の袂に移ることがあり、そこでいさむことがある。それで船頭は左の袂には物を入れぬという。船霊様は必ず左の袂に移るといわれる（山口）。
○モノモライ（麦粒腫）を取る呪《まじな》い。袂の端を糸でくくっておく（兵庫県竹野町〈豊岡市〉）。袂か裾を黒糸でしばっておくと治る（埼玉県入間市）。袂の先を糸で絡めて「治らねばとかんぞ」と言う（島根県江津市）。袂に米を一なぎり（一握りか）入れ、門へ出て「米をやるからメボイトは帰れ」と言えば治る（同県赤来町〈飯南町〉）。袂のくそ（袂の底にたまった埃）をつければ治る（長野県飯田市）。袂にたまった塵を戸の桟にあげて祈る（山形県長井市）。
○傷にはたもとぐそをつけるとよい（岐阜・愛知・三重）。切り傷などで出血の時は、タモトクズをつけると止まる（岡山県阿哲地方）。悪疫流行の時には、袂に毛髪を入れておくと病気に罹らない（兵庫県飾磨郡〈姫路市〉）。袂の中にトウガラシを入れておくと悪い病気がうつらない（石川県金沢市）。
○墓にあるイチョウの葉三枚を、袂に知られぬように入れると惚れられる（長野県北安曇郡）。三ツ葉四ツ葉五ツ葉のクローバーをお嫁に行くまで袂に入れておくと、後で幸福なことがある（秋田県平鹿郡）。雷鳴の時、袂にクワの実とバラの木を入れると雷除けになる（静岡市）。白ナンテンの実を袂の中に入れておけば口論に勝つ（長野県上伊那郡）。
○朝のクモは袂に入れよ。吉兆（岐阜県板取村〈関市〉）。クモが下がった時、左の袂へ入れるとその日よい事がある（島根県江津市）。朝グモを袂に入れると貰い物にありつく（岐阜市）。トカゲの尾を切って袂に入れると金銭が拾える（愛知県津島市）。
○朝の茶柱が立つと縁起がよい。それを袖口から袂の中に片手で入れるとなお縁起がよい（和歌山県那智勝浦町）。茶滓《ちゃかす》が立ったら袂に入れておくと福が来る（京都府八木町〈南丹市〉）。食べ物の中に髪の毛が入っていた時は、だれにも知られぬように左袂に入れる（長野県生坂村）。兵隊さんの袂にウマの毛が入っていると戦争がある（愛知）。便所の履物を知られぬように自分の袂に入れておけば久しぶりの人が来る（大阪）。星が流れる時袂をふれば五銭袂に入る（和歌山県山路郷〈田辺市〉）。⇩袖《そで》

箪笥　たんす

○ヘビのぬけがらを箪笥に入れておくと、お金がたまる（岩手・千葉・神奈川・石川・福井・岐阜）、衣装がふえる（京都・兵庫県赤穂市）という。福井県美浜町では、ヘビの衣《きん》（ぬけがら）を大切に財布や箪笥に入れておくと、知らず知らずのうちにお金がたまる、といい、岐阜県和良村〈郡上市〉では、ぬけがらをそのままそっくり箪笥に入れておくとお金がたまる、といわれる。和歌山県田辺市には、ぬけがらではないが、嫁入りのときに持参した箪笥の中に白蛇が入っていて、それで嫁ぎ先の家は大いに栄えたという話が伝わっている。タマムシを箪笥の中に入れておくと、衣装がふえる（群馬・東京・愛知・広島）という。芝大神宮（東京都港区）でいただく千木筥《ちぎばこ》は、千木が千着に通じることから、箪笥に入れておくと衣装がふえるといわれる。
○箪笥に入れて吉兆とするものは、他にもいく

つかある。京都府宇治田原町では、三葉を箪笥の中に入れておくと、お母さまからよいものを買ってもらえる、という。石川県金沢市では、正月の買い初めの時、店で加賀起き上がり小法師を転ばしてみて、自分の方に向くのを買い求め、箪笥の中に入れておけば衣装がふえる、と伝えている。静岡県島田市や山口県小野田市〈山陽小野田市〉では、箪笥に春画を入れておくと着物がふえるという。兵庫県赤穂市では、コガネムシを箪笥に入れておくと着物がたまる、といわれる。佐賀県有田町清六地区では、オネブ（鬼火焚き・正月六日夜の火祭り）で焼いた餅を包んで箪笥や引出しの中に入れておくと、泥棒や火事除けになる、と伝えている。石川県江沼郡では、子供がないときは、不倒翁《ふとうおう》を箪笥に入れておけば妊娠するという。長野県北安曇郡では、未年生まれの女が嫁ぐときは箪笥の中に紙一帖を入れてやるものという。下着を奉書紙に包み箪笥の底にしまっておくと、中風にかからない（島根県邑智町〈美郷町〉）。

○新しく作った着物は、一度箪笥へ納めぬうちは着るものではないという（高知県大月町）。

○岩手県九戸郡では、黒柿の箪笥に着物を入れると病気が絶えない、と忌む。三重県美杉村〈津市〉では、箪笥に袖の無い物をいれてはならないという。

○富山県氷見市で、一月一日に箪笥を開けるとよくない、というのは、開けることで福運が出て行くのを心配するためか。岡山県加茂町〈津山市〉では、元日に年神様の三方に供えてある米と豆を紙に包み、箪笥の引手や果樹の枝に結びつけると実りがよいという。また、同町では、三日の早朝、毘沙門様に参り福を授かる。参るときは蔵や箪笥を少し開けておく。この場合、開けておくのはそこから福運を取り込むためであろう。静岡県下田市立野では、正月三が日は餅を食べない。昔、先祖が正月の餅を喉に詰まらせて死んだからと伝え、この禁を破ると箪笥から火が出るという。
○愛知県岩倉町〈豊田市〉では、箪笥を三本並べて置くとその家は病人が絶えない、といって忌む。群馬県太田市では、床の間に箪笥をのせると病気になるという。
○くじ引きで箪笥を当てると、病気になって死ぬ、または、北海道へ出かけなければならないような事になる（富山県氷見市）。箪笥ではないが、福引で長持が当たったらそのうちに死人が出る（奈良）ともいう。
○箪笥を北向きに置いてはいけない（群馬・和歌山・兵庫・福岡・佐賀）。死を呼ぶ（和歌山県川辺町〈日高川町〉）、不幸がある（佐賀県川副町〈佐賀市〉）、金がたまらない（福岡県久留米市）という。とくに、婚礼の時の箪笥・鏡台は北向きに置くものではない（岐阜・滋賀）という。北枕や死者の衣服を北向きに干すことから嫌うのであろう。山形県安楽城村〈真室川町〉では、婚礼の箪笥担ぎは両親の揃った者とされている。
○千葉県市川市で、箪笥を西向きに置いてはいけない。金が外に出る、といって忌むが、長野県北安曇郡では、箪笥を西向きにすると金がたまるといって吉兆とする。
○箪笥の引出しを開けっ放しにしておくと、ぽかんと口をあけた子を生む（兵庫県神戸市）。新潟県下田村〈三条市〉では、お産の少し前に箪笥を一通りすべて開けておくと安産、といい、秋田県北秋田郡でも、お産の時に家の中の引出しを開けると早く生まれるという。開けるという行為や状態が、スムーズな出産のイメージと結びついた俗信である。
○シロアリが箪笥に発生するのは死の前兆（沖縄県糸満市）。買い食いをすると箪笥が逆さになる（富山県氷見市）。

【つ】

杖《つえ》

(1)アカザの杖、ナンテンの杖

㊀アカザの杖をつくと、中風にならない（岩手・秋田・福島・群馬・茨城・千葉・神奈川・富山・山梨・長野・岐阜・愛知・大阪・三重・和歌山・兵庫・岡山・広島・山口・香川・愛媛・福岡・熊本）、長生きする（秋田・山口・高知）、化物に化かされない（山口県大島郡）という。三代中風が続いたときは、棺にアカザの杖を入れてやると絶える（群馬県吾妻郡）ともいわれる。岩手県川崎村門崎〈一関市〉では、アカザの杖を清悦坊にあげると中風にかからない、という。清悦坊とは「清悦墳」のことで、『東磐井郡誌』に、門崎村にあって「参詣するもの藜《あかざ》の杖を納めて長寿を祈ると云ふ清悦は源義経の臣にして東行に従ひ来り平泉没落に際し此地に寓して歿す」と記されている。野村純一は、アカザの効用について「通常最もよく知られているのは、これを干して仕立て上げた老人用の杖である。『うれしさは我丈過ぎしあかざ哉』（『続明烏』）の句も、こうした風情を詠んだものとみられる。そういえば、芭蕉にも『やどりせむあかざの杖になる日まで』があった。以前から『藜の杖』は軽くて堅く、疫病除け、就中、携えればそれによって中風を免れるとする言い伝えがあったからにほかならない」と述べている（『伝説とその伝播者』）。『夫木集』にも「いかにしてこのよのやみを照らさまし光あかざの杖なかりせば」とあり、古くより杖に利用していたことがわかる。茎が赤みを帯びることも、病魔を祓う魔除けとされた一因かも知れないが、老人に重宝されたのは何といっても軽いことだった。アカザの杖で転ぶと三年生きら

れない（滋賀県愛東町〈東近江市〉）という報告もある。

○ナンテンの杖をつくと、中風にならない（山形・福島・岡山）、長生きする（岩手・山形・新潟）、魔払いになる（大分県臼杵市）、ぽっくりと逝く（福岡県太宰府市）、食中りによい（群馬）という。大分県南海部郡《みなみあまべ》では、便所で転んだ時はナンテンで叩くかナンテンの木を杖にして起きるとよいといい、鹿児島県里村〈薩摩川内市〉では、脳貧血の人が便所で倒れたらナンテンの杖を使え、といわれる。『和漢三才図会』に「之レヲ庭中ニ植レバ火災ヲ避クベシ。甚ダ験アリ」とあるように、災禍を除けるとされた。伊勢《いせ》貞丈《さだたけ》の『貞丈雑記《ていじょうざつき》』（天保一四年〈一八四三〉）に「南天と云うは難転と同じ音なる故、難を転ずると云う心にて用うる也」と見える。傷をナンテンの杖で打つと治らない（東京都八王子市・長野県北安曇郡）とか、生きているうちはナンテンの杖をつくものではない（秋田県南秋田郡）という伝承もある。

○中風除けの杖としては、アカザ・ナンテンのほかにも、ヨモギの杖をつくと中風にかからない（山口県大島郡）、シャクナゲの杖を用いると中風にならない（秋田県北秋田郡）という所もある。奈良県十津川村では、山へ行くときはサカキの杖がヘビ除けになる。これでつつけばヘビの色が変わるという。同県川上村では、悪いヘビに合ったときはサカキの杖で触れると真っ黒になって死ぬ、と伝えている。

○二本の杖を左右の手に持ってついてはならない（福島・栃木・群馬・埼玉・茨城・千葉・神奈川・石川・長野・愛知・京都・三重・奈良・和歌山・岡山・山口・熊本・宮崎・鹿児島）と、広い範囲でいう。この禁忌を、二本杖とか両杖と呼ぶ土地もある。禁を犯すと、親が死ぬ（石川・長野・愛知・三重・奈良・和歌山・岡山・宮崎）、母が死ぬ（群馬・千葉・長野・京都・三重）、両親が死ぬ（栃木・鹿児島）、家族が死ぬ（鹿児島県祁答院《けどういん》町〈薩摩川内市〉）、片親になる（長野・愛知）、父母のうち一人が井戸に落ちて死ぬ（群馬県横野村〈渋川市〉）、死の前兆（奈良県山添村）、母の乳がはれる（福島・栃木・茨城）、親を突き殺す（鹿児島）、親の死に目に会えない（愛知）、親の腰が抜ける（三重県名張市）、親の目がつぶれる（群馬・神奈川）、足がくさる（愛知）、腰が曲がる（山口）、親より先に死ぬ（群馬）など、さまざまにいう。京都では、子供が二本杖をついて遊ぶとお母さんが早く死ぬ、といって忌む。埼玉県加須市では、子供が二本杖をつくと親の目がつぶれるといい、茨城県土浦市でも子供が二本杖つくと母親の乳がはれるという。禁忌の理由ははっきりしないが、左右の手に杖を持ってつく姿から、牛馬やイヌなど四本脚の動物を連想して忌むのであろうか。だとすれば、人と動物の境界があいまいになるのを嫌う俗信だといえる。

杖　つえ

(2) 杖占い、青竹の杖

○福島県棚倉町で、道の三叉路や四辻などで行く方向に迷ったときは、杖か棒を真直ぐに立て、手を静かに離して、倒れた方向に進めば思っている方に進めるという。鹿児島県中種子町大平でも、分かれ道で行先を決める時は杖が倒れた方向に行くとよいといい、同様の俗信は、福島県相馬市や山口県大島郡でもいう。高知県檮原《ゆすはら》町大串では、猟のない時には杖を立てておいて倒れた方へ行くとよい、と伝えている。長野県諏訪湖畔で、杖または棒を立て、神様を拝んで手を離しその転んだ方を探せば見つかる、というのは失せ物を探す占いであろうか。

○和歌山県那智勝浦町では、野宿をするときは、魔物を追い払うために「天結ぶ、地結ぶ、四方八方魔結ぶ　ナムアミダオンケンソワカ〳〵〳〵」と唱え、地上に杖でギリ（区画）を描き、その内に寝ると毒虫等にやられることがないという。『郷土趣味』一七号（一九二〇年）に、京都のタヌキにまつわる話が載っている。「亡くなられた猪熊老先生にもこんな話がある。夜更けて寺町の二条辺を帰られると、北の方から異形のものが鉦太鼓で踊りつゝ出て来た。狸が騙すなと思った。杖で円形を地面に描き、これより内に入るなと云うてチット眺めていられたら、円形の際まで来て引き返したと云う事である」。夜間に邪霊などの害を防ぐには、杖で身の周りを線条に区切る。たとえ接近してきても、線より内には入らないと信じられた。土地の境を画すために標《しるし》の杖を立てた話は、古くは『常陸国風土記』行方《なめかた》郡に見える。

○佐賀県大浦村〈太良町〉の竹崎観音堂で、旧暦一月五日の夜から六日にかけて行われる鬼祭りには、仏前に一束四八本のダイショウボウと称する樫の棒が二束供えられる。青年がその束を床に打ちつけると、群衆は競って奪い合う。ダイショウボウには霊力が宿っていて、夜道などを行くときにこの棒をついて歩けば、俗耳には聞こえないが、杖がダイショウ〳〵と叫びつづけオサキなどの妖魔を退散させるという（『旅と伝説』一〇巻四号・一九三七年）。

○青竹を杖にするな（秋田・山形・群馬・新潟・福井・和歌山・長崎）。杖につくと、死ぬ（秋田県由利郡・山形県米沢市）、不吉（和歌山県太地町）という。和歌山県大塔村〈田辺市〉では、親のあるうちは青竹の杖をつくなといい、福井県小浜市西津では、三ツ節の青竹を杖にするものではないという。新潟県村上市で、青竹を杖につくな。青竹は死人の杖として棺の中に入れるから、といわれるように、この禁忌は葬送習俗と結びついている。青竹に限らず、竹の杖をつくな（岐阜・香川・福岡・長崎）ともいう。つくと、中風になる（香川・福岡）、親に早く別れる（岐阜）といって忌む。奈良県山添村や徳島県日和佐町〈美波町〉で、四ツ節の竹杖はつかぬもの、というのは、四から死を連想するためであろうか。滋賀県甲西町〈湖南市〉では、シノベ竹を杖にするなという。

○ウツギの杖をつくな（青森・福島・埼玉・茨城・長野）という。福島県下郷町では、納棺のときウツギの杖棒を入れるので、普段はウツギの杖棒を作るものではないという。茨城県水戸市では、ウツギを杖にするな。ウツギの杖は死んだ人が三途の川を渡る杖だ、といっている。杖にするのを嫌うだけでなく、静岡県裾野市では、ウツギを箸にするものではない。ウツギの箸で挟み合いをするのは骨拾いのときだけ、といって忌む。青森県五所川原市では、ウツギは葬式に使う木だから屋敷には植えるなという。斎藤たま『死とものけ』（一九八六年）に、岩手県普代村黒崎では「三、四歳までの子が死んだ時は、箱作って入れ、一人が背中合わせになる形で晒をタンナ（負い帯）にして負い、背中と棺の間にウツギの枝を一本さすと。黒崎の先の田野畑村北山では、山などで死んだ人を背負って来る時、『背中さウツギしょうもんだ』という」と見え、ウツギが死者との境木になる、との伝承を紹介している。

○長野県東内村〈上田市〉では、桑棒をついて歩くのを忌む。桑棒は死人の杖にするからである。山梨県早川町でも、杖にクワの木を使うものではない。死者にクワの杖を持たせるからという。クワの杖を忌む俗信だが、三浦浄心の『慶長見聞集』には、「江戸にて老若杖つく事」と題して「江戸にて六七年以来、高きもいやしきも杖を突《つく》、扨又《さてまた》、桑の木は養生によしとて、皆人好みければ、木こり爪木をこるもの（者）が深山を分て是を尋、背中におひ、馬に付て江戸町へ売に来る。当世の流行もの、よせい道具なれはとて、若き人たち買取て」と記している。江戸初期にクワの杖が流行ったことがわかる。芭蕉に「秋風に折て悲しき桑の杖」の句がある。門人の嵐蘭《らんらん》の死を悼む句である。

○新潟県黒川村〈胎内市〉では、かちの木（ヌルデ）は死んだとき杖に使う木なので囲炉裏にくべてはいけないという。長野県北安曇郡では、ヌルデの木を杖に作るものではない。死人の杖だ、といって忌む。

○目にゴミが入った時、「行かなきゃ、金の杖で突き出すぞ」と言う（長野県麻績村）、「俺の目へ何はいった、爺と婆と杖ついて鼻へ行け」と三度唱える（同県北安曇郡）。でべそは、座頭の杖で知らぬうちにつつけば治る（秋田県仙北郡）、あんま師の杖で突くと引っこむ（石川県金沢市）、初めて登山した人の金剛杖で押し込む（岩手）。疣は、御岳山に登った人の強力杖でさわってもらう（愛知）。瘧《おこり》は、高野山参りの杖で撫でるとよい（福井県丸岡町〈坂井市〉）。霍乱になった時は、富士登山をしたときの八角の笠をかぶり、金剛杖をついて笠の上から水をかぶるとよい（群馬県大間々町〈みどり市〉）。山上様の杖にて腫物をつけば治る（和歌山県太地町）。

○その他の俗信。久昌寺の道元さんの杖に心願をかけて、おみくじを結び付ければ思う人と縁が結ばれる（石川県金沢市）。嫁が婚家に着くと、荷物を担いできた杖を折る。再び荷物を担って帰らぬためである（奈良県下市町）。棺桶にはセンダンの杖を入れる（愛知県西春町〈北名古屋市〉）。盆祭りの御供物として長い甘蔗を飾る。先祖の霊の杖である（沖縄県名護市）。橋の上で杖をついてはいけない。昔、弘法大師が橋の下で寝たことがあるから（愛媛県柳谷村〈久万高原町〉）。逆さ杖をつくな（岩手県大船渡市）。あんま師に杖を逆さに立てられると、その家は繁盛することができぬ（長野県上田市）。杖をつく夢を見るとよくない（和歌山県高野口町〈橋本市〉）。牛馬が悪い風邪にかかった時は「大阪の坂中で鯖一匹売らんの腹痛み、引けばよくなる金剛杖、突つけばよくなる金剛杖、風邪抜かしたまえ、伊勢の大神、伊勢の大神」と唱える（鹿児島県中種子町）。ハブ除けの呪文（要約）は「ハブよ我行く先に立ち居らば、山の神様に申し伝えるぞ、また七節ある杖でぶたれるぞ、早く逃げろ」と唱える（沖縄県読谷村座喜味）。

褄 つま

○モノモライ（麦粒腫）ができたら着物の褄をしばると取れる（群馬・茨城・新潟・長野・岐阜・愛知・兵庫）という。実際には、ただしばるだけでなく、多様な方法が見られる。褄を、人に見られぬようにしばる（長野県南木曽町・岐阜県宮村〈高山市〉）、黒糸でしばる（埼玉県入間市・長野県泰阜《やすおか》村）、赤糸でしばる（群馬）などという。岐阜県安八町では、着物の下褄を糸でからげ「このメンボ治してくれたら解いてやる」と唱える。石川県金沢市では、メモライは着物の下褄を「治ったらほどいてやる」と言って藁で結ぶ。長野市では、メコジキができると、他人に知られぬように下褄を三回り紐でしばり「治ったらほどいてやる」と言って、治るまでしばっておく。治癒と引き換えに解いてやるとする例は、京都府・群馬・静岡県にもある。糸でしばった小さなこぶをモノモライに見立てて、半ば強請している。和歌山県中津村〈日高川町〉では、メエパチコができた時には着物の左褄を結ぶとよいといい、秋田県平鹿・山本郡でも、モノモライは左の褄を糸で結べば治るという。これに対して、愛知県作手村〈新城市〉では、右褄の端を糸で巻き全快すれば取る、と左右が分かれる。さらに、長野県北安曇郡では、初期のモノモライは、自分の着物の褄をつまんで両方ともしばるとすぐ治る、と伝えている。静岡県春野町〈浜松市〉では、モノモライは着ている着物のはしっぽ（褄）を木綿の白糸で三回半結び、「治してくれたらほどいてやる」と言って、右目にできた時は右側の褄を、左目の時には左側の褄をしばる。一方、京都府美山町〈南丹市〉では、メイボが右の目なら左、左の目なら右の褄を糸でくくる。その際「メイボを治してくれ。治してくれたらほどいてやろう」と言う。山口県大島町〈周防大島町〉や佐賀県小城町〈小城市〉でも、モノモライと左右反対の方の褄をくくる。
○褄を患部に当ててこする所も方々にある。山梨県甲西町〈南アルプス市〉では、モノモライは着物の褄で三度こする。広島県加計町〈安芸太田町〉では、便所に行き、メボが右の目なら着物の下褄の角で、左の目なら上褄の角でさするとよいという。山口県大島郡では、メイボが右であれば左褄を結んでメイボをかく。長野市では、メコジキは便所に行き「あったら目かごに目ができた、下目のこごまでかきおとせ」と三度唱えて着物の褄でこする。下目のこごまは下前の小褄であろう。長野県ではメコジキは、「あったら目にノメできた、下前の小褄でおんなぜろ」と唱えながら着物の褄で患部をなでる（同県諏訪湖畔）、「物もらい浅ましや下前の褄でなでられる」と三度唱えてなでる（長野市）、目の縁を裾でなでながら「けつける褄に撫でられて辱《はずかし》や」と唱えると引っこむ（長野県朝日村）という。
○メカゴは、便所で「あったらめかごに目ができた」と言って、着物の褄を持ち三回吹く（群馬）。モノモライができたら、褄を糸でしばって井戸端へ行き「出るとつっけ、出るとつっけ」と三回言って、目のそばへもっていき、井戸端へ見せると治る（埼玉県川越市）。メモライは、着物の褄をくくり小豆を井戸の中に落すと治る（福井）。便所の戸を開けて「こう山、こう男、小袖の小褄でなでおろせ」という（長野）。褄は裾の左右両端の部分である。モノモライを取る呪法は、井戸、便所、障子、着物の裾・褄など、何らかの境界を示す場所や物を使って行う場合が少なくない。そこには、病を境界の外（異界）に捨て去る意図が働いている。
○糸で褄を結ぶのは、もっぱらモノモライの除去が主眼だが、古くは魂結びとして褄を結ぶことが行われた。着物の褄は人の魂と深くかかわる部分でもあった。『袋草紙』に「人魂を見る歌」として「たまはみつぬしはたれともしらねどもむすびとどめつしたがひのつま　三反《さんべん》これを誦して、男は左、女は右のつまをむすびて、三日を経てこれを解くと云々」とある。呪歌の意味は「人魂を確かに見た。どなたの魂か知らないけれど、着物の下前の褄を結んでその魂をとじ籠めておいた」である（『新日本古典文学大系29』岩波書店）。八木三二は「肥後国阿蘇郡俗信誌―その一、唱へごと―」（一九三六年）で「火の玉を見た時には、人の玉か我玉かは知らねどもつなぎ留めたる下前の褄、と唱へて三針縫坂真似をばする。（宮地町）」と報告している。類似の歌は『源氏物語』や『簾中抄』などにも見えている。『拾芥抄』上には、人魂を見し時の歌として「玉ハミツ主ハタレトモシラ子トモ結留メツシタカヱノツマ」とあり、この歌を唱えて衣《きぬ》の褄を結ぶが、その際「男ハ左ノシタカヒノツマ　女ハ同右ノツマヲ結云云」とある。

○着物の褄が下がると早く死ぬ（富山県氷見市）とか、前褄が下がっていると早く死ぬ（秋田県由利郡）というのは、着こなしの悪さをいうのであろう。着物の下前を焼けば新しい着物を着る（長野県北安曇郡）。着物の下褄の先を焼いてその灰を飲むと夏病みしない（高知県春野町（高知市））。流れ星を見た時、すぐ着物の褄をおさえれば裁縫が上手になる（長野県上田市）。目黒は着物の褄に火をつけると治る（秋田）。⇩裾《すそ》

【て】

手拭　てぬぐい

⑴火で乾かすな、長居の客退散

○手拭を火にあぶって乾かすものではない（群馬・千葉・長野・岐阜・愛知・三重・和歌山・兵庫・山口・徳島・高知・福岡・長崎・大分・宮崎・鹿児島）と各地で忌む。当然、濡れているか湿っている手拭のことであろう。火にあぶると、人前で恥をかく（群馬・長野・愛知・徳島）、人前で赤面する（和歌山・宮崎県小林市）、事件の裁きのとき面が赤くなる（鹿児島県中種子町）、あぶってすぐに被ると盗難があったとき顔色が変わり無実の罪を受けることがある（高知県東津野村〈津野町〉）、病気になる（福岡・大分）、人気がなくなる（福岡県北九州市）、出世しない（愛知・長崎）、貧乏する（兵庫）、年寄りのところへ嫁に行く（長野県上伊那郡）、その日の徳を失う（岐阜県藤橋村〈揖斐川町〉）、隣が長者になる（千葉県夷隅《いすみ》郡）などという。山口県大島郡では、手拭をあぶると悪い。あぶらねばならない時は唾をつけるという。忌むべき行為として広く分布する俗信だが、その理由が分からない。火と水（濡れ手拭）の対立、相性の悪さを嫌うのであろうか。

○手拭を帯に締めてはいけない（千葉・長野・奈良・和歌山・徳島）。帯にすると、母親に早く別れる（奈良県山添村）、腹が痛む（徳島市ほか）、泥棒の子を生む（千葉・長野）という。かつて、手拭の長さはまちまちだった。柳田国男は「手拭沿革」で、元は五尺手拭が普通の長さであって、それを短くして使うようになったのが今日の手拭ではないか、と述べている。宮本馨太郎『かぶりもの・きもの・はきもの』によれば、幕末に至ってほぼ鯨尺二尺五寸（約九五センチ）に定まったという。

○長居の客を帰すには箒を逆さに立てる、というのは広く知られる呪《まじな》いだが、ただ逆さに立てるだけでなく、箒に手拭をかぶせる（岩手・秋田・福島・千葉・岐阜・愛知・和歌山・島根）所も多い。千葉県東葛飾郡では、箒に手拭をかぶせて棒でたたくと早く帰るという。頬被りをした箒を、団扇であおぐ（岩手・岐阜・島根など）、人形のように躍らせる（愛知）土地も見られる。いずれも退去の催促である。幕末から明治初期の世相を風刺した錦絵「当世長ッ尻な客しん」（一八六八年・三代歌川広重）には、いつまでも帰らない客を早く帰そうと料理茶屋の女二人が、草履の裏に灸をすえ、手拭をかけた箒を立てる場面が描かれている。どちらも早々の立ち退きを促す呪いで、この俗信が庶民のあいだに浸透していたようすがわかる。かつて、産室や死者の周囲を徘徊する邪霊を防除するために、逆さまの箒を立てる習俗があった。長居の客を退散させる俗信は、こうした習俗を背景に生まれてきたと考えられる。

○新潟県刈羽郡で、三晩泊るのは仏様だけと称して、外出先で三晩泊ることを忌む。福岡県大島〈宗像市〉では、三晩泊《みばんどま》りを嫌い、どうしても三夜になる場合は手拭を置いてくるという。筆者の経験では、高知県物部村〈香美市〉で葬儀に立ち会った時、隣にいた地元の人がその場を離れる際、持っていた手拭を軒の柱に巻き付けた。私が尋ねると、少しのあいだ離れるが自分はここに居るということだ、と話してくれたことがある。手拭は、時としてその人の魂の代役を担うものでもあった。

○手拭を落とすと、苦を免れる（兵庫県加東郡）、その日の難を逃れる（長崎県美津島町〈対馬市〉）、体が強くなる（新潟県小木町〈佐渡市〉）という。手拭と一緒に災厄が落ちるという意味であろう。栃木市では、トラコーマのときは、米と唐辛子を手拭に包んで道路に置く、それを拾った人に移り、自分は治るという。福島県舘岩村貝原〈南会津町〉では、熱病や流行風邪に罹ったときは、茶碗の蓋に小豆飯または赤飯を盛り、これに新しい手拭を添えて三方の道違い（三叉路）に供え、疫病神送りをした。新しい手拭は疫病神を他人に拾ってもらうためで、拾い主は疫病を背負ってしまうことになる。

そのため、路傍に置かれた新しい手拭を拾うものではないとされている。災厄を落とす際に利用する物として、手ごろで都合のよいのが手拭だった。

○手拭を拾うものではない（愛知・和歌山・兵庫・広島・愛媛）。拾うと、苦ができる（兵庫県加東郡）、心配事を拾う（佐賀県小城町〈小城市〉）、よくない事がある（和歌山）、マンが悪い（広島市）と心配する。岐阜県真正町〈本巣市〉では、道で手拭を拾って肩にかけるとヘビになるという。道に落ちている、あるいは道端に置いてある手拭には、それを身につけていた人の災厄が取り憑いているかも知れない。福島県白沢村〈本宮市〉では、一度足で踏みつけてから拾えば厄はついてこないという。同県いわき市では、厄年の人が道の四つ角に置くお金と手拭を、体の弱い子の家に持って行くとその子が丈夫になる、と伝えている。

手拭 てぬぐい

(2)猫の踊りと手拭、その他

○ネコが、家から盗み出した手拭をかぶって踊る「猫の踊り」の話は、各地に伝承されている。佐々木喜善の『聴耳草紙』九六番に、こんな話が載っている。侍の妻が一人で留守番をしていた。すると、炉端で居眠りをしていた虎猫が寄って来て、浄瑠璃を語って聞かせた。語り終わると、このことは誰にも話してはならぬと口止めした。ある晩、成就院の和尚が来て、居眠りをしている虎猫を見て、こんなことを言った。月夜の晩に書院にいると、庭で狐が手拭をかぶって踊っていたが、虎子どのが来ないと踊りにならぬと言う。すると、手拭をかぶった猫が来て二匹で踊り出した。今よく見るとこの猫だ、と言って帰った。その後、夫に猫の浄瑠璃のことを話した妻は、喉を咬まれて死んだ。『誹風柳多留』に「手ぬぐひをかぶつて猫は追出され」（文化五年）、「手拭が見へず三毛猫うたぐられ」（天保九～一一年）の句が見える。

「百種怪談《むかしばなし》妖物雙六《ばけものすごろく》」（安政五年）の「上り」には、手拭をかぶって踊る化け猫が描かれている。ネコが手拭をかぶって踊るという話は広く膾炙していた。『甲子夜話』巻二にも、夜、飼猫が手巾《てぬぐい》をかぶり、手をあげて招くが如く跳び舞う姿が書かれている。讃岐丸亀地方〈香川〉では、ネコは古くなると猫又になり後ろ足で立って踊ったりする。そうなったときには、魚を付けた小豆飯を食べさせ、赤手拭を頭にかぶせて「暇をやるから出て行ってくれ」と言うと、家に仇をなさずに出て行くという。熊本市田上の北、十三部には、むかし十三部狐といって赤手拭をかぶったキツネがよく出て人を惑わしたという。

○高知県富山村〈四万十市〉では、ヒダルガミに憑かれたときは身につけている手拭や草履を後ろ向けに投げるとよいという。

○妊婦は手拭を首に巻いてはいけない。へその緒が胎児の首にからむ（沖縄県名護市、伊是名村ほか）。巻くと、逆子で難産する（同県平良市〈宮古島市〉）という。沖縄県でこの禁忌をいうのは妊婦だけではない。同県宜野湾市では、懐妊した妻を持つ夫が手拭を首に巻くと、生まれて来る子にへその緒がからむといわれた。同様の俗信は沖縄県各地に多い。福島市では、手拭や襷をかけて便所に行くとへその緒がからまるという。手拭を腰に締めると難産する（群馬・長崎・鹿児島）。お腹をしばると双子が産まれる（群馬）という。陣痛の時は手拭を妊婦の頭に被せる（福井・岐阜）。産婦は屋外に出て太陽に当たってはいけない。やむを得ず外に出る時は手拭をかぶる（山形）。香川県三豊郡では、産後二〇日間は手拭を被らずには外出しない。しかし、曇った日はそれに及ばぬという。

○青森県八戸市では、夫婦の一方が死ぬと手拭を裂き、半分を死者に持たせる。あとの半分はしまっておいて、自分が死んだとき棺に入れてもらう。また、手拭を裂くことをせず、一本を死者に持たせ、もう一本を生者が簞笥にしまっておくこともある。これを持っていると、男は再び嫁を貰えないという。福岡県大島〈宗像市〉などでは、平日は屛風の端には手拭かなにか掛ける。葬式の時は空屛風《からびょうぶ》を逆さに立てるからである。沖縄では、死者は白布で顔を覆うため、人が寝ているときに手拭で顔を覆ってはいけないという。ほかにも、死と手拭に関しては、顔を手拭でふくとき一回だけは死人の真似（奈良県御杖村）、一尺布は死人の手拭だから買わぬこと〈長崎県芦辺町〈壱岐市〉〉、葬式のとき棺を担ぐ人に出す白い手拭をかぶって漁に出ると良い（山口県周防見島〈萩市〉）などという。

○手拭は身体をぬぐうためだけでなく、かぶり物としての用途も広く、それに関する俗信も見られる。新しい手拭は揉んでかぶれ（福島県小高町〈南相馬市〉）。婦人は外出するときは手拭を頭にまくこと（岩手県和賀・上閉伊郡）。早乙女が手拭をかぶらずに田植えをすると、農神様が腹を立てて罰があたる（山口県熊毛町〈周南市〉）。濡れ手拭をかぶると人気がなくなる（福岡県北九州市）。手拭を温めてかぶると頭がはげる（石川県七尾市）。伊豆の神津島〈東京都神津島村〉では、女は赤手拭をかぶり人前でも取ることはなかった。徳島県では、赤手拭をかぶると麻疹に罹らないという。また、手拭をかぶったままで便所に入るものではない（福島県棚倉町・飯舘村）といい、女はかぶり物をしたまま便所に入るな（同県）ともいう。同県喜多方市では、手拭をかぶって寝るなといわれる。

○入浴の時に浴槽の湯に手拭を浸し、歯を磨けば強い歯になる（石川県鹿島郡）。茨城県日立市で、漁師のあいだでは風呂屋（銭湯）に行って、手拭で歯を磨くと丈夫になると信じられていて、一部では大正の初期までやっていた。疱瘡の時には赤手拭をかぶる（山梨・兵庫）。疱瘡を植えた子には手拭をかぶせた（長野県南信地方）。腹痛の時は手拭を柱に巻くと治る（大阪府河内長野市）。ホクロに手拭をのせると治る（群馬県板倉町）。頭痛には、手拭に塩と梅干を入れて頭にしばる（福島県天栄村）。
○『民間伝承』（一九四〇年一月）に、榎戸貞治郎が栃木県芳賀郡の弾除けの呪《まじな》いを報告している。「即ち十二人から一人一本宛十二本の手拭を貰い、之を寅の日一日に出征兵の下着に縫いあげ、出征兵の常に着ていた着物と重ね合わせ、神棚にあげ、毎日神饌をあげさげして武運長久を祈願すると弾丸に当たらないとて実行している出征兵家族が多い」。手拭を利用した合力祈願である。寅の日に縫い上げるのは「虎は千里行って千里帰る」という故事に拠っている。
○その他の俗信。井戸の中へ手拭を落とすな。落とすと死ぬ（埼玉県越谷地方）。雷鳴の時は、西にあるモモの木を折り手拭をかぶせて振ると止む（秋田県仙北郡）。手拭をオシメの代わりにすると盗人心が起きる（長野県北安曇郡）。便所には裸で入らない。手拭一本でもつけて入るもの（山形県南陽市）。大小便をした時手洗い水がなかったら、草の葉を取って「これ何、水、手を洗う。これ何、手拭、手をぬぐう」と言って浄める（徳島県板野・名東郡ほか）。

手袋　てぶくろ

○福島県滝根町〈田村市〉では、子供に足袋や手袋をつけるとき二人がかりでするな、という。同県川内村でも同じことをいい、禁忌のわけとして、死者の旅装束の草履は二人で作り片方ずつ履かせるから、と説明している。

【ね】

寝巻　ねまき

○長野県南箕輪村で、寝巻を裏返しに着てはいけないという。秋田県山本郡では、寝巻を裏返しに着て寝ると恋人の夢を見るといい、三重県磯部町〈志摩市〉では、知らずに寝巻の裏を着ていると良い夢を見るという。

【の】

糊付け　のりづけ

○高知県大月町では、月の二日に着物の糊をするのを二日糊といって忌む。人が行方不明になったとき「朔日《ついたち》洗いに二日糊も横継ぎもして着せちょらんのに、どこへいつろう（行ったのだろう）」などと言う。新潟県村上市でも、月の二日は天気がよくても糊付けしてはならないといい、同様の禁忌は秋田県由利郡などでもいう。京都府綾部市では、洗った物にすぐ糊付けをするのは二日洗いのときにするので、常にはしてはいけないとされる。二日洗いとは、死後二日目に死者の衣類を洗うことである。丑の日に糊付けするものではない（山形・長野）という。山形県櫛引町〈鶴岡市〉では、丑の日に糊を付けた着物をきるな。病気になると長引くといって嫌う。正月七日過ぎないうちは張物するな（岩手県水沢市〈奥州市〉）。

○秋田県大内村〈由利本荘市〉で、糊付け着物を打たないで着れば、川に落ちるという。ごわごわした生地は砧《きぬた》で打ってやわらかくしてから着た。秋田県由利郡では、洗濯して糊付けした着物を初めて着るときは、手を叩かないとその人に雷が落ちるという。

【は】

羽織　はおり

○羽織の乳《ち》は男女逆につける（兵庫県竹野町〈豊岡市〉）。羽織のチボ（乳）は男物は伏せ、女物は仰向ける（長崎県壱岐郡〈壱岐市〉）。お祝いには羽織の紐を石畳にしてはいけない（群馬）。羽織の紐が切れたときの旅立ちはよくない（長野県岡谷市）。羽織を着て寝ると親より先に死ぬ（群馬）。羽織や着物のように背中に着るものを前に着ると物の怪に憑かれる（同県）。

袴 はかま

○袴で衣服を作ると盗賊になる（秋田県由利郡）とか、男の袴で着物を作ると出世しない（同県仙北郡）といって忌む。女が男袴で身の回りのものを作ると難産する（同県山本郡）ともいう。

○女子は男の袴をはくものではない。産が重くなる（青森県八戸市）。妊婦は袴をはいてはいけない（長野）。女が袴を着るとタケ（竹）が枯れる（鹿児島県大根占町〈錦江町〉）。

履物 はきもの

(1)履き初めの禁忌、魔除け

○新しい履物は、朝または午前中におろすものとされる。昼過ぎてからおろす場合には、禁忌とされる時間帯が「午後」「夕方」「夜」と大きく三つに分かれる。実際には、夕方といっても、日暮れ時はもちろん夜まで含めていることも多いので、厳密な区分は難しいが、便宜上三つに分けて紹介する。まず、午後に履物をおろすな（山形・宮城・福島・群馬・茨城・千葉・神奈川・長野・岐阜・愛知・京都・三重・和歌山・兵庫・山口・福岡・大分）と、広い範囲でいう。禁忌が午後だと、夜間を含めば午前中以外はだめだということである。午後おろすと、キツネに化かされる（福島・岐阜・京都・和歌山）、怪我をする（宮城県七ヶ宿町）、紛失する（兵庫）という。京都府美山町〈南丹市〉で、葬式はたいてい午後に行われ、この時は新しい草履や草鞋をはくから、というように、午後からの葬式を連想して説明される。やむを得ず午後から履かねばならない時には、履物の底に鍋墨をつける（山形・宮城・福島・神奈川・福井・三重・京都・兵庫）、一度便所で履いてからおろす（宮城・福島県滝根町〈田村市〉・大分県天瀬町〈日田市〉）、裏にマッチをする（マッチの火を当てるの意か）（岐阜県海津町〈海津市〉）、履物の踵に唾をかける（群馬）、午前中にちょっと履き初めをしておく（京都）という。次に、夕方おろすな（秋田・福島・茨城・千葉・神奈川・山梨・長野・愛知・三重・奈良・兵庫・岡山・香川・徳島・福岡・宮崎・鹿児島）。夕方おろすと、キツネに化かされる（福島・兵庫・岡山）、天狗にさらわれる（岐阜県高山市）、縁起が悪い（三重）、不吉（奈良）、野辺草履（福岡県久留米市）という。どうしてもおろす時は、鍋墨をつける（秋田・神奈川・香川）、クド（竈）の墨をつける（三重・福岡）という。静岡県水窪町〈浜松市〉では、夕方新しい草履をおろす時は、ユルリ（囲炉裏）の灰または鍋釜の墨（ヘソビ）を履物の裏に塗る。そうしないと、キツネに迷わされるとかヘビに咬まれる、という。三番目は、夜おろすな（岩手・山形・福島・茨城・千葉・山梨・長野・岐阜・愛知・静岡・三重・滋賀・京都・大阪・奈良・和歌山・兵庫・岡山・山口・徳島・愛媛・高知・佐賀・宮崎・鹿児島）である。夜おろすと、キツネに化かされる（長野・岐阜・大阪・奈良・和歌山・岡山）、タヌキに化かされる（山口県大島町〈周防大島町〉・愛媛県松山市）、不幸が起きる（岐阜）、怪我をする（静岡県島田市）、悪いことがある（愛知・山口）、ゲンが悪い（京都府宇治田原町）、葬式の履物になる（愛知県岡崎市）、長くもたない（大阪）、泥棒に取られる（兵庫県飾磨郡〈姫路市〉）、化物がでる（同郡）、足が悪くなる（静岡・兵庫）などという。夜間にやむを得ずおろす時は、鍋墨をつける（山梨・長野・岐阜・三重・和歌山・岡山・鳥取・愛媛・佐賀）、履物の上に火を置いておろす（山口市）、履物の尻を焦がす（愛知県知多市・大阪・三重県勢和村〈多気町〉）、履物の裏を暖める（火にかざす意か）（鹿児島県大根占町〈錦江町〉）、唾を吐きかける（徳島）、タナモト（流し元）まで歩いてからにすればキツネにだまされない（奈良県新沢村〈橿原市〉）、梁《はり》をくぐらせる（佐賀県川副町〈佐賀市〉）という。

○座敷から履物をはいたまま外にでるな、とは全国でいう。もちろん、新しい履物である。履いて下りると、縁起がわるい（栃木・岐阜・奈良）、凶（秋田）、死人が出る（富山県氷見市）、親が死ぬ（石川県七尾地方）、無事に帰宅できない（富山県小矢部市・福光町〈南砺市〉）という。実際には、履いたまま床から土間に下りてはいけない（秋田・福島）、縁《えん》で履いて外に出るな（東京・愛知）など、その言い方は多様である。とくに、子供は新しい靴を買ってもらうと、室内で履いてそのまま外に出ようとすることがある。そんな時などに親が戒めた。東京都多摩町〈多摩市〉で、葬送の時は施主をはじめ遺族は草履を縁で履いて外に出る。不幸のときにすることだから平素はしてはならない、という。出棺の際には、座敷に安置した棺を、近親者が新しい草履や草鞋を履いたままで縁側から庭に出すことが多かった。この禁忌には、こうした葬送習俗からの連想がつよく働いている。

○新しい履物は葬式におろしてはいけない（青森・岐阜・愛知・三重・長崎）。山口県福栄村〈萩市〉では、着物や履物の新調を凶事の時におろすと凶事が重なる、といって忌む。その一方で、履物を葬式から履き始めるのはよい（茨城県小川町〈小美玉市〉）という所もある。秋田県大内町〈由利本荘市〉では、新しい履物は葬式の時に台下し（初めての使用）をすればこわれない、といい、同様の俗信は由利・平鹿郡でもいう。岩手県大船渡市では、新しい履物は台所からおろさないとよくない、と伝えている。兵庫県竹野町〈豊岡市〉では、履物はめでたいときに履き初めするのがよいという。庚申の日に履物をおろすとトゲを踏む（愛知県岡崎市）との報告もある。

○おろしたての履物で便所に行くな（奈良・和歌山・岡山・徳島・高知・長崎）という。便所に行けば、鼻緒が切れる（和歌山・岡山・徳島）、歯が欠ける（和歌山・徳島）と心配する。他方で、新しい履物は便所に行って履くとよい（岩手県久慈市）、履物をおろしたら便所の前まで行ってくるものだ（長野県北安曇郡）ともい い、吉凶が分かれる。

○おろしたての履物で井戸端に行くな（愛知・奈良・和歌山・長崎）。愛知県北設楽郡では、おろしたばかりの履物で井戸や川に行くものではない、と忌む。ところが、香川県綾歌町〈丸亀市〉では、履物をおろした時は泉の辺をもうて（廻って）こい。履物が強くなるという。和歌山県紀北地方や兵庫県赤穂市でも、新しい履物は井戸端でおろすと丈夫、と伝えている。和歌山県高野口町〈橋本市〉では、履物をおろして便所に行くともぢける（壊れる）あるいは鼻緒が切れる。まず井戸に行け、という。

○履物の緒が切れるのは凶兆、とは全国的にいう。事例のほとんどは、家を出る時に切れることの不安をいったものである。出がけに緒が切れると、縁起が悪い（青森・福島・新潟・長野・岐阜・愛知・三重）、ゲンが悪い（和歌山・兵庫）、マンが悪い（島根県江津市）、不吉（岩手・秋田・山形・茨城・長野・岐阜・静岡・徳島・宮崎）、凶事がある（岩手・新潟・長野・岐阜・岡山・長崎・熊本）、悪いことがある（千葉・山梨・静岡・山口）、出先（旅先）で悪いことがある（秋田・長野・岐阜）などと不安視する。和歌山県野上町〈紀美野町〉では、出がけに履物の緒が切れたら旅を中止せよといい、同じことは高知県本山町でもいう。行動を起こす最初の不吉な出来事が、その後の展開に悪い結果をもたらすとの不安が読み取れる。

○新しい履物の緒が切れると、死者が出る（長野）、不吉なことが起こる（山梨県上野原町〈上野原市〉）、不幸が起こる（奈良県東吉野村）。結婚式の場で履物が切れると不縁のもと（岐阜）。神参りで履物の緒が切れると不吉（宮城県黒川郡）。
○岩手県東磐井郡では、旅立つ時に履物の緒が解けると百度解けるという。

履物　はきもの

(2) 旅立ち、病院と履物、長居の客

○福島県只見町で、旅に出かける日が不浄日にあたる場合は、前日に履物や道具を出しておくと難を逃れるという。新潟県堀之内町〈魚沼市〉では、七日旅立ちはするな、満足に帰ってこられないという。致し方ない時は前日のうちに他所へ履物を移して、そこから履き替えて出発するとよい、と伝えている。前日に履物を別の場所に置いておき、当日そこで履き替えることで、悪日の出発日をずらしたことにする便法（俗信的論理）である。栃木県塩原町〈那須塩原市〉では、縁起の悪い日に出かけるとか帰らなくてはならないときは、前日または前もって履物だけやって（移動して）おけば、その日に出かけてもよいといわれる。秋田県由利郡でも、不吉の日に旅立つときはその前の吉日に履物を出しておく、といい、長野県清内路村〈阿智村〉でも、旅立ちの日柄が悪いときは前日履物を出すという。福島県田島町〈南会津町〉では、旅に出て七日帰りはするものではないといい、やむを得ずその日に帰る場合は、出発前に履物に鉈を添えて近所へ預けておき、当日そこで履き替えて帰る。
○静岡県水窪町〈浜松市〉では、同じ日に家族が別々の方向に出かけるものではないという。これを出別れといい、もしそれが避けられない場合は、出別れにならぬように履物を軒の外に出しておく。同様の禁忌は、福島県棚倉町にもある。一軒の家から同じ日に二人以上が一緒に

出て、別々に泊まるものではないといわれる。やむを得ないときは、一人の履物と荷物を前日に隣の家にだして泊めておく。
○徳島県小松島市では、家を出る時に出て行く人の履物を内側へ向けておくと早く帰るという。かつて、出征する時にはこうすると早く帰るといわれた。人の進行方向と履物の向きは一体化している。そこから、履物の向く方向にその人（魂）を導こうとの願いである。長野県上伊那郡で、火事場から帰ってくると、履いていた履物を火事場の方に向けて木戸先に置く、というのは、火事場から憑いて来ているかも知れぬ邪悪なモノを、家に入れないための呪いであろう。
○神奈川県横須賀市では、入院する時は履物を持って行く。そうしないと、履物をはいて帰れないといわれる。山形県長井市では、病気見舞いに履物を贈ると早く良くなるという。その履物をはいて帰る、つまり退院することを想定した俗信で、履物が無いのは、いつまでも帰れないという不吉な連想を誘うのだろう。履物のなくなることを足を取られるといって、病院などではとくに嫌う（京都府宇治田原町）。
○岩手県陸前高田市矢作で、履物をひっくり返すと変事が起きるといって忌む。茨城県大宮町〈常陸大宮市〉でも、ぬいだ履物が裏返ると不吉という。長崎県壱岐郡〈壱岐市〉では、履物をひっくり返しておくのを、亭主の腹を干すといって忌む。
○長居の客には、客の履物の裏に灸をすえると帰る（岩手・秋田・新潟・静岡・山口）という。箒を逆さに立てる方法とともによく知られた呪《まじな》いである。もちろん、客には知られぬようにそっと行う。幕末から明治初期の世相を風刺した錦絵「当世長ッ尻な客しん」（一八六八年・三代歌川広重）には、いつまでも帰らない客を早く帰そうと料理屋の女二人が、草履の裏に灸をすえ、手拭を被せた箒を立てる場面が描かれている。長野県諏訪湖畔地方では、長居の客を帰すには、客の履物に塩をまくか、または下駄の裏へ三度唾を吐いてもよいという。
○家出をした人の履物に灸をすえると、その人は遠くへ行かない（奈良・和歌山）。新潟県十日町市高山では、人が逃げた時には付近にある履物に釘を打って足止めすると、逃げた人は動くことができない、といわれる。福島県小野町では、家出した人があまり遠くに行かないように、その人の履物に五寸釘を打つ。鳥取県日吉津村では、家出人があったとき、その人の履物に釘を打つと帰ってくるという。
○履物は乱雑にぬぐな（青森・秋田・福島・岐阜・愛知）。石川県金沢市では、履物は揃えて上がれ、泥棒が見ているという。散らかしていると、泥棒が入る（青森・秋田・福島・岐阜）、盗難にあう（愛知県西春町〈北名古屋市〉）といって心配する。和歌山県川辺町〈日高川町〉では、男の履物に洗面器をかぶせておくと泥棒が入らないという。山口県小野田市〈山陽小野田市〉や愛媛県松山市では、主人の履物に盥を伏せておけば盗人がはいらない、と伝えている。長野県諏訪湖畔地方では、泥棒が入らないように伏せた盥の上に履物をのせておくという。盗人除けのこの呪《まじな》いは、下駄についていわれることが多い。
○岡山県足守町〈岡山市〉では、大晦日には家の戸じまりをして履物を外に出さない。鬼が来て印をする。印のあるのを履くと病気になるという。同様の伝承は岡山県内各地にあり、岡山市などでも、大晦日には履物を外に出さない。鬼が来て判を押す。判のある履物をはくと病気になるという。鬼ではなく厄病神が来るという所もある。神奈川県平塚市須賀では、大晦日の晩に履物を外に出しておくものではない、履物に一つ目小僧が印をつけていく、と伝えている。大晦日は歳神が訪れる晩だが、それとともに鬼や厄病神もやって来る。歳神と厄病神は、年の境目に来訪する超越的な存在が帯びている両面だといってもよい。
○厄病神が来るのは大晦日だけでなく、暦日の替り目に出現する。和歌山県山路郷〈田辺市〉では、正月六日の夜に履物を戸外に出しておくと、病神がその履物に印を押すという。岡山県笠岡市金浦では、一月六日の夜には、厄病神（鬼とも）が屋外にあるものに残らず判を押して帰る。押されると病気になるとか不幸になるといって恐れ、とくに履物類は宵のうちに屋内に取り込む。夜はなるべく外に出ない。立春の前日の節分も年の替り目である。節分には履物は家の中に入れておく（宮崎県西都市）。節分の夜は履物を屋外に置かない。厄病神が判を押す（岡山県鏡野町など）。神奈川県川崎市麻生区や多摩区では、一二月八日の晩にメカリバアサンとか帳ヅケバアサンが外に置いた履物に判を押して帳面につけていく。名前をつけられた人は病気になるというが、一月一四日にセエノカミ（塞の神）に帳面を預けていくので、そのとき小屋を焼き払って疫病を防ぐのだという。静岡県御殿場市では、二月八日はコトヨウカで目一つ小僧が来て、出しっぱなしにしている履物や洗濯物に判を押すという。それを身につけると病気になる。目籠を下げたり囲炉裏でグミやカヤの木を燃やして悪臭をだし、目一つ小僧がこないようにする。山梨県鳴沢村でも、二月八日には外に履物を出しておいてはならないという。
○怪火に追われた時には、履物をぬいで頭に戴くとその火が去るという（徳島県板野郡ほか）。天狗が出たら履物をかぶれ（愛知）。

履物　はきもの

⑶天気占い、夢、その他

○履物を投げ上げ（蹴上げ）て表だと晴、裏だと雨とは全国でいう。横になれば曇り（山形・新潟・岐阜）は、主に下駄か靴による天気占いだろう。投げ上げる時は「あした天気になーれ」などと声をかける。和歌山県中津村〈日高川町〉では「あした天気になるか、空の神さんに聞いてこい」と言った。江戸時代後期の『奥州白川風俗問状答』に「又天気の晴雨を占ふに、あすは照るか降るかといひて、はきたる草履を片々づゝなげあげる。落て伏たるを降り、仰ぎたるを照りといひて占ひ遊ぶなり」とある。

○草履や草鞋を片方だけ作ってやめるな。そのような履物は、地震が来たら履いてはならない。少しでもよいのでもう片方も作っておく（福島県滝根町〈田村市〉）という。秋田県仙北郡では、履物を片足作っておき、雷鳴の時に切って捨てるという。緒を切るのだとすれば多分草履だろう。一般には、草履の片方だけ作るのは禁忌とされている。

○履物の前がすり減る人は親孝行、後ろが減る人は親不孝（岡山）。この俗信は、下駄についていうことが多い。

○履物の夢を見ると、大事な人と別れる（高知県東津野村〈津野町〉）、誰か死ぬ（福井県小浜市）といって心配する。福島県表郷村〈白河市〉では、履物を失う夢を見れば必ず家出人ありという。

○ムカデに咬まれたときは、すぐに履物を裏返す。砂地に「大」の字を書き、一と人の交わる部分の砂を取ってつけるとよい（福岡県田川市）。同県築上郡でも、すぐに履物を裏返せば痛みが取れるという。足が重くなったら履物の下に馬糞を付けると軽くなる（愛知）。葬式の時の履物を冬に使うと凍傷にかからない（秋田県山本郡）。疫病にかかった家では、履物と丸飯などを郊外に送ると疫病神が行ってしまう（岩手県二戸地方）。履物を高い所に置くと病人が絶えない（岐阜県美並村〈郡上市〉）。履物を燃やすと家族に足の不自由な者がでる（神奈川県横須賀市）。土俵の上を履物のまま歩くと怪我をする（和歌山）。

○履物を上手に作ればよい妻《かが》を持つ（岩手県花巻市）。履物の緒は左綯いにする（長崎県壱岐郡〈壱岐市〉）。葬式に出合ったら履物を入れ替えてはけ（愛知）。火事場に踏んで行った履物で踏んで帰るな（鹿児島県大根占町〈錦江町〉）。履物をはいて寝てはいけない。親の死に目に会えない（秋田県山内村〈横手市〉）。墓で倒れると履物を片足ほって（片方放って？）こないとやがて死ぬ（三重県芸濃町〈津市〉）。履物を間違えられたり盗まれたりすると心配事がある（愛知）。履物は、男は左から女は右から履く（群馬県大間々町〈みどり市〉）。自分の履物の上に人の履物がのると勝負に勝てない（長野県南信地方）。便所の履物をほかで履くと死にやすい（愛媛県大洲市）。履物をはかせるとき二人ではかせてはいけない（長野県上伊那郡）。

⇩下駄《げた》・草履《ぞうり》・草鞋《わらじ》

鋏　はさみ

(1)失せ物と鋏、切る縁、つなぐ縁

○物を失くした時は、鋏をしばって探すと見つかる（群馬・長野・岐阜・愛知）。群馬県板倉町では、失せ物を探す時は古くなって切れない鋏をしばって棚にのせておくという。とくに、針を見失った時の呪《まじな》いとする所（長野・愛知・岡山）もある。岡山県富村〈鏡野町〉では、針が見つからぬ時は鋏を紐でくくり「針をとめて（探して）くれたらほどいてやる」と言って探す。また、鋏を布で巻いておくと見つかる（新潟県畑野町〈佐渡市〉）とか、鋏と物差しをからげておくと出る（愛知）ともいう。縛ったり布で巻くのは、鋏本来の働きを奪うことにほかならない。不自由を解いてほしければ失せ物を探せ、と強請しているのであろう。忘れ物は鋏をしばって頼むと思いだす（愛知県大府市）との報告もある。さがす方法は縛るだけではない。失せ物は鋏を立てて探すと早く見つかる（愛知）という伝承もある。針を失くした時は、畳の目に鋏を立てる（長野県上伊那郡）、囲炉裏の灰に鋏を立てる（秋田県角館地方）。京都府美山町〈南丹市〉では、物をどこに仕舞ったのか分からなくなった時は、大黒柱の根元に鋏を立てかけておく。知らぬ間に鋏が倒れたら、その方角を見て探すと必ず見つかる、という。長野県上伊那郡で、針を失くした時は鋏を尻の下に隠すのは、不浄をもって鋏に迫る手段であろうか。長野県北安曇郡では、鋏を逆さにして「鋏の神さま針を見つけてください」と唱えれば出るという。山形県温海町〈鶴岡市〉では、物の行方が分からなくなった時は、鋏の刃の先を手前にして神様に供えて拝む。そうすれば、置いた所を思い出すか、二、三日後に出てくるものだという。ほかにも、針を失った時は「清水の音羽の滝の尽きるとも、失せたる針の見えぬことなし」と紙に書いて鋏に結びつけると出てくる(愛知)という。

○今野圓輔『檜枝岐民俗誌』に「縁切りの呪法」として次の記述が見える。「鎮守の下にある橋場の婆様の傍に小さな石の宮がある。人の縁—主に恋人同士や夫婦間において—を切りたい時は、よく切れる鋏を供えて祈願し、反対に縁を切りたくない時には錆びた鋏を供えて祈願する。縁を切りたくないという願望は多くは結婚前の男女に多い。」とある。福島県檜枝岐《ひのえまた》村の橋場のばんば(婆様)の石像は、元は橋のたもとにあったのが明治三五年の大洪水の際に現在の地に移されたと伝えられている。望まない縁組に悩んでいた村の若者が、縁を切りたいと鋏を供えたのが始まりだという。鋏といえば縁や災厄を切るイメージが強いが、ここでは錆びた鋏を供えることで、切れない状態を縁が切れない関係へと結びつけているところがユニークである。ただ、錆びた鋏はすぐには用意しづらいためか、紐で縛った鋏も多く供えられている。静岡県御殿場市の神場山《じんばやま》神社は、神社で借りた鋏を枕の下に敷くと病気が治るといわれ、回復すると一回り大きな鋏をお返しするという風習が伝えられてきたという。災厄を切るとされる大小の鋏が奉納されていることで知られる。

○身体に針が刺さった時は傷口を鋏でたたくとよい（群馬・茨城・福井・長野・岐阜・京都・奈良・佐賀）。血が止まる（群馬・茨城）、痛みがとれる（愛知）、化膿しない（奈良・佐賀）という。たたく時には、鋏の握りの方で叩く（群馬・茨城・福井・長野・岐阜・愛知）所が多い。岐阜県南濃町〈海津市〉では、鋏で三回たたくと治るといい、和歌山県紀北地方でも、鋏の尻で三度叩いておくと痛みがとれるという。京都府東丹波では、鋏でたたいても血が出る時は、紙一六枚を押し付けて、一六までの九九を唱えると止まる、と伝えている。兵庫県武庫郡では、鋏で傷口を押さえれば出血しないといい、茨城県出島村〈かすみがうら市〉では、鋏で三回押しておくと化膿しないという。滋賀県水口町〈甲賀市〉では、針が刺さったら鋏の握りの方を立て「くろがね、くろがね」と言うと膿まない、といわれる。

(2) 鋏と魔除け、その他

○妊婦は鋏を、懐に入れてはいけない（青森・石川・岐阜・大阪・奈良・和歌山・徳島・沖縄）、跨ぐな（福井）という。陣痛が起きたとき、鋏を寝床の下に入れておくと治まる（静岡県藤枝市）。鹿児島県瀬戸内町では、子供が生まれると同時に軒先に包丁や鋏などの鉄器類を差す。ケンムンなどの妖怪に運命を左右されないためだ。赤ちゃんを「かわいい」と言うと、魔物に奪われてしまうともいわれる。福島県西郷村では、分娩直後に産婦の床《とこ》下に鋏、物差しなどを入れてやると不時の出血をしないという。お産のあと腰が痛むときは、産婦が知らないうちに鋏と物差しを床の下に入れると治る（同県三島町）。

○子供の夜泣き封じに鋏を用いる所がある。枕の下に鋏を敷いておくと夜泣きが治る（福島・三重県多気町）。夜泣きする子の枕元に鋏を置くと泣かなくなる（福島・茨城県土浦市）。一つの地域で幾通りもの呪《まじな》いが伝承されている例も少なくない。たとえば、福島県平田村では、乳児が夜泣きをする時は、蓑を逆さに吊るす。「天知る地知る」と書いた紙を逆さに吊るす。鬼の面、マゴジャクシ、鋏、出刃包丁を枕元に置く、といった呪法が伝えられている。
○生まれて間もない子の魂は、不安定で邪霊の手にかかりやすいと考えられてきた。香川県志度町〈さぬき市〉では、生まれたばかりの赤ちゃんの枕元には、手ばさみ、出刃などの切れ物を置く。魔物に喰われないよう刃物を必ず置くものだという。徳島市では、嬰児を害する魔障を除くために、子供の布団の下に鋏を敷く。沖縄県宜野座村では、幼児の枕元に光り物（刃物や鋏など）を置くと厄除けになるといい、同県嘉手納町では、子供の枕元に鋏を置いておくと悪霊などのヤナムンから守られるといわれた。同県読谷村では、病人や妊婦、乳児の枕元にはサンの代わりに鋏や左縄などを置いて魔除けにしたという。サンは邪霊を防ぐためにススキなどの先を結んだ呪具。
○千葉県我孫子市で、経帷子を作るときは鋏を使ってはならないとされ、手で引き裂く。広島県加計町〈安芸太田町〉でも、死んだ人の着物を縫うときには鋏を使わず、糸のこぶをつくらない。岐阜県串原村〈恵那市〉では、仏の着物を縫うときは鋏や物差しを使うなという。死に装束を作るとき鋏を使わない土地は広い（青森・千葉・長野・岐阜・愛知・滋賀・和歌山・兵庫・広島・鳥取・山口・長崎）。佐賀県東脊振村〈吉野ヶ里町〉で、鋏を使わずに布を裂いてはいけないといい、福岡県北九州市で、布を切るには必ず鋏で切れ、手で裂くなというのは、葬送習俗との関係が深い。岐阜県高鷲村〈郡上市〉では、遺体の上に鋏、剃刀などをのせる。これはネコを避けるためで、ネコが遺体を飛び越すと、そのネコが死なないうちは遺体も死ないという。福島県玉川村では、死者の胸の上に箒・鋏・小刀などをのせておく。これは、ネコの魂が仏に乗り移らないようにするためである。福井県敦賀市立石でも、鋏や剃刀を遺体の上にのせる。遺体を狙って徘徊する目に見えない悪霊は、ネコに象徴されて恐れられた。鋏は、邪霊から死者を守る魔除けの呪具である。高知県土佐山村〈高知市〉では、葬式の際の襟なし着物やサンヤ袋などを縫うのに使った針や鋏は、庭に火を焚きカネ祓いをしてその火で炙るという。

○瘧は病人の知らぬ間に床の下へ物差し、鋏、剃刀を入れておくと落ちる（福井）。腹痛の時は、鋏か小刀で病人の腹をつつき、一度つく度に「アブラオンケンソワカ」を黙禱する（福島県檜枝岐村）。体が押さえつけられるようになった時は、鋏を布団の下に入れて寝るとよい（和歌山県南部川村〈みなべ町〉）。いびきをかく時は布団の下に鋏を入れれば止む（同県太地町）。夢を見て困るときは枕の下に鋏を入れて寝るとよい（長野県北安曇郡）。

○その他の俗信。香川県高室村〈観音寺市〉では、着物を裁つとき、肩の目に鋏を入れる際に唱え言をする。男物なら「朝姫のおしえはじめし唐衣　きるたびごとによろこびあれ　アビラウンケンソワカ」と三回唱え、女物なら「きるたびごとに」を「たつたびごとに」と変える。鋏を投げるな（栃木・山梨・愛知・長崎）。投げると、切れが鈍くなる（愛知県名古屋市）、裁縫が上達しない（栃木県宇都宮市）、ばちがあたる（山梨県中巨摩郡）という。女は鋏と尺度を跨ぐな（福島県喜多方市）。鋏・物差しを跨ぐとばちがあたる（長野県塩尻市ほか）。鋏で綿を切ると寿命が縮まる（岐阜・愛知県一宮市）。一つ鋏で何人も切ってはいけない（長崎県宇久町〈佐世保市〉）。爪を切ったあと同じ鋏ですぐに爪を切ってはいけない（佐賀県東脊振村〈吉野ヶ里町〉）。元旦は鋏を持たない（兵庫県赤穂市）。

機　はた

(1)機織りの吉凶と禁忌

○岡山県上刑部村《かみおさかべ》〈新見市〉では、正月に機を織らない。織ると悪いこととか死人が多いという。群馬県太田市では、旧正月中は機織りをしてはならない。機織りをすると目がつぶれるといわれた。山梨県勝山村〈富士河口湖町〉では、正月一か月間はハタヤスミ（機休み）といって機織りを休んだ。この間に機を織ると産が重くなるという。

○三月三日の節供に機織りを忌む（岩手・宮城・福島）。福島県白沢村〈本宮市〉では、三月節供の雛飾りをしてから機を織ってはならない。雛が飾ってあるうちはだめという。新潟県八海山下（南魚沼市）では、旧五月六日を六日《むいか》菖蒲《しょうぶ》といって、この日は田掻きや機織りをすると凶作になるという。五月は田植えの月であり、かつては重要な物忌み月であった。神奈川県三保村〈山北町〉や和歌山県那智勝浦町ではサツキバタ（五月機）は織ってはならないといい、福島県猪苗代町では、五月機を織ると死人がでるといって忌む。奈良県奥宇陀地方では、五月機の禁忌を節機《せつばた》と呼んでいる。この禁を犯した女は、以前はチギリ（縦糸を巻く道具）を負わされて、七尾七谷を追いまくられた。その人は三年のうちに死ぬともいったという。江戸時代後期の『伊勢国白子領風俗問状答』に「此《この》月節（五月節供）に入る七日前より機織を禁ず、もし犯すものあれば赤裸にして、池の堤にて機具を持て踊らしむる掟也」とある。五月の機織りを忌む伝承は各地に多い。

○機織りを忌むその他の伝承。福島県郡山市では、二月八日は機織りをしない。やむを得ぬ時は蓑を逆さに吊るす、という。愛知県渥美町〈田原市〉では、おんぞ祭りには機織り、針仕事、髪結いをしない。『三州奥郡風俗図絵』（一九三六年）に、四月十四日の御衣祭詣《おんぞまいり》について「此の日は伊良湖明神の祭礼で村中殆ど全部

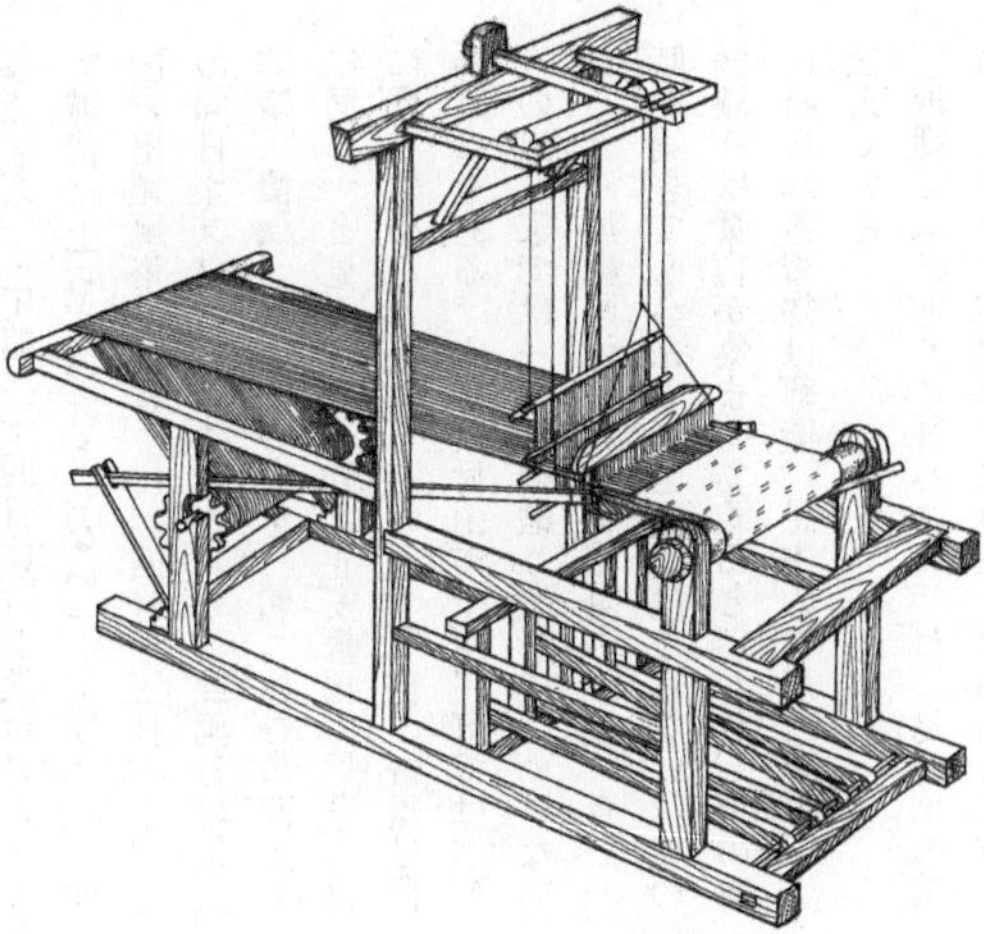

高機

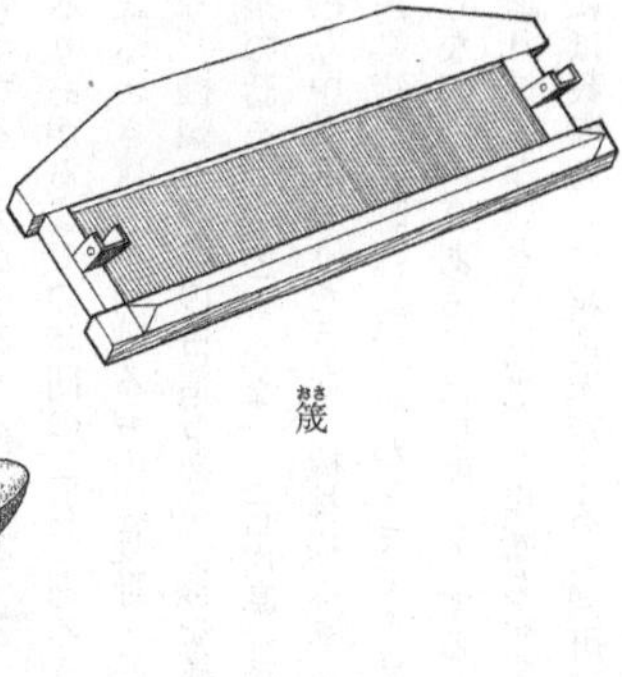

筬《おさ》

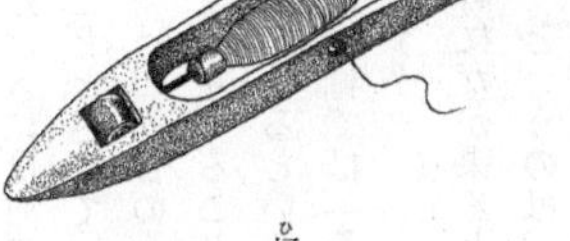

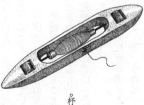

杼《ひ》

参詣する。（中略）十四日には女達は針止めとて織機に上らず握針もしない」とある。『三河国吉田領風俗問状答』に「四月十三日、十四日の両日オンゾといふことありて、此両日は婦人、紡績、機織、裁縫等の業を一切ニ休む事四民共に同じ」と見える。長野県北安曇郡で、丑の日に機を始めると長引くという。同様の俗信は群馬県にもある。山形県村山市や西川町では、死人の出た家では一年間機織りをしてはいけないという。沖縄県竹富島〈竹富町〉では、夜一一時を過ぎてから糸車を回してはならない。夜の機織りは魔物が集まってくるといわれ、その時に織られる着物は葬儀、忌中の初着となる、と伝えている。

○沖縄では、トゥイヌハニカサビ（鳥の羽の重ね）といって、酉の日に機織りを始めると吉、といわれる。福島県猪苗代町では、機の織り始めの日に神様に灯明をつけて祈る。長崎県芦辺町〈壱岐市〉では、機を織り始めるときにはヤナギの枝を機にのせ、織り上げたときには布の端を切り取り荒神様に献上することとされている。北九州でいうヒバタ（日機）は、一日のうちに機にかけて織り上げ、着物に仕立てること。赤子の歯が上から生えたときなどにするという。機を立てる吉凶として、愛知県豊根村では「急がば立てよおろすなひつじ」という。

○長野県南箕輪村で、機を綜《へ》る時に女が来ると短くなる。男が来ると長くなる、というのは、織りあがるまでの時間のことであろうか。機を綜るときは墨をつけるもの（長野・愛知）という。機織りの際の俗信もある。機を織るのにサルの話をするとよくない（石川県江沼郡）。機織り中は歌をうたうな。機神様は歌が嫌い（福島県猪苗代町）。織り終わるまで不浄な行為はしない。汚れある日は塩祓いをする（同町）。織り進まないときは茶断ち塩断ちをする。ときには穀断ちして精進潔斎する（同町）。機を巻くとき、男の人が跨ぐとその機はなかなか織ってしまえない（長野県上伊那郡）。機巻きするときに使った細引き縄は、すぐにほごしておかないとお産が重い（神奈川県津久井郡〈相模原市〉）。機の織り付けはその日のうちに取るものだ（長野県北安曇郡）。織り付けをその日に取ってしまえない時は針を刺しておけばよい（同郡）。キリシネ（機の織りじまいの屑糸）は淡島様に上げる（福島県猪苗代町）。機を織り終わったら、はたし（織機）を裸でおくな。一尺でも織りつけて夜を越せ。はたしが風邪を引くから（同町）。

機　はた

(2) 筬と杼の呪力、その他

○機織りの道具である筬《おさ》や杼《ひ》（梭・経糸《たていと》の間に緯糸《よこいと》を通す道具）には俗信が多い。高知県南国市で、夜間妖怪につけられた時は、筬ですかしてみるとその正体がわかるという。妖異は正体が露見すると人間をたぶらかすことができないとされる。石川県河内町〈白山市〉では、棟上げの時に天狗が家に巣を掛けないように、天狗の嫌いな塩サバを一尾あげる。サバが無い時は大工の尺棹を逆さまにしてゴテ柱に下げるか、機織りの筬を下げてもよいという。目の多い筬は、櫛や物差しなどと同じく魔除けの呪具とされてきた。

○埼玉県東秩父村では、死者は北枕にし、その上に男は使い古しの鎌など、女は機織りの筬をのせる。猫が飛ばないようにとの呪《まじな》いで、同様の伝承は栃木県芳賀郡にもある。長野県小川村では、人が死ぬとこぬか団子二つと米の団子二つを作り、それに縫い針を刺したが、同時に筬《おさ》歯《ば》を刺すこともあったという。岩手県遠野地方では、オサバシ（筬橋）と称して、出棺の際に軒下の雨打ち際（雨だれ）に筬を渡しておく。愛知県豊橋地方では、産婦が死ぬとアライザラシといって道端に棚を設け、塔婆を祀り、産婦の用いた筬を吊るしておき、夫は毎日水を手向けに行き、筬の竹を一本ずつ折って帰り、それが無くなるまで続けた。

○生まれたばかりの子の枕の下に筬を敷く（佐賀県大和町〈佐賀市〉）。産婦が後腹の痛む時は、当人の知らぬ間に尻の下へ筬を入れておく（福島県田島町〈南会津町〉）。群馬県では、瘧《おこり》を落とすには布団の下に筬を入れておくとよいといい、石川県珠洲市でも、本人に知らせずに床の下に筬を置けば瘧が治るという。痔の病で困るときは、機の筬を病人の袖から半分出し、北向きの厠に行って「痔の病を治し給え、治すればこの筬の全形を見せん」と祈れば治る（大阪）。

○クエ（山崩れ）の時は、機織りの筬をクエの頭（山崩れのあった一番上）に差しておく。こうすると、さらに崩れるのが防げる（埼玉）。

○高知県香我美町徳王子〈香南市〉では、投げた梭《ひ》がそばにいる子供に当たると、そこから腐るといい、唱え言をしながら梭の爪の部分をなめさせたという。梭の両端には、爪と呼ぶなめらかなシカの角の細工をはめ込んであった。シカの角は猿猴《えんこう》除けなどの魔除けに用いられる。梭の力にシカの角が加われば呪的な効果は大きい。

○憑き物を落とすのに梭を通した水を飲ませると、口走り始めて治るという（島根）。

○お産が終わらない時は、地機の梭を腰に入れると安くすむといった（新潟県吉川町〈上越市〉）。福岡県岡垣町では、後産が下りない時は梭の中に水を入れてその水を飲むという。群馬県太田市で、後産が下りないときは、産婦に杼を飲ませると出てくる、というのも同様のことをするのであろうか。福井県美浜町で、生児の耳たぶに小さな穴があいているのは、産神さんが機織りのツミ（錘）で突いたためという。

○新潟県上川村〈阿賀町〉では、死者の周りに屏風をまわし上下二か所をしばる。その上に棒を渡して筵を一枚のせ、筵の上には鎌と地機用の大きな杼をのせるという。また、死体の上に杼をのせる（愛知県渥美町・赤羽根町〈共に田原市〉）所もある。
○近世後期の『出羽国秋田領風俗問状答』に「すでに戸外へ出んとする時、機具の梭を跨ぎて出る、是は往事のすみやかなるをとるにて候」とある。
○機を織りかけて病みつくと、長患いとなる（長野）、治らない（長野・愛知）という。長野県南箕輪村では、機やねこ（袖なしの防寒着）を織るとき病人が出れば、早く仕上げないと病気が長引くといわれる。機織りのわくを頭にのせると、一生頭のできものが治らない（山梨）。
○ソラデ（過労などによる手の痛み）には、機を織ったときの端切れで、男は女の末子に手首をしばってもらい、女は男の末子にしばってもらう（茨城県桜村〈つくば市〉）。高知県東津野村〈津野町〉では、子供がくつぶき（百日咳）のときは「隣の機はいつおれたやら、今朝は聞こえぬくつぶきの音」と書いて門口に貼る。
○古くなった織機を燃やしてはいけない（山梨・広島・島根・山口・徳島）。気がふれる（山梨・山口）、神経病になる（島根）という。高知県越知町では、不用になった機道具は神社の境内など清浄な場所にもっていく。機織り機などは焼かずに川に流せ（広島）という所もある。
○機織りの夢は不吉とされる。機織りの夢を見ると、悪い（長野・鳥取）、人が死ぬ（長野）、不幸が続く（同県大町市）という。三重県桑名市では、白い機を織る夢を見ると凶事ありといい、同様の例は長野県にもある。
○双子を生んだ人の機道具を借りると双子を生む（高知）。双生児を生んだ人と機織りをすると双生児を生む（長野）。双生児を生んだ人と機を引っぱると双生児を生む（愛知）。
○妊婦が機を織るのはよくない（岩手・茨城・奈良・高知・沖縄）。生まれる子の耳に小さな穴があく（茨城・高知・沖縄）という。岩手県盛岡市では、お腹が大きくなって機を織ると、腹の子が縦になったり横になったりして悪いという。

○その他の俗信。閏年に機道具をこしらえると年子を生む〈福島県いわき市〉。手拭をかぶって機織りをすると皮をかぶった子ができる〈福岡県甘木市〈朝倉市〉〉。ヌノバタ〈機織り機〉の下に寝ると死ぬ〈沖縄県北谷《ちゃたん》町〉。杼に突かれると死ぬ〈秋田県大内町〈由利本荘市〉〉。織機具を叩くな〈香川県三豊郡〉。機織りの道具を跨ぐな〈福島県猪苗代町〉。糸取り車を空車で回すと機が下手になる〈新潟〉。夜、女は機織り道具を持って外に出てはいけない〈高知県越知町〉。機織り道具を持って淵の上を通ってはいけない。淵の主に誘い込まれる〈同町〉。

鉢巻　はちまき

○青森県舘村〈八戸市〉では、出産後すぐ十粒から五十粒くらいの生米を産婦に嚙ませる。またこの時、頭の血が下がるといって麻糸を左綯《な》いに綯ってこれで鉢巻をする、という。分娩のときは、産婦は鉢巻をして頭上へ塩祓いをする〈長野県豊丘村〉。産婦はお札を鉢巻の中に入れてそれを頭に巻きつける〈福井市〉。新潟県山古志村〈長岡市〉では、難産のときは親類が集まり、鉢巻をしてみんなでうなるという。難産を救う力み声による合力であろう。群馬県太田市では、鉢巻を腰にしめるとお産が重いといって忌む。

○夜、幽霊に遇ったりシチ〈シチマジムン〉に遇ったときは、自分の褌で鉢巻をするか、手に持って打ち振るとよい〈沖縄県名護市〉。漁師が海中に潜ると大フカ〈鱶〉が襲ってきた。赤い鉢巻をフカの目の前に広げたところ、フカは逃げていった〈同県〉という。

○便所には鉢巻、頬かむりをしたまま入るな〈山形県白鷹町〉。鉢巻をして相撲を取ると怪我する〈新潟県赤泊村〈佐渡市〉〉。だしの風〈南東の風〉が吹くと鉢巻をしなければならない。気分が悪くなる〈新潟県中条町〈胎内市〉〉。

○頭痛にはねじり鉢巻をする（茨城県東海村）。五月節供のショウブで鉢巻をすると、頭痛にならないとか頭痛が治るというのは全国的である。夏病みをしない（愛知・山口）ともいう。ヘビのぬけがらで鉢巻をすると頭痛が起こらない（福岡県田川市）。百日咳は、しゃもじに人の顔を描いて赤布で鉢巻をさせ、人通りの多い道脇に立てて、千人の人から見られると治る（福岡）。

○庄内地方（山形）では、水神様のヘビは頭に白い鉢巻があるのですぐわかるという。長野県北安曇郡では、鉢巻したヘビは神様のお使いという。

○石の周囲に白や黒の筋が一周しているのを鉢巻石といい、これを家におくと病人が絶えないという（新潟県長岡市）。

鼻緒　はなお

○下駄や草履などの鼻緒（緒）が切れると、縁起が悪い、不吉、凶兆とは全国的にいう。長崎県南有馬町〈南島原市〉で、家を出る時に下駄の鼻緒が切れると、災難に出合うか行先で災難があるという。長野県坂城町では、旅行に立つとか外出する時に草鞋や草履、下駄の鼻緒が切れると、不吉なことがあるので、旅行を見合わせるとか外出を慎むということがあった。沖縄県では、朝の出がけに下駄の鼻緒や靴の紐が切れると縁起が悪いという。愛知県名古屋市では、草履の緒が抜けたり切れたりした時は旅立つなという。このように、家を出る時に切れるのを忌む例が多い。

○秋田県平鹿郡では、葬式や墓参りの時に下駄の鼻緒が切れるのを嫌う。岩手県九戸郡では、墓参りで鼻緒が切れると病気が治らないといい、栃木・神奈川県では、墓で転んだり鼻緒が切れたりすると死者に招かれる、といわれる。山口県福栄村〈萩市〉では、死人の墓に供える草履は鼻緒を切っておかないと、死人が蘇生するという。井之口章次は『日本の俗信』で「葬式のときは、新たに作った草履をはいて野辺送りで墓へ行き、帰りは鼻緒を切って墓場に捨ててくるものなのである。だから、鼻緒の切れた草履を見ると葬式―死を連想する。それが『草履の鼻緒が切れると、よくないことがある』という予兆の形をとり、靴の紐にまで、つながっているのである」と説いている。

○秋田県平鹿郡では、寺社の付近で下駄の緒が切れると悪いことがあるという。また、新しい鼻緒が切れると災難が来る。とくに夜切れると一晩中運が悪い（愛知）という例もある。新しい下駄を履いて便所へ行くとよく緒が切れる（長野・愛知）ともいう。

○結婚式の場で履物の緒が切れると不縁のもと（岐阜県海津町〈海津市〉）。新潟県十日町市高山では、嫁入りのとき下駄の鼻緒が切れると不吉というが、一方では、嫁入り後すぐ下駄の鼻緒を切ると嫁が実家へ戻らない、と伝えている。後者は、意図的に切ることで実家への未練を断ち切り、婚家に末永く居着くことを願う呪《まじな》いである。

○大阪府茨木市では、夏に角結《つのむすび》草履を履いているとマムシに咬まれない、といわれる。角結びとは、足半《あしなか》の前鼻緒の両端を角のように出した結び方をいう。伊豆の八丈島（東京）には、足半の前緒の結び方の一つにヘビツブリというのがある。鼻緒の部分で結んで、端が両方へ出るようにしたもので、この草履を履くとマムシに咬まれぬという。鼻緒に角がついている草履を履いているとヘビが逃げる（青森県七戸町）とか、山仕事の鼻緒は角結びにせよ（和歌山県大塔村〈田辺市〉）という土地もある。足半草履のツノ（鼻緒の部分）の形がナメクジに似ているのでヘビが怖がるともいわれ、ヘビの予防に足半を履く（岩手）という伝承もある。

○愛媛県内海村〈愛南町〉では、道を歩いていると「草履をくれ」といってノツゴが追いかけてくる。すると、急に足が重くなってどうにも歩けなくなるが、草鞋のチ（乳）か草履の鼻緒を切ってやると、足の自由が利くようになるという。千葉県館山市では、海の怪として、時化日和のとき明かりを出したり山になったりすることがある。その時には、草履の鼻緒の間から見るとその正体がわかる、と伝えられている。山梨県富士吉田市では、送り狼につかれたら、懐手をしてはいけないといわれる。転んだ時は「下駄の鼻緒が切れた」と言う。大分県臼杵市野津町泊では、ウブメから「草履の鼻緒が切れるまで、この子を抱いてくれ」と頼まれたら、鎌で草履の鼻緒を切るとよい、という。

○下駄の鼻緒が切れた夢は、よくない（岩手・宮城）、不幸の知らせ（山形県長井市）。

○同年齢者が死んだ時は、皮箕で耳をふさぎ「いいこと聞けよ、悪いこと聞くな」と言って、片緒を切った足高草履にぼた餅をのせて三叉路に置いてくる（福島県郡山市）。葬式に履いた紙緒の草履を履いて夜を歩くと山に行っても淋しくない（岡山）。

○麻疹や疱瘡は、赤飯を赤い紙にのせ、緒の切れた草履に上げて道の辻に置いてくるとよい（山形県米沢市）。幼児の夜泣きは、草鞋の緒の切れたのを納戸に吊るせば治る（石川県高松町〈かほく市〉）。大工が建前に履いた草履の横緒を切って屋根に上げておく。夜泣きのときは、それを持ってきて枕元に置き、夜泣きのたびに釘を草履に打ち付けるとよいという（長野県豊科町〈安曇野市〉）。

○妊婦は下駄の鼻緒をすげ替えてはいけない（三重）。草履の鼻緒を左巻きにすると雷が落ちる（愛知）。下駄の鼻緒の金（前金）を財布に入れておくと小遣い銭に不自由しない（愛知県美浜町）。⇩足半《あしなか》・下駄《げた》・草履《ぞうり》

腹巻　はらまき

○尾張富士のお手拭きを腹巻にすると、夏病みしないし寝冷えもしない（愛知）。産の後産を貰ってきて、温かいうちに腹巻にくるんで腹に

抱くと妊娠する（福島県北塩原村）。泉山六地蔵の胸当をきれいに洗って、子供の腹巻に作り直し使うと元気に育つといわれる（佐賀県有田町）。戦時中は、千人針を腹巻として身につけていれば、戦場で弾に当たらないと信じられていた。⇩千人針《せんにんばり》

針　はり

⑴お針を休む、正月、針供養

○縫い針に関する俗信には、針自体の伝承をさす場合と針仕事をいう場合とがあるが、本項では双方を含めて紹介する。元日に針を使ってはいけない（山梨・岐阜・佐賀）という。岐阜県では、元日には針や箒は使わないし、髪を洗ってもいけないといわれる。歳神を迎えて一年の幸を祝う正月に、掃き出す（箒）、洗い流す（洗髪）、刺す（針）といった行為を嫌うのであろう。山梨県下部町〈身延町〉では、元日に針を使うと一年中金が残らない、といって忌む。長崎県壱岐郡〈壱岐市〉では、縫い初めは正月二日で、ユズリハを二枚合わせて糸で縫い神様に上げる。それ前には針仕事はしない。ほかにも、一月二日の縫い初めをするまでは針を持ってはいけない（京都）、縫い初めまでは針仕事をしない（岡山県各地）、正月七日過ぎないうちは針もつな（岩手県水沢市〈奥州市〉）という。青森県平賀町〈平川市〉では、小正月には針を持つなといわれる。各地で正月一六日に針を持つな（青森・岩手・秋田・長野）といい、青森県碇ヶ関村〈平川市〉では、旧暦正月一六日に針仕事をすれば、死後地獄に落ちて針の山を渡らされる、と伝えている。長野県生坂村でも、おせい日（一月一六日）に針を持つと針の山へ行くといって忌む。秋田県由利郡や新潟県赤泊村〈佐渡市〉では、正月に針を買ってはならぬという。

○古針や折れ針の供養をする針供養は、二月八日または一二月八日が多いが、両月とも行う土地もある。古針を、豆腐やコンニャクに刺して

供養する。新潟県佐渡〈佐渡市〉では、一二月八日は針千本という魚が浜に上がるといわれ、これを拾って魔除けにするという。この日は針仕事を休む。針供養の日に針を持つと、手が曲がる（栃木県芳賀郡）、指にひびがはいる（埼玉県白岡市）、足に針がたつ（福井県高浜町）、怪我をする（福島）、火元になる（栃木県芳賀郡）という。『人倫訓蒙図彙』（元禄初期）の針供養には、古針を集めて廻る願人と針を差し出す人物を描き、「かれがいふを聞ば、女中方《がた》年中つかい、又は折たる針の恩徳《おんどく》ふかき也。それに供養をせざれば地獄に落《おつ》る。此故に、はかなき女童是におどろき銭をとらる、なり」とある。『誹風柳多留』に「針供養宗旨もしれず寺もなし」（天保六年〈一八三五〉）の句が見える。

○初午（二月最初の午の日）には、針仕事をしない（栃木・群馬・埼玉）。初午にお針をすると火事になる（栃木・埼玉）という。埼玉県越谷地方では、二月の午の日に針を買うとその針は火に還るといって忌む。福島県三島町では、三月三日の淡島様の日に針仕事をすると腰から下の病になるという。

○七夕の日は針仕事をしない（香川県高室村〈観音寺市〉）。お盆の一三日に仏様をお迎えしてから一六日にお送りするまでは針を持ってはいけない（京都）。埼玉県越谷地方では、盆の七月一五日に針仕事をすると愛嬌が落ちるという。ほかにも、盆の一六日に針を使うと、仏様の足に刺さる（長野県生坂村）、ウマが飛び出す（青森県三戸町）といって忌む。

○沖縄ではウマチー（麦・稲の祭祀）や旧暦四月のアブシバレー（虫払い）の日には針を使わない。禁を破るとハブが出るという。同県宜野座村では、ハブに咬まれるといわれる。栃木県宇都宮市二荒山神社のおたりやさい（春渡祭・一月一五日と一二月一五日）に、お針をすると不吉が起きるといい、針仕事は休むことになっている。千葉県木更津市高柳では、一二月二七日をミカリサマの日として恐れていた。この日は、夕食後針仕事など夜なべ仕事は一切してはならない。昔、働き者が夜なべ仕事をしたところ、どこからか火の玉が飛んできて丸焼けになったという。愛知県長久手町〈長久手市〉では、四月のおんぞ祭り（御衣祭）には針仕事をしない。同県犬山市でも、おんぞの日には針を使えないという。

○朝は針を使ってはならない（青森・岩手・秋田・山形・愛媛・福岡・沖縄）。怪我をする（青森・岩手）、不吉なことがある（富山県福岡町〈高岡市〉）、その日一日縁起が悪い（沖縄）、一日の良運を閉ざしてしまう（同県）といって忌む。青森県五所川原市では、山仕事をする人は朝の出がけに針仕事をするな。山の神は女の神さまだから、といっている。とくに、朝の早い時間に使用するのを嫌ったようで、朝早く針を使うな（沖縄）、朝飯前に使うな（岩手）、朝仕事前に使うな（富山）という。沖縄県名護市や大宜味村では、朝は針を売ってはならぬという。高知県十和村〈四万十町〉でも、朝早く針を売るなという。和歌山県高野口町〈橋本市〉では、朝縫い針を買いに行くと、商いが細いといって商人が怒るという。朝のほかに夕方や夜の使用を忌む例もある。夕方針を持つな（鹿児島県栗野町〈湧水町〉）、夜針仕事をするな（秋田県南秋田郡・沖縄県本部町）といわれる。花柳界では夕方電気がつくと、針を使用するのをハリ（貰い無しに仕舞う）といって忌む（大阪）。愛媛県西条市では、夜間に塩や針を借りに行くのは縁起が悪いといって忌む。秋田県南秋田郡では、点灯後は針は売らぬといい、沖縄では朝と晩との針の売買を忌む。

○外出する時に針を使ってはいけない（香川県香川町〈高松市〉）とか、旅に出る日に針を使うと旅先で怪我をする（鹿児島県中種子町）と忌むのは、出針の禁忌と通ずる心意といってよい。神奈川県横須賀市走水では、昔は家の主人が伊勢参りなどの長旅をするときには、家に残った家族は帰るまで針を使ってはいけないといわれた。使うと旅先で足を痛めるという。

○針は死に関する習俗とも関係している。家に死者があると一週間は針仕事を忌む。針を使うと死者が足を痛め極楽へ行けない（静岡県長泉町）。四十九日の間は針を使わない（秋田・千葉・神奈川・静岡・沖縄）。千葉県浦安町〈浦安市〉では、家族が死ぬと死者の魂は四十九日のあいだ棟にいるので、その期間は針仕事は一切してはいけない。すれば死者が針のお山に登るといい、針仕事が必要なときは他所の家でする。静岡県沼津市でも、この間に針を使うと死人が針の山を歩くという。沖縄県竹富町では、忌中の家では四十九日のあいだ針仕事が禁じられている。針を使うと死人が極楽へ行く道をふさぐといわれる。

○納棺のとき、女であれば糸巻き、櫛、笄、簪、一本針を頭陀袋に入れてやる。針はわざわざ一本だけ買う（福岡県大島〈宗像市〉）。死人には男女を問わず針と糸を持たせる（山口県萩市大島）。人が死ぬと、ヨツダンゴといってこぬか団子二つと米の団子二つを作り、それに縫針を刺した（長野県小川村）。妊婦は葬式に行ってはいけない。やむを得ず行く時は、着物の裾に針をつけて焼香すればよい（大阪府阪南市）。葬式のときに撒いたお金で針を買って行けば大漁（鹿児島）。墓の前で針を拾ってはならない。グソー（あの世）の人から請求される（沖縄県大宜味村）。

針　はり

(2) 針を粗末にするな、裁縫が上達

○針を粗末にすると、死後針の山を登らされる（青森・秋田・宮城・群馬・千葉・神奈川・福井・長野・愛知・静岡・滋賀・京都・奈良・和歌山・兵庫・岡山・佐賀）、針地獄に落ちる（新潟・岐阜・愛知）、死んでから針の穴をくぐらされる（岩手・兵庫）、指病みをする（岐阜県垂井町)、目がつぶれる(愛媛)、難産する(岡山)、女がすたる(京都府京北町〈京都市〉)、罰があたる(長野)という。因みに鯨井千佐登は、指切りの誓言で、違約したら針の穴三度くぐれ、と唱えることに注目し、針の穴が「この世」と「異界」の境界と見做された民俗的心性があったことを説いている(『境界紀行』)。京都府宇治田原町では、商売に出たとき針をなぶると、帰りに怪我をするという。
○針を失くすと死んでから針の山に追われる(秋田・佐賀)。針を沢山失うと出世できない(富山県氷見市)。
○沖縄では各地で、針をやったり貰ったりするなという。岩手県陸前高田市や住田町でも、針は人にやるものではないといい、やるときには「石橋の腐るまで貸す」と言う。
○針を畳に刺してはいけない(福井・愛知・和歌山・鳥取・高知・佐賀)。耳に穴のあいた子ができる(福井・和歌山)、目がつぶれる(愛知)、良人を見殺す(佐賀)という。高知県土佐市や布師田《ぬのしだ》(高知市)では、着物を縫うとき針を畳に立てるのを忌む。死者の着物を縫うときは針を畳に立てて縫うため、だという。畳に限らず家の中のものに針を刺すのは、一歩間違えば怪我をしかねない危険な行為といってよい。富山県氷見市では、壁に針を刺すと耳が遠くなるといい、長野県上伊那郡では、掃除の時に拾った針を壁や障子に刺すと病人が出るといって忌む。ほかにも、障子に針を刺すと目がうすくなる(富山)、敷居に針を打つと母の頭が痛い(兵庫県加東郡)、柱の真中に針を打つと不幸がくる(岐阜県御嵩《みたけ》町)という。
○針が刺さって身体に入ると、全身をめぐる(秋田・岐阜・静岡・兵庫・徳島)といわれる。兵庫県赤穂市では、身体中をまわって心臓を突き刺すという。香川県志度町〈さぬき市〉では、針を足の裏に立てると頭へ上がるといい、和歌山県高野口町〈橋本市〉でも、針を踵から踏むと頭の上まで通る、といって心配する。針が頭に上がるとの俗信は埼玉・千葉県でもいう。松浦静山の『甲子夜話』続篇九十八（江戸後期）にこんな話が載っている。「或時聞たるは、一婦あり。過つて縫針を足の裏に践《ふみ》たてたるに、深く入り半は折れて遂に出でず。痛甚しかりしが、為《せ》ん方もなければ其まゝにして打過たるに、其後は総身の中折々疼《いたみ》たること数年なりしが、或とき肩ノ上に腫物出きて疼悩む。依て医者を頼みて、膏薬を施《はり》たれば、膿《うみ》をもち、尋《つい》で口あき、膿汁出たる中に一物有り。見るに、先年足《あしの》蹠《うら》にたてたる折針なり。人々驚き、当人は益々不思議を為したりと。これ足なるもの中身を廻り、終には肩上より出る」。

○着物を縫っているときに針が折れると運が悪い（岡山）。針が折れると縁起が悪い（佐賀県東脊振村〈吉野ヶ里町〉）。朝から縫い針を折ると悪いことが起きる（奈良県菟田野町〈宇陀市〉）。

○十五夜の月の光で針に糸を通せば裁縫が上手になる（宮城・栃木・長野・岡山）。『意気客初心』（天保七年〈一八三六〉）に、針について「八月十五夜の月あかりにて此耳へ糸を通せば思ひ事かなふ」とある。徳島県藍住町や松茂町では、七夕の夜に月の光で針に糸を通すと器用になる、と伝えている。栃木県黒羽町〈大田原市〉では、死んだ人の着物を縫った針を使うと手が上がるという。福島県桑折町でも、死人の着物を縫った針で縫物をすると裁縫が上手になるといい、同様の俗信は、秋田、群馬、茨城県でもいう。ほかにも、縫い初め（一月二日）の針で子供が裁縫すると手が上がる（岡山県久米町〈津山市〉）、神社のソテツの根に針を埋けると針仕事が上手になる（和歌山県高野口町〈橋本市〉）、針が三本に折れると裁縫が上手になる（富山県氷見市）、針せんぼ（針歳暮・一二月八日）に生菓子に折れた針をつけて海に流せば裁縫が上手くなる（同市）、折れた針は板倉御裳神社の針塚に奉納すると裁縫の手が上がる（愛知県西尾市）などという。和歌山県高野口町〈橋本市〉では、慈尊院（九度山町）のおしょぶ池に針を入れると針仕事が上手になる、という。伝説では、昔、おしょぶという裁縫の上手な娘がいた。慈尊院のそばの池を通りかかったとき、池に浮かぶ錦の帯が目にとまり、近づいたところ帯に化けた池の蛇に引き込まれてしまった、と伝えている。針供養の日には、池に使い古した針を投げて、裁縫の上達を願うという。

○裁縫が上達しないという俗信もある。針に長い糸をつける癖のある人は、下手の長糸といって裁縫が上達しない（愛知県名古屋市）。人に針のメド（針孔）を通してもらうと裁縫が下手になる（岩手県平泉町）。肩を組むとお針が下手になる（愛知）などである。

針　はり

(3)失せ針とまじない

○桜井梅室に「冬の夜や針うしなうておそろしき」の句がある。針を見失うと、恐さを伴った不安が走る。各地に、紛失した針を見つけ出すまじないが伝えられている。山形県米沢市玉ノ木町では、針仕事をしていて針を見失った時は「清水の音羽の滝は止まるとも失せたる針の出ぬことはなし」と三回唱えるという。栃木県宇都宮市でも、この歌を三回唱えるときっと出るといわれる。同じ呪歌は、『文政新刻 俗家重宝集』（文政七年〈一八一〇〉板）に「針の失《うせ》たる時出る法」として「清水のおとはのたきハ止《とま》るとも失《うせ》たる針の出ぬ事なしト口の中《うち》にて読《よみ》ながら、両手にて下より上へ腹を搔《かく》べし、出るなり」とある。類似の伝承には次のようなものがある。「清水や音羽の滝は尽きるとも失せたる針の出でぬことなし」と唱えながら探すと必ず見つかる（静岡県島田市）。「清水の音羽の滝は失せるとも失せたる針の出でぬことなし、アビラオンケンソワカ」と三度唱える（長野県北安曇郡）。「音羽の滝が絶えるとも失せたる針の出ぬことなし、アビラウンケンソワカ」と三回唱える（福島県川内村）。『文政新刻 俗家重宝集』の、音羽の滝は「止まるとも」の文言が「尽きるとも」「失せるとも」「絶えるとも」となっているが歌意は変わらない。次に、歌の中に音羽の滝は登場するが、「止まるとも」の部分の文言が、さまざまに変化した伝承群が認められる。「清水の音羽の滝はにごれども失せたる針の出でんことなし」（石川県穴水町）。「清水の音羽の滝の白水は失せたる針の見えぬ事なし」と三遍唱える（高知県東津野村〈津野町〉）。「清水の音羽の滝の白糸は失せたる針の知れぬことなし」と三度唱える（大分県宇目町〈佐伯市〉）。「清水や音羽の滝を渡るとも失せたる針出して給え」（兵庫）。「清水の音羽の滝に聞いたれば見えたる針の隠れたるはなし」と三回唱える（新潟県山古志村〈長岡市〉）などである。福井県小浜市の「京の清水の音羽の滝に願かけて失せたる針の出んことはなし」は、『意気客初心』に見える「きよ水の音羽の滝に願かけてうせたる針の見えぬことなし」に近い。呪歌のなかには音羽の滝が他の滝に変わっている例も見られる。静岡県春野町〈浜松市〉では「清水の浮世の滝は尽きるとも失せたる針の見えぬことなし、ナムアビラウンケンソワカ」と三度唱えると必ず見つかるという。山口県福栄村〈萩市〉では「清水の鳴瀬の滝は尽きるとも、失せにし針は出でぬことなし」と三度唱える。『誹風柳多留』に「ふるつたり立つたりお針一首読み」（天保二年〈一八三一〉）、「針一本音羽の滝で見付出し」（天保五年）の句が見える。

○西行法師は呪歌にしばしば登場する人物として知られるが、針を見失った時も例外ではない。三河岡崎地方（静岡県岡崎市）では、針を失ったときは「西行の麻の衣を縫う針はいずこへ行きて待針となる」と三遍唱えれば、不思議と出るという。和歌山県大塔村〈田辺市〉では「西行法師の麻衣縫う、針でさえもどこのいずこの待針にあるやら、ナムアビラウンケンソワカ〳〵」と唱える。秋田県南秋田郡では「西行の旅する衣を縫う針は何処にいったかいまだ帰らず」と三度唱えればでてくる、という。高知県東津野村〈津野町〉では「西行の床を縫う度に失せたる針の出ぬことはなし」と言う。西行ではなく弘法大師の例もある。山形県新庄市では「弘法大師、弘法大師、弘法大師の旅する衣を縫う針、いずこにいってもここに戻れや針、アビラウンケンソワカ」と唱えると落とした針が目につく、と伝えている。ほかにも、唱え言には、「西洋（西行か）の旅の衣を縫う針は失せても人の身には立つまじ」（兵庫）、「猿沢の池のほとりに蛇がすんで失せたる針の出でぬことなし」（愛知県知多市）、「あじの子があじの古里立ち出でて又立ち帰るあじのふるさと」（高知県東津野村〈津野町〉）、「うたぎよたぎたぎの花、この針うせて見えぬことなし、アブラオンケンソワカ」と三回唱える（広島県神石町〈神石高原町〉）などの報告がある。『誹風柳多留』の「歌読をして尋出ス小町針」（天保二年）の句も針探しの光景を詠んだもの。

○見失った針を探す時は、自在鉤を括るとよい（岩手・福島・群馬・長野・愛知・高知）と各地でいう。お鉤様（自在鉤）に藁のみごを縛りつけて探せば見つかる（長野県諏訪湖畔）。針を炉に落として見つからない時は、鉤を藁で縛っておくとよい（福島県郡山市）。「針めっけて（見つけて）くれ」と言って鉤さんを縛る。見つかればほどく（群馬県嬬恋村）。針がなくなった時は、炉の鉤に糸を結びつけ「清水の音羽の滝は尽きぬとも失いし針の見えぬことなし」と三度唱えてから探す（岩手）というのは、先の呪歌と複合した例である。高知県大野見村〈中土佐町〉では、ナラセ（手拭などの物掛け）を藁で括ると針が出る。自在を括ってもよいという。長野県諏訪湖畔では、自在鉤へ糸を結びつけておくと、失くした針で怪我をしないという。失せ物を探す際に自在鉤を括る呪《まじな》いは方々にあり、針の場合もその一つといってよい。自在鉤を括る以外にも、鉤竹に銀貨を吊るしておく（群馬）、ジロ（囲炉裏）の鉤に左手で触れると見つかる（新潟県川西町〈十日町市〉）と伝える所もある。針を探すのに自在鉤を利用するのは、鉤形になった棒や植物を回して放屁の人物や方位・吉凶などを占うベロベロの習俗と通じていると考えられる。

○針を失くしたら、右胸を三回こすると見つかる（千葉県我孫子市）、膝を三回なでると見つかる（群馬県板倉町）、腿《もも》をなでるとよい（埼玉県川越市）という。千葉県加茂村〈市原市〉で、針を失くしたときは「シャシャムシャのシャシャムシャのシャシャシャムシャ」と三回唱えると出てくる、というのは、もつれた糸をほぐす呪いの借用であろう。平田篤胤の『宮比神御傳記』に「今の世に縫物すとて、針を失ひたる時に、その女ひそかに、信仰の神を念じて、前の毛を三遍かき上げ、三遍たゝけば、失たる針かならず出るを、出たる時に、前の毛を三遍かき下すと云ふまじなひも、此わざの残れるなり」とある。

○福島県檜枝岐村では、山畑へ行く時には頭髪の中に針を刺して行く。ヘビには針が毒なので魔除けになる、という。宮城県栗原郡では、ヘビは柿の渋とくろがね（鉄）が嫌いで、体にそれがつくとそこが腐って死ぬ。だから山へ行くときは針を持って行く、と伝えている。高知県物部村〈香美市〉では、女は山や川に行くとき、縫い針をつけていないと蛇神につけられるといって心配する。鹿児島県坊津町〈南さつま市〉では、野山に行く時は頭か着物に針を刺しているとヘビが来ないという。兵庫県竹野町〈豊岡市〉では、オオカミに頭上を飛び越えられてしまうとその人は死ぬといわれる。それで、夜道を一人で行くときは、男なら煙管、女なら簪や針を頭の上に立てて歩かなくてはいけない、という。『古今著聞集』巻第二十に、昼寝をする女に蛇が落ちかかろうとするが、女の衣服に刺した針を恐れて襲うことができなかった話が見えており、「されば人の身には、鉄のたぐひを必ずもつべきなり。わづかなる針にだに毒虫おそれをなすことかゝり（かくあり）」と述べている。

○岐阜県北方町や海津町〈海津市〉で、探し人は写真か下駄に針を刺すと、足止めといって何処にも行かない、といわれる。群馬県太田市では、盗人の足跡に針を打つと盗人の足が悪くなり体が動かなくなるといい、新潟県磯部村〈糸魚川市〉でも、足跡に針か釘を打ちつけると盗人は負傷するという。秋田県大内町〈由利本荘市〉では、盗人の足跡にアカエイの針（トゲ）を刺せば泥棒の足が痛むという。アカエイは、尾のトゲに毒線がある魚として知られる。茨城県土浦地方では、逃げられては困る者を足止めにする呪法として、二本の針に縫い糸を巻きつけ、座敷の上り口の畳下に挟んでおくという。長野県諏訪湖畔では、人の帰らないときは、その人の顔を描いて逆さまにして針を刺しておくと間もなく帰る、と伝えている。盗難に遭った時や失せ物を探すときは、日光中禅寺立木観音堂に祀られている波之利《はしり》大黒天の姿を描いた絵を求め、大黒天の両足に縫針を刺し、他人に知られないように逆さにしてお祀りし、日数を限ってお願いするとよい。足止め、家出人などのときは、その人が男なら左、女なら右の足に縫針を刺し、失せ物の場合と同様にしてお祈りするとよいという。このほかに、生霊が憑いたときはお握りに針三本を刺して井戸のなかに入れる（千葉）との報告もある。

針　はり

(4)産婦と針、歯痛、モノモライほか

○旅行などするとき、月のもの（生理）になりそうな場合は、針に黒糸を通して便所に刺しておくと効き目がある（埼玉県越谷市）。月経の

ある人は他出するときに便所の柱に縫針を刺しておき、帰宅するまでそのなきことを願う（大阪府中河内郡）。針に赤糸を通して便所の羽目板に刺しておくとさわり（生理）が早くなる。遅らせるには、畑の畝を跨ぐと遅くなる（静岡県島田市）。

◎岐阜県久々野町〈高山市〉で、妊婦は針のミズ（針孔）に糸を通したときは、糸の抜けないコブを作るなという。コブがスムーズな出産を妨げるとの連想からいうのだろう。

◎妊婦は畳に針を刺してはいけない。耳たぶに穴のあいた子が生まれる（和歌山・兵庫）。妊婦は針で障子をつついてはいけない（愛知）。妊婦が着物の襟に針を刺すと、耳たぶに穴のあいた子が生まれる（秋田・群馬・和歌山・兵庫・岡山・愛媛）。妊婦が懐に針を入れると、耳たぶに穴のある子が生まれる（奈良）。妊婦は着物の胸の部分に針を刺してはいけない（和歌山・福岡）。妊婦がお針をして、衣服の腹部に針を刺すと胎児に傷がつくという（鳥取）。

◎妊婦はどうしても葬式に参加しなければならないときは、鏡を持つか、着物の襟に縫針の針先を下向きにして刺して行かなければならない（滋賀県西浅井町〈長浜市〉）。帯の間に鏡を入れて魔除けとする俗信は広く知られているが、刺すという攻撃性をもつ金属製の針も邪霊を祓う有力な道具で、俗信だけでなく「一寸法師」や「蛇聟入《へびむこいり》」譚などの説話にも登場する。

◎ソテツに針を与えると産が軽い（岡山）。三重県美杉村〈津市〉では、折針はソテツに刺すといい、千葉県館山市で、折れた針はソテツの根元に埋めるとよいという。ソテツ（蘇鉄）は鉄を好むといわれ、『和漢三才図会』に「鐵丁《クギ》ヲ以テ其ノ根ニ釘《ウテ》バ即チ復活ス」とある。寝床で針仕事をするとお産が重い（新潟県十日町市）。妊娠中針仕事を好む場合は女児を生み、嫌う場合は男児を生む（福島県田島町〈南会津町〉）。福島県では、胞衣は吉方を見て梅の枝、針を添える。

埋めるが、その際、男児には筆と墨、女児には葦《よし》を添え、女であれば針と十文銭をつけて縁の下に埋める。長野県豊科町〈安曇野市〉では、胞衣は入り口や敷居の下など踏まれやすい所に埋めるが、その際、男児には筆と墨、女児には

○出産後、産婦は針仕事をしてはならない（秋田・埼玉・千葉・愛知・静岡・和歌山・兵庫・愛媛）。針を持つと、目が悪くなる（新潟・岐阜・静岡・愛知・愛媛・宮崎）、血の道が起きる（愛媛県内子町）という。針仕事を休む期間は土地によってさまざまで、埼玉県戸田市川岸では、産後の一週間は針仕事をしてはいけないという。静岡県韮山町〈伊豆の国市〉では、産後二一日間は針仕事をしてはいけない。これをすると歳を取ってから目が悪くなるといった。愛媛県関前村〈今治市〉では、産後三三日間をトヤノウチといい、産婦は針を使ってはならなかった。その間は米の団子汁を食べ、椎茸、数の子を食べると乳が上がるといって食べなかった。

○歯痛を止める呪《まじな》いには、針がしばしば用いられる。歯が痛い時はオモトに針を刺す（群馬・富山・長野・熊本）。群馬県子持村〈渋川市〉では、オモトに針を刺して「虫歯を治してくれれば針を抜きます」と言う。タラノキに針を刺す（福島・群馬・岐阜・広島）所もある。福島市では、痛む歯を針でちょっと突き、その針をタランポ（タラノキ）に刺すとよいといい、同県飯舘村ではこうすると痛まないが、一代タラを食べてはいけないという。長野県諏訪湖畔では、誰もいないときにウツギの木に針を刺して「私の歯が治れば抜いてやる」と言う。茨城県取手市では、ウツギの木の汁に針を突き刺すと痛みが止まるといわれる。歯痛の時は夜桑畑に行き、クワの木に木綿針を刺して「歯の痛みを取ってくれたら抜いてあげる」と言う（静岡県春野町〈浜松市〉）。センノキ（ハンギリ）に針を刺せば治る（岩手県江刺郡）。

○桂井和雄の『土佐民俗記』にこんな報告がある。「植物学者の吉永虎馬氏を高知市西町のお宅にお訪ねした節、話がたまたまアオギ（クロガネモチ）の木に対する俗信にはいり、歯痛の呪禁になるアオギが近くにあると言われて、同じ西町の或る邸宅にある老木の根の街側に露出しているのに案内され、其處に数本の木綿針の刺されてあるのを見たことがあった。治ったら針は抜きとられるのである」。富山県氷見市では、歯の痛む時はナシに針を刺してそのまま川に流し一年間ナシを食べない。その次の年からはナシを食べても痛まないという。歯痛をナシとともに流し去ってしまおうとの狙いである。歯を病んだとき、ナシを断つとか川や海に流して祈願する土地は多い。痛みを無しにする意であろうか。

○歯痛の時は、紙に歯型を描き、痛む歯に針を刺して便所の柱に打ちつけておく（福島県富岡町）。顔を描いて歯を描き入れ、痛い歯を黒く塗って廁へ持って行き、黒く塗った歯に針を刺して壁に打ちつけておく（長野県諏訪湖畔）。歯痛を封ずる方法はほかにも、歯型を紙に描き針で木に止めておく（秋田県山本郡）。ツバキの葉を歳の数だけ戸口に針で打っておく（愛知）。半紙を折って痛い歯を押さえ、歯型に「馬千匹」と書いて針で門柱に止める（福島県船引町（田村市））などがある。

○「天竺の垣根に生えた草葉を食う虫を針で突くべし」と紙に書いて、針で疼く歯を突くとよくなる（福井県武生市（越前市））。福岡県大野城市では、白豆三粒を針に刺し、これを焼いて石地蔵の坐す前の地面に埋め、この豆に芽の出るまでは歯の痛みが出ぬようにと願うと治る、と伝えている。大阪府泉大津市北曽根では、白山神社は歯痛の神で祈願して治ると針と糸で鳥居を作って納める。神奈川県横須賀市でも、歯痛の時は、歯の神様である白山権現のソテツに針を通すか、針で作った鳥居を白山権現に供えるとよいといわれた。歯の神様として白山を祀るのは、ハクサンが歯瘡《はくさ》に通ずるためともいわれる。
○針を使ってモノモライ（麦粒腫）を取る呪《まじな》いは、土地によって変化に富む。メカゴ（モノモライ）は、糸に針をつけてまぶたから垂らす。メカゴの者が「お前は何をするんだ」と言うと「おれはメカゴを釣るんだ」と言って、針をつり上げる（群馬）。「メカゴを釣るんだ」は、本人が言うのか、傍に居る者が言うのか、はっきりしない。大阪府岬町では、メバッコ（モノモライ）がまぶたの上にできると、障子の紙に縫針を上に向けて二縫いか三縫いして針を刺して止める。下にできると、障子に縫針を下に向けて二縫いか三縫いして針を刺して止めておくと治った。治ると針を抜いてやったという。三重県伊勢市では、メボ（モノモライ）のできた者が「向いの婆さん、何してござる」と三回くり返し、障子を隔てて向こう側にいる者に問いかける。相手は「私はメボをつぶします」と答えて、障子に針を刺し通す。パチッと紙の音がすれば、そのときメボが落ちるといわれる。愛知県半田市では、メンボ（モノモライ）ができたときは、障子の破れの前に座って破れた穴のところに目をおく。反対側から他の者が「針で突くぞ」と言って、針で三回突く真似をすると治るという。いずれも、突き刺すという針の力でモノモライを威嚇し退散を促すものである。ほかにも、メボはオモトに針を刺す（京都府宮津市）、ミョウガの葉に針を刺す（長野県北安曇郡）などの方法がある。『続咒詛調法記』（元禄一四年〈一七〇一〉板）に「めいぼのまじない」として「目いぼをわらしべにて三度くるまねしながら、此歌をよむべし、となりのおかたは何をしやる、こちハめいぼをくりますと、此歌も三度よむべし」とある。
○瘧《おこり》を落とすにはミョウガに針を刺せばよい（群馬・新潟・石川・福井）。新潟県豊栄市では、朝日が昇る前に畑のミョウガに針を刺すといい、福井県武生市〈越前市〉では、ミョウガの葉に「瘡を落としてくれたらこの針とってやる」と言って、針を刺しておくという。瘡に罹ったら人の見ていないうちにミョウガの葉に針を刺して戻ってくると治る（愛知）ともいう。石川県加賀市では、ドクダミの葉に針を刺すと瘡が落ちるといわれる。

○針で手足を刺したときは鋏の尻で傷口を叩くとよい（群馬・長野・岐阜・愛知）。血が止まる（群馬）、痛みが取れる（愛知）という。針をくすいだ（刺した）時は患部へ鼻の息を三度かけ、鋏の尻にて三度たたく（長野県諏訪湖畔）。針で突いた時は「針さま針さま針さま、針でなかったミズだった」と三度言いながらミズ（針孔）の方で突いたところをたたく（愛知）。和歌山県紀北地方では、針を踏んだ時は金槌で三遍たたくと治るという。

○喉に骨が刺さった時はオモトに針を刺すとよい（石川・福井・長野・静岡・兵庫）という。喉に骨のたった時には、オモトの根に針を刺し「骨とらば、この針をとってやろう」と唱える（兵庫県飾磨郡〈姫路市〉）。オモトへ針を刺して「骨がとれたら抜きますから、どうぞ取ってください」と言って、取れたら抜く（静岡県春野町〈浜松市〉）。他人に見られないようにオモトの根に針を刺すと骨が取れる（石川県金沢市）。

○マメ（肉刺）ができたときや、トゲを刺して化膿した場合には、墨汁をつけた糸を針で患部に通すと、水分、膿が出て数日後に治る（鹿児島県和泊町）。このやり方は岐阜・滋賀県でもいう。群馬県板倉町では、糸に墨をつけた針を疣か黒子に通せば治るという。福島県飯舘村では、疣の数だけのアズキに針で糸を通し、流し台の下に置くとよいという。

○体が痛む時は、人形を描いて痛む箇所に針を刺すと治る（兵庫県小野市）。ジンマシンになった時は、生薬を左縄になってそれで体をこすり、針を三回通して火にくべてパチパチすると一緒にジンマシンが消える（長野県上伊那郡）。風邪を引いた時は、ウルシの木に針を刺し「治してくれれば抜いてやる」と言う（群馬県上野村）。山を切り開いて焼き畑にすると疱瘡が発生するといわれた。そこで、疱瘡を植えるといって、牛乳に針をつけて畑に植えた（高知県本山町）。手にソゲ（トゲ）が立つと、オモトの葉と葉の境目に縫針を刺す（大阪府泉大津市）。できものができたら油揚に針を刺して川に流すと治る（愛知）。十五夜の月の光で針に糸を通すと眼がよくなる（群馬・香川）。針を逆さに頭に刺すと電車に酔わない（奈良県下市町）。

○その他の俗信。体に針や金物が刺さった夢は金がたまる（山形県温海町〈鶴岡市〉）。ビンでも針でも落ちていたらすぐ拾い上げると願い事が叶う（富山県氷見市）。入梅の時節に針を豆腐に刺しておくと針は錆びない（千葉県市川市）。針がウシの足に刺さると七代貧乏する（京都府京北町〈京都市〉）。障子に針で穴をあけると悪い（和歌山県南部川村〈みなべ町〉）。蚕のときに針を使うと死人がでる（新潟県山古志村〈長岡市〉）。吊るし針はいけない（忘れた時に危ないから）（鳥取県米子市）。選手が針を使うと負ける（沖縄県伊良部町〈宮古島市〉）。寒針は買うものではない（埼玉県越谷地方）。店で針仕事をすると店がひまになる（富山県福岡町〈高岡市〉）。漁に出る前に髪を洗ったり針を使ったりすると不漁になる（沖縄県読谷村）。針を地面に刺して銭を投げ、針の倒れた方角によって自分の行く方向を占うことをヨセウチという（徳島県三好郡）。山師は朝出かける前にサル・ネコ・坊主・イタチ・針などの言葉を使ってはならない。サルは魔神を呼ぶ、ネコは魔物である。サルはエテコ、ネコはヒゲ、坊主は衣か和尚、針は松葉、イタチはオツイタチという（高知県十和村〈四万十町〉）。沖縄県名護市で、虚言をついたら喉に針がかかるというのは、ゆびきりの誓言か。広島・山口県では、指切りかんきり、うそついたら針千本飲ます、地獄へと落とす、と言う。⇩糸《いと》

針箱《はりばこ》

○針箱を跨ぐとお針の手が下がる（栃木県芳賀郡）。針箱を逆さにすると、貧乏になって普段着さえ無くなる（長野県北安曇郡）。針箱の掃除をすると親が死ぬ（山口市）。『誹風柳多留』に「針箱ハ臍くり銭の文庫蔵」の句が見える。針山には髪の毛、ぬかを入れると針が錆びないといった（三重県亀山市）。

ハンカチ

○長野県上伊那郡で、ハンカチを贈り物にするものではないという。和歌山県すさみ町や那智勝浦町では、ハンカチを人から貰うと縁が切れる、といって嫌う。山口県和木町でも、ハンカチを贈り物につかうと男女の仲が切れるという。

【ひ】

紐《ひも》

○紐がひとりでに結ばれると、良い事がある（秋田・愛知・大阪・山口）、お金が入る（群馬）といって喜ぶ。秋田県平鹿郡では、朝起きた時に帯や紐が結ばれていると良い事があるという。山梨県甲西町（南アルプス市）では、紐がひとりでに結ばれている時は、女の紐は男が、男の紐は女が解いてやれば運が向くという。

○前垂れをつけたまま寝て、紐が解けていれば親の死に目に会えない（奈良・和歌山）という。愛知県旭町（豊田市）では、靴の紐が解けると良い知らせがある、と吉兆とする。しかし、切れるのは凶で、出がけに靴の紐が切れると不吉（栃木・岡山）、縁起が悪い（沖縄）といい、外

出を見合わせる（栃木県宇都宮市）場合もある。ほかにも、紐が切れると悪いことがある（長野）、紐や帯を切ると短命になる（和歌山県野上町〈紀美野町〉）、新しい着物の付け紐が取れると変わったことがある（群馬）、婚礼のとき羽織の紐が落ちると縁起が悪い（秋田県由利郡）などという。

○枕元に帯や紐を置いて寝ると、ヘビの夢を見る（岡山）、長い夢を見る（和歌山県白浜町）、長患いをする（岐阜市）といって忌む。この禁忌はとくに帯についていわれることが多い。新潟県山古志村〈長岡市〉では、子供を負う帯紐を赤子の枕にすると赤子が長患いするという。寝るとき、布団の下に紐を敷いて寝ると長い病気になる（岩手・群馬）とも。

○妊娠中に紐を縫ってはいけない。お腹の子にへその緒が巻きつく（京都）。妊婦が長い紐を跨ぐと難産。へその緒が絡まる（福島県伊南村〈南会津町〉）。分娩の時、産婦の髪を麻紐で結わえると安産（栃木県茂木町）。陣痛があると妊婦の髪を黒繻子でしばる（三重）。妊婦は紐で人を叩いてはいけない（愛知）。

○子供の付け紐の中には神様が入っていて、子供を守ってくださるので、付け紐は四辺を縫い付けず三辺だけ縫っておく（秋田県山本郡）。双子には紐の二本までも同じものを与えないと不幸になる（岐阜県安八町）。

○手足の痛むとき、紐で巻いて「井戸神さまと便所の神さまとご夫婦ですと、この痛みが申しました」と言う（長野県上伊那郡）。モノモライ（麦粒腫）は、女の腰巻の紐で突いてもらうとよいという（新潟県三条市）。神社の幟で紐を作って首に巻けば風邪を引かない（福島県相馬市）。

○襟を紐にしてはいけない（静岡・和歌山・島根・高知）。打ち紐を跨ぐと切れる（岡山）。茶釜に紐を括ると失せ物が出る（愛知）。人を紐で打つと根太ができる（岡山）。長い紐で髪を結べば遠くへ嫁ぐ（秋田県仙北郡）。紐は縦結びにするな（福島・群馬・和歌山）。夫が浮気をすれば、妻は自分の腰紐を夫の寝床の下へ、左から右へ長く敷いておけば治まる（大阪）。ネコに紐で玉を取らすものではない。ヘビを取ってくるようになるから（高知県香我美町〈香南市〉）。

○高知県本川村〈いの町〉には、山姥（山女郎）の話が伝えられている。山で合うと「負うてくれ」と言って追いかけて来る。その時は負い縄のコ（紐）が左右不揃いに作ってあるのを口実に「一つが短いので、同じ長さになったら負うちゃう（負うてやる）」と言って、紐を引いてくる。山姥は引きずる紐の先端から内へは入ってこないという。類似の伝承はフカやオオカミ除けの俗信にも見られる。おそらく、一種の道切りで、紐で結界をつくっているのであろう。⇩帯《おび》

【ふ】

袋《ふくろ》

○袋物や財布は、秋に作ったり買ったりするな。空き袋に通ずるから。春は張る袋といって縁起が良い（山口県福栄村〈萩市〉）。袋物はすべて春（正月）に作ると縁起がよい（新潟県佐渡郡〈佐渡市〉）。秋に袋を縫うと金ができぬ（京都府宮津市）。秋に袋を作るとその袋はいつも空で何一つ入らない（福岡県久留米市）。八月に袋を作ると運が悪い（愛知）。千葉県下総では、白米を入れて持ち歩く袋を縫うのは、年の暮れが一番よいといわれている。秋はアキブクロといって嫌がられ、春はハツヅメルといってよいという。なかでも暮れはオツツメブクロといって一番よいとされる。

○岡山県笠岡市では、正月三日の縫い初めに紙の袋を縫って米と銭を入れる。一年中食べ物やお金に不自由しないという。長野県生坂村では、除夜の鐘が鳴っているうちに袋物を縫ってしまえば金がたまる、といわれる。山梨県富士吉田市では、老人の葬式の位牌袋の布や道祖神祭りのヒウチの布で守り袋を作ると長命になる、と伝えている。位牌袋で財布を作ると金がたまる（岩手・福島）ともいう。

○妊娠中に袋物（茶袋・糠袋・枕など）を縫ってはいけない（千葉・長野・岐阜・愛知・大阪・三重・奈良・和歌山・兵庫・岡山・広島・山口・香川・徳島・高知・福岡）と、各地でいう。この禁を破ると、袋子ができるとはどこでもいう。袋子は、卵胞に包まれたまま生まれた胎児（広辞苑）のことである。同音による語呂合わせとともに、袋状のイメージが重なるためであろう。山梨県都留郡では、妊娠中に布団、袋などのような出口のないものを縫うと、産道が開かないといわれ、もし縫わなければならないときは一部分を縫い残すという。

○袋から他の袋へ米や豆などを直接移すのを忌む（岩手・福島・新潟・長野・岐阜・愛知・熊本・大分）。これを袋移しという土地もあり、とくに妊婦の場合は忌まれたようだ。岐阜県久々野町〈高山市〉では、妊婦が一つの袋から別の袋に物を移すときは、初めに一摑み手で移してから後に直接移す。そうしないと袋子を生むという。同様のことは熊本県阿蘇地方でもいう。新潟県でも、妊婦が袋から袋へ物を移すと袋子が生まれるといい、それを防ぐために最初に手で三摑み移すという。

○佐賀県川副町〈佐賀市〉では、ゴーイ（カラスウリ）の実を麻袋に入れて、誰にも分からぬように床《とこ》の下に入れると金持ちになるという。カラウスリの実が大黒天に似ているところからいうのであろう。見方によっては、打ち出の小槌にも似ている。山梨県富士吉田市では、老人の葬式にまく銭をお守り袋に入れて持っていると長生きするといわれる。これを長寿銭という。愛知県では、兵隊の奉公袋に女の髪の毛を入れておくとよいといわれた。兵庫県飾磨郡〈姫路市〉では、動員袋に白髪が入っていると戦争が起きるといった。
○袋を破かないで鼻をかむと、袋子が生まれる（福島・石川・長野）、産が重い（新潟）、鼻茸ができる（青森・岩手・秋田）、鼻が大きくなる（青森）、福が逃げてしまう（新潟県中条町〈胎内市〉）という。茶袋で鼻をかむと、鼻茸ができる（岩手）、鼻が曲がる（同県）、鼻が高くなる（同県）。薬袋で鼻をかむと、鼻茸ができる（岩手）、鼻が曲がる（同県胆沢郡）。大阪府泉北郡では、袋を破らずに捨てると袋子を生むといわれる。
○福島県飯野町〈福島市〉では、子供に厄除けの守り袋を持たせた。中にはサンショの葉とスルメの裂いたもの、ニンニクを入れた。この袋を腰から下げていると悪い病気が近寄らないといった。同県猪苗代町では、疫病除けに、臭いか（ニンニク）さっさと（ササ）いか（スルメ）さんしょ（サンショ）といって、これらの品を小袋に入れて身につける。愛媛県加茂村藤之石〈西条市〉では、農家の入り口の軒下に麻疹除けの呪《まじな》いとして小さな袋を吊るすという。中にはソバとアワが入れてある。「そばまで来たが会わざった」の意味だといわれる。
○春、袋を拾うと吉（岐阜県上石津町〈大垣市〉）。年の暮に袋物を拾うと吉事がある（岩手県大船渡市）。漁に行くとき袋を持って行くと大漁になる（沖縄県北谷町）。袋物を着物の裏にすると袋子を生む（長野県北安曇郡）。⇩財《さい》布《ふ》

懐《ふところ》

○人の懐に手を入れるものではない（長野・愛知）。手を入れると、火事になる（愛知）、盗人の始まり（同県）という。

○妊婦は懐に物を入れてはいけない（和歌山・鹿児島・沖縄）という。盗みをする子が生まれる（鹿児島・沖縄）という。妊婦が懐に、針を入れると子が疱瘡になる（富山）とも。高知県池川町〈仁淀川町〉で、妊婦がキクラゲを懐に入れると耳の形が悪くなる、というのは生まれる子供のことであろう。茨城県では、当たり矢で切れた弓弦（真ん中で切れたもの）を懐に入れて持っていると安産する、といわれる。

○妊婦は葬式を見るものではないという。この禁忌は、関東から東北地方にかけて分布が濃い。忌む理由としては、葬式を見れば（あるいは参列すれば）黒アザのある子ができる、という土地が多い。福島県山都町〈喜多方市〉では、どうしても出なければならない時は、鏡を懐に入れて出るという。茨城県古河《こが》市でも、妊婦が亡くなった人を見るときは、懐に鏡を入れておくとよい、といわれる。

○ヘビが懐に入るように、行く手の右から左へ道を横切ると、金が入る（新潟・長野・愛知）。とくに、朝、ヘビが懐に入る方向に横切るとゲンがよい（京都府北桑田郡）。ヘビのぬけがらを懐中するとお金がたまる（和歌山県南部川村〈みなべ町〉）。大阪府河内長野市でも、ヘビのぬけがらを懐に入れると福が入って来るという。

○ヘビが懐に入る夢は、お金が入る（山形・新潟・岡山）、金を拾う（秋田県大内町〈由利本荘市〉）といって吉兆とされる。山形県新庄市では、ヘビが右より来て懐に入る夢を見ると大金が入るという。新潟県横越町〈新潟市〉では、ヘビが懐に入った夢を見たら人に言うな、大金が入る、と伝えている。歯の欠けた夢は不吉、歯を懐に入れた夢は吉（岩手県久慈市）。

○朝、クモが身を縮ませて下りて来ると縁起がよく、シイタケが高く売れたり、金が入ったりする。それで、そのクモを取って懐に入れる（静岡県水窪町〈浜松市〉）。朝グモは宝グモで良いことがある。そのクモを家の主人の懐に入れると金儲けするという（岩手県陸前高田市）。朝グモを吉兆として懐に入れる伝承は各地にある。

○岩手県大船渡市で、下駄にはさまった石を誰にも知らせないで懐に入れると、金を授かるという。福島県相馬市では、下駄の間にはさまった石を懐にしてクジを引けば当たる、と伝えている。辰年生まれの女の陰毛を三本懐中していれば思うことが叶う（長野県北安曇郡）。勝負事に臨むときは、ヤツデの葉の九ツになっているのを懐中するとよい（島根県邑智町〈美郷町〉）。白レンゲの花を、人に知られぬように懐に入れておくと金を拾う（和歌山県南部川村〈みなべ町〉）。戦争に行くとき、懐にナタマメ（刀豆）を入れておけば弾に当たらない（佐賀県武雄市）。旅に出るときにナタマメを食べると、途中で死ぬことはない（奈良）といわれる植物で、戦時中は千人針にも縫い込まれた。藁一本を床の間に供えておき、その頭をそっと三つに切り懐か袂に入れておくとシビレが切れない（長野県北安曇郡）。

○沖縄県多良間村では、何かに驚いたときは、その場所で小石を三つ拾って懐に入れろという。そうすれば、魂が身体から離れてしまうことがない、といわれている。

布団　ふとん

○高知県東津野村〈津野町〉では、布団は辰の日に作る。子の日の布団作りは寝るに通ずるといって忌む。辰から立つを連想して吉日とするのであろう。愛知県岡崎市では、辛亥《かのとい》の年に紫の布団を作って親に贈れば、親は安楽死ができる、または長生きするという。徳島県小松島市でも、辛亥の年に紫色の寝具を親に贈ると、親は無病息災で長生きするという。

○布団の中に糸屑を入れるものではない（栃木・群馬・京都）。糸屑が、死んだら出る出るといって使用者の死を願う（栃木県下都賀郡）。京都府宮津市では、布団に綿を入れるときに綿と一緒に糸屑を入れると、布団の綿が死んでから出よう死んでから出ようという、と伝えている。人が死ねば布団を作り直すので、早く世の中に出られるからだという（群馬）。
○布団は畳の中央に敷いてはいけない。畳と畳の間に敷くもの（群馬県大間々町〈みどり市〉）。布団を敷くときは下《しも》の方、つまり裾から敷く（三重県美杉村〈津市〉）。部屋に対して布団を曲げて（斜めに）敷くな（秋田・新潟）。病気になる（新潟県新津市〈新潟市〉）、病気をすると一生治らない（秋田県平鹿郡）、中風になる（同県由利郡）という。
○布団を逆にかけて寝るものではない（秋田・栃木・静岡・福岡）。早死にする（秋田県鹿角郡）という。おそらく、天地を逆にかけて寝るのを忌むのであろう。布団を横にして寝てはならない（長野・和歌山）。病にかかると治らない（長野県北安曇郡）という。敷き布団を上にかけて寝ると、出世しない（奈良・兵庫・長崎）。夜具を裏返しに着ていれば雷は止む（秋田県山本郡）。
○一枚布団を裏返しにして寝ると好きな人の夢を見る（福岡県北九州市）。布団を裏返しにして寝ると思う人の夢を見る（岩手県水沢市〈奥州市〉）。和歌山県南部村〈みなべ町〉では、よい夢を見たら、布団をひっくり返して寝ると続きが見られるという。新潟県佐渡郡〈佐渡市〉でも、布団を逆さまに着ると、夢に見た人をまた見ることができる、と伝えている。
○和歌山県高野口町〈橋本市〉では、よい夢を見るには布団の下に、ナンテンかサカキを敷くとよいという。京都府宇治田原町では、布団の下に本を隠して寝ると夢を見るといい、恐ろしい夢を見たときは銭を敷くと見なくなるといわれる。悪い夢を見たら、他人に話す前に布団をまくって「夢かと思えば枕の下の玉手箱」と言うとよい（愛知）。
○夜泣きが止まないときは、母親は子供の敷いている布団を丸めて背負い、子供を抱えて「夜泣きする人はおりません」と言いながら、家の周りを五回まわるとよい（茨城県北茨城市）。寝小便を止めるには、子供に布団を背負わせ、餅搗き臼のめぐりを三回まわらせると治る（新潟県川西町〈十日町市〉）。年取ってからの寝小便を止めるには、敷き布団を背負って家の周りを三巡すれば治る（長野県諏訪湖畔）。

○魔除けのために、布団の下に呪物を敷く伝承は各地に多い。産婦の布団の下に、一尺物差しを入れておくと産が軽い（新潟県村上市）。ヘビのぬけがらを布団の下に入れておくと安産（長野）。サルオガセ（猿麻桛）を布団の下に入れておけば安産（山形県米沢市）。大工の草履を借りて来て夜泣きする子の寝床の下に入れておくと止む（愛知）。病人の布団の下にヘビのぬけがらを敷いておき、病人が布団をまくった時びっくりしたら治る（石川県石川郡）。キツネに憑かれたら布団の下に刃物を入れる（大阪府枚方市）。黄疸の人はシジミの殻を布団の下に敷けばよい（青森）。

○葬送習俗では、死者の布団の上にさまざまな呪物をのせて邪霊を祓う。死者の掛け布団の上に白箸を十字にしてのせる（岐阜県宮村〈高山市〉）。死人の布団の上に魔除けの刃物をおく（大阪府枚方市）。死者は北向きに寝かせ、布団の上に箒をおく。ネコの魂が入って生き返るのを防ぐため（茨城）等々である。

○ネズミが布団の上にあがると呼吸が苦しくて物も言われない（秋田県山本郡）というのは、いわゆる金縛り（睡眠麻痺）のことであろう。

○その他の俗信。朝、床で歌をうたうと貧乏神が入ってくる（岡山）。赤い布団は丈夫になる（群馬）。敷き布団の上で爪を切ると病死する（福岡県久留米市）。西町八幡の左義長のとき、布団などを外に干すと火事になる（岐阜県墨俣町〈大垣市〉）。お盆には布団の糊付けはしない。仏さんの足に糊が付き入れないといって避ける

〈兵庫県神戸市〉。雷除けには、蚊帳に入って布団をかぶっている〈長野県伊那市〉。

風呂敷　ふろしき

○風呂敷を頭にかぶるな〈新潟・富山・石川・和歌山・鳥取・山口・愛媛・福岡〉。かぶると、盗人になる〈富山・鳥取・山口・愛媛・福岡〉、物乞いになる〈石川〉、白髪になる〈和歌山〉、頭がわるくなる〈同県〉、気がふれる〈富山〉と、各地で忌む。男が風呂敷をかぶると女郎と添う〈新潟県佐渡市〉ともいった。風呂敷を首に巻くと盗人になる〈石川〉ともいう。

○妊婦は風呂敷の上に座ってはならない〈沖縄〉。妊婦がどうしても葬式に参列しなければならないときは、ウチュクイ〈風呂敷〉の裾を結んで行った〈同県読谷村〉。妊婦は風呂敷を帯代わりに巻いてはいけない。盗人の子を生むといわれた〈同県〉。

○風呂敷で作った着物をきると盗人になる〈秋田〉とか、盗みをする子を生む〈富山〉といって嫌う。福井県丸岡町〈坂井市〉でも、古い風呂敷を着物の裏に使うと悪いという。

○風呂敷を干すと雨が降る〈高知県土佐山村〈高知市〉〉。風呂敷を肩から斜めに掛けて歩くと雨が降る〈岩手県水沢市〈奥州市〉〉。風呂敷を拾うとよくない〈富山県氷見市〉。徳島県小松島市で、病気見舞いの風呂敷におとみを入れて返すと病気がうつるという。おとみは、オウツリの意味で、返礼にちょっとした物を渡すことだが、不幸事では行わない。岩手県遠野地方〈遠野市〉では、出棺のときに厩でウマが嘶《いなな》くと、続けて人が死ぬといい、厩の戸をかたく閉め、ウマには風呂敷で目隠しをした。

褌　ふんどし

(1)サメ・オオカミと褌、赤の呪力

○高知県中土佐町で、遊泳中にフカ〈サメ〉に出合った時は、六尺褌を外してその端を持ちひらひらとなびかせると襲われないという。同県佐賀町〈黒潮町〉では、漁師が海中でフカに襲

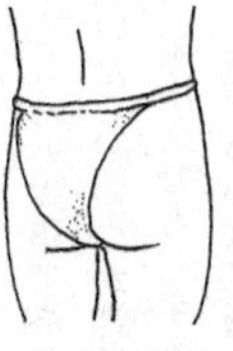

越中褌の着装

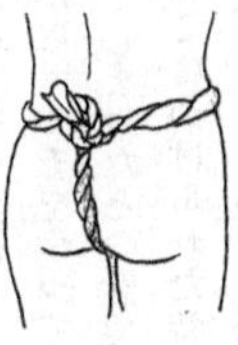

六尺褌の着装

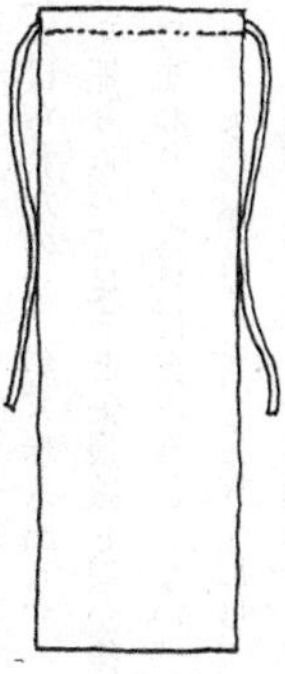

越中褌

われた場合、六尺褌を長く伸ばして泳ぐと襲撃を避けることができるといった。高知県の海沿いの町で育った筆者も、昭和三五、六年ごろ中学校の先輩からこの話を聞いた。当時はプールが無かったので、男児はみんな六尺褌を締めて海で泳いだ。では、この方法がなぜフカ除けに効果があるのだろうか。先輩の話では、フカは自分よりも大きい（長い）ものは襲わないのだという。六尺褌の端を持って腕を伸ばすと、二メートル以上の長さだ。近づいて来たフカは、自分より大きいと見ると去って行く、というのが先輩の説明だった。筆者は長い間この説を信じていたが、フカに襲われないというのは、どうもそれが本来の理由ではないらしい。『川崎の世間話』（川崎市市民ミュージアム編）にこんな話が載っている。昔、家に侵入した泥棒を見つけて追いかけたところ、途中で泥棒は六尺褌を外し、道をさえぎるように長く置いて逃げた。それを見た家の者が「道切り」をされたので、追いかけてもしようがないと諦めたという。道切りは疫病などの災厄が入ってくるのを防ぐために、村や集落の入り口に注連縄を張ったりする呪術的儀礼である。フカに出合って褌を流すのは、長さを誇示しているのではなく、褌で一種の境界をつくっているのだろう。フカはそれを越えては近づいてこないと信じていたと思われる。サメ除けに褌を流すとよいとの俗信は、東京や兵庫県淡路島でも言ったという。

○海で出合って最も恐いのがサメなら、山で恐れられたのはオオカミだったといってよい。オオカミに遭遇した際に難を逃れる方法は多々あるが、その一つに、サメ除けとよく似た俗信が伝えられている。滋賀県浅井町〈長浜市〉では、送り狼に付きまとわれた時は、六尺褌を後ろに長く引いて歩けば、その褌の長さ以上にオオカミは近づかないという。相模民俗学会『民俗』一九号（一九五六年）に次の報告がある。「私の古い知人が石老山《せきろう》麓（神奈川県相模原市）で突然狼につけられたので、急ぎ歩き出して一休みし、後を振り返って見ると矢張狼も遥か後で休んでつけまわり、容易に去ろうとしない。こんな時はフンドシか帯をといて長く垂らすとい丶との話を聞いていたから、早速実行し、又火を恐れるとの事であるからマッチをすって火を焚いたら、いつか逃げてしまったとの話である」。岡山県でも、オオカミにつけられた時は転ぶと飛びつかれて嚙み殺されるという。予防するには、帯なり褌なりを解いて地面を引きずるとよいという。褌や帯を解いて引きずる例は石川・三重・和歌山・島根県などにもある。岩手県遠野町〈遠野市〉で、山でオオカミに遭ったら、褌の前の垂れで目を三度こするとよいという。岐阜県荘川村〈高山市〉では、一九二〇年ごろまでは、山を歩くとヤマイヌ（オオカミ）がついてまわったという。六尺褌の先に輪を作ってぶら下げていくとよいといった。

○赤色に関する民俗は、還暦の祝いや疱瘡除けの呪《まじな》いなど多彩だが、褌についても赤の呪力を示す俗信は少なくない。高知県大月町小才角では、以前は漁師たちが沖に出るとき、赤木綿の六尺褌を締めて行く風があったという。海中に落ちた時の魔除けになったし、フカの襲撃を避ける呪いにもなるためであった。同県南国市浜改田でも、子供たちが海や川で泳ぐとき、赤褌を締めていると猿猴《えんこう》や魔に誘われないと言ったという。島根県平田市塩津では、赤褌をつけていれば海に入ったときフカが恐れるといった。鳥取県日南町阿毘緑《あびれ》では、赤褌をしていると「カワコ（河童）つけん」といわれる。鹿児島県松元町〈鹿児島市〉では、赤褌をすれば水難に遭わないという。

○火事の時に腰巻を振ると類焼を免れるという俗信は各地で言うが、赤い褌をかけると消える（愛知）との報告もある。鹿児島県和泊町では、赤褌とは言っていないが、近所に火事があったときは屋根に上り、褌、腰巻類を打ち振りながら「ホーホー、ホホーホ」と言ってヒジャマ（火魔）を追い払う。栃木県茂木町でも、火事のとき風上に褌を立てると類焼を免れる、と伝えている。愛知県平和町〈稲沢市〉では、屋根に鎌や赤褌をつけた竿を立てると台風が避けられるという。腰巻を褌という所もあるが、この場合は男が締めるものであろう。赤い褌をしていると疱瘡にかからない（岡山）との事例もある。一九九二年の冬ごろから「佐川急便の飛脚のマークの赤いふんどしにさわると良いことがある、金運をさずかる」という噂が女子中高生のあいだで広まり話題になった。この俗信的な噂の背景は不明だが、案外、「ふんどしにはウンがつく」といった語呂合わせ的な発想かも知れない。

○沖縄県伊是名《いぜな》村では、夜道を歩いているとき、なにかショックをうけて立ち眩みすると、マジムン（魔物）に襲われたといって、男は褌を、女はハカマ、メーチャー（共に下着）を脱ぎ、振り回して追い払う。あるいは、唾を三回吐き捨てる。同県大宜味村では、夜間に化物に遇ったら自分の褌で鉢巻をして通れといい、今帰仁村でも、夜道で怖いと思ったら褌で鉢巻をするか、手に持って振りながら歩くという。また、夜、マジムンに出合ったら、男は褌を頭に巻いて帰るとよい。家に帰るとフール（豚小屋）を廻りブタを起こしてから家の中に入る（沖縄）。鹿ブタの鳴き声で魔物が退散するといわれる。鹿児島県徳之島では、イワトン神は人とり神として恐れられている。ある人が漁をしているときに追いかけられた。浜のそばのキビ畑の中に身を隠し、褌を取って頭を覆いじっとしていたら助かったという。同県喜界島〈喜界町〉では、ムンノヒというのがある。イザリ（夜の漁）をしていると波打ち際に小さな火が無数に点滅する。この火はイザリの火を奪いに来る。その時は、褌をぶら下げているか、唾を吐くと逃げて行く。長野県北安曇郡では、ウマが歩いているとき急に動かなくなることを神に遇ったといい、褌で祓ってやると動き出すという。褌には邪悪なモノを阻止し祓う魔除けの力があると信じられてきた。その背景には、邪霊が嫌う糞穢と関わる下帯という点があるのだろう。

○節分の晩に、下の病のある者は褌を、頭の病のある者は枕を四辻の所で落とし、後を見ずに帰ってくると厄払いになる（島根）。褌は、女性の場合は腰巻をさすのだろう。厄年の者が節分の夜に、身につけていた物（櫛・手拭など）を道辻に捨てる厄落しの習俗は各地で行われてきた。『誹風柳多留』に「四ッ辻の抜身で厄を切ぬける」（文化九年〈一八一二〉）、「四十二で古ィ越中伊勢屋捨て」（天保八年〈一八三七〉）の句が見える。

褌　ふんどし

(2) 褌で天気占い、安産と夫の褌

○褌がしめると雨が降る（青森・岩手・宮城・福島・茨城・長野・山梨・三重・宮崎・沖縄）と広い範囲でいう。岡山県哲多町〈新見市〉では、褌がしめれば天気は下り坂といい、岩手県軽米町では、洗っていない六尺褌を陰に掛けておき、じわじわと湿ってくると雨、という。千葉県印旛村〈印西市〉でも、褌がしめると雨というが、それは男の褌のかなり汚れたもののことらしい。当地で「天気の変わり目知れるような褌」というのは、汚れのひどい褌をいうようだ。この状態を詠んだのが、『誹風柳多留』の「褌

で天気のしれるぶせふ者（無精者）」（天保四年〈一八三三〉）の句であろう。福井県美浜町では、褌を夜干しして湿っていたら翌日は天気がよい、カラカラに乾いていると雨がふる、という。

○夫が締めた褌を腹帯にすると安産する（青森・岩手・秋田・福島・石川・岐阜）という。愛知県岡崎市では、妊婦の腹巻きに男の褌を一緒に巻けば丈夫な子が生まれるという。内田邦彦『津軽口碑集』（一九二九年）に「妊婦第四か月になれば『びき有《も》つ人』即ち妊婦は、夫の褌をもて己が腹に巻く、安産を祈るなり。褐色に垢じみたるものほど効験ありと」と見える。ほかにも、妊婦が越中ふんどしを締めるとお産が軽い（福岡県太宰府市）、夫の下帯を力綱として握ると安産する（福島県猪苗代町）という。

○陣痛の時は夫の褌を跨ぐ（長野）。難産の時は、夫の褌を黒焼きにして粉を飲ませる（山口）、夫の褌を腰に巻きつける（大分）。福岡県太宰府市片野では、産気づいて生まれない時は、男がしている越中ふんどしを外してつけてやると生まれる、といわれる。後産が下りない時は、夫の褌を舐めさせる（福島・群馬・静岡）、夫の褌を切り取って飲ませる（茨城・群馬・埼玉・新潟・岡山）と下りるという。

○男の褌を跨ぐと子ができる（長野県諏訪湖畔）。亭主の下帯（褌）を洗濯すると難産（福島県東村〈白河市〉）。多産に悩む女は、月経時に男の褌を三度足で踏むとよい（神奈川県川崎市）。石川県出城村北安田〈白山市〉の摩耶夫人（行善寺）に参詣し、赤褌を貰えば女児、白褌を貰えば男児を出生する、と伝えている。

○夜泣きには、父親の褌を子供の枕にするとよい（愛媛県西条市加茂）。山形県米沢市では、生まれた晩に夫の褌を枕にしてやると夜泣きしないといい、同県南陽市にも同様の俗信がある。福島県西郷村では、赤ん坊が夜泣きをした時は、夫の濡れた褌を棒の先に下げて、家の周りを廻ると泣き止む、と伝えている。

○妊婦の夫は葬式のロクシャク（墓穴掘り）をするな（福島）。女の人が死ぬと、こんどは男に生まれ変わるように褌を締めさせる家もある（大阪府岸和田市）。葬式のときの旗を褌にすれば身が強い（鹿児島県松元町〈鹿児島市〉）。高知県十和村〈四万十町〉では、葬式の折に笹竹につけられた五色の反物を褌にして、猟に行くとよく獲れるという。
○切り傷には、褌を裂いて傷口に巻いておくと治る（高知県檮原《ゆすはら》町）。モノモライは、男なら褌の先端、女なら湯巻の先端を持ってモノモライを撫で「汚ければ逃げよ〳〵」と三度と唱えると治る（島根）。インキンには赤褌（宮崎）。小便の病気にかかったら赤褌を七五枚盗んで地蔵さまの下に埋めるとよい（愛知）。年越しの晩（節分の晩）に、病人は自分の腰巻か褌を路傍に落としておく。拾った人はその病にかかり、落とし主の病気は治る（大阪）。
○その他の俗信。褌には継ぎをしてはいけない（岩手県宮古市ほか）。褌や腰巻が外れるのは吉兆（同県遠野市）。褌を人に洗わせると力が落ちる（奈良県下市町）。褌を人に洗ってもらうと力がぬける（長野県生坂村）。褌の下を通ると出世しない（愛知県小牧市）。縮面《ちりめん》の褌をしてタニシを食べるな（秋田県南秋田郡）。縮面の褌を締めると喉がかわく（長野県北安曇郡）。男の褌と女の腰巻を同じ竿に干すと肩ムシ（肩の痛み）ができる（兵庫県赤穂市）。彼岸に男は褌、女は腰巻を新しくすると病んでも床を汚さない（秋田県秋田郡）。男子一三歳（高目では一五歳）になると叔父から赤い褌が贈られる。これを締めると男根の病気にならない（福島県西会津町）。クマを射止めたら褌で顔を包む（徳島県木屋平村〈美馬市〉）。妊娠した妻の腹帯をヘコ（褌）にすれば大漁する（鹿児島県中種子町）。漁夫は六尺褌を必ず用いること（秋田県南秋田郡）。ダイコンの種を蒔くとき褌を外して蒔くとこのましく（大きく）なる（秋田県雄勝郡)。

【ほ】

帽子　ぼうし

○家の中で帽子をかぶると、貧乏する(島根)、伯父が貧乏する(秋田県平鹿町〈横手市〉)、叔母様が水に溺れる(岡山)、背が低くなる(岐阜)、馬鹿になる(群馬)、禿になる(青森・愛知)といって忌む。

○帽子を踏まれると出世しない(群馬・福岡)。帽子を下に置くとその人は出世しない(愛知)。帽子を跨ぐものではない(長野)。

○鹿児島県国分市〈霧島市〉では、帽子にタマムシの羽根をつけると帽子が飛ばないという。長野県南信濃村〈飯田市〉や愛知県北設楽郡では、ネズミが衣類や帽子をかじると喜び事がある、といって吉兆とする。山口県宇部市では、地蔵様に自分で縫った帽子をかぶせると裁縫が上手になるという。

○福島県本宮町岩根〈本宮市〉では、子供の着物の背に布でカキ(柿)を作ってつけた。実の部分は赤布、へたは緑色の布を用いた。ヤママユをつけることもあった。成長するとそれを帽子につけて遊ばせた。魔除けになり、風邪を引かないとも丈夫になるともいった。種痘のとき子供に赤い帽子をかぶらせると軽くすむ(秋田県山本郡)。

○帽子に花を挿すと親に早く死に別れる(京都・岡山)。他人が落とした帽子は拾わない。拾うと病気になる(岡山県総社市)。福島県小野町では、紙の帽子をかぶるなという。その理由として、葬式のときに男は紙を切って鉢巻のような姿で野辺送りをしたから、と伝えている。

○帽子を失くした夢は、身分に変化がくる(和歌山県吉備町〈有田川町〉)、失敗することがある（岡山県哲多町〈新見市〉）。帽子を買う夢は人々に信頼される（同市）。女性が帽子をかぶる夢は良い子が生まれる（同市）。
○帽子をかぶったまま食事をすると、頭に角が生える（長野）。帽子をあげると金が儲かる（愛知）。小児が帽子以外の桶や笊をかぶると背が伸びない（同県）という。
○赤ん坊の頭のまわりは、両親が座ったときの膝頭のまわりの長さを足して二等分したもの（三重県南部地方）。

頬かむり　ほおかむり

○山形県米沢市では、手拭でホッコ（頬かむり）をしたまま便所に入ると、袋子ができるという。頬かむりをしたまま寝ると、神さんが顔を撫でにくる（徳島市ほか）。

【ま】

前掛け　まえかけ

○衣服の汚れを防ぐため、腰のあたりから体の前面に下げた布で、前垂れともいう。前掛けをつけたまま寝てはいけない（福井・京都・奈良・和歌山・山口）。禁忌に違反すれば、親の死に目に会えない（京都・奈良・和歌山）、キツネに騙される（奈良・和歌山）、安産しない（福井県国富村〈小浜市〉）、縁が遠い（山口県橘町〈周防大島町〉）という。前垂れをつけたまま寝て、紐が解けていたときは親の死に目に会えない（奈良・和歌山）とも。出産するとすぐに産婦に前掛けをかぶせると髪の毛が抜けないという（長野県南安曇・北安曇郡）。
○果物を前掛けに入れた夢は妊娠の兆し（岩手

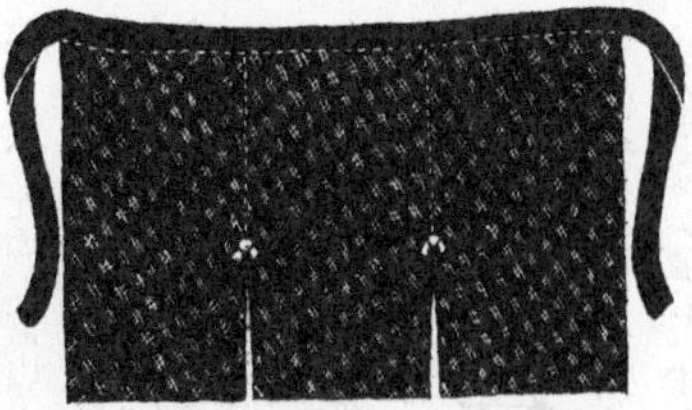

三幅前掛け

奉公人用前掛け

県大船渡市）。妊婦が火事を見るとき、前掛けを二つに折っていれば痣のある子が生まれない（長野県生坂村）。前掛けが何回も落ちるとよいことがある（兵庫県赤穂市）。前垂れや帯を枕にするとヘビの夢を見る（静岡県藤枝市）。前垂れをしたまま神様に参ってはいけない（徳島）。墓でこけたら前垂れの紐を捨てよ（兵庫）。前掛けを背中に着ると死霊に遭う（秋田県平鹿郡）というのは、後ろ前につけることであろう。○壱岐島〈長崎県壱岐市〉では、ミノメーカキ（三幅の前掛け）をつけた。メーカキの褄には、老人は白糸、若い者は赤糸で小さい模様（花形や松葉など）が縫ってある。ヘビが陰門に入ったとき、普通では鱗が逆立ってなかなか出ないものだが、これでつまんで引けばたやすく出るという。

前垂れ　まえだれ→前掛け

枕《まくら》

(1) 北枕を忌む、枕返しの怪

○北枕に寝てはいけない、という禁忌は全国的で、誰もが知っている俗信の一つである。北に頭を向けて寝ると、縁起が悪い（山形・福島・新潟・岐阜・石川・長野・愛知・兵庫・鳥取・高知・福岡）、不吉なことがある（石川・岐阜・滋賀・京都・奈良）、凶事がある（福島・石川）、死ぬ（富山・長野・島根）、早死にする（岩手・山形・福島・石川・長野・岐阜・愛知・山口・福岡・鹿児島）、病気になる（石川・島根）、長患いする（福島・大阪）、病気が治らない（石川・長野）、運が悪い（奈良）、不幸になる（福岡）、死神が取り憑く（岐阜県南濃町〈海津市〉）、怖い夢を見る（広島県加計町〈安芸太田町〉）、波が立つ（岩手県住田町）などという。北枕に寝るのは死んだ人だけ（山形・栃木・茨城・新潟・岐阜・静岡）とか、死人の真似（富山・愛知）といわれるように、葬式の際の習俗が強く反映している。通常、死を確認すると、まずはじめに死者を北向きに寝かせることが多く、これを枕直しという。宮崎県真幸村〈えびの市〉では、死ぬとすぐ北枕に寝かせ、白い着物を裏返しに着せる。北枕に寝かせないと成仏できなくて、魂が飛ぶという。死人は北枕に寝かせないと生き返る（山口）との事例もある。北枕の俗信は、釈迦が入滅したときの、頭を北に顔を西方に向け右脇を下にして伏した「頭北面西右脇臥」の姿にもとづくともいわれる。涅槃図に見られるように、死者を北枕にして顔を西に向けて寝かせる（石川・三重・京都・兵庫・鳥取・山口）所は少なくない。三重県四日市市で、北枕や西に足を向けてはいけない、というのもこれと関係する禁忌であろう。『徒然草』第百三十三段に「夜の御殿《おとど》は、東御枕《みまくら》なり。大方、東を枕として陽気を受くべき故に、孔子も東首《とうしゅ》し給へり。寝殿のしつらひ、或は南枕、常の事なり。白河院は、北首《ほくしゅ》（北枕）に御寝《ぎょしん》なりけり。北は忌む事なり。」とある。矢野憲一は、平安時代の葬送儀礼を示す『吉事次第』や『管別記』（一五〇〇年）などに記された北首の記録を紹介し「これらは貴族の風習の文献だが、おそらく平安・鎌倉時代の一般でも行われ今につづいていると思われる」と推測している（『枕の文化史』）。

○北枕は広く凶とされるが、反対にこれを吉とする伝承もある。北枕に寝ると、病気が治る（徳島・愛媛）、長生きする（愛知）、健康によい（新潟）、頭痛が起きない（和歌山）、中風にならない（岩手）、眠られる（和歌山）、頭を冷やすからよい（京都）、利口になる（群馬県横野村〈渋川市〉）という。神奈川県津久井郡〈相模原市〉では、就寝のとき北枕に寝るのは魔を祓ってよいといわれる。愛媛県松山市では、南枕に寝ると大病する。北枕に寝ると病気が治る、という。高知県佐川町斗賀野では、庚申さんの晩には北枕に寝るもの、と伝えている。長野県遠山村〈飯田市〉では、「山へ寝るなら西北枕、南枕は神枕」といい、南枕はマドウ（魔道《わる》）がさわるという。神枕というのは、悪神がワザをすることで、知らない山に行ったら北枕に寝ると、魔道が妨げないといわれる。死んだ人を北枕にするのもこのためだ、との報告がある。

○西枕を忌む（秋田・宮城・栃木・群馬・長野・岐阜・愛知・大阪・奈良・和歌山・広島・山口・徳島・香川・福岡・熊本・沖縄）土地も方々にある。ただ、奈良市で、北枕に寝るとゲンが悪いが、西枕もよくない。死んだ人は北枕か西枕に寝かすから、というように、西枕だけを忌むというよりは両方を忌む所が多いようだ。西枕で寝ると、縁起が悪い（栃木・岐阜・広島・福岡）、ゲンが悪い（奈良）、早死にする（栃木）、病気が長引く（大阪府枚方市）、不吉（沖縄）、凶（栃木）という。西枕をしてサルの夢を見ると、寿命が短い（群馬）、三年の内に死ぬ（栃木県足利郡）という所もある。禁忌のわけは、沖縄県今帰仁《なきじん》村で、寝るときは西枕にしてはならない。死人は西枕にさせるから、といわれるように、葬送習俗から説明されることが多い。西枕を忌む伝承のなかで、西枕はよい（和歌山県高野口町〈橋本市〉）、福がある（新潟県三条市）、健康になる（香川県香川町〈高松市〉）と、吉兆とする例もある。

○東枕で寝るとよい（和歌山・徳島・愛媛）という。宮城県七ヶ宿町では、東枕は良すぎて忌まれるが、もし東枕で寝るときは「東枕で寝る人の心はいつも十五夜の月」と三回唱えてから寝るとよい、と伝えている。福島県船引町〈田村市〉でも、「東枕に寝るときは、いつも心は十五夜の月」と唱えて寝るとぐっすり眠れるという。他方で、東枕で寝ると、貧乏する（新潟・徳島）、バチがあたる（愛知県岩倉市）、西の方へ足を向けるのでよくない（和歌山）という。香川県志度町〈さぬき市〉では、東枕は病を好む、といって忌む。また、東枕に寝てサルの夢を見ると、死ぬ（秋田県平鹿郡）、財布を落とす（福島県滝根町〈田村市〉）との報告もある。

○南枕はよい（宮城・和歌山）とする一方、南枕に寝ると、大病する（愛媛県松山市）、病気が長引く（福井県十村〈三方町〉・奈良県三郷町）、早死にする（新潟）と嫌う所もある。

○枕の向きは、東西南北それぞれに吉凶があり、四方を諺のように言い伝えている。寝る時は西枕、北枕はいけない、これを「東福西貧南寿北短」という（大阪）。これと反対の伝承が、新潟県三条市でいう「東貧西福北寿南（南短か）」で、東枕に寝れば貧乏し、西枕は福があり、北枕は健康によく、南枕は早死にする意だとされる。ほかにも、「南長東福北死西貧」（岐阜県武儀町〈関市〉）、「西福東貧南禍北涼」（涼は死の意味）（宮崎県えびの市）ともいう。

○枕にまつわる怪異譚は少なくないが、なかでも、枕返しは広く知られている。寝ているうちに頭の位置と足の位置が逆転している、あるいは、北枕にされる。佐々木喜善『遠野のザシキワラシとオシラサマ』に、九戸郡侍浜村（久慈市）の久慈という旧家では、旧座敷と新座敷の間に黒い柱があり、この柱の方に枕をして寝ると、枕返しにあって眠られぬ、という話が収められている。茨城県水府村高倉〈常陸太田市〉の旧家では、現在は取り壊したが、築三百年ほどの母屋の座敷では枕返しにあうことがあった。南向きに寝ていたのが北向きになっていたという。愛媛県広田村〈砥部町〉では、大山の大尾根通りの山筋をナワメ（魔性筋）と呼んで嫌う。この筋に家を建てると枕返しをされ、朝起きると反対向きになっているという。和歌山県龍神村小又川（田辺市）では、七人の杣《そま》が檜の大木を伐り倒したところ、その夜、小坊主姿の木の精が現れて、杣たちの枕を反していった。翌朝、全員が死んでいたという。『南路志』（江戸後期）に、高知城下の枕返しの話がでている。「小高坂森の屋敷、黒田氏以前東野金兵衛被居しと云。其時分、座敷の内に枕返しをする間有けると也。出入する座頭を試しに寝さセ見居たるに、夜半程に枕を取てくるりと寝返り北枕に成けるを、其身は不覚と也。我等若年の時分、東野氏の物語を聞きし」とある。北枕にされることが、死と結びつく不吉な連想を呼ぶのだろう。死人の枕を北向きにかえることを枕返しという例は『大鏡』に見える。宮田登は、枕返しについて「枕は異次元の交錯している境界だと考えられていたのである。だから別な世界に移動するための夢を見る呪具だと考えられていた。そこでもし枕をひっくり返すならば、それは世界を逆転させてしまうということにつながるものと潜在意識のなかで思っていた節がある。だからそのことは、異常なできごとであるとして恐れられた。夜寝たときの枕が朝起きると反対の方向にきている。寝ている間にもう一つ別の世界にうっかり足を踏み入れてしまった。というように考えられていたらしい」と述べている(『妖怪の民俗学』)。

枕《まくら》

(2)投げるな、踏むな、跨ぐな

○三重県熊野市で、枕を作るときや買うときは、一、二、三、四、五までの数のつく日は良くないという。高知県中村市〈四万十市〉では、一日二日というように指を折る日は寝枕といって、枕を作ったり買ったりしてはならないとされる。「寝枕買うと病気になる」といって忌み、枕は六、七、八、九、十の指の立つ日に作るか買うものという。愛媛県内海村〈愛南町〉でも、指をかぞえて曲がる日に枕を作ると病人が絶えない、といって嫌う。石川県珠洲郡では、一月から五月および一一月、一二月を伏せ月といい、枕を作れば朝起きることができず病を生ずるという。同県金沢市でも、一月から五月の間に枕を新調すると病気になるといわれ、作るのは指の立つ六月から十月に作る。

○岐阜県八百津町で、闇夜に枕を作ると病気になるといい、愛知県長久手町〈長久手市〉では、闇夜に作ると病むから月夜に作れという。枕を作るときには暦の吉日を選ぶ(高知県東津野村〈津野町〉)。家族の誰かが死んで四十九日たたぬうちに枕を縫わぬこと(石川県金沢市)。枕は一つだけ買ってはならない(沖縄県本部町)。

○枕を乱暴に扱ってはならない、とはどこでもいう。枕を投げると、頭痛がする(千葉・富山・石川・長野・岐阜・京都)、頭痛持ちになる(千葉・東京・長野・香川)。枕を踏むと、頭痛がする(山形・栃木・福井・静岡・岡山・山口)、頭痛持ちになる(福岡)、父の頭が痛くなる(栃木)、足が曲がる(徳島)、短命になる(栃木)、不吉(埼玉県大宮市〈さいたま市〉)、出世をしない(徳島)などという。頭痛になる例が多いのは、枕が頭を支える寝具であることからの連想だろう。枕を蹴ると、頭痛がする

（福井・岐阜・山口）、出世しない（愛知・徳島）、罰が当たる（京都府美山町〈南丹市〉）、不吉（埼玉県大宮市〈さいたま市〉）、幸福にならない（岩手）。枕を跨ぐと、親の頭を跨ぐことになる（群馬）、火事のとき逃げ遅れる（青森県五所川原市）、尻に疣ができる（愛知）といって忌む。秋田県山内村〈横手市〉で、枕を跨いではいけない。枕には魂が入っているから、といわれるように、枕には使う人の魂が宿ると考えられてきた。乱暴に扱うのを厳しく忌むのも、魂が籠る寝具であることが大きい。ほかにも、枕にのぼるのは親の頭に上がること（奈良県山添村・三重県磯部町〈志摩市〉）、枕にのると悪い夢を見る（栃木県宇都宮市）という。

○寝ている人の枕元を通ってはいけない（福島・栃木・群馬・愛知・佐賀・熊本）。通れば、寝ている人は出世しない（福島県棚倉町・熊本県三加和町〈和水町〉）という。子どもの枕元を通ると、その子は出世しない（長野・岐阜・愛知）といって忌む。沖縄県浦添市では、寝ている子供の枕元に座ってはいけないといい、同県粟国《あぐに》村でも、寝ている子供の枕元には座らないし、ご飯なども置いてはいけないという。同県平良《ひらら》市〈宮古島市〉では、枕元に飯を置いてはいけない、死者にそうするから、と説明している。同県大宜味村で、子供が寝ている枕元に刃物か枕を立てておくというのは、睡眠中の子供に忍び寄る邪霊を排除するためである。死者のそばに刃物を置いて魔除けとするところは多い。香川県志度町〈さぬき市〉では、戦死した子は必ず戻って来て母親の枕元にすわるという。

○愛知県西春町〈北名古屋市〉では、生児の枕は予め準備するものではない、丈夫な子に育たないという。予め枕を作っておくと子の寿命が短い（富山）という所もある。同様の俗信は産着でもいう。妊婦はクスノキを枕の下に敷いて寝ると安産する（秋田県山本郡）。妊婦には蚊帳を枕にさせる。頭が冷えるから（岩手）。枕で子（腹）をさすると早く生まれる（兵庫県加東郡）。お産のとき、水の流れに枕を向けると軽い（群馬）。妊婦は枕を跨ぐな（青森・石川・和歌山）、難産する（和歌山）。枕に上がるとお産が重い（栃木県下都賀郡）。北枕でお産をすると難産（佐賀県大和町〈佐賀市〉）。
○山形県米沢市では、小野川の豆地蔵に奉納されている小さな枕を借りて来て供え、拝んでから妊婦の枕元に置くと安産するという。お産のあと枕を倍にして納める。同県南陽市でも、小岩沢の福昌寺から小枕を借りてくると安産する、と伝えている。福島県三春町では、お産の時、ある寺の枕を借りて来て、これをしてお産をすると男女ほしい方の子が授かる。願いが叶えば枕を二つにして返す、という。
○帯を枕にしてはならない、との禁忌はほぼ全国的である。禁を破れば長患いするというのは、帯の形状からの連想が働いているようだ。高知県土佐清水市では、死者の枕には生前使っていた帯を巻き、その中に石を入れてあてがい納棺するという。長野県北安曇郡では、自分の着物を枕にすると死ぬ時の枕になる、といわれる。

枕　まくら

(3) 初夢と宝船、目覚まし枕

○新年最初に見る夢は、その年の吉凶を占う夢として関心が高い。よい夢を見るために、七福神や米俵、財宝などを積んだ宝船の絵を枕の下に敷いて寝ることが早くから行われてきた。大晦日の晩に紙で舟を作り枕の下に入れて寝るとよい夢を見る（新潟県十日町市高山）。元日の晩に帆掛け船の絵をたたんで枕の下に入れて寝るとよい夢を見る（群馬）。正月二日に枕の下へ宝舟を入れ「ながきよのとをのねふりのみなめざめなみのり舟の音のよきかな」と書くとよい夢を見る（栃木県宇都宮市）。初夢の夜をいつにするかについては、大晦日の夜、元日の夜、二日の夜、節分の夜などさまざまだが、現在は二日の夜の夢とするのが一般的である。江戸時代には宝船の絵を売り歩く者がいた。江戸後期の『神代余波《かみよのなごり》』に「当世、正月元日朝とく宝船の絵うり歩くを買て、元日の夜、枕の下に敷て、初夢に吉事を見るよし也《あり》、今は二日の晩なるを、心得たがへて二日の初夢と思ふ人もあれば、二日にも売る人あり、買ふ人あり」とある。馬琴の『俳諧歳時記』には、宝船敷《たからぶねしく》として「大晦日より元日に至るの夢を初夢と称す、されど、今俗二日の夜に宝船をしく也」と見える。柳田国男も「初夢と昔話」（一九三七年）の冒頭で「この正月二日の晩に、東京の町では今なお『おたから〳〵』と、宝船の版画を売りに来る声が少しは聞こえます」と述べている。

○宝船の絵には、七福神などとともに「ながきよの——」廻文（下から読んでも同じ文句）の歌が記してある。福島県塙町では、よい夢を見る時は紙の舟を折ってこの廻文を書き、枕の下に入れて寝る。よい夢を見た時は舟をとっておき、悪い夢の時は捨てる。また、よい夢は人に言わず、悪い夢の時は話すという。吉夢の代表は、一富士二鷹三茄子で広く知られている。由来については諸説あるが、駿河国と結びつける傾向が見られる。『嬉遊笑覧』巻八に「又思ふに富士山は高大をよろこび、鷹は鷙鳥《しちょう》にてうちつかみとると云ふ義、茄子はなすなると云を成の意に祝したるか」とある。和歌山県高野口町〈橋本市〉では、正月にめでたい夢を見るようにと、ナンテンを枕に敷いて寝るという。また、枕を三つたたいて寝るとよい夢を見る（群馬）。お茶殻を枕に入れるとよい夢を見る（同県）という。

○悪夢を流し去る方法は多彩だが、枕に関わる俗信では、沖縄県国頭郡で、悪夢を見るときは東に向い「獏《ばく》獏獏や」と三唱するか、獏の字を紙に書いて枕に貼るとよい、といわれる。獏は中国から伝わった想像上の動物で、我国では悪夢を食うとされる。悪い夢を見た時は、枕返しをしたり寝返りを打ったりすると忘れる（群馬県大間々町〈みどり市〉）。悪夢に悩まされる人は刃物を枕の下に入れて寝るとよい（岩手県久慈市）。

○鹿児島県松元町〈鹿児島市〉で、好きな人の夢を見たら枕を反対にすれば、向こうもこっちの夢を見る、という。反対にするとは、枕を裏返すことだろう。岡山県では、夜友達の夢を見た時、その人にも同じ夢を見てもらおうと思えば枕を代えて寝るという。代えてはあるいは返してのことかも知れない。夢を見た時、自分の枕を逆さにすると同じ夢を側の人が見る（大阪）。枕を裏返して寝ると夢の続きを見る（奈良）。

○寝過ごさずに、起きたい時間に目が覚めるという呪《まじな》いがある。「枕さん枕さん、明日○時に起こしてね」と頼んで寝ると、必ずその時間に起きられる（栃木）という。愛知県師勝町〈北名古屋市〉では、早起きがしたいときは、枕の神様に息をせずに三回頼んで寝るとよいという。

ただし、枕をはずして寝たら叶えてもらえない。石川県七尾地方では、希望の時間に目を覚ましたい時は、枕を三度たたいてお祈りをする。三回たたく事例は栃木県にもある。また、三回とは限らず、起きたいと思う時間の数だけ（五時に起きたければ五回）枕をたたいて寝ると、思った時間に目が覚める（群馬・愛知・石川・大阪）と各地でいう。石川県石川郡では、目を覚ましたい時間の数だけ枕をたたいて「朝起きてまたもまどろむことあらば、引き起こしてよわが枕さま」と、息を止めて三回唱えれば思う時間に目が覚めるという。このような呪《まじな》い歌を伴う伝承としては、福島県小野町で、「ねるぞネタ、たのむぞタルキ、はりまくら、何事あらばおこせムナギも」と言って、枕を三回たたいて起きる時間を言う。兵庫県赤穂市では、朝、寝過ごさないための呪いとして「ほのぼのと明石の浦の朝霧に、島がくれゆく舟をしぞ思ふ」と三回唱えながら、枕を三回たたくとよいという。

○酒に酔ったときには箒を枕にすれば酔いが醒める（岩手・福島・群馬・新潟・富山・石川・愛知・兵庫・山口・福岡）と各地でいう。箒の掃き出す力を利用して酔いを体内から追い出してしまおうとの魂胆だが、ただ、岩手県上閉伊郡には、箒を枕にすると魂がぬける、という俗信もあるので、そうそう安心はしていられない。
○夜間に赤子が激しく泣く夜泣きには、周囲が寝不足になるなど悩まされることが少なくない。夜泣き封じの呪いは多彩だが、呪物を枕の下に入れる方法がしばしば登場する。愛媛県久万町〈久万高原町〉では、夜泣きをする時は「天竺の古竹藪の古狐、昼は鳴くとも夜は鳴くな、あぶらおんげんそわか〳〵〳〵」と書いて、子供の枕の下に敷いて寝させると夜泣きしなくなる、と伝えている。夜泣きはキツネの仕業と考えられた。「信田の森の白狐、昼は啼いても夜は啼くなよ」と紙に書き、他人に見られぬように生児の枕の下に入れておいた（福井）。「信田の森の狐殿昼は泣くとも夜は泣くな」と白紙に書いて、枕の下へ入れておくとよく寝る（大阪）。「オクヤマノフルギツネ、昼はなくとも夜なくな」と言って、半紙に墨でこの言葉を書き、子供の枕の下に入れると夜泣きが治る（三重県熊野市新鹿町）。「猿沢の池の畔の古狐、昼はないても夜はなかず、ナムアビラウンケン、ソワカ」と紙に書き、枕の下に敷いて寝かすと夜泣きしない（兵庫県神戸市布引町）。「南無阿弥陀仏」と紙に書いて枕の下に入れておくと泣き止む（岐阜県谷汲村〈揖斐川町〉）。伊勢渡会地方〈三重〉では、ニワトリの絵を描き、子供の枕の下に逆さに入れておくと夜泣きが治るという。金物を枕に敷く所もある。新潟県山古志村桂谷〈長岡市〉では、夜泣きをすると赤子の枕の下に金物を敷いておく。ただし、母親がそれを知ると効果がなくなる。赤子が泣くのは、キツネが屋根の上に来ているためだという。同県栃尾市〈長岡市〉では、夜泣き封じには、どこかの家の鉄瓶の蓋を盗み、子供の枕の下に入れておく。同県川西町〈十日町市〉では、刃物を枕の下に入れておくと泣き止むという。栃木県栗山村〈日光市〉では、夜泣きには馬糞を子供の枕の下に入れると治るといい、長野県北安曇郡でも、あし毛の馬の糞を包んで枕にしてやる、と伝えている。棟上げに使った筒を子供の枕にするとよい（新潟県栃尾市〈長岡市〉）との報告もある。

○山口県大島町〈周防大島町〉で、歯ぎしりを治すには、砥石を本人に知られぬように枕にしてやるとよいという。刃（歯）を研ぐの意であろうか。岩手県気仙郡では、歯ぎしりをする人の枕の下に石を入れるとよい、といわれる。五月四日の晩、ショウブを枕にして寝ると病気にならない（秋田県平鹿郡）。邪気を祓うため、端午の夜に菖蒲の枕を用いる行事は古くからある。和歌山県高野口町〈橋本市〉で、長く高い枕をして寝ると長寿になるという。一方、愛媛県内海村〈愛南町〉では、高い枕を好む者は寿命が短い、といって嫌う。小児の寝つきが悪いときは、モグラの頭骨を枕の中に入れておくとよく寝るようになる（大阪）。中風にかかった時はオコシ（腰巻）を枕の下に敷くとよい（香川県志度町〈さぬき市〉）。マラリアを治すには、本人に知られぬように枕の下に剃刀を入れておく（岐阜県本巣町〈本巣市〉）。酒に酔ったときには、一升徳利を枕にすると酔いが醒める（山口県新南陽市〈周南市〉）。

○その他の俗信。四葉のクローバーを枕に敷いて寝ると金持ちになる（秋田県山本郡）。テストの前夜、寝る時にノートを枕の下に入れておくとよく覚えられる（山梨県甲西町〈南アルプス市〉）。夜寝たときに枕をはずして寝ると頭が悪くなる（富山県氷見市）。枕をせずに寝ると気がふれる（奈良）。年取りの夜、枕を三つたいて寝るとよいことがある（岩手県大船渡市）。枕をタテにして寝るものではない（群馬）。

敷居を枕にして寝ると長い病にかかる（岡山）。石を枕にして寝てはならない（沖縄）。炉縁を枕に寝るとねじり虫に捻じられる（秋田県南秋田郡）。他人の枕を使ってはならない（山梨県甲西町〈南アルプス市〉）。口のあるものを枕にするな（岩手県二戸市）。水の流れに沿って枕をするな（岩手県岩泉町安家）。左枕は胃が弱る（長野県生坂村）。枕越しに人を見ると死ぬ（秋田県仙北郡）。厄年の人は節分に四辻に枕を捨てると厄のがれする（鳥取県淀江町〈米子市〉）。暗夜に枕を洗うと病気になる（愛知）。母と北枕に寝た夢を見た。翌朝、母の死の知らせがきた（群馬県太田市）。

【み】

蓑 みの

(1)夜泣きと魔除け

○雨や雪などを防ぐために着用する外套。ケラとも呼ばれ、素材には稲藁やミヤマカンスゲなどが使われる。子供の夜泣きを止める俗信は多様だが、蓑を用いた呪《まじな》いも報告されている。福

蓑（表）

蓑（裏）

島県梁川町〈伊達市〉では、夜泣きをする子には、生まれた部屋にボロ蓑を逆さに吊るし、泣き止めば外す。子供が生まれた夜に祖父が吊るすとよく効くという。昭和一〇年頃までやっていた。同県三春町では、赤子が夜泣きするのはドラネコが裏の壁を引っ掻くためだといい、泣くときは蓑を逆さに吊っておくと止まる、と伝えている。夜泣きの際に蓑を吊るす土地は宮城・栃木・茨城・新潟でも確認できるが、手元の資料で見る限り、福島県に顕著である。蓑は逆さまにすることが多い。しかし、夜泣きは雨蓑を出格子にぶら下げておくと治る（新潟県中条町〈胎内市〉）とか、台所の入り口に蓑・笠を吊るす（茨城県大子町）といった例のように、逆さまにするとは言わない所も少なくない。蓑を吊るす場所は、子供の寝ている部屋、戸口、裏戸、裏の軒下、流し（台所）、柱などさまざまで、特に決まってはいないようだ。

○幼児が夜泣きする時は、室内に蓑と鎌を下げる（宮城）。福島県大熊町では、夜泣きは魔物が来て泣かせるからだといい、床の間に蓑と鎌を結わえて下げるとよいという。同県飯舘村では、古い藁蓑と草刈鎌を逆さにして裏に吊るしておくとよい、といわれる。蓑と鎌を逆さに吊るすとの方法は、同県須賀川市や平田村でもいう。茨城県大子町では、夜泣きする子供がいると、蓑と笠を軒下に下げ、五色の幣束に「猿沢の池のほとりに鳴く狐、あの狐泣くともこの子泣かすな」と書いて吊り下げる。そして、赤飯を炊いて十字路に上げ、振り向かないで家に帰る、という。夜泣きはもっぱらキツネの仕業だと考えて、この種の呪歌が流布している。寝床の足元の方に蓑を掛け、紙に「沢底で鳴く狐、おのれ鳴くともこの子泣かすな」と書いて貼っておく（福島県船引町〈田村市〉）。蓑に「信田が森の白狐、もみじの葉のような手をついて…」という歌の文句を書く。この歌を紙に書いて子供の衣服に挟んで寝かせるとよいともいう

（福島県梁川町〈伊達市〉）。ほかにも、子供に蓑を着せてはねっこさせる（同県）、蓑を敷いてその上に子供を寝せると治る（同県小野町）という。

○新潟県佐渡市では、山や野良にでて急に気持ちが悪くなることを「イキアイにあった」という。多くはムジナに憑かれたものだといわれる。この時は、憑かれた人をうつ伏せにして、蓑を逆さに掛け、釜の蓋であおぐとよいという。イキアイに遭うのは、山の神（天狗）の羽風に当たったためだともいう。蓑は病魔や邪霊を祓う呪具でもある。目籠・網・櫛・筬《おさ》など目と呼ばれる十字の交叉や隙間の集積する物が、魔除けの呪力を発揮するとの俗信は多い。蓑の裏側は、細かな網目状に編まれており、それが邪霊の類を祓うとされたのであろう。また、来訪神信仰や昔話「隠れ蓑笠」に見られるように、神に扮するとか変身の機能をもっている。

(2) 晴雨の諺と蓑、その他

○雨具としての蓑は、晴雨を占う諺によく登場する。朝虹は蓑を着ろ、夕虹は蓑をぬげ（福島県郡山市や猪苗代町）は、朝の虹は雨になり夕方の虹は晴れる、ことを言ったもの。山形県村山市では「朝虹蓑笠つけろ夕虹洗濯して待っていろ、という。和歌山県吉備町〈有田川町〉で、夕明神に蓑笠もつな、というのは、夕方東に虹が立つと、今雨がふっていても晴れてくるので雨具の用意はいらぬの意味。夏の夕焼け蓑おろせ、秋の夕焼け鎌を研げ（徳島県小松島市）は、夏の夕焼けは雨が降るが秋の夕焼けは晴の前兆である。春の夕焼蓑もって待て（福岡県岡垣町）。西の夕焼翌日晴れて蓑いらず（山形県村山市）。ながせ（梅雨）の夕晴蓑着て待っとれ（熊本県三加和町〈和水町〉）。風下からの雷は蓑着て待て、風上からの雷は蓑脱いで待て（福島県相馬市原釜）。三重・和歌山県では、朝鳶《とんび》に蓑を着よ夕鳶に蓑を脱げ、というが、山形県櫛引町〈鶴岡市〉では、朝鳶に蓑を脱げ昼鳶に蓑を着ろ、という。朝鳩は蓑着ろ夕鳩は蓑脱げ（福島県喜多方市）。朝鳩蓑笠離すな（同県下郷町）。沖縄県多良間村では、旧暦一一月七日の夜、蓑笠がカサカサ音をだすと翌年は台風年、という。天気の予知に関する諺には、日常生活の経験の積み重ねから、実感と信頼を獲得してきたものが数多くある。それらの中には、もともと俗信だったものが諺化して伝承されているケースが少なくない。

○昔は、難産で産婦が気絶した時は、産婦の頭髪を一束にして、天井または屋根裏の垂木に縛りつけ、身体を吊り下げてから大声に名前を呼んだ。また、夫が蓑を逆さに着て屋根に上り、産婦の寝ている部屋の真上に当たる部分を取り崩して穴をあけ、できるだけ大声で妻の名を呼んで魂を呼び返すと生き返ったという（長野県諏訪湖畔・『旅と伝説』通巻六七号、一九三三年）。

○後産が下りない時は「忘れましたよ蓑と笠 返しておくれよ君のため あびらうんけんそわか〳〵」と唱えて妊婦の腹をさする（栃木県馬頭町〈那珂川町〉）。胞衣（後産）下しの呪《まじな》い。下腹を上の方に撫でながら「かかる世に、生まれおおみの穴埋めと、思わでたのめ十こえひとこえ」「ふるさとへ、忘れてきたぞ蓑と笠、ひと一人お通し下されたく候」と三回唱える（群馬県甘楽町）。四二歳の厄年に子供が生まれると丈夫に育たないといい、産湯を使うとすぐ、庭に敷いておいた藁（蓑とも）の上に捨てると、丈夫に育つという（福島県西郷村真名子）。腰痛は、患者をうつ伏せにし、その上に蓑をかけ、伊勢参りに行ってきた人に飛び越えてもらう（同県猪苗代町）。風邪の流行るときは蓑を門柱に吊るすとよい（高知県南国市）。

○その他の俗信。「師走蓑に太郎笠」といって、師走に新しく蓑を買うものではない。また、正月に笠を買うことを忌む（島根県江津市）。カセドリ（小正月の行事）の時に馬小屋に蓑を吊るすとウマが死ぬ（岩手県大船渡市）。体の弱い人がカセドリの時に蓑笠を着て廻ると、各家ではお金や物・米などを振る舞い、水をかけてやった（福島県下郷町）。蓑をかぶってはいけない。白髪が生える（千葉県市川市）。蓑をひっくり返して腰に巻くものではない。首を切るときに巻く（長野県北安曇郡）。溺死者を捜す人が蓑笠を着ていると見つからない（秋田県山本郡）。梅雨に蓑の脱ぎ着をするものは極道者（高知県東津野村〈津野町〉）。蓑を雪にさらすときには北向きにしてはならぬ（新潟県長岡市）。蓑を着てモウソウダケを植えよ（福岡県北九州市道原）。山詞でヒロロ蓑をヤチという（新潟県湯之谷村〈魚沼市〉）。蓑笠をつけたまま家に入ってはいけない（京都）。『日本書紀』神代上には、天上《あめ》を追われた素戔嗚尊《すさのをのみこと》が、青草の笠蓑姿で衆神《もろかみ》たちに宿を乞うが断られ、それよりこのかた「笠蓑を著《き》て、他人《ひと》の屋の内に入ることを諱《い》む」とある。

【め】

眼鏡　めがね

○岩手県大船渡市や藤沢町〈一関市〉で、眼鏡売りが来ると雨が降る、という。同様の俗信は、秋田県鹿角郡や平鹿町〈横手市〉でもいう。

【も】

元結　もとゆい

○髪の根もとを束ねる紐。近世には和紙を撚ったこよりが多くつかわれた。もっといともいう。和歌山県高野口町〈橋本市〉では、元結を結ん阿蘇市）へ参詣するには、左京ケ橋を渡らなければならない。昔はこの橋を邪慳な女子が渡ると、自然と元結が解けて散らし髪になると伝えられていた。

○伴蒿蹊《ばんこうけい》の『閑田次筆』にこんな話が見えている。京三条縄手の伊勢屋という元結を商う者が家の造作をした。ところがそれ以来、病人が多くでるので、卜者に占わせたところ、逆木柱の祟りだという。しかし、その柱は取り替えることが難しい。祈禱をしようと言い合っていた時、ある人が私が祝ってみようと「伊勢屋とて元ゆい一の家なればさか木ばしらもなにかくるしき」と言ったところ、不思議にそれより治まったという。著者は「商売の元結に榊までを取あわせしは面白し」と評している。

○こうで（空手《そらで》のことで、腱鞘炎《けんしょうえん》による手首などの痛み）は、囲炉裏の鉤竹《かぎだけ》に斜めに張ってある縄と竹の間の三角の中に腕を通して、向こう側から男なら女の末っ子に、女なら男の末っ子

だまま捨てると悪いといい、同県太地町では、元結を捨ててその上に草が生えるとその人は死ぬ、という。愛知県北設楽郡では、元結を抜いたまま捨てて、その中に草が生えると死ぬ、と伝えている。

○髪の根もとを締めるとき、手を組んでいるとその元結が切れる（大阪）。髪を結っている時、元結が切れると災いが起きる（石川県羽咋郡）。長い元結で結ぶと、遠方へ縁づく（秋田県山本・南秋田・平鹿郡）。

○長野県北御牧村島川原〈東御市《とうみし》〉に、縁切り地蔵がある。この地蔵に輪に結んだ元結をあげて祈願をすると、いかなる縁もことごとく切れるといわれる。昔は、婚礼などの行列がここを通るとき、石地蔵に見られると縁が切れてしまうといって嫌い、地蔵様に風呂敷などをかけて通ったという。現在も悪縁を断ち切るため、鋏や小刀があげられている。

○肥後の官幣大社阿蘇神宮（阿蘇神社・熊本県

に元結で結わえてもらうと治る（群馬県渋川市）。こうでのときは、掛け鍋の鉉《つる》の間から手を出して、末子に手首を元結で巻いてもらうとよい。その際、男は女の末子に、女は男の末子に巻いてもらう（長野県北安曇郡）。男が空手になると末子《おとご》の女の子が元結で、男の空手を二巻まくと治る（石川県加賀市）。

物差し　ものさし

⑴手渡しするな、禁忌の諸相

○物差しを手渡ししてはいけない（秋田・山形・茨城・千葉・石川・福井・岐阜・愛知・滋賀・京都・大阪・三重・奈良・和歌山・山口・徳島）と各地でいう。手から手に渡すと、仲違いする（山形・茨城・千葉・東京・石川・福井・静岡・愛知・大阪・三重・奈良・和歌山・山口）、知恵が移ってしまう（神奈川・滋賀）、貧乏になる（愛知・徳島）、物差しの目の数ほど憎まれる（石川県河北郡）、身長が伸びぬ（京都）、裁縫が下手になる（福井市）などと忌む。秋田県鹿角郡や静岡県島田市では、物差しを渡す時は手渡しせずに一度下に置いてから渡すという。物差しに限らず、二人の人間が一つの物に同時に触れることを忌む俗信は多くあり、箒やローソクなどでもいう。兵庫県朝来市多々良木では、箒を手渡しすると知恵が相手に移るといわれ、一度置いてから渡すという。よく知られているのは、二人が同時に同じ食材をはさむのを嫌う二人箸の禁忌で、これは、葬式の時の骨拾いの行為を連想するからだといわれる。物差しの手渡しについても、江戸時代後期の淡路国では葬礼の際に「物さしを手より手に渡した」ことが『諸国風俗問状答』に記録されている。ただ、本質的には、死に関する事柄のほうが日常性を基準に逆転しているのであって、その逆ではない。これらの俗信は「同時に同じ」現象を忌む民俗といってよく、禁を破ると「仲違いする」「知恵が移る」と心配するように、相手との関係が無化し、相互に激しい侵犯性が生じることを物語っている（常光徹『しぐさの民俗学』）。江戸の川柳に見える「物さしを娵《よめ》へなげるはうつくしい」（『誹風柳多留』安永八年〈一七七九〉）とか、「物さしは可愛い中をなげて遣り」（『川柳評万句合』宝暦一〇年〈一七六〇〉）の句は、手渡しの禁忌を避けるためであろう。「手を出さつせへと物さししうと（姑）出し」（『誹風柳多留』天明五年〈一七八五〉）は、不仲の嫁と姑か。

○物差しで人を叩いてはいけない（青森・福島・栃木・茨城・千葉・富山・石川・福井・静岡・三重・和歌山・島根・山口・高知）。叩くと、早く死ぬ（石川）、三年目に死ぬ（福井・三重）、背が伸びない（石川・静岡・和歌山・鹿児島）、癪《しゃく》もちになる（栃木・茨城）、叩いた数だけ子供を生む（福井）、手が曲がる（栃木）、物差しの目ほど小言を言われる（富山県氷見市）、裁縫が下手になる（千葉・福井）、出世しない（栃木・石川）、罰があたる（富山）、火事の時出られない（石川県七尾市）、物尺地獄に落ちる（同県河北郡）という。

○物差しを跨ぐな（岩手・福島・栃木・群馬・茨城・千葉・神奈川・富山・石川・長野・岐阜・愛知・奈良・和歌山・兵庫・岡山・広島・鳥取）。跨ぐと、早く死ぬ（長野県丸子町〈上田市〉）、親の死に目に会えない（群馬）、下の病気になる（福島・栃木・群馬・茨城・長野）、メンボ（モノモライ）ができる（岐阜）、背が伸びない（群馬・千葉）、お産が重い（岩手・栃木・岐阜・兵庫）、多くの子を生む（鳥取）、出世しない（岩手・大阪・奈良・岡山）、物差しが曲がる（神奈川・石川）、物差しが割れる（和歌山県東牟婁郡）、目盛が狂う（群馬県利根郡）、裁縫が上達せぬ（福島・富山・岐阜・愛知）、裁縫が下手になる（富山・愛知）、罰があたる（長野県大町市）という。

○物差しを踏むな（岩手・福島）。踏むと、難産する（岩手）、手が上がらない（福島県浅川町）という。

○物差しを折るな（愛知・静岡・島根・香川・徳島・高知・熊本・鹿児島）。折ると、近いうちに死ぬ（愛知）、短命になる（香川・熊本・鹿児島）、長生きしない（静岡）、親が死ぬ（島根）、百日も病気をする（同県安来市）、不吉（徳島）、七代貧乏する（高知県南国市）という。

○死に装束を作るときは物差しを使わない（山形・福島・千葉・新潟・長野・愛知・大阪）。長野県生坂村では、仏に着せる着物は鋏・物差しを使うな。また、糸にこぶをこしらえるなという。福島県猪苗代町では、死人の白装束を縫うときは、二人以上で物差しをあてずに縫い、返し針はしない。新潟市でも、死に装束は寸法を測るのに物差しを用いてはいけないという。同市谷内では、畳の幅（三尺三寸）に当てて測るので、死んだ人の着物は三尺三寸であるといい、日常は三尺三寸の着物は作らない。どうしても三尺三寸になりそうなときは、少し伸ばすか縮めるという。同市赤塚では筵《むしろ》の幅で測った。福岡県北九州市では、平生、布を測るときは指で寸法をとるな。物差しを使えという。

○『意気客初心』（天保七年〈一八三六〉）に、物差しについて「庚申の日にはつかふことを忌なり、されば禁呪《まじなひ》の歌あり曰く〽あさ姫のをしえ始めしから衣たつたびごとにきそひます哉、此歌三べん唱へてつかふときは庚申の日にてもくるしからず」とある。

物差し《ものさし》

(2) 測る呪力、物差しと妖怪ほか

○物差しで身長を測ると、背が伸びない（岩手・茨城・愛知・京都・岡山・山口・徳島・高知）、死ぬ（京都府宇治田原町）と各地で忌む。橋詰延寿『介良風土記』に、明治の頃のこんな体験談が紹介されている。「明治二十七年（一八九四）に介良野高等に入学したとき身長をはかられた。四尺八分あったと家へ帰って話した。すると『まあどうしょう。そんなことしたら、ええ太らんが』と言われた。学校というところは、いろいろな事をする。背を測ったりするもんがあるもんかと、親たちの間で話題になった」という。俗信が日常の知識や感覚に沁み込んでいたことがわかる。介良《けら》は、現在の高知市である。

○身長の計測ではないが、福井県大飯町では、着物の丈や幅を測る時に衣服を着たままだと「脱いだ」と言って測るという。熊本県宮地町〈阿蘇市〉では、着物を着たままで綻びを縫ったり、物差しで測る時には「山田ン肝入殿《きもいりどん》の媳《よめ》御《ご》が死なしたき、早よして行かにャ遅《おそ》なる」と三回唱えるという。長崎県壱岐郡〈壱岐市〉でも、着物を着た状態で尺を当てるのを忌む。

○右の禁忌で、身長を測ると背が伸びない、というのは、その人の身長が分かった時点で、成長が止まってしまう意味だろう。測るという行為が帯びている呪的な力といってよい。『民間伝承』四巻三号（一九三八年）に、妖怪高入道に関するこんな報告が載っている。「西宮市今津の酒蔵の間の狭い路地によく出た。狸とも狐ともいう。不意に眼前に現れ、見上げる身長は天まで達する程であるという。但し、サシ（物差）を持って行って、一尺、二尺、三尺と計ると消えるという」。目の多い物差しは、櫛や筬《おさ》などと同様に魔除けの呪具でもあるが、この話では測るという行為が妖怪を退散させている。測る行為は、対象を把握する手段であり、結果として相手の長さ（大きさ）を明らかにする。それは妖怪の正体を見抜くことだといってよい。正体が露見した途端、妖怪は人間をたぶらかす力を失う。このことは、人間以外のものに人間が測られると、危険な事態に陥りかねない不安を示唆している。『金沢古蹟志』の「藤田氏邸宅奇談」に、家来が蚊帳で寝ている時に、うつくしい女が入って来て「蚊帳の外に蹲《うずくま》りて、右の手の食指と母指とにて蚊帳の寸尺を取りて帰るに」とある。この女は人間ではないだろう。

おそらく、寝ている男の丈を測っていたのである。この怪異について、宮田登は「蚊帳が妖しの女の侵入を防いでいたことになる」と指摘している（『歴史と民俗のあいだ』）。陸中水沢町（岩手県奥州市）には、和尚の命を狙うネコが、住職が寝ると藁のミゴを咥えて忍び寄って来て、寝ている和尚の身体の尺をとる真似をする、という怪異が伝えられている（森口多里「陸中水澤町聞書」第四回）。シャクトリムシ（尺取り虫）に頭から爪先まで測られると死ぬ（秋田・千葉・長野・京都・鹿児島など）との俗信も、異類に丈を測られる不安を示している。

○歩いていると体にミノモシがつく。手で払うと一層増えた。漁師たちはこれが出ると荒天の前兆だといって嫌った。腰に曲尺《かねじゃく》を差して歩くと逃れられる（富山県射水・氷見市）。犬神に憑かれているかどうかを判断するには、寝床の下に差し金（曲尺）や物差しを入れる。魔物は目の多いものを嫌うので、病人は痛いと言い出すという（島根）。

○本人に知らせず、寝床の下に一尺物差しを入れて寝かせると妊娠する（福岡県太宰府市）。妊婦に知られぬように床《とこ》の下に物差しを入れておけばお産が軽い（宮城・埼玉・新潟・長野）。

○後産が下りないときは、産婦の寝ている下に物差しを入れるとよい（茨城・神奈川・大阪）。後産の痛みには、産婦に知られぬように布団の下に物差しを敷く（福島・香川・熊本）。分娩直後産婦の床下に鋏・物差しなどを入れてやると不時の出血をしない（福島県三島町）。福島県西郷村では、お産のあと腰が痛むときは、産婦が知らないうちに鋏と物差しを床の下に入れておくと治るといい、そのため、女性は鋏と物差しを跨ぐものではないといわれた。香川県では、後腹が痛むときは、産婦が知らぬ間に布団の下に二尺差し（物差し）を入れてやると治るという。

○子供が初めて歩く時、女の子には尺度（物差し）を持たせれば裁縫が上手になり、男の子には算盤を持たせれば珠算が上手になる（石川県金沢市）。子供が満一年の誕生日には、筆、書き物、銭、算盤、鋏、物差し、秤、御飯などを並べて子供に取らせ、最初に取ったものでその将来を判ずる（沖縄）。初誕生日に行うこの種の占いは各地に多い。

○迷子を捜すときは、男は左、女は右に鯨尺《くじらじゃく》（和裁用の物差し）を差して行くと不思議に手掛かりがある（福井）という。鹿児島県国分市（霧島市）でも、迷子を見つけるときは、男は左に、女は右に鯨尺の物差しを腰に差していくとよい、と伝えている。同様の俗信は、播州赤穂地方（兵庫）でもいう。新潟県佐渡（佐渡市）では、子供が迷子になったときは、尺度（物差し）を手渡しすると見当たる、という。

○子供が夜泣きする時は、寝床の下へ物差しを敷く（愛知県東浦町）、曲尺または鎌を屋根の棟に置けば止む（石川県鹿島郡）。「奥山の池のほとりになく狐、おのれ鳴くともこの子泣かすな」と書いた紙を床の間の天井板に貼り、丑寅（北東）の方角に曲尺をはさむ（山形）。福島県いわき市では、夜中に、キツネや古ネコが夜泣きをさせるという。夜中に、刀を持って家の周囲をまわるか、木槌を持って屋敷内をまわり、家の背戸に馬糞を吊るし、曲尺を枕元に置くと夜泣きが治るという。目の多い物差しは魔を祓うとされる。とくに、曲尺の呪力は大工道具で、さらに金属製である点も妖異に対して効果があるのだろう。

○瘧《おこり》を落とすには、物差しを布団の下に入れておく（群馬県板倉町）、患う人が知らぬ間に布団の下へ曲尺を入れておく（石川県鹿島町〈中能登町〉）、病人の知らぬ間に床の下へ物差し、鋏、剃刀を入れておく（福井）という。癪《しゃく》に罹ったときは、寝床の下に尺度（物差し）と剃刀を入れておけば治る（石川）。熱病には、床の下へ剃刀か二尺物差しを入れる（愛知県平和町

〈稲沢市〉）。

○ヤナギの裁ち板とシャクナゲのごふく（物差し）は裁つ日を見ないでもよい（群馬）。長野県伊那市では、寅の日の裁物を忌むが、ただし、シャクナゲの木で作った物差しを使えばよいとされた。長崎県壱岐〈壱岐市〉では、ヤナギの木で作った物差しを使えば、何の日に衣を裁っても差し支えないといい、その物差しを「日見ず尺竹《しゃくだけ》」という。山形県東根市では、木挽きの禁忌として、ホオの木は山の神の木だから、尺ずり（物差し）など山で使う道具を作るなという。

○縫針を紛失したときは、鋏と物差しを縛っておくと見つかる（愛知・和歌山県野上町〈紀美野町〉）。物差しを投げると、母親が早く死ぬ（和歌山県有田市）、裁縫が上達せぬ（栃木県豊郷村〈宇都宮市〉）。物差しで方角を指すな（岡山・鹿児島）、指すと大きくならない（岡山）。物差しで火を散《あら》けると裁縫ができなくなる（長野県北安曇郡）。物差しで背中を掻くとできものができる（群馬）。戦場へ行く人には鯨尺を用いれば命を保つ（秋田県山本郡）。

喪服　もふく

○喪服は、嫁入りのとき以外は盆か彼岸に仕立てるのがよい（兵庫県竹野町〈豊岡市〉）。喪服を嫁入り仕度に入れるときは、紅白の糸をかけておく（愛知県名古屋市）。新しい喪服を着るときは、お宮参りに持って行ってからおろす（同市）。忌中のときに妊婦が喪服を着るなら帯に鏡を入れる（三重県四日市市）。会葬者が喪服を更《あらた》めないで寄り道すると、その家から死人が出る（石川県穴水町）。

股引　ももひき

○股引をはいて寝ると、親の死に目に会えない（岐阜）、大病にかかる（岡山）という。足袋またはパッチをはいて寝ると親の死に目に会えない（兵庫）ともいう。

○福島県岩代町〈二本松市〉では、父親の股引の尻隠しを乳児の顔にかぶせると夜泣きが止まるという。福島市土湯では、夜泣きの子供は父親の股引を枕にすれば止む、と伝えている。

○車夫はサルの話を嫌う。猿股をキャルマタという（岡山）。妊婦の猿股はシュロの下で乾かしてはならない（沖縄）。

もんぺ

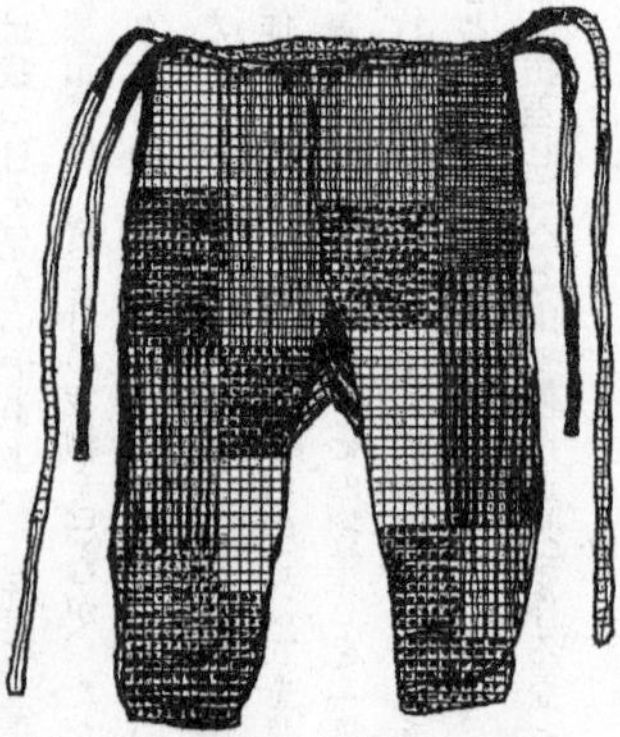

もんぺ

○もんぺをはくには、左から足を通し右から通すものではない（山形県西川町）。節分の豆を着物の襟か袂、もんぺなどに縫い込んでおくとヘビに咬まれない（新潟県佐渡市）。大風のときは、風除けのため大黒柱にもんぺをつける（長野県松川村）。もんぺが無くなったり衝立《ついたて》が倒れたりするのは凶（山形県南陽市）。女がもんぺをはくのを忌む。尻のない子ができる（高知県土佐町・檮原町）。

【ゆ】

浴衣　ゆかた

○高知県南国市前浜では、漁師は浴衣を着て浜に出るのを忌む。

○愛媛県河辺村〈大洲市〉では、八月七日は七夕で、七夕様のために家の軒下に男女一組の浴衣を下げておく。これは、天の川の端で男女が会うのでそのための浴衣だという。この日だけは、雨が降らなければよいといわれる。

指輪《ゆびわ》

○長崎県壱岐〈壱岐市〉では、指輪は指し別れ、下駄は履き別れといって、共に情を交わす人のあいだでは贈物としてはよくない、とされる。福島県浅川町で、櫛の拾い物は縁切り、指輪は縁つなぎという。沖縄県名護市や大宜味村では、人差指に指輪をはめるなという。富山県氷見市では、指輪に擵拈擵揞（サムハラ）と彫刻していると常に幸運に恵まれる、といわれる。

○指輪をはめると肩が凝らない（長野・愛知・和歌山・香川）。和歌山県高野口町〈橋本市〉では、紅差し指に指輪をはめると肩が凝らないという。新潟県中条町〈胎内市〉では、一文銭で作った指輪を、左の薬指にはめていれば中気にならない、といわれる。銅の指輪は中気の予防（秋田県由利郡）。

【よ】

よだれ掛け《よだれかけ》

○よだれをよく垂らす子は健康（奈良・島根・徳島・長崎）という。ただ、新潟県山古志村虫亀〈長岡市〉では、子供のよだれが出過ぎるときは地蔵によだれ掛けをかける。そうすると治るといわれる。福島県天栄村では、赤ん坊の夜泣きが止まないときは、安養寺の法燈国師像の片腕で赤ん坊をなで、頭巾、よだれ掛けを借りて来てつける。夜泣きが治ると頭巾とよだれ掛けを作り、餅を搗いてお礼参りをする。栃木県粟野町永野〈鹿沼市〉では、夜泣きは子育て地蔵にお願いし、治るとよだれ掛けをあげるという。地蔵に祈願をして、治るとよだれ掛けをあげる土地は方々にある。茨城県常陸太田市では、三才町の甲稲荷《かぶと》神社のよだれ掛けを借りてくると咳が止まるという。

【り】

リボン

○リボンでない布で髪を結ぶと、裁縫が上達しない（群馬）。

【わ】

綿　わた

○衣服に綿を入れる時、糸屑を入れてはならない（岩手・秋田・栃木・東京・岐阜）。入れると、死ぬ（秋田・栃木）、子供の病気が絶えない（岩手県住田町）、縫い返さねばならなくなる（東京都八王子市）、糸屑が死ね死ねという（岐阜県高山市）などと忌む。綿づくりの時にゴミを入れると、主が死ねば世に出るといって病ませる（長野・愛知）ともいう。長野県生坂村では、夕方着物の綿づくりをすると縁起が悪いといい、高知県南国市では、祝い月には綿入れの綿を出すものではないといわれる。

○生後七日間は、頭に真綿を一枚かぶらせる。これをすると長生きするという（福井県坂井郡）。死人の顔に真綿をかぶせると美人に生まれる（秋田県平鹿郡）。真綿には邪気を祓う力があると考えられていたようだ。人が死んだら綿の布団から下ろし、藁の布団に寝かせないと成仏できない（群馬）。

○風邪が流行したときは、箸に綿を巻いたものとナンバン（トウガラシ）と耳白銭《みみじろせん》を篠竹に結び付けて三叉路に立てる。風邪の神を送り出すためとも、入れさせないためともいう（茨城県高岡村〈高萩市〉)。流行目のときは、綿にナンバンを包んで年越の鰯の頭でこすり「アビラウンケン」と三回唱える(同県美和村〈常陸大宮市〉)。目にゴミが入ったら、太陽に向かって「お天道《てんとう》さんお天道さん、綿やるから目のゴミ取っておくれ」と言う(栃木県宇都宮市)。メカイゴ(麦粒腫)は、目やにを綿につけ、棒の先にしばって屋敷の角先に立てておく(群馬県板倉町除川)。

○鋏で綿を切ると寿命が縮む(岐阜・愛知)。雷鳴の時は綿を焚けば止まる(石川県鳳至《ふげし》郡)。綿の散らかっている中でころがると中気になる(群馬)。

草鞋　わらじ

⑴片草鞋を忌む、旅立ち

○岡山県新見市では、作り初め(正月二日)に作った年神様の草鞋を保存しておき、放牧などでウシがいなくなったとき、腰にぶら下げて捜すと見つかるという。同県久米町〈津山市〉では、作り初め(元日)に若年様の草鞋を片方だけ作る。一文銭ほどの大きさに作ると長者になるという。放牧しているウシの行方が分からなくなったとき、この草鞋を持って捜すとすぐ見

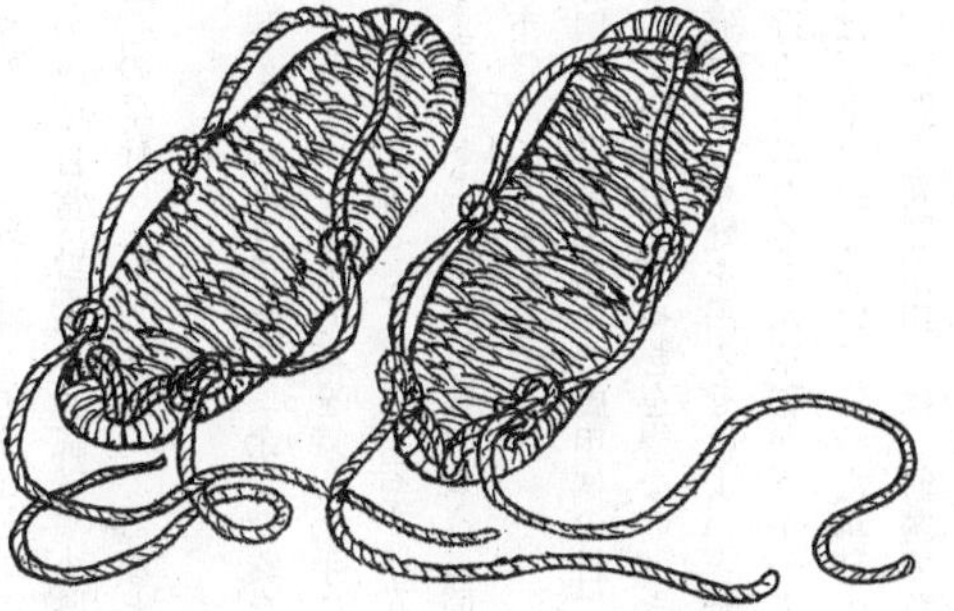

草鞋

つかる。
○草鞋を片方だけ作ってやめてはいけない（岩手・山形・新潟・長野）。これを長野県川上村ではカタワラジ（片草鞋）といっている。もう片方を作らないと、草鞋のお化けがでる（新潟県新津市〈新潟市〉）、雷が落ちる（山形県新庄市）という。同じことは草履や袖でもいわれ、一対の物の片方だけ作って夜を越すのを忌む俗信である。群馬県横野村〈渋川市〉では、草鞋を作りかけて地震があるとその草鞋は履くことができない、そのため半足で中止するときは必ずもう半足の縦縄だけ綯《な》っておくという。秋田県中川村〈仙北市〉では、草鞋を片足作って雷が鳴るとそれを捨てるという。
○福島市で、草履や草鞋は葬式用のほかは、片方ずつ別の人が作るなという。「塩川組風俗帳」に、死人のはく草鞋は二人で片方ずつ作る、と記されている（庄司吉之助編『会津風土記・風俗帳　巻三』）。新潟県刈羽郡では、二人で一足の草鞋をツバエル（乳に紐を通すこと）のは葬式のときのみで日常は忌む。長野県小県《ちいさがた》郡では、旅立ちの草鞋は二人で緒をたてるなという。
○草履や草鞋を作るとき毛焼き（余った藁を焼くこと）をすると、やきもち妻を持ち上手に作ればよい妻（美しい妻）を持つ（岩手県花巻市）。毛焼きをすると、焼けた嫁《かが》を貰う（同県北上・江刺市ほか）ともいう。
○板取村野口〈岐阜県関市〉の庚申様の日には、藁細工をしてはいけない。やむを得ないときは、人目につく道端に生草鞋を吊るせばよい。昔は野口の橋の近くにはたくさん草鞋が下がっていた。生草鞋は、藁を打たないで作った草鞋のことであろう。新潟県新発田市では、餅藁で草鞋を作るなという。
○夕暮れに新しい草鞋をはくとキツネに誑かされる（兵庫県武庫郡）。草鞋は夜おろしてはいけない（静岡市）。家の中から草鞋をはいて外に出ると死人が出る（石川県金沢市）。
○旅立ちのとき草鞋の紐が切れると、不吉（長野・岐阜）、災難に遭う（新潟・岐阜）、その日の仕事を休む（富山）という。福島県天栄村では、朝、旅立ちの時に新しい草鞋の紐が切れると、縁起が悪いからと一日出発を見合わせるか、道中は特別に注意をするようにいわれた。
○旅立ちは新しい草鞋をはき、便所に入って出発すれば道中が無難である（愛知）。旅立つとき、草鞋にナンバンを入れれば怪我をしない（岩手）。草鞋をはいて外出し、用事などがあって戻った際は、草鞋のまま玄関または内庭に入るとその日は凶事が多い（石川県能美郡）。『奥州秋田風俗問状答』に「旅立の時の事」として「農家なんどには旅立て後草鞋を作り、外へ向くやうにして神棚へ置く、其人の故郷へ赴かん程をはかりて、内へ向くやうにして置く也。又石二つ清く洗つて神棚へ置く。その人の足強からん厭勝《えんしょう》なりと申す也」とある。
○草鞋を拾って履かぬもの。ただし、唾をかけて履くとその人の（捨てた人の）病が移らない（石川県七尾付近）。朝、山へ登るときに草鞋を拾うと縁起がよい（群馬）。

草鞋　わらじ

(2) 葬式と草鞋、病とまじない

○葬式ではく草鞋と草履は藁を打たないで作る（山形県長井市）。棺を担ぐ人は素足に生草鞋（打たない藁で作った草鞋）である（岐阜県板取村〈関市〉）。葬式の草鞋は葬式当日に手伝いの人が生藁で作る（福島県塩川町〈喜多方市〉）。
○葬式で使った草鞋をはくと、踏抜きをしない（岩手・宮城・福島・千葉）、山に行っても怪我をしない（秋田・宮城・鳥取）、足が丈夫になる（福島・長野）、足にあかぎれができない（鳥取県佐治村〈鳥取市〉）、マムシに咬まれない（福島県滝根村〈田村市〉）、釣りに行くとよく釣れる（岩手・山形）などという。千葉県長柄町では、葬式の穴掘りや棺担ぎの脱ぎ捨てた

草鞋をはくと踏抜きしない、といい、岩手県大船渡市では陸尺（棺担ぎ）の脱ぎ捨てた草鞋を貰うと大漁があるという。葬式ではいた草鞋は帰りに四辻で脱ぎ捨てる（宮城県中田町〈登米市〉）というように、はいて帰らない。鳥取県日吉津村では、葬式の草鞋は手をかけずに脱ぐという。福島県田村町栃本〈郡山市〉では、同じ年齢の者が死んだ時、友に引かれない呪《まじな》いとして、赤飯の握り飯を作り、緒を切った草鞋の上にのせて四辻に置いてくる。その際「いいこと聞け」と三回唱える。○石川県七尾付近（七尾市）では、ヘビを殺せば棒に刺して古草鞋を上に刺しておかないと、ひとりでに抜けて生き返るという。類似の伝承は、かつて高知県下で広く行われていた。桂井和雄は、殺したヘビの処理について次のように報告している。「長くなったヘビは頭部を打ち砕かれ、それに竹槍を突き刺し、その上に古ゾーリの片方をつけて捨てられるのが普通であった。古ゾーリを頭部につけて捨てるのは、ゾーリの踏みつける呪力によって、ヘビの執念を断つためであった」（『土佐の海風』）。草鞋ではなく草履だが、その狙いは同じといってよい。○送り犬（オオカミ）につけられたとき、倒れたり転んだりすると食いつかれるという。送り犬につけられて家に着いたときは、草鞋の紐をちぎって「ご苦労さま」を言って投げてやらないと、いつまでも帰らずに家の門にいるといわれる（愛知県北設楽郡）。送り犬につけられて転ばずに家まで帰り着くと、送ってもらったお礼に、草鞋片足と握飯一つを投げて与える。飯を食い草鞋を口にくわえて帰って行ったという話がある（播磨加東〈兵庫〉）。この話は播磨加東ではなく、兵庫県加西郡の誤りとの指摘がある（柳田国男著・小松和彦校注『新訂　妖怪談義』）。首切れ馬に乗った夜行さんに出合ったときは、草鞋を頭にのせて地に伏していればよいといった（徳島）。山で天狗に憑かれそうになったら、頭の上に草鞋をのせるとよい。草鞋に小便をかけるとさらによい（愛知県下山村〈豊田市〉）。

○伝染病が流行したときは、赤飯と銭を新しい草鞋にのせて、人通りの多い道に置くと難を逃れる（福島県北会津村〈会津若松市〉）。伝染病が流行のときは、悪病神送りといって、俵端（桟俵）に草鞋・賽銭・握飯などをのせ、村境の辻に置くと悪病が逃げる（岩手県和賀・稗貫郡）。千葉県亀山村〈君津市〉などでは疫病除けに、藁の徳利、杉の葉、炭、三乳の草鞋、あしだか（足半）、半作りの桟俵、藁の注連などを縄に吊るして村境に張り渡す。群馬県群馬町〈高崎市〉では、厄病除けといって村境に七五三《しめ》縄《なわ》を張り、草鞋またはウマの沓を吊る。

○四月八日のテント花（天道花）に草鞋をつけておき、それをはけば脚気にかからない（大阪）。和尚のはいていた古草鞋をはくと脚気にならない（富山県氷見市）。葬式の草鞋は脚気の薬（石川県鹿西町〈中能登町〉）。朝早く無言で草鞋一足を街道の真中に捨てて帰れば脚気が治る。草鞋を拾った人に移るという（大阪府田辺町〈大阪市住吉区〉）。仁王様に草鞋を奉納すると足が強くなる（石川・岡山・福岡）。足の痛むときは仁王様に草鞋を献ずる（石川県石川郡・長野）。足の痛みは仁王様に参り、全快すれば大草鞋を作って供える（岡山県阿哲地方）。長土塀の不動様に草鞋を奉納すると健脚になる（石川県金沢市）。足の痛いときは道祖神に草鞋をあげてお参りした（茨城県龍ケ崎市）。足の神経痛は、荒井新田の山田イッケの氏神である第六天神社に参拝する。足の痛いところを金縄でしばり、治ったら草鞋を奉納する（埼玉県白岡町〈白岡市〉）。

○赤子の夜泣きは、夜明け前に古草鞋を家の棟を越すように投げる（富山）、左草鞋を投げて屋根を越すと夜泣きが止む（福井県丸岡町〈坂井市〉）。幼児の夜泣きは、草鞋の緒の切れたのを納戸に吊るすと治る（石川県河北郡）、鎌や草鞋を家の軒場に下げる（新潟県栃尾市（長岡市））。大工のはいた草鞋を借りて来て、枕にして寝かせると夜泣きが治る（群馬県板倉町）。屋根屋の草鞋を借りて来て、泣く子の枕にすると夜泣きが治る（同町）。

○八ツ目の草鞋（粉河中津川修験行者のはく草鞋）をいただくと瘧が治る（和歌山県紀北地方）。流行目のときは、赤い御幣、赤飯、草鞋を俵端に上げて、道路の十文字に行き夜の丑三つ時に送るとよい（岩手県江刺郡）。子供が麻疹にかかったときは、赤飯を桟俵に盛り、草鞋や草履を添えて、村境に捨てるか川に流す（秋田県南秋田郡ほか）。仏に上げた草鞋をはくと踏抜きをしない（栃木県芳賀郡）。こぶは草鞋で撫でよ（愛知県碧南市）老人の作った草鞋をはくと長生きする（奈良県御杖村）。

○その他の俗信。兵庫県佐用町で、草鞋・爪子・脛巾《はばき》・地下足袋は乾かしてもよいが、他の洗濯物を乾かしてはいけない、というのは、火にかざして乾かすことであろう。夢に草鞋や履物がでてくると物貰いが来る（秋田県山内村（横手市））。草鞋をはけばヘビが食いつかない（青森）。山に行くとき草鞋をはいて行くとヘビに咬まれない（群馬）。草鞋を蹴り上げて表向きは晴、裏向きは雨（三重県美杉村（津市））。晩秋に草鞋に土がつくと根雪となる（山形県村山市）。⇩草履《ぞうり》

参考文献

赤坂憲雄『境界の発生』砂子屋書房、一九八九年。

秋田裕毅『ものと人間の文化史 104 下駄』法政大学出版局、二〇〇二年。

秋山忠彌『ヴィジュアル〈もの〉と日本人の文化誌』雄山閣出版、一九九七年。

網野善彦・大西廣・佐竹昭広編集『天の橋 地の橋』福音館書店、一九九一年。

飯島吉晴『竈神と厠神―異界と此の世の境』人文書院、一九八六年。

飯田道夫『庚申信仰―庶民宗教の実像』人文書院、一九八九年。

池田香代子・大島広志・高津美保子・常光徹・渡辺節子編著『走るお婆さん―日本の現代伝説』白水社、一九九六年。

石川一郎編『江戸文学俗信辞典』東京堂出版、一九八九年。

板橋作美「火と小便―俗信の論理(三)」『東京医科歯科大学教養部研究紀要』二六号、一九九六年。

板橋作美『俗信の論理』東京堂出版、一九九八年。

板橋春夫『叢書・いのちの民俗学1 出産』社会評論社、二〇一二年。

井手直人「鏡の境界性」『宗教研究』七八巻一号、二〇〇四年。

inax booklet『傘』INAX出版、一九九五年。

井上静照著・吉村淑甫書写『真覚寺日記』一－一〇、高知市立市民図書館、一九六九－七四年。

井之口章次『日本の葬式』早川書房、一九六五年。

井之口章次『日本の俗信』弘文堂、一九七五年。

井之口章次『暮らしに生きる俗信60話』講談社、一九八六年。

岩井宏實監修・工藤員功編・中村啓治作画『絵引 民具の事典』河出書房新社、二〇〇八年。

上田利男『たばこの民俗―たばこ神社と旅館―』国書刊行会、一九七七年。

上野誠・大石泰夫編『万葉民俗学を学ぶ人のために』世界思想社、二〇〇三年。

内田邦彦『津軽口碑集』郷土研究社、一九二九年。

榎陽介「裁縫と衣の民俗 福島県の女性とくらし」鈴木岩弓・田中則和編『講座 東北の歴史 第六巻 生と死』清文堂出版、二〇一三年。

榎本直樹編『鈴木松雄さんの川越職人話 川越民俗資料集』川越民俗の会、二〇二〇年。

江馬務『江馬務著作集 第四巻 装身と化粧』中央公論社、一九七六年。

大島建彦『疫神と福神』三弥井書店、二〇〇八年。

大藤ゆき『児やらい』岩崎美術社、一九六七年。

大藤ゆき『子どもの民俗学―一人前に育てる―』草土文化、一九八二年。

大藤ゆき編『大藤ゆき米寿記念出版2 母たちの民俗誌』岩田書院、一九九九年。

岡田保造『魔よけ百科 かたちの謎を解く』丸善株式会社、二〇〇七年。

折口信夫『古代研究Ⅲ 民俗学篇③』角川文庫、一九七五年。

恩賜財団母子愛育会編『日本産育習俗資料集成』第一法規出版、一九七五年。

桂井和雄『土佐民俗記』社団法人 海外引揚者高知県更生連盟、一九四八年。

桂井和雄『俗信の民俗』岩崎美術社、一九七三年。

桂井和雄『仏トンボ去来』高知新聞社、一九七七年。

桂井和雄『生と死と雨だれ落ち』高知新聞社、一九七九年。

桂井和雄『土佐の海風』高知新聞社、一九八三年。

金子武雄『上代の呪的信仰』公論社、一九七七年。

川端道子「針」『日本民俗学会報』二三号、一九六二年。

川野和昭「衣裳を通した災悪防除の思想の比較」『国立歴史民俗博物館研究報告』一七四集、二〇一二年。

清田倫子「装身具と呪術・祭祀」『風俗』四巻四号（通巻一六号）、一九六四年。

行司千絵『服のはなし―着たり、縫ったり、考えたり』岩波書店、二〇二〇年。

久下 司『ものと人間の文化史 4 化粧』法政大学出版局、一九七〇年。

鯨井千佐登『境界紀行―近世日本の生活文化と権力』辺境社、二〇〇〇年。

倉石忠彦『身体伝承論―手指と性器の民俗―』岩田書院、二〇一三年。

郡司正勝『おどりの美学』演劇出版社、一九五九年。

郡司正勝『風流の図像誌』三省堂、一九八七年。

小泉和子『道具が語る生活史』朝日選書、一九八九年。

小泉和子「家事の近世」林玲子編『日本の近世 第15巻 女性の近世』中央公論社、一九九三年。

小泉袈裟勝『ものと人間の文化史 22 ものさし』法政大学出版局、一九七七年。

神津文雄『民俗への旅　歯の神様』銀河書房、一九九二年。

越中文俊『男の粋！　褌ものがたり』心交社、二〇〇〇年。

小嶋博巳「『俗信』覚書―概念の再検討に向けて―」『民俗学評論』23号、一九八三年。

小林笑子「衣生活と祈り・衣の霊力―衣の調査資料から―」『女性と経験』第15号、一九九〇年。

小松和彦『酒呑童子の首』せりか書房、一九九七年。

小松大秀「化粧道具」『日本の美術』第二七五号、至文堂、一九八九年。

近藤直也『祓いの構造』創元社、一九八二年。

今野圓輔『檜枝岐民俗誌』刀江書院、一九五一年。

今野圓輔『現代の迷信』社会思想研究会出版部、一九六一年。

今野圓輔『日本怪談集―妖怪篇―』社会思想社、一九八一年。

斉藤研一『子どもの中世史』吉川弘文館、二〇〇三年。

斎藤たま『生とものの け』新宿書房、一九八五年。

斎藤たま『死とものの け』新宿書房、一九八六年。

斎藤たま『まよけの民俗誌』論創社、二〇一〇年。

佐上静夫「袖もぎ信仰について」『岡山民俗　百号刊行記念特集』一九七二年。

坂本正夫『土佐の習俗―婚姻と子育て』高知市文化振興事業団、一九九八年。

桜井徳太郎『民間信仰』塙書房、一九六六年。

佐々木達司編著『青森県俗信辞典』人間文化研究機構広領域連携型基幹研究プロジェクト「日本列島における地域社会変貌・災害からの地域文化の再構築」、二〇一一年。

佐々木長生「会津地方における仕事着の名称をめぐって―特に山袴を中心に―」『神奈川大学 国際常民文化研究機構 年報3』二〇一一年。

佐々木美智子『「俗信」と生活の知恵―揺籃期の民俗誌から―』岩田書院、二〇一八年。

佐治ゆかり・夫馬佳代子・鳴海友子・三瓶清子『背守り―子どもの魔よけ』LIXIL出版、二〇一四年。

佐藤千春『お産の民俗―特にその俗信集―』日本図書刊行会、一九九七年。

佐藤米司「厄病神・悪魔の来臨―『岡山県の正月行事』について（2）」『岡山民俗』78号、一九六八年。

佐藤米司「片袖の民俗(1)」『岡山民俗』89号、一九七〇年。

澤田四郎作『山でのことを忘れたか』創元社、一九六九年。

市東真一「呪具としてのうちわ―唐招提寺うちわ撒きを事例に」佐野賢治編『現代民俗学考―郷土研究から世界常民学へ』春風社、二〇二一年。

庄司吉之助編『会津風土記・風俗帳 巻三 文化風俗帳』吉川弘文館、一九八〇年。

庄司千賀「『長柄の人柱』における衣のタブー」『女性と経験』第13号、一九八八年。

女性民俗学研究会編「特集『衣』生活」『女性と経験』第13号、一九八八年。

鈴木 昶『江戸の医療風俗事典』東京堂出版、二〇〇〇年。

鈴木勝忠『川柳雑俳江戸庶民の世界』三樹書房、一九九六年。

鈴木棠三『説話民謡考』三一書房、一九八七年。

鈴木棠三『日本俗信辞典 動物編』角川ソフィア文庫、二〇二〇年。

鈴木棠三『日本俗信辞典 植物編』角川ソフィア文庫、二〇二〇年。

瀬川清子『きもの』未来社、一九七二年。

園田学園女子大学歴史民俗学会編『「鏡」がうつしだす世界―歴史と民俗の間―』岩田書院、二〇〇三年。

高津美保子「わが家の俗信」『聴く・語る・創る』四号、日本民話の会、一九九七年。

高橋雅夫『化粧ものがたり 赤・白・黒の世界』雄山閣出版、一九九七年。

武田 明『日本人の死霊観』三一書房、一九八七年。

立石憲利『総社市 旧山手村 くらし・民話・俗信』岡山県口承文芸研究所、二〇二〇年。

田中久夫『祖先祭祀の展開―日本民俗学の課題―』清文堂出版、一九九九年。

田主丸町誌編集委員会編『川の記憶』田主丸町、一九九六年。

堤 邦彦『女人蛇体―偏愛の江戸怪談史―』角川学芸出版、二〇〇六年。

常光 徹『土佐の世間話―今朝道爺異聞』青弓社、一九九三年。

常光 徹『妖怪の通り道―俗信の想像力』吉川弘文館、二〇一三年。

常光 徹『しぐさの民俗学』角川ソフィア文庫、二〇一六年。

常光 徹『魔除けの民俗学』角川選書、二〇一九年。

寺石正路『土佐風俗と伝説』郷土研究社、一九二五年。

土井卓治『葬送と墓の民俗』岩田書院、一九九七年。

中島恵子「着こなし―ことわざなどから―」『女性と経験』第13号、一九八八年。

永島大輝「令和二年度日々の俗信・世間話報告」『昔話伝説研究』第四〇号、二〇二一年。

長友千代治編『重宝記資料集成』第一六巻、臨川書店、二〇〇六年。

長友千代治編『重宝記資料集成』第一七巻、臨川書店、二〇〇六年。

永野忠一『猫の幻想と俗信』習俗同攻会、一九七八年。

長野ふさ子『女の祀り男の祀り—生業と神—』(株)新聞編集センター、二〇一一年。

中町泰子『辻占の文化史—文字化の進展から見た呪術的心性と遊戯性』ミネルヴァ書房、二〇一五年。

中村ひろ子「死者の衣服のフォークロア」国立歴史民俗博物館編『よそおいの民俗誌—化粧・着物・死装束』慶友社、二〇〇〇年。

中村義雄『魔よけとまじない』塙書房、一九七八年。

中山太郎『生活民俗』三笠書房、一九四二年。

能田多代子『みちのくの民俗』津軽書房、一九六九年。

野村純一『伝説とその伝播者—野村純一著作集　第六巻—』清文堂出版、二〇一二年。

野本寛一『言霊の民俗—口誦と歌唱のあいだ』人文書院、一九九三年。

乗岡憲正『古代伝承文学の研究』桜楓社、一九六七年。

橋詰延寿『介良風土記』高知県文教協会、一九七三年。

服部比呂美「死者と生者を結ぶ傘鉾—三重県志摩市大王町波切の新盆行事から—」『國學院雑誌』第一一八巻四号、二〇一七年。

花部英雄『呪歌と説話—歌・呪い・憑き物の世界—』三弥井書店、一九九八年。

花部英雄『まじないの文化誌』三弥井書店、二〇一四年。

原三正『「お歯黒」の研究』人間の科学社、一九九四年。

菱川晶子『狼の民俗学 人獣交渉史の研究』東京大学出版会、二〇〇九年。

平岩米吉『猫の歴史と奇話』動物文学会、一九八五年。

福井貞子『ものと人間の文化史93 木綿口伝』法政大学出版局、二〇〇〇年。

福尾美夜「『手とおし』から『イロ』を縫うまで―岡山県における明治・大正の衣生活―」大藤ゆき編『大藤ゆき米寿記念出版2 母たちの民俗誌』岩田書院、一九九九年。

福澤昭司「病と他界―長野県内の麦粒腫の治療方法の考察から―」『日本民俗学』一七二号、一九八七年。

福原敏男「傘に吊るす御守―子どもの魔除け―」坂本要編『東国の祇園祭礼―茨城県霞ヶ浦周辺地域を中心に―』岩田書院、二〇一九年。

夫馬佳代子「産着に見られる背守りの変遷―裁縫教科書を基礎資料として―」『衣の民俗館・日本風俗史学会中部支部 研究紀要』創刊号、一九九一年。

堀三千「片袖の俗信」『女性と経験』第7号、一九八二年。

牧野眞一「ミカリ伝承について」『日本民俗学』一九六号、一九九三年。

松尾恒一「奄美の建築儀礼と山の神信仰」『儀礼文化』三七号、二〇〇六年。

松下石人『三州奥郡風俗図絵』正文館書店、一九三六年。

松谷みよ子『現代民話考 第二期Ⅰ 銃後』立風書房、一九八七年。

松村薫子「衣服に現れる怪異『襟』と『裾』の考察を中心に」『日本語・日本文化研究』26、二〇一六年。

松山光秀『徳之島の民俗1 シマのこころ』未來社、二〇〇四年。

水野正好「釘・針うつ呪作―その瞥見録」『奈良大学紀要』一一号、一九八二年。

南方熊楠『南方熊楠全集 第四巻』平凡社、一九七二年。

三村昌義「片袖幽霊譚の変容―謡曲『善知鳥』から上方落語『片袖』まで―」『芸能の科学』18号、一九九〇年。

宮崎 糺『笠の民俗』雄山閣出版、一九八五年。

宮田 登『妖怪の民俗学』岩波書店、一九八五年。

宮田 登『歴史と民俗のあいだ―海と都市の視点から』吉川弘文館、一九九六年。

宮本馨太郎『かぶりもの・きもの・はきもの』岩崎美術社、一九七七年。

最上孝敬「被服と俗信」『西郊民俗』第一号、一九五七年。

森口多里「陸中水澤町聞書」第四回『旅と伝説』一二年六号、一九三九年。

森 俊「魚津市古鹿熊のカンジキをめぐる俗信」『とやま民俗』四四、一九九三年。

八木三二「肥後国阿蘇郡俗信誌―その一、唱へごと―」『旅と伝説』九巻五号、一九三六年。

安井眞奈美『怪異と身体の民俗学』せりか書房、二〇一四年。

柳田国男編『服装習俗語彙』民間傳承の会、一九三八年。

柳田国男「手拭沿革」『定本柳田国男集』一四巻、筑摩書房、一九六九年。

柳田国男『明治大正史 世相篇 新装版』講談社学術文庫、一九九三年。

柳田国男著・小松和彦校注『新訂 妖怪談義』角川ソフィア文庫、二〇一三年。

矢野憲一『枕の文化史』講談社、一九八五年。

矢野憲一『ものと人間の文化史88　杖』法政大学出版局、一九九八年。

山口貞夫「衣服」柳田国男編『山村生活の研究』国書刊行会、一九七五年（初版は一九三七年に民間伝承の会から出版）。

山里純一『沖縄の魔除けとまじない』第一書房、一九九七年。

横山鹿之亮『洗うて浄めて』西田書店、一九九〇年。

吉川祐子「子ども間の伝承―鏡の俗信を中心に―」『説話・伝承学』九号、二〇〇一年。

吉成直樹『俗信のコスモロジー』白水社、一九九六年。

與那嶺一子・金城武子「沖縄の産育儀礼における子どもの衣服と背守り」『沖縄県立博物館紀要』第20号、一九九四年。

渡邉一弘「戦時中の弾丸除け信仰に関する民俗学的研究―千人針習俗を中心に―」総合研究大学院大学文化科学研究科博士論文、二〇一四年。

渡邊　滋『日本縫針考』文松堂出版、一九四四年。

渡辺信一郎『江戸の化粧　川柳で知る女の文化』平凡社新書、二〇〇二年。

解説　俗信と心のくせ

常光　徹

私たちの身辺には、俗信と称する言い伝えが数多く伝承されている。ただ、その内容は多岐にわたり、機能も多面的である。俗信を定義づけるのは容易ではないが、ここでは「予兆・占い・禁忌・呪《まじな》いに関する生活の知識や技術で、主に心意にかかわる伝承」と捉えておきたい。具体的には、「地震の時、井戸水が涸《か》れると津波が来る」「煙草がしめると雨が近い」（予兆）、「相性が良いか悪いか、血液型で判断する」「下駄を蹴上げて表になると晴、裏返しだと雨」（占い）、「夜は爪を切るな」「猫に鏡を見せるな」（禁忌）、「霊柩車に出合ったら親指を隠せ」「玉虫を簞笥に入れておくと衣装がふえる」（呪い）といった類である。身近な生活の一齣《ひとこま》をすくい取り、短い言葉で表現される内容が大部分を占めている。平生は気にとめていないようでも、その場に直面すると意外に気にかかるのがこうした言い伝えで、行動や判断に影響を及ぼしていることが少なくない。

俗信の重要性を逸《いちはや》早く認め、研究の道を拓いたのは柳田国男《やなぎたくにお》である。昭和一〇年（一九三五）に出版した『郷土生活の研究法』で、民俗資料の三部分類案を示した。第一部「有形文化」（衣食住など）、第二部「言語芸術」（昔話・伝説など）、第三部「心意現象」である。

柳田は、第三部の心意現象を「見たり聞いたりしただけでは、とうていこれを知ることのできない、単に感覚に訴えるもの」と述べた。感覚に訴えて理解するという心意現象は、俗信と深く関わっている。心意という言葉は、とらえどころがない面があるが、ものの見方や感じ方、心のくせ、幸福感や恐怖感など、潜在する意識あるいは集合意識の領域を指している。柳田は、心意を究明する足掛かりとして、兆・応（後に占に替わる）・禁・呪の概念を設定し、伝承の背後に横たわる人々の「人生観」や「世の中の見方」を明らかにしようとした。

俗信という語の登場は、明治期だと考えられているが、対象にしている予兆・占い・禁忌・呪いに関する記録は早くから確認できる。たとえば、『日本書紀』神代上では、黄泉《よみ》の国に行った伊奘諾尊《いざなぎのみこと》が伊奘冉尊《いざなみのみこと》の言葉を無視して、爪櫛《つまぐし》の太い歯を欠き、手灯《たひ》として見たことが「今、世人《よのひと》、夜一片之火《ひとつびとぼすこと》忌む、又夜擲櫛《なげぐし》を忌む」起こりである、と説明している。また、天《あめ》上を追われた素戔嗚尊《すさのをのみこと》が、青草の笠蓑姿で衆神《もろかみ》たちに宿を乞うが断られ、それよりこのかた「笠蓑を著《き》て、他人《ひと》の屋の内に入《い》ることを諱む」と、禁忌の由来を説く。『万葉集』巻七には「楽浪《ささなみ》の連庫《なみくら》山に雲居れば雨ぞ降るちふ帰り来《こ》わが背」の歌が見える。当時、連庫山に雲がかかれば雨が近いとの予兆が知られていたのだろう。

人々の知識や心意を映す俗信の影響力については、現在の私たちには想像し難い面も多いが、かつては、日々の生活を拘束する力として随処で機能していたようだ。「物差しで身長を測ると背が伸びない」（岩手・茨城・京都・山口・高知ほか）と各地でいう。橋詰延寿『介良風土記』に、明治の頃のこんな体験談が載っている。「明治二十七年（一八九四）に介良野《けらの》高等に入学したとき身長をはかられた。四尺八分あったと家へ帰って話した。するとｰ『まあどうしょう。そんなことしたら、ええ太らんが』と言われた。学校というところは、いろいろな事をする。背を測ったりするもんがあるもんかと、親たちの間で話題になった」という。日常の知識や感覚に、あたり前のように沁み込んでいる俗信の拘束性が垣間見える。介良は、現在の高知市である。また、榎本直樹編『鈴木松雄さんの川越職人話』を読むと、明治生まれの人間にとって、呪《まじな》いや禁忌は単なる知識ではなく、事に触れて実践すべき生活技術としてあったことがわかる。

※

伝承されている俗信の様態はさまざまで、一見すると、まとまりがなく散在しているかに見える。しかし、少し注意深く吟味すれば、そこに人々のものの見方や感じ方のくせとでもいうべき、思考の類型性や論理が読み取れる。本書の事例を中心にいくつか取り上げてみよう。

「一枚の着物を二人で縫うものではない」との禁忌は全国的に分布する。同類の俗信は「一枚の着物を二人で洗うな」「子どもに二人で靴をはかせるな」「一人に対して二人で足袋をはかせるものではない」「一足の草履を二人で作るな」など数多い。これらに共通しているのは、何か一つの対象（物や人など）に対して、二人の人間が同時に同じ行為をするという点である。いうならば、「同時に同じ」を忌む伝承といってよく、俗信に限らずさまざまな民俗事象のなかに認められる。その場合、「同じ」とされる認識の基準は、同じ行為だけではない。状況によって、同じ言葉、同じ状態、同じ姿形などまちまちである。この現象をなぜ忌むのか。それは「同時に同じ」というどっちつかずの宙に浮いた時空、つまり差異を失った状態が、両者の間に激しい侵犯性を惹き起こし、災いをもたらすと考えられたからだ。とくに、勝ち負けで表現されるような優劣が生じることを危惧した（常光『しぐさの民俗学』）。広く知られている「一軒の家に二人の妊婦がいると、一方が負けて生児の育ちがわるい」と心配する相孕《あいばら》みの習俗は、「同時に同じ」が惹起《じゃっき》する不安をいったものである。

「同時に同じ」状態を解消する方法についても、いくつか報告が見られる。「二人が同時に同じ言葉を口にすると、相手の頭の上に手をのせ、その手をすばやく自分の頭の上に移動して『知恵もらった』と叫ぶ。遅れをとると知恵を取られる」（岐阜）。新潟県では「嫁入りと嫁入りが道で出合うと、勝ち負けがつく。いずれかの嫁が嫁ぎ先から出るといって心配する。嫁入り同士が鉢合わせした場合、香川県東かがわ市では「傘を先に出すとエンマケしない」といい、愛知県では「仲人が先に扇を上げた方が勝ち」という。「同時に同じ」現象は、先に行動を起こした方が優位に立つ傾向がつよい。

「同時に同じ」をめぐる禁忌もそうだが、平生忌まれる俗信の根拠について、それは葬式でやることだから、とよく言われる。そう言われて葬式の場面を想起し、なるほどと頷くのだが、しかし、両者の関係は本質的には、死に関する事柄のほうが日常性を基準に逆転しているのであって、その逆ではない。「一枚の着物を二人で縫うな。葬式の時そうするから」というのは、裏返せば、一枚の着物は一人で縫うのが通常のあり方として認知されていることを示している。確かに、死の儀礼の場で浮き彫りになる倒立像は、禁忌として日々の生活に影を落としているが、しかし、この倒立した姿そのものが、私たちのなかにあたり前として沁み込んでいる日常の秩序や論理をかえって顕在化させている。

俗信を整理しているとぶつかるのが、同じ行為もしくは状態であるにもかかわらず、ある場合は吉といい、ある場合は凶というように、吉凶が分かれる例が少なくないことだ。物が割れる、欠ける、折れるといった現象を、不吉と見做《みな》すのは一般的である。各地で、櫛が折れると凶といって忌む。他方で、これを吉とする所も点々とあり、「櫛が折れると苦労が無くなる」(福井・三重・兵庫)、「近いうちに良いことがある」(岐阜県高山市)などという。櫛を苦死と解釈し「苦死を折る」ことで吉兆とするのであろう。しつけ糸の付いた衣服を着るな、とは全国的にいうが、「子供がしつけ糸を取らずに着ると、躾けられるといってよい」(群馬)との報告もある。衣服のしつけを教育上の躾へと意味をずらして吉と判断する。同音の語の意味や文脈を置き換えて、吉あるいは凶として解釈する例はよく見られる。「梨を庭に植えると財産無しになる」と嫌う一方で、「梨を鬼門に植えると病気無し」といって吉木とする例など、この種の伝承は枚挙にいとまがない。語呂合わせや縁起直しの発想に連なる伝統的な文化である。

「帯でつくった着物を着ると寿命が短くなる」（秋田・岐阜・岡山）といわれる。他方で「帯でつくった着物を子供に着せると長生きする」（秋田・富山）ともいう。双方とも帯でつくった着物でありながら、吉凶が反対の結果をいう。帯に関しては「帯を切るものではない。切ると短命」との禁忌が各地にあり、前者の「寿命が短くなる」と心配するのは、仕立てる際に帯を切ることから忌むのではないかと思われる。後者の「長生きする」というのは、帯の長さから長寿へと連想を働かせたのであろう。扇を拾うのは広い地域で吉兆とされる。末広がりの縁起物だからだ。しかし、これを凶兆とする土地もある。落ちている物には、落とした人間の厄が付着しているかも知れないとの不安が常に付きまとう。同一の事柄でも、それのどこに着目しどう解釈するかによって、吉凶相反する結果を導く。その際、解釈を促す動機や状況には多様な要因が影響していると考えられるが、実態の解明はこれからである。

草履や下駄の緒が切れるのは凶兆とされる。葬式のときには、死霊と絶縁を図るため、墓場からの帰りに草履の鼻緒を切って捨ててくる。履物の緒が切れるのを不吉とする俗信は、葬送習俗と関係が深いといわれるが、これを逆手に取って、積極的に吉に転じるケースもある。新潟県十日町市では、嫁入りのとき下駄の鼻緒が切れると不吉というが、一方で、嫁入り後すぐ下駄の鼻緒を切ると嫁が実家に帰らない、と伝えている。意図的に切ることで実家への未練を断ち切り、婚家に末永く落ち着くことを願う呪《まじな》いである。

物事の始まり、最初の段階における行動や出来事に、人々が特別の関心を抱き、細心の注意を払ってきた心意が俗信には込められている。新しい履物をおろすのは午前中で、午後は忌まれる。そして、広い範囲で「新しい下駄をはいて便所に入るな。下駄が割れる」という。他方で「新しい下駄を便所にはいて行くと良い。歯が欠けない」と、吉とする土地も多い。前に述べた吉凶の分かれるケースで、俗信では珍しいことではないが、その根拠がよく分からない。使い初めの機会に汚物の不浄に触れるのを忌むのか、あるいは、魔除けの効果を発揮する排泄物の呪力に期待するのかの違いであろうか。出かける直前に綻びを縫うとかボタンをつけるなど、針を使うのを忌む出針の禁忌は全国的である。また、家を出る時に靴の紐や下駄の緒が切れるのを不吉として嫌うのも一般的といってよい。切れると出先（旅先）で悪いことがある、などといい、「出掛けに履物の緒が切れたら旅を中止せよ」（和歌山・高知）という所もあるくらいだ。明応九年（一五〇〇）の『随兵之次第事』に、出陣で家を出る時にはなをひる（クシャミをする）のは凶兆で、クシャミをした時は「具足の上帯を解てゆひなをして、たんしをすべし」とある。たんし（爪弾き）をするのは縁起直しの意であろう。出陣という緊張感のなかでの出来事だが、出掛けの変化に敏感に反応していることが窺える。履き初め、出針や出掛けといった、行動を起こす最初に禁忌が集中する。いずれも、初発時の不吉な出来事が、その後の展開に悪い結果をもたらすとの不安からだ。

「着物を新調したときは、まず家の柱に着せる」という伝承が各地にある。こうすると、「着物に不自由しない」とか「災難に遭わない」などといわれる。着初めの俗信については本書でも紹介したが、土地ごとに変化に富む。人々が気にとめる「物事の最初」とされる場面は一様ではなく、いくつもの「始め・最初」が意識されている。なかでも、一年の始まりである正月には、その年の吉凶を占う民俗が多い。本書の事例でも、「元日に針を使うと一年中金が残らない」(山梨)、「正月二日に洗濯をすれば、後は日を見なくてよい」(長野)、「正月三日の縫い初めに紙の袋を縫って米と銭を入れる。年中食べ物やお金に不自由しない」(岡山)等々少なくない。物事の初発時の行動や状態が、その後のあり方を拘束し、将来の結果に大きな影響を及ぼすとの心意が、私たちの生活の処々に脈打っている。「出産時に夫が在宅すれば、以後も夫が家にいないと生まれない」(富山・岐阜)という伝承なども、こうした心意ではないかと思われる。

洗濯物を取り込むときは「竿に通した方へ抜け」との報告例は多い。今時、竿のどちらから抜き取るかを気にする人など、まずいないだろう。しかし、些細《ささい》にみえるこうした事柄のなかに、かつての女性の日常に沁みついていた伝承の拘束性が垣間見える。合成樹脂やステンレス製の竿が普及する前の、竹竿を用いていた時代にはモト（本）とウラ（末）の関係が強く意識されていた。つまり、モトからさしてモトに抜くのである。反対側のウラから抜き取っても、洗濯物が手元に回収されることに変わりはないが、意識の中では「帰り」の部分が抜け落ちたような、どこか落ち着かない気分が残るのだろう。さした方から抜くという行為には、譬《たと》えれば「行き」と「帰り」を一対の行為のようにそっくり重ね合わせることによってもたらされる安心感が見て取れる。反対側から抜き取るのは、行きっ放しのままで帰ってこない「片道」であって、「往復」の日常性に対して、非日常的な行為と見做された。「洗濯物をウラから抜くのは死んだときだけ」（三重）といわれる。「葬式では同じ道を往復してはならない」（長野・和歌山・徳島・沖縄ほか）というのは、洗濯物とは反対の思考といってよい。葬儀における死者の霊は、滞りなくあの世に送り出すべきで、いわば「片道」の存在であり、「帰り」の機会は用意されていない。

※

本書は、衣類を中心に、履物、被り物、裁縫道具、化粧道具、装身具、寝具に関する俗信についてまとめたものである。ただ、筆者の目にとまった資料は全体から見ればその一部に過ぎず、実際に報告されている量はこの数倍に上るだろう。それでも、対象にした俗信の大凡《おおよそ》の傾向と特徴は窺えるのではないかと思う。

各地で伝承されてきた俗信を小まめに掲載しているのは、『郷土研究』（一九一三～三四）、

『旅と伝説』（一九二八〜四四）、『民間伝承』（一九三五〜八三）をはじめとする民俗関係の雑誌、民俗調査の報告書、県史や市町村史の民俗編である。俗信集としてまとまった出版物には、信濃教育会北安曇部会編『北安曇郡郷土誌稿 第四輯 俗信俚諺篇』（郷土研究社）、財団法人東北更新会秋田県支部編発行『秋田県の迷信、俗信』、岩手県教育委員会編『岩手の俗信』第一集〜第六集、市橋鐸『俗信と言い伝え』（泰文堂）等、何冊かが世に出ている。今日、私たちが確認できる俗信の多くは、主に大正から平成にかけて報告されたものといってよい。ただ、現在では伝承されていない事例も多い。というか、それが大半を占めている。本書の記述は、基本的に報告された資料の時制に従っているので、現状の伝承実感との間にずれが生じている点は否めない。

俗信は、あたり前の日常をさりげなく拘束し、時にはささやかな喜びを予感させる心のくせのようなものである。しかし、個々の俗信に目を向けると、一体、いつどのようにして生まれ、伝承の軌跡をたどったのか、その経緯を確認する手掛かりは極めて乏しい。鈴木棠三《とうぞう》は俗信について、忌や穢れに対する信仰や畏怖は、古代から中世、近世を経て今日の俗信の中にも要素として生きている部分は少なくないだろうが、個々の俗信に直接投影しているわけではない、と述べている（『日本俗信辞典 動物編』）。そして「近世、それも近世末期に至って、新たに増加した俗信がおびただしい量に達する」と指摘する。近世後期には、呪術に長けた民間宗教者が残した記録や、次々と板行された調法記類などに、生活の知識や技術としての呪《まじな》い・禁忌が豊富に記されている。また、川柳や雑俳に、俗信を素材にした句が数多く詠まれていることなども、鈴木の指摘を裏付けるものであろう。この時期に俗信が増加し流布した背景と、明治維新や第二次大戦後に起きた迷信撲滅の動向は、俗信研究史の上で今後明らかにしなければならない課題である。

　本書で紹介したような俗信は、この頃は人々の口に乗る機会がめっきり減った。それでも、近年の自然災害の多発に伴って、大地震や津波の前兆をめぐる話題が取沙汰されるように、伝承の記憶や俗信的な思考がよみがえる場面は少なくない。俗信は、注目される機会の少ない分野だが、庶民の心のくせや集合意識をさぐる豊かな鉱床である。人一倍手間のかかる仕事ではあるが、根気よく掘り進めば魅力的な成果が得られるに違いない。

　ここまで、気づいたことを縷々《るる》述べてきた。俗信は人々の心意を読み解く重要な伝承である。ただ、そのなかには、今日の人権意識や歴史認識に照らして不適切な表現がまま見られるのも事実である。本書に収録の資料も例外ではない。理不尽な差別はあってはならないが、歴史的状況を正しく理解するために、基本的に原本のままであることを御理解いただきたい。

　参考文献は本文の後に記した。参照した個々の俗信資料については、夥《おびただ》しい数に上るため明記できなかったが、この場を借りてお礼申し上げたい。

　最後に、編集を担当していただいた麻田江里子さんに厚く感謝いたします。

索　引

本書は書き下ろしです。

日本《に》本《ほん》俗《ぞく》信《しん》辞《じ》典《てん》　衣《い》裳《しよう》編《へん》

常光《つねみつ》 徹《とおる》

令和3年 7月25日　初版発行
令和6年 12月5日　4版発行

発行者●山下直久

発行●株式会社KADOKAWA
〒102-8177　東京都千代田区富士見2-13-3
電話　0570-002-301（ナビダイヤル）

角川文庫 22720

印刷所●株式会社KADOKAWA
製本所●株式会社KADOKAWA

表紙画●和田三造

ISBN 978-4-04-400646-4　C0139

◆◆◆